O DIREITO A MORADIA E O INSTRUMENTO JURÍDICO DO ALUGUEL

A atuação estatal e a implementação de políticas públicas habitacionais no Brasil

COLEÇÃO FÓRUM
DIREITO
E POLÍTICAS
PÚBLICAS

MATEUS FERNANDES VILELA LIMA

Prefácio
Rosângela Marina Luft

O DIREITO A MORADIA E O INSTRUMENTO JURÍDICO DO ALUGUEL

A atuação estatal e a implementação de políticas públicas habitacionais no Brasil

16

Belo Horizonte

2025

© 2025 Editora Fórum Ltda.

É proibida a reprodução total ou parcial desta obra, por qualquer meio eletrônico, inclusive por processos xerográficos, sem autorização expressa do Editor.

Conselho Editorial

Adilson Abreu Dallari
Alécia Paolucci Nogueira Bicalho
Alexandre Coutinho Pagliarini
André Ramos Tavares
Carlos Ayres Britto
Carlos Mário da Silva Velloso
Cármen Lúcia Antunes Rocha
Cesar Augusto Guimarães Pereira
Clovis Beznos
Cristiana Fortini
Dinorá Adelaide Musetti Grotti
Diogo de Figueiredo Moreira Neto (*in memoriam*)
Egon Bockmann Moreira
Emerson Gabardo
Fabrício Motta
Fernando Rossi
Flávio Henrique Unes Pereira
Floriano de Azevedo Marques Neto
Gustavo Justino de Oliveira
Inês Virgínia Prado Soares
Jorge Ulisses Jacoby Fernandes
Juarez Freitas
Luciano Ferraz
Lúcio Delfino
Marcia Carla Pereira Ribeiro
Márcio Cammarosano
Marcos Ehrhardt Jr.
Maria Sylvia Zanella Di Pietro
Ney José de Freitas
Oswaldo Othon de Pontes Saraiva Filho
Paulo Modesto
Romeu Felipe Bacellar Filho
Sérgio Guerra
Walber de Moura Agra

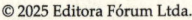

Luís Cláudio Rodrigues Ferreira
Presidente e Editor

Coordenação editorial: Leonardo Eustáquio Siqueira Araújo / Thaynara Faleiro Malta
Revisão: Pauliane Coelho
Projeto gráfico: Walter Santos
Capa e Diagramação: Formato Editoração

Rua Paulo Ribeiro Bastos, 211 – Jardim Atlântico – CEP 31710-430
Belo Horizonte – Minas Gerais – Tel.: (31) 99412.0131
www.editoraforum.com.br – editoraforum@editoraforum.br

Técnica. Empenho. Zelo. Esses foram alguns dos cuidados aplicados na edição desta obra. No entanto, podem ocorrer erros de impressão, digitação ou mesmo restar alguma dúvida conceitual. Caso se constate algo assim, solicitamos a gentileza de nos comunicar através do *e-mail* editorial@editoraforum.com.br para que possamos esclarecer, no que couber. A sua contribuição é muito importante para mantermos a excelência editorial. A Editora Fórum agradece a sua contribuição.

Dados Internacionais de Catalogação na Publicação (CIP) de acordo com ISBD

L732d	Lima, Mateus Fernandes Vilela O direito a moradia e o instrumento jurídico do aluguel: a atuação estatal e a implementação de políticas públicas habitacionais no Brasil / Mateus Fernandes Vilela Lima. Belo Horizonte: Fórum, 2025. 335p. 14,5x21,5cm (Coleção Fórum Direito e Políticas Públicas, v.16). ISBN impresso 978-65-5518-894-3 ISBN digital 978-65-5518-895-0 ISBN da coleção 978-65-5518-447-1 1. Direito à moradia adequada. 2. Locação. 3. Lei do Inquilinato. 4. Locação Social. 5. Serviço público. 6. Parceria Público-Privada. 7. Direito e políticas públicas. I. Título. CDD: 341.27 CDU: 342.7

Ficha catalográfica elaborada por Lissandra Ruas Lima – CRB/6 – 2851

Informação bibliográfica deste livro, conforme a NBR 6023:2018 da Associação Brasileira de Normas Técnicas (ABNT):

LIMA, Mateus Fernandes Vilela. *O direito a moradia e o instrumento jurídico do aluguel*: a atuação estatal e a implementação de políticas públicas habitacionais no Brasil. Belo Horizonte: Fórum, 2025. 335p. ISBN impresso 978-65-5518-894-3. (Coleção Fórum Direito e Políticas Públicas, v. 16).

Ao Naná e à Clazita, minha família.

AGRADECIMENTOS

Este livro é uma publicação revisada da tese de doutorado intitulada A locação como instrumento para as políticas públicas de moradia: os papéis desempenhados pelo Estado, defendida por mim em março de 2024 na Faculdade de Direito da Universidade de São Paulo. As alterações pontuais em relação ao texto original foram realizadas considerando as valiosas contribuições recebidas durante a sessão de defesa. A banca examinadora foi presidida por minha orientadora, Maria Paula Dallari Bucci, e composta pela Professora Paula Santoro, pela Professora Bianca Tavolari, pelo Professor Benny Schvarsberg, pelo Professor Daniel Gaio e pelo Professor Liken de Jesus. Registro aqui minha estima e meu agradecimento a cada uma e cada um. Meu agradecimento também se estende à Professora Raquel Rolnik, que integrou a banca de qualificação, seus questionamentos elevaram a qualidade do meu trabalho, sendo essenciais para a continuidade e o aprimoramento da pesquisa.

Expresso minha imensa gratidão aos meus orientadores de doutorado, o saudoso Professor Dalmo Dallari e a querida Professora Maria Paula Dallari Bucci. Com carinho, sensibilidade e rigor científico, ambos iluminaram meus caminhos, ajudando-me a superar obstáculos que pareciam difíceis, demonstrando a nobreza da profissão de professor. Muito obrigado! Agradeço também à Universidade de São Paulo, que proporcionou uma educação de excelência e um ambiente de ensino crítico, permitindo-me desenvolver um pensamento mais atento e profundo sobre as questões às quais desejava responder.

Agradeço imensamente à Clarissa e ao Inácio, pela convivência diária e pelo amor singelo de cada aconchego, que me ajudaram a chegar até aqui. Aos meus pais, Virginia e Manoel, e à minha querida irmã Fernanda, agradeço profundamente pelo carinho, pelo incentivo e pelo amor. Sem o apoio e a presença de vocês, esta jornada teria sido muito mais árdua.

Aos amigos queridos da pós-graduação, agradeço pelas discussões acadêmicas e por todas as conversas informais que foram fundamentais para a elaboração deste trabalho: Fernanda Vick, Isabela Ruiz, Marina Jacob e Caio Cordeiro.

A presença, o apoio e o carinho dos queridos amigos Luiz Felipe, Aninha, Danilo, Diana, Lili, Vitor e tantos outros me ajudaram durante os estudos da tese e na elaboração deste livro: obrigado!

Agradeço, por fim, ao Senado Federal, à Advocacia do Senado e à Biblioteca do Senado, na figura da minha colega querida Gabrielle Tatith Pereira.

"*A cabeça pensa onde os pés pisam.*"
Frei Betto

"*Se faltar carinho, ninho,*
Se tiver insônia, sonha,
Se faltar a paz, se faltar a paz, Minas Gerais."
Marcelo Camelo

LISTA DE ABREVIATURAS

ABADI	Associação Brasileira das Administradoras de Imóveis
ABGF	Agência Brasileira Gestora de Fundos Garantidores e Garantias S.A.
ADI	Ação Direta de Inconstitucionalidade
ADPF	Ação de Descumprimento de Preceito Fundamental
AEIS	Áreas de Especial Interesse Social
ANATEL	Agência Nacional de Telecomunicações
ANEEL	Agência Nacional de Energia Elétrica
ANP	Agência Nacional do Petróleo
BGB	*Bürgerliches Gesetzbuch*
BID	Banco Interamericano de Desenvolvimento
BNDES	Banco Nacional de Desenvolvimento Econômico e Social
CAE	Comissão de Assuntos Econômicos do Senado Federal
CCJ	Comissão de Constituição e Justiça
CDHU	Companhia de Desenvolvimento Habitacional Urbano
CEF	Caixa Econômica Federal
CFEP	Conselho de Participação no Fundo de Apoio à Estruturação e ao Desenvolvimento de Projetos de Concessão e Parcerias Público-Privadas da União
CFMH-SP	Conselho do Fundo Municipal de Habitação de São Paulo
COFINS	Contribuição para o Financiamento da Seguridade Social
COHAB	Companhia de Habitação
COHAB/SP	Companhia Metropolitana de Habitação de São Paulo
CONAM	Confederação Nacional das Associações dos Moradores
COVID-19	*Corona Virus Disease*
CPPI	Conselho do Programa de Parcerias de Investimentos
CRFB/1988	Constituição da República Federativa do Brasil de 1988
CRI	Certificados de Recebíveis Imobiliários
CSLL	Contribuição Social sobre o Lucro Líquido
CTN	Código Tributário Nacional
DPP	Abordagem direito e políticas públicas
FAEP	Fundo de Apoio à Estruturação de Parcerias
FCV	Fórum Centro Vivo
FENADI	Federação Nacional do Mercado Imobiliário
FEP-CAIXA	Fundo de Apoio à Estruturação de projetos de concessão e PPP
FGP	Fundo Garantidor de Parcerias Público-Privadas
FGTS	Fundo de Garantia do Tempo de Serviço

FHC	Fernando Henrique Cardoso
FJP	Fundação João Pinheiro
FMH-SP	Fundo Municipal de Habitação do município de São Paulo
FMI	Fundo monetário Internacional
FNHIS	Fundo Nacional de Habitação de Interesse Social
FPM	Fundo de Participação dos Municípios
FT	Fator Total de Desempenho
FUNDURB	Fundo Municipal de Habitação e o Fundo de Desenvolvimento Urbano
HIS	Habitação de Interesse Social
HRM	Habitações Residenciais de Mercado
ID	Indicadores de Desempenho
IGP-M	Índice Geral de Preços – Mercado
INSS	Instituto Nacional do Seguro Social
IPCA	Índice de Preços ao Consumidor Amplo
IPTU	Imposto sobre a Propriedade Predial e Territorial Urbana
IRPJ	Imposto sobre a Renda das Pessoas Jurídicas
LABCIDADE	Laboratório de Pesquisa e Extensão da Faculdade de Arquitetura e Urbanismo da Universidade de São Paulo
LAR	Projeto de locação acessível residencial
LOAS	Lei Orgânica da Assistência Social
LRF	Lei de Responsabilidade Fiscal
MARE	Ministério da Administração Federal e Reforma do Estado
MP	Medida Provisória
OCDE	Organização para a Cooperação e Desenvolvimento Econômico
ORTN	Obrigação Reajustável do Tesouro Nacional
OUCs	Operações Urbanas Consorciadas
PAR	Programa de Arrendamento Residencial
PDE	Plano Diretor Estratégico
PEC	Proposta de Emenda à Constituição
PEHP	Programa Especial de Habitação Popular
PEUC	Parcelamento, Edificação ou Utilização Compulsórios
PFL	Partido da Frente Liberal
PIDESC	Pacto Internacional sobre Direitos Econômicos, Sociais e Culturais
PIS/PASEP	Programa de Integração Social e o Programa de Formação do Patrimônio do Servidor Público
PLANHAB	Plano Nacional de Habitação
PLC	Projeto de Lei da Câmara
PLS-SP	Programa de Locação Social implementado na cidade de São Paulo
PMCMV	Programa Minha Casa Minha Vida
PMDB	Partido do Movimento Democrático Brasileiro
PMI	Procedimento de Manifestação de Interesse

PNAD	Pesquisa Nacional por Amostra de Domicílios
PNH	Política Nacional de Habitação
PPB	Partido do Povo Brasileiro
PPI	Programa de Parcerias de Investimentos da Presidência da República
PPP	Parcerias Público-Privadas
PSDB	Partido da Social Democracia Brasileira
PT	Partido dos Trabalhadores
SBPE	Sistema Brasileiro de Poupança e Empréstimo
SECOVI/SP	Sindicato das Empresas de Compra, Venda, Locação ou Administração de Imóveis Residenciais ou Comerciais de São Paulo
SEDDM/ME	Secretaria Especial de Desestatização, Desinvestimento e Mercados de Coordenação e Governança do Patrimônio da União ligada ao então Ministério da Economia
SEHAB-SP	Secretaria de Habitação do município de São Paulo
SFH	Sistema Financeiro de Habitação
SIEGs	Serviços de Interesse Económico Geral
SISREI	Sistema de Requerimento Eletrônico de Imóveis
SMD	Sistema de Mensuração de Desempenho
SNHCH	Sistema Nacional de Cadastro Habitacional
SNHIS	Sistema Nacional de Habitação de Interesse Social
SPAR	Setor Privado de Aluguel Residencial
SPE	Sociedade de Propósito Específico
SPPI	Secretaria Especial do Programa de Parcerias de Investimentos
SPU	Secretaria do Patrimônio da União
SREI	Sistema de Registro Eletrônico de Imóveis
STF	Supremo Tribunal Federal
STJ	Superior Tribunal de Justiça
TPU	Termo de Permissão de Uso
UH	Unidades Habitacionais
UMM	Movimentos de Moradia de São Paulo
ZEIS	Zonas Especiais de Interesse Social

SUMÁRIO

APRESENTAÇÃO DA COLEÇÃO 21

PREFÁCIO
Rosângela Marina Luft 23

INTRODUÇÃO 27

CAPÍTULO 1
O SETOR PRIVADO DE ALUGUEL RESIDENCIAL (SPAR) E A
INTERVENÇÃO DO ESTADO NA ATIVIDADE ECONÔMICA EM
SENTIDO ESTRITO 41

1.1 A centralidade do papel do estado na existência e no funcionamento do setor privado de aluguel residencial 43
1.2 As empresas públicas de habitação e a intervenção no domínio econômico 46
1.3 A intervenção sobre o domínio econômico no SPAR 49
1.3.1 Intervenção sobre o domínio econômico – a regulação do SPAR 52
1.3.1.1 A intervenção do Estado por direção – a regulação legislativa dos contratos de locação 53
1.3.1.2 A regulação legislativa dos contratos de locação voltada aos direitos dos proprietários 57
1.3.1.3 A regulação legislativa dos contratos de locação voltada aos interesses do locatário e à segurança jurídica da posse 62
1.3.1.3.1 A proteção jurídica contra despejos diretos do locador e o reforço da segurança da posse 65
1.3.1.3.2 A proteção jurídica contra despejos econômicos e o controle dos preços de aluguel 69
1.3.1.3.3 A proteção jurídica contra despejos indiretos 76
1.3.1.3.4 A proteção jurídica contra situações emergenciais 77
1.3.1.4 O processo legislativo da Lei n. 8.245/1991 e o equilíbrio entre os interesses do proprietário e do inquilino 81
1.3.2 A intervenção do Estado por indução 85

1.3.2.1 Técnicas jurídicas de indução à oferta habitacional 87
1.3.2.1.1 Técnicas jurídicas de indução à oferta habitacional e funcionalização habitacional – medidas para aumentar a disponibilidade de unidades para aluguel dentro de um determinado parque habitacional 91
1.3.2.1.2 Técnicas jurídicas de indução à oferta habitacional e funcionalização habitacional – a regulação das plataformas digitais de locações de imóveis por curta duração 94
1.3.2.2 Técnicas jurídicas de indução à demanda habitacional 96
1.3.3 O direito como caixa de ferramentas e o uso do aluguel em políticas públicas de moradia 101
1.4 A ausência de uma Política Nacional de Aluguel Estruturada... 102
1.4.1 Uma política de moradia baseada em aluguel como uma das linhas de atendimento do PMCMV 106
1.4.2 A inexistência de recursos financeiros específicos destinados às políticas públicas de aluguel 108
1.4.3 A necessidade de um banco de dados e uma burocracia especializada 112
1.5 Conclusões parciais 116

CAPÍTULO 2
A MORADIA DE ALUGUEL COMO SERVIÇO PÚBLICO: A LOCAÇÃO SOCIAL DE PROMOÇÃO PÚBLICA 121
2.1 O que é um programa de locação social de promoção pública e a diferença entre outras formas de política pública baseada em aluguel 122
2.2 As iniciativas pontuais de locação social no cenário brasileiro e a previsão legal dessa política 125
2.3 A locação social e as ilusões jurídico urbanísticas: o contexto de enxugamento de gastos públicos e mercantilização da moradia de aluguel 130
2.4 A locação social de provimento público: a desmercantilização da moradia e a instituição de um serviço público de moradia ... 136
2.4.1 A desmercantilização da habitação e a moradia como direito ... 137
2.4.2 A desmercantilização da moradia a partir do conceito jurídico de serviço público 140
2.4.3 A aplicabilidade do conceito jurídico de serviço público à locação social de promoção pública 142
2.5 O regime jurídico de direito público, seus princípios e os programas de locação social 147
2.6 A estruturação da política de locação social: a distribuição de responsabilidades federativas e a delimitação do público-alvo. 150

2.6.1   A repartição de competências, a cooperação interfederativa e o poder indutivo da União na cooperação interfederativa............... 151

2.6.2   Política de Locação Social e o Estado de Bem-Estar Social: entre a universalização e a focalização na definição dos beneficiários.. 156

2.7   Viabilizando o Solo Urbanizado para a Política de Locação Social: os instrumentos jurídicos urbanísticos para combater a retenção especulativa dos imóveis... 160

2.7.1   Instrumentos jurídico-urbanísticos de combate à especulação imobiliária: PEUC, IPTU progressivo, desapropriação sancionatória e zoneamento.. 163

2.7.2   Instrumentos tributários de combate à especulação imobiliária e de recuperação de mais-valia urbana.. 167

2.7.3   Instrumentos não tributários de combate à especulação imobiliária e de recuperação de mais-valia urbana.................... 171

2.8   Instrumentos jurídico-urbanísticos para a captação e afetação de unidades habitacionais à política de locação social............... 172

2.9   A sustentabilidade financeira da política de locação social: o financiamento com instrumentos urbanísticos e recursos orçamentários... 176

2.9.1   Captação de financiamento por instrumentos jurídicos urbanísticos.. 176

2.9.2   Ausência de fontes estáveis de recursos orçamentários............ 177

2.10   O direito como caixa de ferramentas e a carência de uma política estruturada de aluguel e de financiamento................... 181

2.11   O Programa de Locação Social no Município de São Paulo (PLS-SP) e a aplicação do quadro de referência para análise jurídica de políticas públicas... 182

2.11.1   O Programa de Locação social de São Paulo: origens e a gestão de Marta Suplicy na Prefeitura de São Paulo.............................. 184

2.11.2   A base normativa do PLS-SP: uma construção incremental....... 186

2.11.3   O desenho jurídico-institucional do programa, agentes governamentais e não governamentais.................................... 188

2.11.4   Mecanismos jurídicos de articulação: ausência de coordenação federativa do PLS-SP.. 192

2.11.5   Escala e público-alvo do PLS-SP... 193

2.11.6   A dimensão econômico-financeira do programa..................... 194

2.11.7   Estratégias de implantação do PLS-SP....................................... 197

2.11.8   Funcionamento efetivo do programa.. 197

2.11.9   Aspectos críticos do desenho jurídico-institucional................. 200

2.12	Incompatibilidade entre a locação social de provimento público e o PMCMV	202
2.13	Conclusões parciais	204

CAPÍTULO 3
A MORADIA DE ALUGUEL COMO SERVIÇO PÚBLICO: A LOCAÇÃO SOCIAL DE MERCADO E A MERCANTILIZAÇÃO DA MORADIA 209

3.1	O que é um programa de locação social de mercado?	211
3.2	A reconfiguração do Estado: de provedor a regulador dos serviços públicos	213
3.3	As PPPs como um dos instrumentos do processo de reconfiguração dos papéis do Estado: a estratégia discursiva e o papel das agências internacionais	221
3.4	A Austeridade Fiscal como Decisão Política: Priorização de Gastos Estatais, Adoção de PPPs e Implicações Jurídicas	225
3.5	O reposicionamento do Estado, a influência da Parceria Público-Privada na estruturação de projetos de infraestrutura e serviço público e o Procedimento de Manifestação de Interesse (PMI)	232
3.5.1	O PMI no âmbito da locação social de mercado e o Programa Aproxima de destinação de bens imóveis ociosos da União	234
3.6	A locação social de mercado e as PPPs: os incentivos, as garantias e a estruturação legal do contrato visando a viabilidade e rentabilidade da prestação do serviço	240
3.6.1	Os incentivos financeiros às concessões de locação social de mercado: afetação de bens públicos, aportes, isenções fiscais, incentivos urbanísticos e financiamentos	241
3.6.1.1	Os incentivos financeiros e o Projeto de Locação acessível residencial (LAR) proposto pela SECOVI-SP	243
3.6.2	A estruturação legal dos contratos de PPP e a concessão de garantias ao concessionário – ausência de garantias legais ao usuário da PPP habitacional	246
3.6.3	A remuneração (contraprestações pecuniárias e tarifas) e os encargos do concessionário e a prestação da moradia como serviço	249
3.6.3.1	A tarifação na PPP habitacional	250
3.6.3.2	A contraprestação pecuniária e as PPPs habitacionais	252
3.6.3.3	Os encargos do concessionário e a moradia como serviço	254
3.6.4	A proposta de locação social de mercado e a PPP habitacional da cidade de São Paulo: a moradia como serviço, a	

remuneração e a estruturação legal do contrato visando à
viabilidade e à rentabilidade da prestação do serviço................ 256

3.7 Os programas de parceria de investimento e a locação social
de mercado.. 261

3.7.1 A estruturação do Programa de Parcerias de Investimentos –
PPI no âmbito federal.. 262

3.7.2 A inclusão da locação social de mercado no PPI...................... 265

3.7.3 Análise dos contratos da Caixa econômica e dos municípios
do Recife e de Campo Grande para a estruturação dos editais
de locação social de mercado.. 272

3.7.4 As minutas em consulta de edital de locação social de
mercado do município do Recife.. 277

3.7.5 A locação social de mercado como linha de atendimento do
PMCMV: uma política em desenvolvimento............................ 282

3.8 Conclusões parciais.. 286

CONCLUSÃO.. 291

REFERÊNCIAS.. 303

APRESENTAÇÃO DA COLEÇÃO

Apresentação da coleção por Maria Paula Dallari Bucci, Coordenadora da Coleção Fórum Direito e Políticas Públicas e Professora Associada do Departamento de Direito do Estado da Faculdade de Direito da Universidade de São Paulo.

A Coleção Fórum Direito e Políticas Públicas tem o objetivo de apresentar ao leitor trabalhos acadêmicos inovadores que aprofundem a compreensão das políticas públicas sob a perspectiva jurídica, com triplo propósito.

Em primeiro lugar, visa satisfazer o crescente interesse pelo tema, para entender os avanços produzidos sob a democracia no Brasil depois da Constituição de 1988. É inegável que as políticas públicas de educação, saúde, assistência social, habitação, mobilidade urbana, entre outras estudadas nos trabalhos que compõem a coleção, construídas ao longo de várias gestões governamentais, mudaram o patamar da cidadania no país. Certamente, elas carecem de muitos aperfeiçoamentos, como alcançar a população excluída, melhorar a qualidade dos serviços e a eficiência do gasto público, assegurar a estabilidade do financiamento e, no que diz respeito à área do Direito, produzir arranjos jurídico-institucionais mais consistentes e menos suscetíveis à judicialização desenfreada. O desmantelamento produzido pela escalada autoritária iniciada em meados dos anos 2010, no entanto, explica-se não pelas deficiências dessas políticas, e sim pelos seus méritos – não tolerados pelo movimento reacionário. Compreender a estrutura e a dinâmica jurídica das políticas públicas, bem como a legitimação social que vem da participação na sua construção e dos resultados, constitui trabalho importante para a credibilidade da reconstrução democrática.

O segundo objetivo da coleção é contribuir para o desenvolvimento teórico sobre as relações entre Direito e Políticas Públicas. Publicando trabalhos oriundos de teses e dissertações de pós-graduação, constitui-se um acervo de análises objetivas de programas de ação governamental, suas características recorrentes e seus processos e institucionalidade jurídicos. Neles estão documentados os impasses inerentes aos problemas públicos de escala ampla e estudadas algumas soluções ao mesmo tempo jurídicas e políticas, presentes em práticas de coordenação e articulação, seja na alternância de governo, nas relações federativas ou na atuação intersetorial. Assim, sem perder a multidisciplinaridade característica dessa abordagem, valendo-se da bibliografia jurídica em cotejo com a literatura especializada, publica-se material de pesquisa empírica (não quantitativa) da qual se extraem os conceitos e as relações que numa organização sistemática dão base para a teorização jurídica da abordagem Direito e Políticas Públicas. Com essa preocupação, a coleção também publicará trabalhos de alguns dos raros autores estrangeiros com obras específicas na área.

Finalmente, o terceiro objetivo da coleção é contribuir para a renovação teórica do direito público brasileiro, fomentando o desenvolvimento de uma tecnologia da ação governamental democrática, engenharia jurídico-institucional para o avanço da cidadania do Brasil. Isso permitirá ampliar a escala de experiências bem-sucedidas, inspirar melhores desenhos institucionais pela comparação com experiências similares, além de avançar na cultura da avaliação, agora positivada na Constituição Federal.

São Paulo, 11 de junho de 2024.

PREFÁCIO

Esta obra é a materialização de um longo trajeto de pesquisa percorrido pelo autor Mateus Fernandes Vilela Lima, conferindo a ele o merecido título de doutor em direito pela Universidade de São Paulo (USP). O tema traz uma abordagem inédita e verticaliza na análise das complexidades de um tema pouco desenvolvido no campo teórico-jurídico brasileiro: a locação social como instrumento de promoção de moradia para a população socioeconomicamente mais vulnerável, dentro do contexto das políticas públicas e com um olhar voltado para os papéis do Estado.

Conheci Mateus Lima quando ele realizou seu mestrado no Programa de Pós-Graduação em Direito da UERJ (PPGDIR/UERJ), na linha de Direito da Cidade, onde também cursei meu doutorado. Essa linha de pesquisa é normalmente procurada por pesquisadores de todo o país que pretendem aprofundar os estudos jurídicos em torno do urbano e suas complexidades, em um dos poucos programas que prioriza essa temática na pós-graduação em direito. Além disso, dificilmente uma pesquisa desenvolvida nessa linha não tem um olhar direcionado para as desigualdades socioeconômicas das cidades e suas marcas territoriais. Essas características também distinguem a trajetória de Mateus, que sempre se sentiu instigado a pensar alternativas para aperfeiçoar as medidas institucionais para a promoção de políticas públicas habitacionais para a população de baixa renda no Brasil e que apostou na locação como uma alternativa possível. Como o próprio Mateus sempre questionou: se as demandas por moradia são múltiplas, por que a solução tem que ser uma, a da casa própria no formato propriedade privada?

Conhecido como instituto característico do Direito Civil, o aluguel é amplamente estudado e difundido no campo jurídico por seu cunho negocial e econômico, enquanto modalidade de contrato que tem por objeto um direito sobre coisa. No campo teórico, pouco se debate sobre o conteúdo e os direitos efetivados por meio desse negócio jurídico e as complexidades envolvidas na discussão desse tema dentro de realidades socioeconômicas diversas; em contrapartida, muita energia se dispende em exaurir a delimitação de obrigações que incumbem aos contratantes e os desdobramentos possíveis em caso de descumprimento destas.

O tema da locação social impõe outras concepções e novas técnicas, pois, para se compreender e debater esse instituto, é essencial partir da realidade e dos direitos envolvidos para, então, pensar meios para instrumentalizá-lo. E é por essa outra perspectiva que o autor Mateus se envereda na discussão do aluguel ou da locação como meio de promoção de política habitacional. Para desenvolvê-lo, o autor se coloca algumas perguntas: é efetivamente viável prover habitação para a população de baixa renda por meio do instrumento jurídico do aluguel? Quais são as condições específicas e os principais obstáculos que precisam ser superados para a implementação efetiva de políticas de moradia baseadas em aluguel? Como o Estado pode efetivamente estruturar e implementar políticas públicas de moradia baseadas em aluguel para atender às necessidades da população de baixa renda, considerando os aspectos regulatórios, financeiros e sociais? São essas questões que irão orientar e entrelaçar o desenvolvimento da obra.

Antes de ler o livro do autor, é importante entender de onde parte e a partir de quais perspectivas ele erige suas reflexões. Mateus desenvolve seu trabalho no campo do direito, tendo como bagagem sua formação jurídica de graduação e mestrado, e agrega elementos de ciência política e finanças públicas ao centrar o olhar sobre o Estado e seu papel no desenvolvimento de políticas públicas. A escolha dos seus orientadores, o saudoso Professor Dalmo Dallari e, na sequência, a Professora Maria Paula Dallari Bucci, é determinante na definição dos recortes da pesquisa e deixa sua marca nas referências teóricas utilizadas e na qualidade das reflexões do trabalho.

O primeiro capítulo do livro realiza uma análise predominantemente constitucional dos papéis que o Estado desempenhou e pode desempenhar em relação à atividade de aluguel, oscilando entre funções regulatórias e, em situações específicas, de intervenção e consequente provisão de bens. Historicamente houve um protagonismo claro da perspectiva de mercado e do interesse dos proprietários-locadores sobre a atuação estatal para garantir a "segurança jurídica". Em contrapartida, os entes federativos se depararam com desafios sociais que criaram condições para o desenvolvimento de soluções favoráveis à promoção de moradia social por meio da locação. Essas alternativas, instrumentalizadas por intervenção direta ou por estratégias indutivas, podem ser renovadas e ampliadas se desenvolvidas como política pública nacional permanente, com recursos financeiros vinculados e uma gestão especializada.

Quando a locação é interpretada à luz do direito social fundamental a moradia e dos papéis do Estado enquanto agente econômico atribuídos pela Constituição Federal, é possível repensar o próprio conceito de habitação em uma dimensão de serviço público em sentido estrito. Por essa razão, no segundo capítulo o autor trata de um novo quadro conceitual e jurídico para o aluguel: a locação de promoção pública como serviço público. Traçando um paralelo com outras atividades como a educação, a saúde e a cultura, é possível manter mais de um regime de provisão do aluguel: o regime privado, fornecido como atividade econômica de mercado, e o regime público, enquanto serviço público social. Neste último caso, as condições jurídicas e econômicas afastam o serviço da lógica estrita de mercado, impõem maiores responsabilidades ao Estado, exigem a combinação da política de locação com a política urbana e demandam a mobilização de recursos públicos para sua implementação.

E, finalmente, no terceiro capítulo, o autor aponta algumas alternativas que têm sido adotadas para políticas públicas de locação social de provimento público, mas de execução privada. Tais iniciativas seguem um processo recente de reconfiguração do papel estatal e do aumento expressivo da atuação da iniciativa privada na estruturação e na implementação de projetos e de serviços públicos. Nesses casos, é necessário entender de forma crítica as funções do Estado enquanto provedor e regulador, sem capturas e desvirtuamentos com as (inevitáveis) soluções privadas que figuram nesses processos.

Somente depois da leitura do livro que será possível ter subsídios efetivos para concluir se o aluguel se constitui como um instrumento eficaz e sustentável para a provisão de moradia acessível à população de baixa renda; quais condições, para além das jurídicas, são necessárias para a materialização dos instrumentos legais existentes e; que papéis cabem ao Estado para a efetivação dessa alternativa habitacional.

Aqui foram apresentados alguns dos principais aspectos com os quais os leitores vão se deparar ao longo do livro, mais para incitar a leitura do que para revelar qualquer constatação. No entanto, já é possível adiantar que se trata de um trabalho de excelência do Mateus e de sua orientadora Maria Paula, com rica e ampla revisão bibliográfica, importante carga crítica e comprometido com a função social das universidades públicas.

Rosângela Marina Luft
Professora Adjunta de Direito Administrativo do Instituto de Pesquisa e Planejamento Urbano e Regional da Universidade Federal do Rio de Janeiro (IPPUR/UFRJ). Doutora em Direito da Cidade pela UERJ e em Direito Público pela Université Paris 1-Panthéon-Sorbonne.

INTRODUÇÃO

Este estudo, realizado entre 2020 e 2024, procurou examinar a viabilidade do aluguel como um instrumento jurídico fundamental para a implementação de políticas públicas de moradia adequada à população de baixa renda. Nesse sentido, buscou-se explorar como é a intervenção estatal na regulação da atividade econômica do aluguel, analisando-se aspectos como a estrutura jurídica dos contratos, a direção de condutas dos agentes do mercado locatício, a fim de entender como o Estado atua ou pode atuar nesse segmento. Além disso, o estudo examinou a atuação estatal na prestação, direta ou indiretamente, de um serviço público de moradia baseado no instrumento jurídico do aluguel, uma estratégia denominada locação social. Ao demarcar e ao estudar as modalidades pelas quais o Estado mobiliza o instrumento jurídico do aluguel para implementar o direito à habitação no país, buscou-se trazer respostas detalhadas e questionamentos pertinentes sobre essa temática, possibilitando uma compreensão mais aprofundada e contextualizada dessa atuação estatal, com o intuito de contribuir para o debate acadêmico e para a formulação de políticas públicas mais eficazes.

O estudo da locação, na área do direito, tem sido, muitas vezes, direcionado e empreendido sob a ótica das lições tradicionais e dos binarismos do direito (legal/ilegal, constitucional/inconstitucional). Nesse contexto, verifica-se a constante presença de estudos focados no exame do instrumento jurídico do aluguel e sua consonância com o direito de moradia assegurado pela CRFB/1988, sem, entretanto, explorar mais a fundo a implementação e a coordenação das ações estatais necessárias ao desenvolvimento desse tipo de programa. Diversos trabalhos tentam desvincular o acesso à moradia digna da necessidade de propriedade privada, apontando o aluguel como um instrumento jurídico adequado à garantia e à implementação desse direito, além de identificar a locação como uma ferramenta efetiva no combate ao déficit habitacional. Contudo, essa abordagem, certamente relevante, restringe-se à avaliação da validade e da eficácia jurídica, deixando de lado outros objetos de estudo que estão vinculados à implementação e à complexidade de execução desse tipo de política pública. Este livro é orientado por algumas indagações centrais que norteiam a investigação: é efetivamente viável prover habitação para a população de baixa renda por meio do instrumento jurídico do aluguel? Quais são as condições específicas e os principais obstáculos que precisam ser superados para a implementação efetiva de políticas de moradia baseadas em aluguel? Como o Estado pode efetivamente estruturar e implementar políticas públicas de moradia baseadas em aluguel para atender às necessidades da população de baixa renda, considerando os aspectos regulatórios, financeiros e sociais?

    A relevância deste estudo se espraia em várias frentes. A moradia é um sonho de grande parte da população brasileira e uma pauta frequente no discurso político nacional. Trata-se de um insumo central para uma vida digna, para a reprodução social e para a sobrevivência das pessoas. Essa centralidade não se restringe apenas aos atributos individuais da habitação (número de cômodos, pavimentos, instalações elétricas e boas condições de habitabilidade), mas também se desdobra no contexto mais amplo no qual a moradia está inserida e nas externalidades de vizinhanças que afetam a garantia de outros direitos constitucionais, tais como a educação, a saúde e as oportunidades de empregos, entre outros.[1] A importância da habitação é tão grande que a Emenda Constitucional n. 26/2000 constitucionalizou a moradia como um direito social, nos termos do art. 6º da Constituição da República Federativa do Brasil de 1988 (CRFB/1988),[2] reiterando a obrigação do Estado de assegurar a concretização de moradia adequada para todos.

    Embora garantido constitucionalmente, o acesso a uma moradia digna no Brasil ainda enfrenta desafios críticos. Manifestações desse

---

[1] Segundo John Turner (1976, p. 102-103), os valores da moradia transcendem a aparência do imóvel e estão no que a moradia proporciona às pessoas em termos de disponibilidade e de acesso a serviços essenciais.

[2] É o texto do art. 6º: "São direitos sociais a educação, a saúde, a alimentação, o trabalho, a moradia, o transporte, o lazer, a segurança, a previdência social, a proteção à maternidade e à infância, a assistência aos desamparados, na forma desta Constituição" (Brasil, 1988, grifo nosso).

problema estão por toda parte: ampliação do número de despejos,[3] aumento do custo dos aluguéis,[4] acréscimo exponencial do número de pessoas em situação de rua,[5] entre outros. A Fundação João Pinheiro (FJP)[6] (2021) estima que o déficit habitacional total no Brasil, em 2016, foi de 5,657 milhões de domicílios, dos quais 4,849 milhões estão localizados em áreas urbanas.[7] Segundo os dados da FJP (2021), o componente prevalecente do déficit habitacional no Brasil é o ônus excessivo com o aluguel urbano. O ônus excessivo é configurado quando há o comprometimento de mais de 30% da renda domiciliar de até três salários mínimos com despesa de aluguel. No total, 2,814 milhões de domicílios brasileiros desembolsaram mais de 30% de sua renda com a locação. O componente de ônus excessivo significou, em 2016, 49,7% da totalidade do déficit habitacional do país.

O número de domicílios alugados no Brasil é significativo. A Pesquisa Nacional por Amostra de Domicílios (PNAD) Contínua (IBGE, 2023a) calculou que no ano de 2022 havia no país 74,1 milhões de domicílios particulares permanentes. Desse total, 63,8% (47,3 milhões de unidades) eram próprios já pagos, e 6,0% (4,4 milhões unidades) eram

---

[3] Segundo pesquisa realizada pelo Labcidade, vinculado à Faculdade de Arquitetura e Urbanismo da Universidade de São Paulo (FAU-USP), o número de remoções na região metropolitana de São Paulo duplicou no decorrer da pandemia de Covid-19 (Moreira; Rolnik; Santoro, 2020).

[4] O Índice Geral de Preços – Mercado (IGP-M) é publicado com periodicidade mensal pelo Instituto Brasileiro de Economia da Fundação Getúlio Vargas e serve como indexador dos contratos de aluguel. Segundo os cálculos da Fundação, o IGP-M de dezembro de 2021 teve alta de 0,87%, acumulando 17,78% entre janeiro e dezembro de 2021. Da mesma forma, o IGP-M de dezembro de 2022 teve alta de 0,45%, acumulando 5,45% entre janeiro e dezembro de 2022. Dados disponíveis em: https://portalibre.fgv.br/taxonomy/term/94.

[5] De acordo com a Nota Técnica Número 103, de fevereiro de 2023, do Instituto de Pesquisa Econômica Aplicada (Ipea), a população em situação de rua no Brasil aumentou em 211% no período entre 2012 a 2022, somando atualmente 281.472 pessoas em situação de rua no Brasil (Natalino, 2023).

[6] A Fundação João Pinheiro é a entidade de pesquisa de referência no país que desenvolve metodologias para medir o déficit habitacional. São estabelecidas diferentes tipologias concernentes às necessidades habitacionais, quais sejam: o déficit habitacional e a inadequação dos domicílios. Sendo que o déficit indica a necessidade de construção de novas unidades habitacionais para atender à demanda habitacional da população em um determinado momento, e a inadequação refere-se a problemas na qualidade dos domicílios (serviços públicos essenciais, mobilidade, acessibilidade etc.).

[7] O problema não se circunscreve apenas ao cenário brasileiro e tem proporções mundiais. Estimativas do Fórum Econômico Mundial demonstram que mais de 1,6 bilhão de pessoas serão afetadas pela crise imobiliária até 2025 e que, na maioria dos países, os custos com habitação cresceram mais rapidamente do que os rendimentos (Fórum Econômico Mundial, 2022).

próprios (financiados). O percentual de domicílios alugados saiu de 18,5% em 2016 e chegou a 21,1% em 2022 (15,7 milhões de unidades). Dessa maneira, ao analisar o contexto apresentado, depreende-se a relevância social do tema e da questão habitacional na realidade brasileira. O aluguel, em especial, é um elemento significativo dessa questão. Apesar da crescente importância da locação como instrumento jurídico para o acesso à moradia, observa-se que as atuações estatais no segmento habitacional priorizam majoritariamente a adoção de medidas que facilitem a aquisição da casa própria. Diante desse contexto, o presente estudo se debruça especificamente sobre essa nuance da política habitacional, explorando o papel do instrumento jurídico do aluguel na implementação do direito à moradia, englobando tanto a regulação quanto a prestação de um serviço público baseado em tal instrumento.

A contribuição deste livro para o campo jurídico reside na análise do aluguel e da atuação estatal no segmento, a partir da implementação das políticas públicas e dos princípios gerais da atividade econômica e dos mecanismos jurídicos existentes no Título VII da CRFB/1988, intitulado "Ordem Econômica e Financeira". A pesquisa buscou responder às seguintes questões: A provisão de moradia para a população de baixa renda por meio do instrumento jurídico do aluguel é viável? Quais são os desafios específicos e as barreiras a serem vencidas? Como o Estado se posiciona e atua nessa implementação? As respostas a essas perguntas trazem contribuições significativas ao estudo do tema no âmbito do direito. Trabalhos jurídicos existentes abordam o tema da locação, a partir da ótica da conformidade deste tipo de provisão habitacional com o direito à moradia, sem atenção para questões de implementação e de ganho de escala dessa política. Identificam-se, ainda, lacunas significativas na literatura jurídica no que se refere a estudos voltados à atuação estatal no setor de aluguel a partir das modalidades descritas no art. 173,[8] 174[9] e 175[10] da CRFB/1988.

---

[8] É o texto do art. 173: "Ressalvados os casos previstos nesta Constituição, a exploração direta de atividade econômica pelo Estado só será permitida quando necessária aos imperativos da segurança nacional ou a relevante interesse coletivo, conforme definidos em lei" (Brasil, 1988).

[9] É o texto do art. 174: "Como agente normativo e regulador da atividade econômica, o Estado exercerá, na forma da lei, as funções de fiscalização, incentivo e planejamento, sendo este determinante para o setor público e indicativo para o setor privado" (Brasil, 1988).

[10] É o texto do art. 175: "Incumbe ao Poder Público, na forma da lei, diretamente ou sob regime de concessão ou permissão, sempre através de licitação, a prestação de serviços públicos. Parágrafo único. A lei disporá sobre: I - o regime das empresas concessionárias e permissionárias de serviços públicos, o caráter especial de seu contrato e de sua prorrogação,

Este livro buscou suprir essas lacunas, ultrapassando a análise da conformidade da locação com o direito constitucional à moradia e examinando as possibilidades de implementação e ganho de escala dessas políticas, a partir da perspectiva da ordem *econômico-financeira constitucional* e da intersecção entre o direito urbanístico, o direito econômico e o direito financeiro.

Conforme destacado, a moradia foi expressamente incluída no art. 6º como um direito social, além de ser reconhecida como uma das necessidades vitais básicas do trabalhador e de sua família, nos termos do art. 7º, inciso IV, da CRFB/1988.[11] O direito à moradia envolve um ato de habitar um espaço físico e estabelecer nele uma residência de forma estável e duradoura: "No 'morar', encontramos a ideia básica da habitualidade no permanecer ocupando uma edificação, [...] permanecer ocupando um local permanentemente" (Silva, J. A., 2014, p. 318). Deve-se destacar que esse direito não está atrelado, e nem implica, à propriedade de uma casa própria. Dessa forma, compreende-se que o direito à moradia não pode ser confundido com o direito à propriedade, abrindo espaço para a formulação de políticas públicas de implementação desse direito a partir de diversos instrumentos legais como o aluguel, a regulação do mercado imobiliário, a constituição de direito real de uso, a propriedade coletiva, a locação social, entre outros (Silva, V. A., 2021). A pluralidade de instrumentos e ferramentas para a implementação do direito à moradia, inclusive, é benéfica para a população, uma vez que reconhece e atende às diversas necessidades e carências habitacionais existentes, promovendo respostas mais abrangentes e adaptadas às variadas demandas por moradia que necessitam de respostas igualmente diversificadas (Lima, 2018).

Quanto ao conteúdo do direito à moradia, a CRFB/1988 não traz qualquer parâmetro explícito para sua definição. Ocorre, entretanto, que em uma interpretação sistemática da Constituição Brasileira, à luz do princípio da dignidade humana e dos direitos fundamentais, entende-se que a moradia não pode ser vista apenas como um direito de ocupar

---

bem como as condições de caducidade, fiscalização e rescisão da concessão ou permissão; II - os direitos dos usuários; III - política tarifária; IV - a obrigação de manter serviço adequado" (Brasil, 1988).

[11] Embora a garantia ao direito à moradia tenha sido estabelecida pela Emenda Constitucional n. 26/2000, já havia o entendimento de que existiria um direito fundamental implícito à moradia, em razão da proteção à dignidade da pessoa humana e da proteção à vida que necessariamente estabelecem a obrigação estatal de provimento de condições materiais básica para a população (Sarlet; Marinoni; Mitidiero, 2019).

uma edificação ou um teto para morar. Esse direito configura-se em um espectro mais amplo, que abrange a habitabilidade da acomodação, a disponibilidade de serviços e infraestrutura urbana essenciais, bem como o conforto e a segurança da posse. Em síntese, o escopo do direito é assegurar uma habitação digna e adequada para se viver.

Ainda que a legislação brasileira não estabeleça expressamente indicadores para o balizamento dessa moradia digna, o direito internacional sobre o tema traz critérios materiais para aplicação desse direito, critérios que são aplicáveis ao contexto nacional em razão da previsão do §2º do art. 5º da CRFB/1988, que contempla a inclusão de outros direitos e garantias derivados de tratados internacionais dos quais o Brasil é signatário. Dessa forma, o artigo 11, item 1, do Pacto Internacional de Direitos Econômicos, Sociais e Culturais (PIDESC), ratificado pelo Brasil por meio do Decreto n. 591/1992, reconhece o direito de toda pessoa a uma moradia adequada. O termo "adequada" foi interpretado pelo Comitê sobre os Direitos Econômicos, Sociais e Culturais da ONU como um conjunto de elementos essenciais à concretização desse direito, a saber: a segurança jurídica da posse, a disponibilidade de serviços, materiais, facilidades e infraestrutura essenciais à vida digna, o custo acessível da moradia, a habitabilidade da residência, a acessibilidade, a localização adequada e a adequação cultural (ONU, 1991).

Veja-se que, como ocorre com os direitos fundamentais, o direito social à moradia apresenta duas naturezas: uma negativa e a outra positiva. A negativa se configura como um direito de defesa, impedindo que a pessoa seja ilegalmente privada de sua habitação ou impedida de conseguir uma, estabelecendo um direito de abstenção por parte do Estado e dos particulares (Sarlet; Marinoni; Mitidiero, 2019; Silva, J. A., 2014). Em contrapartida, a dimensão positiva representa um aspecto prestacional, com prestações fáticas e legais[12] para a concreta implementação desse direito, legitimando a pretensão do titular à realização de uma ação proativa do Estado. A CRFB/1988 prevê, de forma implícita e explícita, a atuação positiva do Estado no âmbito da implementação

---

[12] As prestações legais são obrigações de legislar sobre a matéria, Ingo Sarlet et al. (2019, p. 855) aduz que "Um bom exemplo disso é o assim chamado "Estatuto da Cidade", que representou, apesar do lapso temporal bastante longo, uma resposta do legislador ao dever (prestação) de legislar nessa matéria, com fundamento na Constituição Federal. Com a edição do Estatuto da Cidade (Lei 10.257, de 10.07.2001), cuja principal meta é dar efetividade às diretrizes constitucionais sobre política urbana, estando a contribuir para a difusão de um verdadeiro direito à cidade, foi dado um passo significativo para dar vida efetiva ao direito a uma moradia condigna no Brasil".

do direito à moradia. Conforme o art. 3º, os objetivos fundamentais do Brasil são a formação de uma sociedade justa e solidária, a eliminação da marginalização – não ter onde morar é uma das maiores restrições à vida digna –, além de incentivar o bem de todos, o que supõe a existência de moradia digna para todos. Além disso, o artigo 23, inciso IX, da CRFB/1988, expressamente estabelece a competência comum dos entes federativos de "promover programas de construção de moradias e a melhoria das condições habitacionais e de saneamento" (Brasil, 1988).

O direito à moradia adequada, ampliada por componentes essenciais a sua implementação bem como a faceta positiva desse direito que obriga uma atuação prestacional do Estado são pontos importante para este livro. A concretização efetiva do direito social à moradia deve envolver uma série de atributos urbanos que conferem a devida adequação a esse direito. Nesse sentido, não basta que a habitação seja habitável, com dimensões e conforto adequados, sendo também essencial que ela esteja integrada e acompanhada de uma infraestrutura e uma rede de serviços urbanos que inclua boa localização, acesso a empregos, disponibilidade de transporte, lazer, proximidade de escolas e hospitais, entre outros componentes. Essa perspectiva integrada reforça que a política habitacional deve ser articulada com o planejamento urbano, sendo, portanto, a moradia um dos diversos componentes da política urbana. Esse entendimento é corroborado pelo Estatuto da Cidade que, em seu artigo 2º, estabelece como uma das diretrizes da Política Urbana a garantia do direito à moradia.

Longe de ser uma observação irrelevante, reconhecer a política habitacional como um elemento da política urbana traz implicações significativas para a formulação e execução dessa política, especialmente considerando sua localização topográfica na CRFB/1988. O capítulo constitucional intitulado "Política Urbana" está incorporado ao Título VII denominado "Ordem Econômica e Financeira". Essa localização acaba por submeter a política urbana, e especificamente as medidas e as políticas habitacionais baseadas em aluguel, aos ditames jurídicos relativos à atuação do Estado no domínio econômico. Nesse sentido, nas medidas e nas políticas habitacionais de aluguel incidem os princípios gerais da atividade econômica dispostos no art. 170 da CRFB/1988, como a soberania nacional, a propriedade privada, a função social da propriedade, a livre concorrência, a redução das desigualdades regionais e sociais e a busca do pleno emprego (Brasil, 1988).

Por outro lado, deve-se ressaltar que as técnicas jurídicas de atuação estatal na ordem econômica podem ser integralmente aplicáveis às políticas que envolvem o aluguel. Ao se recorrer às categorias do direito econômico, percebe-se que a *atividade econômica em sentido amplo* pode ser dividida em *atividade econômica em sentido estrito* e *serviço público*. O aluguel pode se encaixar tanto na atividade econômica em sentido estrito (aluguel privado regulado pela Lei n. 8.245/1991) quanto no serviço público (locação social de provimento público e de mercado). A partir disso, o Estado pode atuar no domínio econômico sob cinco formas. As duas primeiras intervenções se inserem no escopo da *atividade econômica em sentido estrito*, quais sejam: a intervenção no domínio econômico que se configura como uma exploração direta de atividade econômica pelo Estado, em que o Poder Público se envolve, absorvendo ou participando diretamente de uma atividade econômica (modalidades de absorção e de participação), nos termos do art. 173 da CRFB/1988; a terceira e a quarta formas referem-se a intervenção sobre domínio econômico, respectivamente, à intervenção indireta por direção e à intervenção indireta por indução. A primeira caracteriza-se pela aplicação de regras de conduta obrigatórias, exigindo dos agentes econômicos a aderência a normas específicas. Já a segunda baseia-se em regras dispositivas, projetadas para incentivar ou desencorajar determinadas práticas econômicas sem impor obrigatoriedades, mas sim motivando ações por meio de estímulos ou restrições. Por fim, a quinta forma é uma atuação estatal na atividade econômica em sentido amplo, envolvendo a criação de um serviço público e fornecimento desse serviço diretamente ou por delegação, nos termos do artigo 175 da CRFB/1988 (Grau, 2018; Massonetto, 2015). Entretanto, é importante salientar que essas intervenções estatais estão inseridas em um contexto complexo e, por isso, não ocorrem de maneira isolada, mas frequentemente se complementam e atuam de forma integrada.

Por outro lado, deve-se sublinhar que essas possibilidades de atuação efetiva do Estado na política urbana e habitacional estão profundamente atreladas a sua Constituição financeira. A saber, o grau de atuação pública do Estado está condicionado às possibilidades de acesso e ao manejo do fundo público para expansão de gastos com políticas sociais. Sob essa ótica, o direito financeiro se torna um marcador essencial da efetividade dessas políticas, pois "indica a posição que o Estado assume ao longo do tempo como gestor político dos riscos e incertezas inerentes ao processo de acumulação capitalista" (Massonetto, 2015, p.

145). A destinação do fundo público a políticas sociais aumenta a efetividade dessas iniciativas, facilitando a implementação e ampliando seu alcance. Inversamente, o estabelecimento de condições fiscais restritivas limita a eficácia dessas políticas.

A posição do Estado, por sua vez, passou por uma mudança significativa no último século. Segundo Massonetto e Bercovici (2005), ao longo dos anos 1945-1973, período chamado de consenso Keynesiano, o fundo público era manejado para a produção de antivalor, por meio de expansão dos gastos com políticas e direitos sociais e serviços públicos, garantindo a reprodução social dos trabalhadores com o intuito de manter a acumulação de capital. A partir dos anos 1970, o Estado começa a abandonar essas políticas expansionistas. Em um cenário de enxugamento de gastos e austeridade fiscal, reformulou sua atuação, passando a fomentar ferramentas de financiamento privado de projetos de infraestrutura econômica e social. Esse reposicionamento gerou políticas estatais voltadas ao mercado e formuladas com o intuito de facilitar os negócios privados e assegurar a rentabilidade dos investidores. Nesse contexto, diversos instrumentos jurídicos foram concebidos para a transferência de serviços públicos às entidades privadas – parcerias público-privadas, organização da sociedade civil de interesse público, entre outras. Nesse novo papel, o Estado migra de uma posição de provedor de serviços para uma função de facilitador, construindo condições favoráveis ao desenvolvimento do mercado, além de promover a atuação da iniciativa privada no cumprimento de funções anteriormente desempenhadas pelo setor público (Massonetto, 2015).

Assim, os mecanismos de acesso à moradia baseados no instrumento jurídico do aluguel estão inseridos nessa dinâmica de atuação estatal. Está-se diante, portanto, de um contexto em que o ente estatal se afasta de um papel de provedor direto de serviços públicos para o de regulador da atividade privada. Nesse contexto, em que o Poder Público assume um papel articulador entre as necessidades da população e as soluções de mercado, o aluguel emerge como uma das várias alternativas à disposição do Estado para enfrentar a questão da moradia.

A natureza positiva do direito à moradia demanda prestações fáticas e normativas do Estado para sua efetivação. Nesse ponto, é de suma importância se atentar para o sentido dado ao papel do Estado no contexto brasileiro. Veja-se que uma das marcas distintivas do *Estado social* é a sua intervenção ativa sobre a economia e sobre a sociedade, com o intuito de assegurar o bem-estar e os direitos dos cidadãos por meio de variados instrumentos que incluem: a tributação progressiva, os serviços públicos, as políticas públicas, o planejamento e a regulação. Essas ferramentas apresentam, contudo, variações significativas em sua utilização, indicando haver diferentes caminhos legislativos. Podem existir abordagens mais socializantes, em que o Estado assume um papel proativo e interventivo na economia, promovendo políticas redistributivas, e estratégias mais conservadoras que priorizam a proteção dos interesses de mercado e dos investidores, incentivando os investimentos e, teoricamente, garantindo um funcionamento estável da economia (Bucci, 2023).

Essas perspectivas são evidentes nas iniciativas de implementação do direito de moradia a partir do instrumento jurídico do aluguel. Algumas medidas legais visam claramente fomentar o mercado e incentivar os investimentos no setor, tais como: isenções tributárias para construção de moradia, financiamentos subsidiados, regulação de contratos mais próximos aos interesses do proprietário, locação social viabilizada por parceria público-privada. Em contrapartida, há também medidas que buscam desmercantilizar o acesso à moradia, promovendo uma atuação mais direta do Estado, como o controle dos preços do aluguel, a locação social de provimento público, entre outros.

A despeito da atual predominância das concepções mais conservadoras, é importante salientar que a realidade e o Estado estão sempre em disputa. O contexto pós-pandêmico, marcado por uma profunda crise econômica, propicia oportunidades de revitalização e reformulação do Estado Social, abrindo espaço para medidas mais interventivas no setor de aluguel, com o intuito de restabelecer a coesão social. A gênese do Estado Social está ligada a contextos marcados por graves crises e ameaças revolucionárias, a partir de lutas e batalhas políticas e ideológicas, com a construção de consenso em torno de determinadas ideias centrais e com o sistema jurídico exercendo um papel significativo em institucionalizar práticas imbuídas de valores como a justiça social e o respeito aos direitos fundamentais. Apesar de a conjuntura atual apresentar significativos desafios, deve-se salientar que a humanidade já superou adversidades maiores no passado recente (nazismo, regimes totalitários e destruição nuclear), permanecendo a possibilidade de se fazer o mesmo no presente (Bucci, 2023).

Este livro concentra-se na análise da viabilidade do aluguel como um instrumento de implementação do direito à moradia, a partir da ótica e do contexto apresentados. Em primeiro lugar, utilizando-se dos conceitos da dogmática jurídica, pode-se classificar o aluguel como uma atividade econômica em sentido estrito e como um serviço público. A partir dessa classificação, localiza-se o aluguel dentro do texto constitucional, especificamente no âmbito da ordem econômica e financeira. Com base nessa categorização e nessa espacialização constitucional, abre-se espaço para analisar e identificar as modalidades e o regime jurídico-constitucional de atuação estatal sobre o setor. Além disso, as possibilidades jurídicas de atuação estatal na concretização do direito à moradia por meio do aluguel estão intrinsecamente atreladas à destinação do fundo público para esse fim. Dessa forma, este livro se dedica a examinar o aluguel e suas possibilidades dentro desse quadro jurídico-político. Ao fazer isso, espera-se oferecer contribuições valiosas para o debate jurídico e para a formulação de estratégias eficazes que possam garantir o direito à moradia digna para todos.

O estudo analisou as políticas públicas habitacionais baseadas em aluguel e como o direito se estrutura nelas, partindo do pressuposto de que as lições tradicionais e os binarismos (permitido/proibido, ato vinculado/ato discricionário) do direito administrativo tradicional são imperfeitos para explicar e coordenar os mecanismos de implementação de direitos formulados pelo Estado brasileiro. Um estudo das políticas públicas focado exclusivamente no controle de seus atos se mostra incapaz de regular a realidade dinâmica dessas políticas. Uma abordagem que restringe a análise à validade ou à eficácia jurídica tem pouco impacto e utilidade para a realidade das políticas públicas. Busca-se, portanto, entender o estado em ação, com toda sua complexidade. Assim, o livro adotou um enfoque mais voltado à implementação e à coordenação das ações estatais, com base nos estudos desenvolvidos por Maria Paula Bucci (Bucci, 2006a, 2006b, 2015, 2019, 2021; Bucci; Coutinho, 2017) e Coutinho (2013), entre outros.

As fontes utilizadas na pesquisa foram as bibliográficas e documentais, adotando uma abordagem analítica. Buscou-se fazer um mapeamento e levantamento do conteúdo dos atos normativos que estruturam as fragmentadas políticas baseadas em aluguel, incluindo diversos atos normativos infralegais, manuais de orientações, entre outros. As políticas públicas baseadas em aluguel são arranjos institucionais que congregam um intrincado regime jurídico com diversos conflitos políticos. Assim, a *abordagem direito e políticas públicas* (DPP) foi utilizada, uma vez que a complexidade do tema tratado exigia uma análise abrangente e prospectiva sobre o objeto pesquisado (Bucci, 2019).

Dessa forma, visou-se à "compreensão teórica do papel do direito na estruturação e dinâmica das políticas públicas e a proposição de modelos jurídicos para a construção de novos arranjos" (Bucci, 2008, p. 248). O livro é composto por esta introdução, três capítulos e uma conclusão final. O primeiro capítulo trata especificamente do aluguel como uma atividade econômica em sentido estrito, o setor privado de aluguel – regido pela Lei de Inquilinato. Inicialmente, são apresentadas reflexões sobre a necessidade de intervenção no setor para a estabilidade do mercado locatício, com base em literatura específica. Assentada a necessidade de atuação interventiva do Estado no setor, passa-se a estudar as modalidades interventivas possíveis de serem executadas pelo Estado. Analisa-se a modalidade de intervenção estatal no domínio econômico por absorção e participação, em que o Estado atua diretamente no setor, e examina-se a possibilidade de a atividade exercida pelas companhias habitacionais espalhadas pelo país se encaixar nessa classificação. Posteriormente, analisa-se a intervenção sobre o domínio econômico, começando pela intervenção por direção, em que o Estado estabelece normas compulsórias para os sujeitos da atividade econômica. Especificamente, examina-se a regulação dos contratos de aluguel, suas possibilidades de estruturação e as visões políticas presentes no processo legislativo que originou a atual Lei de Inquilinato. Em seguida, explora-se a *intervenção por indução* e as técnicas jurídicas de estímulo a determinadas condutas que favoreçam o aumento da oferta de habitação, incentivem o cumprimento da função social da propriedade e auxiliem a demanda por habitação. Por último, examina-se a viabilidade de se formular uma política de habitação centrada no aluguel, particularmente como uma linha de atendimento do Programa Minha Casa Minha Vida. Nesse contexto, são analisados os desafios e os obstáculos jurídicos que precisam ser enfrentados para estabelecer uma política nacional de aluguel, propondo estratégias para superá-los.

O segundo capítulo aborda especificamente a locação social de promoção pública, que se configura como um serviço público prestado diretamente pelo Estado, nos termos do art. 175 da CRFB/1988. Primeiramente, estabelece-se o conceito jurídico dessa política pública e diferencia-se de outras estratégias existentes no universo de políticas nacionais. Posteriormente, examinam-se algumas experiências fragmentárias e incipientes no Brasil, além de analisar a produção federal normativa sobre o tema. Realiza-se uma crítica da literatura jurídica sobre a temática, destacando como ela não considera o contexto atual de contenção dos gastos públicos e de mercantilização da moradia. Passado o momento crítico, entra-se na implementação da política e examinam-se os diversos mecanismos jurídicos existentes, aptos a concretizar uma política desse tipo. Procede-se a uma análise crítica sobre o Programa de Locação Social implementado na cidade de São Paulo, utilizando-se do quadro de referências de análise de políticas públicas elaborado por Maria Paula Dallari Bucci (2015). Por último, o capítulo aborda a viabilidade de que se estabeleça uma política habitacional baseada na locação social de provimento público, considerando-se especialmente a inclusão dessa abordagem como uma linha de atendimento do Programa Minha Casa Minha Vida.

O terceiro capítulo é dedicado ao estudo da locação social como um serviço público prestado indiretamente pelo Estado mediante delegação, nos termos do art. 175 da CRFB/1988, ou seja, a locação social de mercado viabilizada por meio de parcerias público-privadas (PPPs). O capítulo começa estabelecendo uma definição desse tipo de política e situando-a em um contexto mais amplo de reestruturação do papel do Estado na prestação de serviços, de agente provedor para regulador de serviços. São abordadas as estratégias para a promoção de serviços públicos via PPP, e analisado o papel fundamental das agências de fomento nessa propagação. Ademais, argumenta-se que a adoção do modelo jurídico de PPPs não é fruto de mero cálculo matemático, mas de decisões políticas que priorizam determinados gastos públicos em detrimento de outros. Examina-se, também, de que maneira essa reconfiguração do papel do Estado abre espaço para a formulação de mecanismos legais que incentivam a participação e a contribuição do setor privado na elaboração de políticas e de projetos públicos, como é o caso do Procedimento de Manifestação de Interesse. O trabalho aborda especificamente a política pública de habitação desenvolvida no governo Bolsonaro, chamada Programa Aproxima, que se alinha a esse procedimento. Posteriormente, concentra-se seus esforços na análise da estruturação da locação social de mercado a partir da PPP, com concessão de benefícios e uma estrutura legal voltada à garantia da rentabilidade do parceiro privado. Na sequência, examina-se os encargos da concessionária, especificamente a concepção de moradia como serviço que fundamenta as obrigações contratuais impostas ao parceiro privado. Nesse ponto, com o intuito de ilustrar a estruturação legal e contratual desses benefícios bem como o desenho contratual da moradia enquanto serviço, são examinados dois projetos de PPPs para locação: o Projeto de Locação Acessível Residencial – LAR e o projeto de implementação de locação social de mercado da cidade de São Paulo.

Por último, o capítulo aborda o surgimento e o fortalecimento de uma estrutura federal voltada a fortalecer e a estimular a colaboração e a parceria entre o Estado e os agentes privados, chamada de Programa de Parcerias de Investimentos. Discutem-se aqui os percursos históricos e a formulação de dois programas de locação social via PPP nesse órgão, sendo um situado em Recife/PE e outro em Campo Grande/MS. A seleção desses programas é justificada pelo potencial de replicabilidade desses modelos em outras regiões da federação, em razão do poder indutivo da União. Para concluir, o capítulo investiga a viabilidade de implementar uma política nacional de habitação que incorpore a locação social de mercado, considerando-a uma linha estratégica do Programa Minha Casa Minha Vida.

Nas considerações finais, são destacadas as principais contribuições teóricas e práticas deste livro e as respostas às questões propostas.

Uma vez concluída a introdução, o mapeamento e o roteiro do livro, inicia-se o seu percurso.

CAPÍTULO 1

O SETOR PRIVADO DE ALUGUEL RESIDENCIAL (SPAR) E A INTERVENÇÃO DO ESTADO NA ATIVIDADE ECONÔMICA EM SENTIDO ESTRITO

O presente capítulo tem por objetivo estudar a intervenção do Estado no Setor Privado de Aluguel Residencial, examinando as múltiplas ferramentas jurídicas disponíveis para o estímulo e o bom funcionamento do setor. Além disso, discute-se a possibilidade de estruturação de uma política nacional centrada no aluguel. Denomina-se de Setor Privado de Aluguel Residencial todo o universo de locação em que um proprietário aluga um imóvel residencial a um inquilino. Nesse contexto, o locador pode ser uma pessoa física, uma empresa imobiliária ou mesmo um fundo investidor. Os locatários negociam diretamente com um proprietário individual ou com uma empresa imobiliária responsável pela administração e gestão do imóvel. O SPAR é conceituado neste livro como uma atividade econômica em sentido estrito. No direito brasileiro, essa atividade é preferencialmente reservada à iniciativa privada (Grau, 1981). A atuação interventiva do Estado nesse setor ocorre sob quatro modalidades: a intervenção por absorção ou participação, hipóteses em que o Estado assume parte ou completamente o setor, conforme o art. 173 da CRFB/1988; a intervenção por direção em que o Estado estabelece normas de comportamento compulsório; e a intervenção por indução, em que o ente estatal tenta direcionar a ação dos agentes privados, essas duas hipóteses estão previstas no art. 174 da CRFB/1988.

A primeira seção deste capítulo explora detalhadamente as diversas ferramentas jurídicas de intervenção no SPAR voltadas à produção de novas moradias de aluguel e à otimização do parque locatício já estabelecido. No item 1.1, analisa-se a intervenção estatal de forma ampla, como gênero, e sua importância na estruturação e na manutenção do setor privado de aluguel, contrapondo certas percepções comuns de que o Estado seria um ator estranho e parasitário nesse setor econômico, argumentando pelo seu papel fundamental e estruturante. Avançando para o item 1.2, inicia-se a análise das espécies de intervenção, estudando as empresas públicas de habitação e examinando a possibilidade de intervenção no setor de habitação na modalidade de absorção ou de participação, considerando o Estado como um agente interventivo direto no setor.

O item 1.3 é o mais extenso deste capítulo, aprofundando-se na espécie de intervenção sobre o domínio econômico no SPAR, nas modalidades intervencionistas do Estado e na regência constitucional dessa atuação – com princípios constitucionais de corte distributivo e econômico. Na seção 1.3.1, analisa-se especificamente a ação interventiva do Estado por direção e a regulação legislativa dos contratos de locação. Discute-se a variedade de abordagens que podem ser adotadas no contexto regulatório, considerando as perspectivas relacionadas aos direitos do proprietário e do locatário, com diferentes nuances regulatórias. Além disso, há uma análise detalhada do processo legislativo que originou a atual Lei de Inquilinato, identificando a perspectiva predominante que influenciou sua estruturação. Prosseguindo, o item 1.3.2 foca na intervenção estatal por indução e nas técnicas disponíveis ao Estado brasileiro para o fomento do setor de aluguel. Essa parte do capítulo abrange as técnicas jurídicas de indução que favorecem o aumento da oferta de habitação, incentivam o cumprimento da função social da propriedade e auxiliam a demanda por habitação, trazendo uma visão abrangente sobre as ferramentas interventivas disponíveis ao Estado.

A segunda parte do capítulo, delineada na seção 1.4, examina a viabilidade de formular uma política de habitação centrada no aluguel, particularmente como uma linha de atendimento do Programa Minha Casa Minha Vida. Nesse contexto, a seção analisa os desafios e obstáculos jurídicos que precisam ser enfrentados para estabelecer uma política nacional de aluguel e propõe estratégias para superá-los. Por fim, a seção 1.5 apresenta as conclusões parciais do capítulo.

Com o caminho estabelecido, passa-se a percorrê-lo.

1.1 A centralidade do papel do estado na existência e no funcionamento do setor privado de aluguel residencial

Esperemos que no Congresso não surjam modificações de cunho demagógico ou "populista", que restrinjam o efeito de liberalização da lei e façam o inquilinato continuar artificial e antimercado, como sempre foi (O anteprojeto [...], 1991). As relações entre o locador e o locatário de imóveis, no Brasil, devem a sua complexidade e os seus desequilíbrios às políticas dirigistas que, em nome do interesse social, passaram a controlar o setor a partir de certo momento. [...] O mercado acabou perdendo completamente os balizamentos da oferta e da demanda. O resultado foi a escassez de imóveis para alugar e um regime desconexo de preços da locação (Distensão [...], 1991).

Os excertos transcritos foram retirados de editoriais publicados em meio à análise, por parte do Congresso Nacional, do Projeto de Lei da Câmara n. 912/1991, posteriormente transformado na Lei n. 8.245/1991, também chamada de Lei do Inquilinato. Os fragmentos, em que pese lançados no início da década de noventa, mimetizam um conjunto de ideias muito recorrentes e atuais sobre o mercado habitacional e mais especificamente sobre o Setor Privado de Aluguel Residencial. Os editoriais partem da ideia de que haveria dois domínios estanques, quais sejam, o mercado e o Estado, sendo um estranho ao outro. Existiria, portanto, um mercado habitacional autônomo e independente de qualquer comportamento estatal, além disso, esse mercado funcionaria melhor e mais eficientemente na medida em que fosse deixado livre de qualquer ingerência estatal. Nas palavras usadas, as modificações demagógicas e populistas criam um mercado locatício artificial e antimercado.

Nesse sentido, ocorreria uma contraposição entre o mercado artificial criado pela interferência do Estado e um mercado espontâneo entendido como autorregulado e como uma rede independente e mais eficiente de mecanismos de alocação de recursos. Subentende-se, então, que um mercado privado com uma regulação mínima ou inexistente conseguiria satisfazer mais eficazmente as necessidades habitacionais da população, ou seja, a carência de unidades habitacionais para locação seria resolvida na medida em que se retirassem as regulações estatais existentes, regulações essas que produzem barreiras artificiais e antimercado para a livre movimentação e negociação das habitações.

Nessa ordem de ideias, o Estado é visto como um elemento externo e indesejável que atua de forma parasitária no setor, criando barreiras artificiais que embaraçam a fluência e o desenvolvimento do mercado locatício. A ação estatal, nesse diapasão, longe de resolver um problema, acaba por deixar mais frágil a condição de quem procura moradia para viver. A suposta atuação indevida do Estado, no intuito de beneficiar os hipossuficientes, é uma solução patogênica que torna o problema habitacional ainda mais problemático. A resposta propagada, então, passaria não por aperfeiçoar os modelos regulatórios existentes, mas por diminuir os obstáculos impostos pelo Estado sobre o setor, reduzindo a regulação estatal e tornando-a mais flexível (o que o jornal chama de liberalização).[13]

Contudo a afirmação de que o Estado é um agente estranho ao funcionamento da economia é bastante questionável. Os mercados são, essencialmente, instituições garantidas e preservadas pela atuação estatal, e o ordenamento jurídico é condição essencial ao funcionamento da economia, não sendo possível a existência de mercados desvinculados do Estado. Nesse sentido, Vital Moreira (1987, p. 139-143) argumenta que "a economia não é um domínio independente do Estado [...] hoje o Estado faz parte da economia e a economia faz parte do Estado" e que não seria possível uma "economia isenta do Estado. Isso é historicamente irrealizado", sendo necessário "afastar-se a concepção liberal e o seu postulado da estanquidade dos domínios do político (e do jurídico) e do econômico", uma vez que haveria uma dissolução da "fronteira entre o Estado e a economia". Na mesma linha de raciocínio, Fernando Facury Scaff (2001, p. 77) expõe que Estado e economia não podem ser vistos como coisas distintas e que o agir estatal no domínio econômico é necessário e compulsório, não havendo possibilidade de subsistir qualquer concepção que propague uma separação entre o econômico e o político. Com a mesma percepção, Nusdeo (2020, p. 191) assevera que a palavra intervenção poderia trazer uma ideia imprecisa de transitoriedade e

---

[13] Nesse mesmo sentido, a conclusão de Madden e Marcuse (2016, p. 78, tradução nossa): "Para aqueles que acreditam no mito do Estado Intrometido, a política habitacional seria uma cadeia de ações fracassadas. Nessa perspectiva, um mercado eminentemente privado, com uma regulação mínima, produziria o melhor de todos os resultados habitacionais. A interação do mercado revela tanto o custo da oferta quanto os níveis de demanda efetiva [...] se a oferta não responder adequadamente, o problema está na regulação governamental que dificulta sua livre operação. Para alcançar essa situação ideal de habitação, é necessária a remoção, não a melhoria, da regulação. O estado é desnecessário e contraproducente. A conclusão: tirar o governo da habitação".

excepcionalidade do comportamento do Estado no domínio econômico, mas que, entretanto, essa não seria hodiernamente a realidade, uma vez que o Estado não mais atua de forma atípica no sistema econômico, sendo um agente e habitual participante dos mercados.

Eros Grau (2018, p. 29-31) afirma que o mercado é uma instituição jurídica destinada a regular e a manter determinadas estruturas de poder que asseguram a prevalência dos interesses de certos grupos sobre os interesses de outros grupos. O professor afirma que o mercado não é uma instituição que nasce natural e espontaneamente, mas sim uma instituição que surge a partir da criação de determinados arquétipos institucionais e de normas jurídicas que regulam, limitam e conformam, sendo, portanto, um *locus artificialis*. Grau (2018) conclui reiterando que a sociedade capitalista é essencialmente jurídica e o Direito atua como mediação específica e necessária das relações de produção, relações essas que não poderiam existir sem o direito positivo posto pelo Estado, o direito garante a calculabilidade e a previsibilidade que tornam possível a existência da economia de mercado. O mercado é um *locus artificialis* e não um *locus naturallis*. Isso implica dizer que o direito configura e formata o regime de circulação de bens por meio de um conjunto de normas que tornam possíveis a previsibilidade e a coercibilidade dos comportamentos dos indivíduos. O caráter superficial emana das decisões políticas instrumentalizadas pelo direito. Essas decisões são marcadas pela transitoriedade e historicidade, sendo mutáveis no tempo.

Assim o sistema capitalista não existiria sem uma disciplina legal que o salvaguardasse e sem uma intervenção que garantisse sua fluidez "por isso que, em rigor, os que pretendem desregular a economia nada mais desejam, no fundo, senão uma mudança nas técnicas de regulação, de modo a elevar a eficácia reguladora da atuação estatal" (Grau, 2014, p. 136). O discurso da liberalização, da desregulação e da retirada do Estado da economia nada mais é do que a concessão aos agentes econômicos de uma maior liberdade frente aos controles do Estado e às restrições legais, dentro de uma estrutura de mercado altamente regulada e dentro de um minucioso *framework* legalmente estabelecido pelo Estado (Aalbers, 2016).

A concepção de que haveria uma separação entre o Estado e o mercado não encontra respaldo na realidade, tratando-se, portanto, de domínios dependentes, comunicáveis e interligados. Especificamente sobre a assertiva de que o Estado é um agente alheio ao funcionamento do SPAR, deve-se observar que a provisão habitacional sempre foi majoritariamente dependente e vinculada à ação do Estado, sendo a intervenção estatal primordial para a conformação e o funcionamento dos mercados locatícios. De várias formas, o Estado torna a moradia possível: certifica e regula como devem ser feitas as construções habitacionais por meio dos códigos de obras, dos Planos Diretores, das Leis de Uso e Ocupação de Solo; emite licença urbanística e ambiental para construção em áreas do território urbano; regula e fornece serviços de infraestrutura urbanas – como eletricidade, pavimentação, saneamento, transporte – dos quais depende a habitação; disciplina o direito de propriedade que possibilita a compra, venda e o aluguel das unidades habitacionais; fornece os meios jurídicos hábeis para a execução fiel dos contratos; regula as relações jurídicas, tornando possíveis os negócios jurídicos em torno da habitação; destina investimentos orçamentários para a construção de habitação; organiza os investimentos financeiros no setor (Madden; Marcuse, 2016).

A afirmação de que o Estado deveria sair dos mercados de aluguel é irrealizável simplesmente porque a locação é moldada e garantida pela própria atuação estatal. O Setor Privado de Aluguel Residencial existe em razão do Estado e não apesar dele. A questão, então, será sempre *como* o Estado deve atuar no setor habitacional e não *se* deve agir sobre ele. Nessa atuação, o poder estatal faz escolhas que podem privilegiar alguns grupos ou classes em detrimento de outros, ou podem conceder a determinados atores uma posição mais forte ou mais fraca em relação a questões residenciais específicas (Madden; Marcuse, 2016).

O SPAR é uma *atividade econômica em sentido estrito*. A CRFB/1988 estabelece que nesses casos a atuação estatal pode ocorrer sob quatro modalidades, quais sejam: a intervenção por absorção ou por participação, a intervenção por direção e a intervenção por indução (Grau, 2018). Os próximos itens debruçar-se-ão sobre essas espécies de atuação estatal e como elas se dão no setor privado de locação.

1.2 As empresas públicas de habitação e a intervenção no domínio econômico

O SPAR é uma *atividade econômica em sentido estrito*. Trata-se, juridicamente, de uma atividade exercida preferencialmente pelo setor privado e que pode ser executada pelo setor público, de forma suplementar ou em regime de monopólio (participação ou absorção), conforme estabelecido pelo art. 173 da CRFB/1988. Quando o Estado atua diretamente na economia de forma suplementar e em monopólio, está-se diante de uma *intervenção no domínio econômico* (Grau, 2018). Nesses casos, as empresas estatais podem absorver inteiramente um determinado setor ou participar como um ator, competindo com outras empresas privadas (Nusdeo, 2020).

No contexto brasileiro, em razão de políticas indutivas federais postas em prática durante o regime militar, existem várias empresas públicas direcionadas ao setor habitacional (Arretche, 2002). Por exemplo, em São Paulo, há a Companhia de Desenvolvimento Habitacional Urbano (CDHU). No nível municipal, é muito comum encontrar empresas estatais denominadas de Companhia de Habitação (Cohab). Todas essas empresas, municipais ou estaduais, foram criadas com o intuito de facilitar o acesso da população à moradia de interesse social, construindo unidades habitacionais com preços subsidiados e as repassando aos beneficiários das políticas habitacionais.

Destaca-se, entretanto, que essas companhias habitacionais não atuam propriamente como agentes econômicos autônomos dentro de um determinado mercado e também não produzem moradias para vender em regime de competição com outras empresas. Com efeito, essas entidades administrativas são braços de execução das políticas habitacionais das suas respectivas unidades federativas. Assim, suas atividades não estão sujeitas à concorrência de mercado e não visam ao lucro, tendo sua sustentação econômica e financeira provida pelas administrações às quais estão vinculadas.

Por essas características, parte da doutrina jurídica defende que a atividade exercida por essas empresas seria típica da Administração Pública e que não se encaixaria no conceito de *atividade econômica no sentido estrito* (Martins, 2018; Carraza, 2013). Celso Antônio Bandeira de Mello (2021, p. 170-171) argumenta que essas empresas seriam mais bem conceituadas como empresas públicas prestadoras de serviços públicos ou coordenadoras de obras públicas, e seu regime jurídico atrairia o influxo mais acentuado de princípios e regras do direito administrativo.

Atualmente, o enquadramento e a natureza das atividades dessas empresas estão sendo discutidos pelo Supremo Tribunal Federal (STF) no Recurso Extraordinário n. 1.289.782. A repercussão geral da matéria foi reconhecida, e o plenário do tribunal discutirá se as estatais de construção de moradias para famílias de baixa renda exercem atividade econômica ou prestam serviço público e se, por conseguinte, têm direito à imunidade tributária recíproca dispensada às empresas estatais prestadoras de serviço público. O caso concreto discute uma decisão do Tribunal de Justiça do Estado de São Paulo, que decidiu que a CDHU tem direito à imunidade de Imposto sobre a Propriedade Predial e Territorial Urbana (IPTU) em razão da imunidade recíproca prevista no artigo 150, inciso VI, da CRFB/1988. Confira-se a ementa do tema n. 1.122 do STF:

> *Questão submetida a julgamento*: Recurso extraordinário em que se discute à luz dos artigos 150, VI, a, § 2º e § 3º, e 173, § 2º da Constituição Federal a regra da imunidade tributária recíproca considerando-se a situação concreta de viabilização do direito de moradia a famílias de baixa renda, executada por sociedade de economia mista prestadora de serviço público essencial, cuja participação societária pertence quase que integralmente ao Estado (Brasil, 2020a).

Em nosso estudo, defende-se a posição de que essas empresas não representam um exemplo de *intervenção do Estado no domínio econômico*, pois os serviços prestados estão mais alinhados ao regime jurídico público do que ao regime jurídico de direito privado. Nesse sentido, há a prestação de um serviço público essencial, sem que essas entidades operem em um ambiente de concorrência de mercado. Além disso, essas empresas dependem diretamente dos entes políticos que as criaram e servem como instrumento de execução e de auxílio do Estado para implementação de políticas públicas vitais à população. Portanto, não são um exemplo de *atividade econômica em sentido estrito* e nem mesmo de *intervenção no domínio econômico*. Entretanto, a participação das empresas estatais no mercado, produzindo e disponibilizando unidades habitacionais para venda e para locação, poderia ser uma estratégia interessante para impactar positivamente a qualidade e a quantidade de moradias disponíveis. Tal atuação poderia contribuir para: (a) aumentar a oferta de moradias a preços acessíveis; (b) regular os preços, uma vez que a atuação direta poderia oferecer unidades mais baratas, ajudando a controlar o aumento dos preços no setor habitacional; (c) garantir a qualidade e padronização das moradias; (d) estimular a concorrência entre os agentes de mercado; e (e) incorporar práticas sustentáveis na construção das moradias, com uso de materiais ecológicos e eficiência energética, entre outros. Em síntese, a *intervenção no domínio econômico* no setor de habitação é uma ferramenta que poderia trazer acessibilidade, qualidade e sustentabilidade ao setor habitacional, beneficiando a população com uma maior oferta de moradias adequadas.

1.3 A intervenção sobre o domínio econômico no SPAR

Por outro lado, o Estado pode atuar sobre a *atividade econômica em sentido estrito*. Trata-se, aqui, da espécie de intervenção sobre o domínio econômico (Grau, 2018). Nessa modalidade, o ente estatal atua por regulação. Por regulação, deve-se entender como "toda a atividade estatal sobre o domínio econômico que não envolva a assunção direta de exploração da atividade econômica" (Marques Neto, 2011, p. 96). Vital Moreira (1997, p. 34) define operacionalmente o conceito de regulação como "o estabelecimento e a implementação de regras para a atividade econômica destinadas a garantir o seu funcionamento equilibrado, de acordo com determinados objectivos políticos".

Há uma ampla gama de medidas regulatórias disponíveis para o Estado atuar sobre o SPAR: os tributos, os benefícios fiscais, as subvenções, as verbas orçamentárias, assim como as regulamentações, a coordenação, a fiscalização, o fomento, o planejamento etc. Todos esses mecanismos devem ser usados com o intuito de atingir os fins constitucionais estabelecidos no art. 3º da CRFB/1988[14] e com o balizamento dos princípios da ordem econômico-financeira dispostos no art.170 da CRFB/1988.[15] Eros Grau (2018) divide esse amplo plexo de medidas de regulação em duas espécies: as relativas à intervenção por direção e as relativas à intervenção por indução.

A intervenção por direção seria os mecanismos e as normas compulsórias que impõem um determinado tipo de conduta aos agentes econômicos. Trata-se de comandos imperativos e cogentes que obrigam certos comportamentos a serem cumpridos pelos agentes que atuam

---

[14] É o texto do art. 3º: "Constituem objetivos fundamentais da República Federativa do Brasil: I - construir uma sociedade livre, justa e solidária; II - garantir o desenvolvimento nacional; III - erradicar a pobreza e a marginalização e reduzir as desigualdades sociais e regionais; IV - promover o bem de todos, sem preconceitos de origem, raça, sexo, cor, idade e quaisquer outras formas de discriminação" (Brasil, 1988).

[15] É o texto do art. 170: "A ordem econômica, fundada na valorização do trabalho humano e na livre iniciativa, tem por fim assegurar a todos existência digna, conforme os ditames da justiça social, observados os seguintes princípios: I - soberania nacional; II - propriedade privada; III - função social da propriedade; IV - livre concorrência; V - defesa do consumidor; VI - defesa do meio ambiente, inclusive mediante tratamento diferenciado conforme o impacto ambiental dos produtos e serviços e de seus processos de elaboração e prestação; VII - redução das desigualdades regionais e sociais; VIII - busca do pleno emprego; IX - tratamento favorecido para as empresas de pequeno porte constituídas sob as leis brasileiras e que tenham sua sede e administração no País. Parágrafo único. É assegurado a todos o livre exercício de qualquer atividade econômica, independentemente de autorização de órgãos públicos, salvo nos casos previstos em lei" (Brasil, 1988).

no campo da *atividade econômica em sentido estrito*. A intervenção por indução, por sua vez, seria as normas dispositivas que contenham incentivos, indicações e auxílios aos agentes econômicos para que procedam e atuem de determinada forma (Grau, 2018).

A regulação do SPAR, nos termos da CRFB/1988, precisa harmonizar e assentar propósitos constitucionais de diferentes matizes que, por vezes, podem parecer antagônicos. Nesse sentido, ao tempo em que a CRFB/1988 consagra como princípios fundantes da ordem econômico-financeira a propriedade privada (art.170, II), a livre concorrência (art.170 IV) e o livre exercício de qualquer atividade econômica (parágrafo único do art. 170), também elege a redução das desigualdades regionais e sociais (art. 170, II) e a dignidade da pessoa humana (art. 1º III) como, respectivamente, preceito orientador da Constituição Econômica e fundamento da República. Ainda, o *caput* do art. 170 estabelece a existência digna e os ditames da justiça social como princípios fundacionais da Ordem Econômica Constitucional. Adicionalmente, o §4º, art. 173, da CRFB/1988, indica que deverá ser coibido o abuso do poder econômico que vise à dominação dos mercados, à eliminação da concorrência e ao aumento arbitrário dos lucros.

O arcabouço constitucional descrito nos traz o entendimento de que a regulação do SPAR deve equilibrar razões de corte distributivo (a maneira como recursos, benefícios e encargos são distribuídos entre os membros da sociedade) e econômico (eficiência, crescimento, estabilidade econômica). É dizer que o Estado, ao exercer a regulação, deve ter como direção e como norte tanto a manutenção da atividade econômica quanto a realização de objetivos sociais constitucionalmente almejados (Marques Neto, 2011). O texto constitucional apresenta balizamentos estatutários (o que é) e diretivos (o que deve ser). Assume para si o reconhecimento do sistema capitalista como regime de produção e a manutenção de suas condições de reprodução, ao tempo em que projeta um chamamento à justiça social e às políticas de índole redistributiva (Franzoni, 2014).[16]

Essa distinção faz com que a doutrina identifique dois tipos de regulação, quais sejam, a de cunho econômico e a de feição social. Na

---

[16] Os termos diretivo e estatutário são utilizados por Moreira (1976). Eros Grau (2018) também se utiliza dessa ideia: "as Constituições, em geral, não permanecem exclusivamente estatutárias, transformando-se, de sorte a assumirem feição diretiva". Gilberto Bercovici (2005, p. 36) denomina esses termos de forma distinta, usando as expressões "fórmula política" e "cláusula transformadora".

regulação econômica, o propósito seria a manutenção e a preservação da atividade econômica em si, a preservação "do que é". Sob outro enfoque, a regulação social tem um escopo diretivo, com desígnio eminentemente distributivo, buscando o "que deve ser".

Diogo Coutinho (2014) argumenta que há razões econômicas e não econômicas para a regulação dos mercados. Entre as razões de atributo econômico, estariam as falhas de mercado como os monopólios, as externalidades, as assimetrias de informações e a racionalidade limitada dos agentes econômicos. Tais falhas legitimariam a intervenção estatal, uma vez que a interferência do Estado seria mais efetiva que a autorregulação dos mercados. De outra sorte, as razões não econômicas seriam aquelas que transcendem os limites da eficiência pura, tais quais: a proteção de populações vulneráveis, a obrigação de universalização de direitos, o fornecimento e a continuidade dos serviços, a garantia da qualidade do serviço, a defesa de parâmetros ambientais sustentáveis etc. Coutinho (2014, p. 102) conclui que:

> [...] a regulação pode ser influenciada pelo objetivo de se obter alocações equânimes, de acordo com valores de justiça distributiva ou com objetivos redistributivos. Compreende que, de modo geral, visões redistributivas da regulação entendem que alocações exclusivamente resultantes de dinâmicas de mercado não são necessariamente justas. Nesse sentido, uma alocação de recursos pode resultar eficiente sem, contudo, ser equânime desde o ponto de vista redistributivo – na prática, do ângulo da transferência de renda dos mais ricos para os mais pobres.

No mesmo sentido, Vital Moreira (1987) alega que a regulação econômica tem por desígnio a regulação da atividade econômica em si e para si. Por outro lado, a regulação social tem metas exteriores à atividade econômica, como, por exemplo, a proteção ambiental e a defesa dos consumidores.

Assim sendo, a regulação do SPAR recebe o influxo dessas duas ordens. Nos termos dos artigos 2º, 3º e 170, da CRFB/1988, a regulação do Estado não pode ser lastreada unicamente pela racionalidade econômica, dado que os princípios constitucionais da ordem econômico-financeira e os fundamentos e objetivos constitucionais da República Federativa do Brasil preconizam uma ação do Estado voltada igualmente à realização de objetivos sociais. O Estado necessita, portanto, compatibilizar de forma equilibrada a promoção de seus fins sociais com a manutenção e a preservação da atividade econômica regulada.

A regulação estatal é uma possibilidade de atuação do Estado sobre o domínio econômico. Os próximos tópicos abordam os diversos mecanismos de intervenção sobre o SPAR.

1.3.1 Intervenção sobre o domínio econômico – a regulação do SPAR

A ausência de intervenções estatais *no domínio econômico*, no campo da moradia, contrasta com uma ênfase estatal nas intervenções sobre o mercado de locação. Essa tendência é observada tanto no Brasil quanto no contexto internacional (OCDE, 2022; Pero *et al.*, 2016). Com essas ações, o Estado, a partir de incentivos e de *frameworks* legais, pretende ampliar a oferta de imóveis para aluguel, diminuindo os preços e, consequentemente, moderando os dispêndios familiares destinados aos gastos com moradia. Embora as políticas de controle de preço de aluguel sejam o aspecto mais evidente dessa intervenção e frequentemente o foco mais acalorado do debate público, ela é apenas um dos vários elementos do regime regulatório do SPAR. Esse regime jurídico é mais amplo e mais abrangente, incluindo desde incentivos fiscais e econômicos para ampliar a oferta habitacional e regularizar a demanda até o disciplinamento das hipóteses legais de despejo e das regras sobre a duração determinada ou indeterminada da locação (Whitehead *et al.*, 2012).

Ressalte-se, ainda, que a eficácia global do SPAR não é determinada apenas por um único elemento desse plexo regulatório, mas sim pela combinação de diversos fatores que conferem estabilidade ao setor. Logo não se deve separar um componente isolado do SPAR de seu conjunto regulatório. Atente-se, por outro lado, que essa regulação é o reflexo da história, dos arranjos institucionais, fiscais e políticos de um determinado contexto específico, assim como das trajetórias distintas de mercado e de temporalidade, por isso o uso comparativo dos exemplos internacionais deve ser feito com cautela e precaução, uma vez que nenhum modelo regulatório pode ser simplesmente transposto de um país para o outro (Scanlon, 2008; UN-Habitat, 2011).

Nesse sentido, as próximas sessões irão analisar especificamente as diversas formas de medidas interventivas sobre o SPAR.

1.3.1.1 A intervenção do Estado por direção – a regulação legislativa dos contratos de locação

Ao longo do tempo, os contratos passaram por significativas transformações em razão da influência de acontecimentos e de influxos sociais, especialmente aqueles ligados aos diferentes modelos econômicos adotados historicamente. Em particular, o contrato de locação sofreu impactos múltiplos dessas circunstâncias (crescimento acelerado dos grandes centros urbanos, déficit habitacional, escaladas inflacionárias, pressão demográfica). A visão tradicional do contrato associa-se a um modelo econômico liberal em que a vontade é o elemento primordial da relação negocial, definindo-o como um acordo de vontades com o objetivo de gerar efeitos jurídicos. Nesse sentido, Pontes de Miranda (2000) concebia o contrato como um negócio jurídico que estabelece entre duas ou mais partes relações jurídicas ou as modifica ou as extingue. Caio Mário (2017, p. 246) conceitua como "acordo de vontades, na conformidade da lei, e com finalidade de adquirir, resguardar, transferir, conservar, modificar ou extinguir direitos". O contrato de locação, inserido nessa lógica, também foi e muitas vezes ainda é definido a partir dessa matriz liberal. Caio Mário (2017, p. 247) define a locação como um acordo em que "uma pessoa se obriga a ceder temporariamente o uso e gozo de uma coisa não fungível, mediante remuneração". Orlando Gomes (2008) descreve a locação como contrato que proporciona a alguém o uso e o gozo temporários de uma coisa restituível em troca de retribuição pecuniária. Essas concepções tendem a enxergar a locação como uma relação entre as partes e exclusivamente voltada à satisfação das vontades individuais, sem considerar feições constitutivas essenciais de índole social, constitucional e urbana que extrapolam os singelos limites do contrato.

A regulação legislativa dos contratos de locação sofreu diversas mudanças ao longo do tempo, influenciada por diferentes fatores conjunturais. Entre 1917 e 1921, a locação era regida pelo Código Civil de 1916. A liberdade de contratar e a prevalência da propriedade privada eram princípios centrais da legislação e dos contratos. Isso significava que os termos da locação eram de livre convenção entre as partes. Assim, poderiam livremente pactuar o valor e o tempo de locação (art. 1.188 e art. 1200). A devolução do imóvel era obrigatória com o fim do prazo contratual ou após um mês da notificação (art. 1.129 e art. 1.209). Se o inquilino não desocupasse o imóvel em trinta dias, o locador tinha o direito de arbitrar o valor do aluguel que considerasse adequado, conforme o art. 1.196 (Brasil, 1916).

O primeiro texto legal versando especificamente sobre locação foi o Decreto Presidencial n. 4.403/1921. Essa primeira lei de inquilinato tentou coibir abusos por parte dos proprietários e estabeleceu o controle das periodicidades dos aumentos de preço de aluguel (art.10), a prorrogação automática da locação com o fim do prazo contratual (art. 4º) e ainda restringiu as hipóteses de despejo à falta de pagamento – mais de dois meses –, a retomada do imóvel para uso próprio e a ocorrência de danos dolosos à residência por parte do locatário, conforme os artigos 6º e 11 (Brasil, 1921). A partir de 1928, o Código Civil de 1916 revogou tacitamente o referido decreto e passou novamente a reger os contratos de locação no Brasil com as características contratuais já explicitadas no parágrafo anterior.

Com o impacto do pós-guerra, a legislação do inquilinato sofreu alterações mais substanciais a partir de 1942 (Andrade, 1979). O Decreto-Lei n. 4.598 estabeleceu um congelamento de dois anos nos valores de aluguéis residenciais, usando como referencial os preços praticados em 31 de dezembro de 1941 (art. 1º). Também restringiu as razões para despejo a falta de pagamento, a infração contratual, a retomada para uso próprio, as obras urgentes e a desapropriação (art. 4º) (Brasil, 1942). O citado decreto foi sucessivamente prorrogado até a edição da Lei n. 1.300/1950, legislação que só foi revogada pelo governo ditatorial de 1964. Essa lei proibiu o aumento dos aluguéis existentes, mas liberou a livre pactuação de preço para as novas locações (art. 3º). Também prorrogou, por tempo indeterminado, as locações que chegarem ao fim na vigência da lei (art. 12) e restringiu a casos específicos os casos de retomada do imóvel, conforme art. 15 (Brasil, 1950). A referida lei, ao longo do tempo, foi modificada por dezesseis vezes sem que seu escopo tenha sido alterado (Andrade, 1973). Relativamente ao valor do aluguel, dessas dezesseis leis, apenas a Lei n. 4.240/1963 permitiu a majoração, estabelecendo índices percentuais fixos, nos termos do art. 4º (Brasil, 1963).

Em 1964, a ditadura militar editou a Lei n. 4.494/1964, que estabeleceu um regime jurídico dúplice para a locação. Assim, os aluguéis já existentes deveriam ter os valores corrigidos e reajustados, nos termos do art. 24. Além disso, todas as locações que vencessem na vigência da lei seriam prorrogadas de forma indeterminada e a retomada estava restrita às hipóteses do art. 11 (inadimplência, uso próprio, infração contratual grave etc.). Para os aluguéis ajustados após o advento da lei, o art. 18 estabeleceu a livre pactuação dos acordos e a possibilidade de reajustamento sempre que houver aumento do salário mínimo (Brasil, 1964a). Dois anos após a edição da Lei n. 4.494/1965, houve a promulgação da Lei de Estimulo da Construção Civil, que determinava a incidência do Código Civil nas locações residenciais de prédios novos, nos termos do art. 17 (Brasil, 1965). Posteriormente, o Decreto-Lei n. 322, de 7 de abril de 1967, esvaziando ainda mais a amplitude da Lei do Inquilinato, estabeleceu que as novas locações deveriam ser regidas pelo Código Civil de 1916 (Brasil, 1967a). Com isso, a Lei n. 4.494/1965 só era aplicável as locações anteriores a 7 de abril de 1967, retirando-se também os "prédios novos" estabelecidos pela Lei n. 4.494/1965 (Andrade, 1979).

A Lei n. 6.649/1979 consolidou em um só documento a legislação referente à locação residencial urbana. Nesse sentido, foram estabelecidas a livre convenção do aluguel e a correção monetária limitada pelo valor da Obrigação Reajustável do Tesouro Nacional (ORTN) (art. 15). O art. 48 prorrogou por prazo indeterminado todos os contratos que vencessem na vigência da lei. O art. 51, por sua vez, dispôs que a locação só poderia ser rescindida pelo adquirente do imóvel em caso de venda e por inadimplência e/ou infração de obrigação legal ou contratual – acabando com a denúncia imotivada do contrato (Brasil, 1979). Posteriormente, a Lei n. 8.245/1991 revogou a Lei n. 4.494/1979.

Ao analisar as sucessivas legislações relacionadas à locação, três pontos se destacam: (1) a definição do preço e do reajuste do valor do aluguel; (2) a possibilidade de prorrogação automática do contrato ao seu término; (3) as hipóteses que podem resultar em rescisão contratual (denúncia motivada ou imotivada). À medida que as condições econômicas e sociais se transformam, esses três pontos e a natureza do contrato de locação também se modificam. Com a massificação do consumo, o aumento considerável da procura de imóveis residenciais, além da crescente centralidade da moradia, representando um direito fundamental que vale por si e por outros direitos (a localização da moradia determina a qualidade de acesso de diversos direitos fundamentais como saúde, educação, transporte etc.), a abordagem legislativa sobre o tema não pode ser pensada apenas e tão somente como um acordo autônomo entre as partes. Há questões concretas de efetividade de direitos fundamentais, e o Estado deve alinhar sua política legislativa aos objetivos da CRFB/1988.

Nas palavras de Eros Grau (2018, p. 91):

> Os contratos, então, se transformam em condutos da ordenação dos mercados, impactados por normas jurídicas que não se contêm nos limites do Direito Civil: preceitos que instrumentam a intervenção do Estado sobre o domínio econômico, na busca de soluções de desenvolvimento e justiça social, passam a ser sobre eles apostos.

O contrato de locação vai além de um acordo que produz efeitos entre as partes, sendo um meio pelo qual se intervém sobre o domínio econômico, devendo estar alinhado à concretização dos objetivos fundamentais expostos no art. 3º da CRFB/1988. A legislação que regula os contratos de locação residencial molda não apenas os direitos e deveres de locadores e locatários, mas também influencia diretamente o acesso ao direito à moradia e ao espaço urbano. O marco jurídico garante, simultaneamente, a segurança do locatário em sua posse e a proteção jurídica e os limites da propriedade do locador, tendo também papel fundamental no equilíbrio de negociação entre as partes, uma vez que pode estabelecer posições excessivamente vantajosas que acabam por desbalancear a relação locatícia (por exemplo, ausência de prazo contratual mínimo que traria grande desvantagem ao locatário) ou equalizá-la. A tarefa é complexa: uma equação que deve equilibrar a expectativa de retorno dos proprietários de imóveis e a necessidade de moradia dos locatários.

A legislação que regula os contratos de aluguel varia amplamente pelo mundo. Como evidenciado pelo relatório da OCDE (2021), intitulado *Habitação Acessível e Social* (QuASH), existem diferenças marcantes em 43 países, incluindo o Brasil, sobre como se disciplinam as relações entre inquilinos e proprietários. Embora a maioria dos países da OCDE geralmente permita a livre negociação entre as partes envolvidas no contrato de aluguel, observam-se algumas tendências comuns, tais como, estabelecer um prazo mínimo[17] ou indeterminado[18] para a duração dos contratos, determinar um aviso prévio mais longo para o inquilino do que para o proprietário em caso de rescisão contratual e definir regras

---

[17] Os prazos mínimos são variados, por exemplo: um mês nos EUA, três anos na França, nove anos na Bélgica, um ano em Portugal e seis meses na Inglaterra (OCDE, 2021).

[18] Contratos de duração indeterminada (*Open-ended*) ocorrem na Alemanha, na Holanda, na Suécia e na Dinamarca. O estudo chama atenção para o fato de que esse tipo de contrato ser mais comum em países que historicamente têm o aluguel como um setor relevante do acesso à moradia (OCDE, 2021).

de limite de aumento de preços durante a execução do contrato. Além disso, a maioria dos países estabelece a possibilidade de constituição de garantias à execução do contrato de aluguel.[19] No que diz respeito à rescisão unilateral, os motivos aceitos para tal ação variam amplamente. Alguns dos motivos comuns incluem: o não pagamento de aluguel, a intenção do proprietário ou sua família de morar no imóvel alugado, a ocorrência de obras extensas ou a demolição planejada do edifício, a necessidade por parte do proprietário de venda do imóvel e o descumprimento de cláusulas contratuais como a prática de atividades ilícitas dentro do imóvel, a sublocação não autorizada, a ocorrência de danos intencionais por parte do inquilino e a ocorrência de comportamentos que perturbam a vizinhança.

Recentemente, observou-se o crescimento do mercado de aluguel de moradias para fins turísticos, impulsionado pelo aparecimento de plataformas digitais como o *Airbnb* e o *Booking.com*. A popularização dessas plataformas, somadas ao aumento de preços do aluguel residencial em cidades com potencial turístico (Paris, Barcelona e São Francisco, por exemplo), levou, em alguns casos, a regulações dessa prática, com o intuito de conter a pressão da atividade turística, mitigando sua influência sobre o mercado de moradias residenciais. Entre as ações regulatórias adotadas, encontram-se a exigência de licenças especiais, a tributação diferenciada, a limitação do período de aluguel para fins turísticos e, em algumas situações, até a proibição completa dessa modalidade de locação.

A diversidade e a multiplicidade com que o tema é tratado na esfera internacional exemplificam a dificuldade e os desafios envolvidos na difícil tarefa de garantir segurança jurídica ao proprietário e, ao mesmo tempo, oferecer proteção jurídica ao locatário. Os próximos itens aportam à discussão as possibilidades de regulação legislativa do tema e como a Lei n. 8.245/1991 trata a questão.

1.3.1.2 A regulação legislativa dos contratos de locação voltada aos direitos dos proprietários

A atuação estatal é sempre influenciada por interesses ideológicos e políticos. Isso obviamente também se aplica à legislação sobre aluguel.

---

[19] Assim, há possibilidade de exigência de um depósito de três meses de aluguel em dez países da pesquisa, existindo depósitos ainda maiores de até seis meses do valor do aluguel (OCDE, 2021).

Nesse sentido, essa regulação pode ser concebida a partir da ótica do interesse do locador ou sob a perspectiva do locatário. Ao proteger a segurança jurídica contratual do proprietário e beneficiar os direitos relativos à propriedade, o Estado trata a questão a partir dos interesses do locador. Nessa visão, acredita-se que a legislação mais favorável ao proprietário poderia incentivar os donos de imóveis a alugarem suas propriedades e, ainda, fomentar o investimento no mercado imobiliário. Assim, garantindo-se segurança ao investimento imobiliário haveria uma maior oferta de residências para locação. Ao reverso, um marco regulatório desfavorável ao locador poderia reduzir o retorno dos investimentos e aumentar os custos operacionais da locação, estagnando o setor (Blanco; Cibils; Muñoz, 2014).

Partindo dessa perspectiva, a legislação deveria introduzir mecanismos legais que minimizassem os riscos dos locadores. Isso significa que a legislação deveria se concentrar em: conceber garantias contratuais sólidas (fianças, depósitos, cauções) para os casos de quebra de contrato ou danos causados pelo inquilino; desenvolver mecanismos processuais rápidos, eficazes e econômicos, facilitando os despejos de inadimplentes e a resolução dos conflitos contratuais; ampliar as possibilidades de retomada do imóvel pelo locador; definir uma duração mínima para os contratos de aluguel; permitir que as partes do contrato acordem livremente o valor e os reajustes do aluguel.

Parte considerável da literatura jurídica que versa sobre a locação no Brasil adota essa linha de pensamento. Nesse sentido, os autores trilham frequentemente um mesmo percurso argumentativo e alegam que a legislação anterior à Lei n. 8.245/1991 provocou uma crise habitacional por favorecer excessivamente o locatário e criticam a interferência excessiva do Estado nos contratos. Sugerem que o legislador atual, entretanto, favoreceu o locador ao conferir estabilidade jurídica e efetiva liberdade contratual à locação, removendo da legislação cláusulas protetivas aos locatários. Asseveram que um contrato locatício modelado pela autonomia da vontade e pela garantia da propriedade privada propicia maior estabilidade ao setor e aos investidores e, como resultado, haveria um aumento expressivo na oferta de moradia, tanto pelo crescimento dos investimentos no setor quanto pela disponibilização e propriedades previamente desocupadas. Por fim, advogam por uma desregulação que, curiosamente, não resulta na ausência de regras, mas sim em um conjunto intrincado de regras locatícias fundamentadas nos princípios civilistas da liberdade contratual, da autonomia da vontade e da força obrigatória dos contratos. Caio Mário da Silva Pereira (1995) comentando sobre a até então recente Lei n. 8.245/1991 argumenta que o legislador tinha como intenção trazer as relações locatícias para o âmbito da livre negociação, reduzindo a ingerência estatal nos contratos e as disposições de ordem pública, tudo no intuito de alavancar a construção de unidades habitacionais e de aumentar a oferta de moradia. No mesmo sentido, Gustavo Tepedino (1995) alega que a escassez profunda de imóveis residenciais para aluguel, causada pela Lei n. 6.649/1979, serviu de ideia central para o legislador modelar o atual estatuto do inquilinato.

Maria Helena Diniz (2012), por sua vez, afirma que a locação no Brasil era caracterizada por uma confusa e intrincada legislação que objetivava precipuamente a proteção do inquilino. Ao mesmo tempo, essa salvaguarda era extremamente maléfica para o locador e para o incremento das unidades habitacionais destinadas à locação, com isso o efeito geral da legislação foi o de gerar um ambiente de escassez de moradia e de crescimento de população urbana sem local para morar. A autora prossegue aduzindo que a Lei n. 8.245/1991 restaurou velhos princípios de liberdade contratual, de autonomia da vontade e do caráter absoluto da propriedade e que trouxe segurança jurídica aos capitais imobiliários que passaram a ter mais estímulos para oferecer imóveis a locação, libertando então, "em parte, a nação brasileira do difícil e preocupante problema socioeconômico da moradia e das sérias consequências dele decorrentes" (Diniz, 2012, p. 25-26).

O Ministro do STF Luiz Fux (2008) também argumenta que a Lei n. 8.245/1991 imprimiu uma nova filosofia à relação locatícia e abandonou por completo a presunção de hipossuficiência da posição do locatário. A modelagem dos contratos pelo Estado, chamada pelo ministro de paternalismo, foi, em sua visão, a responsável pela crise de oferta vivida pelo mercado locatício brasileiro, que gerou uma ociosidade de metade das moradias disponíveis. Esse mesmo tipo de raciocínio pode ser encontrado em diversos outros autores (Monteiro, 1999; Pacheco, 1993; Souza, 2020; Tucci; Azevedo, 1988; Venosa, 2021).

Há três pontos críticos nessa concatenação de ideias sobre a regulação de aluguéis e a disponibilidade de imóveis para locação. A primeira é que essas afirmações peremptórias sobre a relação entre o marco regulatório dos aluguéis e o aumento ou a diminuição de imóveis para locação não vieram minimamente amparadas por materiais ou por estudos que comprovem o afirmado e são, portanto, alegações genéricas desacompanhadas de qualquer dado comprobatório. Além disso, a argumentação ignora que por muito tempo o Código Civil e, portanto, os propagados princípios de liberdade contratual e de pactuação disciplinaram a locação residencial no Brasil sem que tenha havido um funcionamento eficiente do mercado de aluguel.

Ausente um lastro probatório mínimo, os autores usam de recursos retóricos para que seus juízos sobre o tema se tornem mais aceitáveis e palatáveis. Aqui entram a segunda e a terceira questões. Os autores confundem os conceitos de correlação e de causalidade e encontram um padrão que não necessariamente existe. A argumentação presume que uma correlação temporal entre normas protetivas de locatários e diminuição da oferta dos imóveis para locação implicaria, necessariamente, relação de causalidade. Há uma afirmação, sem a devida comprovação, de que um dos fatos (proteção dos inquilinos) tenha ocasionado a ocorrência de outro (déficit habitacional). Certamente, pode existir a ligação de causa e efeito, mas a exposição de ideias é equivocada ao inferir a causalidade de forma automática sem considerar outros elementos que podem impactar o mercado de aluguel, como a inflação crescente, o alto desemprego, a instabilidade política, entre outros.

Terceiro, uma das estruturas da argumentação é a de que, ao tentar proteger o direito de moradia, o Estado acaba produzindo mais carestia habitacional. Assim, reconhecem-se as boas intenções da legislação locatícia, que tenta proteger os inquilinos, mas argumenta-se que essa proteção pode ser contraproducente ao reduzir a oferta de moradias. Esse tipo de argumento é eficazmente utilizado na política brasileira, como visto nas críticas a programas sociais que supostamente incentivariam a dependência e perpetuariam a pobreza. Albert Hirschman (2019)[20] classificou esse tipo de argumento como "retórica da perversidade". Nela, embora as boas intenções de uma política ou legislação sejam reconhecidas (neste caso, proteção dos inquilinos e do direito à moradia), argumenta-se que a abordagem escolhida só agrava o

---

[20] Hirschman (2019) estuda os elementos retóricos comuns utilizados para contrapor a extensão de direitos políticos, civis e sociais nos últimos séculos. O autor sugere que as três ondas de expansão de direitos provocaram três tipos de respostas reacionárias que tentavam discursivamente combater os avanços legais: a tese da perversidade, a tese da futilidade (a medida é inútil porque estruturalmente a sociedade permanecerá como está), a tese da ameaça (o custo da medida ameaça conquistas anteriores).

problema e tem efeitos contraproducentes, resultando em uma situação ainda pior do que a inicial – o aumento do déficit habitacional.

Ressalte-se que há alguns estudos internacionais que associam a proteção jurídica dos proprietários ao tamanho e à eficiência do mercado imobiliário de locação. Nesse sentido, Casas-Arce e Saiz (2010) argumentam que leis mais protetivas dos direitos de propriedade e dos investimentos, conjugadas com instrumentos processuais que garantam uma execução judicial célere e eficiente dos contratos de aluguel, são essenciais para o desenvolvimento do mercado de locação. Os autores relacionam diretamente a proteção dos locadores com o desenvolvimento do mercado de aluguel habitacional. Ainda, parte da literatura econômica tem associado a eficiência e o regular desenvolvimento do mercado de aluguel a um sistema judicial de resolução de controvérsias ágil e eficaz (Djankov *et al.*, 2003). No mesmo sentido, Cuerpo *et al.* (2014), analisando o contexto da União Europeia, assinalam a relevância de um sistema judicial eficiente, justo e célere como um passo necessário para acautelar a segurança jurídica dos contratos e garantir o pleno desenvolvimento dos mercados de aluguel. No entanto, deve-se salientar que esses estudos estão circunscritos a contextos regulatórios específicos e não podem ser simplesmente transportados para o contexto brasileiro.

Em contrapartida, existem pesquisas que relacionam melhorias habitacionais e aumento de bem-estar social com medidas protetivas aos locatários (Arnott, 1995; Favilukis; Mabille; Van Nieuwerburgh, 2023; Lind, 2001; Slater, 2020). Whitehead *et al.* (2012) argumentam que um contrato mais longo e com uma maior segurança na posse para o locatário traria a possibilidade de manutenção de inquilinos adimplentes, com redução de custos de transação e estabilidade no fluxo de renda de longo prazo do locador, o que beneficiaria ambos os lados.

Além desses estudos, deve-se salientar que o argumento economicista de que medidas protetivas trariam ineficiência ao mercado deve ser visto com as devidas cautelas. Neste aspecto, a crítica de Madden e Marcuse é incisiva (2016, p. 49, tradução nossa) "precisamos questionar essa definição de eficiência. A ineficiência de uma pessoa é a casa de outra. [...] Da perspectiva de um inquilino [...], é o sistema de desenvolvimento residencial mercantilizado que é ineficiente, para não mencionar cruel e destrutivo". Portanto, a eficiência de uma política locacional pode ser definida pela segurança jurídica da posse dos locatários e pela manutenção dos inquilinos em suas moradias, e não apenas pela taxa de ocupação ou pelo surgimento de novas unidades habitacionais para locação.

Por último, é importante destacar que a CRFB/1988 atribui ao poder público a responsabilidade de promover valores constitucionais, como justiça social e implementação de direitos consentâneos com a dignidade humana, não permitindo que a formatação da regulação legislativa seja puramente lastreada em argumentos econômicos. Nesse sentido, torna-se fundamental considerar diversas perspectivas e análises antes de tomar decisões regulatórias relativas ao mercado de locação brasileiro.

1.3.1.3 A regulação legislativa dos contratos de locação voltada aos interesses do locatário e à segurança jurídica da posse

A expressão *segurança jurídica* não é expressamente utilizada pela CRFB/1988. Entretanto, trata-se de um princípio jurídico amplamente utilizado e citado em variados contextos. Os contornos jurídicos dessa segurança incluem a garantia de estabilidade em relação aos fatos jurídicos ocorridos no passado, a clareza em relação ao direito vigente no presente e a previsibilidade para relações jurídicas futuras (Silva, V. A., 2021). Trata-se de um postulado jurídico fundamental para uma vida coletiva pacífica e para uma conduta cooperativa entre as pessoas e atende à necessidade humana de planejar e conduzir a vida de forma autônoma (Mendes; Branco, 2021). Canotilho (2003) reforça que a segurança jurídica é um pilar constitutivo do Estado de Direito e tem por objetivo garantir estabilidade jurídica, clareza e correta aplicação do direito.

A segurança jurídica da posse é uma extensão desse princípio mais abrangente. O propósito específico desse subprincípio é proporcionar estabilidade e segurança à moradia, protegendo o direito à habitação e provendo mecanismos legais eficazes para enfrentar possíveis violações a esse direito. No contexto do aluguel, isso significa a existência de um conjunto de regras que protegem os locatários contra diversos tipos de despejos, possibilitando ao locatário estabilidade e permanência em sua moradia, desde que cumpridos os termos contratuais. Veja-se que esse subprincípio é expressamente citado pelo Comentário Geral n. 4[21] do Comitê de Direitos Econômicos, Sociais e Culturais da ONU como um dos elementos do direito de moradia adequada disposto no art. 11 do Pacto Internacional sobre Direitos Econômicos, Sociais e Culturais (PIDESC), sendo um componente fundamental para que os indivíduos e suas famílias usufruam plenamente de seus direitos civis, culturais, econômicos e sociais (Brasil, 2013; Rolnik, 2012). A insegurança da posse pode ter efeitos deletérios na autoestima,[22] na saúde física e mental[23] e nos laços comunitários, especialmente entre crianças e mulheres.[24] Os idosos também são extremamente vulneráveis a esta questão, tendo sua saúde severamente afetada pelos despejos e pelas remoções.[25] Além disso, a perda da moradia pode acarretar, para as camadas mais vulneráveis da população, a condição de rua.[26]

Veja-se que o ato de morar pode acontecer sob variadas maneiras, como o aluguel, as moradias cooperativas, os assentamentos informais e a aquisição da propriedade privada. Nesse sentido, o *Relatório Especial Sobre o Direito à Moradia Adequada* (Rolnik, 2012) argumenta que a segurança jurídica da posse não está atrelada unicamente à propriedade privada de uma moradia e sugere a constituição e a conformação de *standards* legais e institucionais que possam garantir a segurança da posse para

---

[21] Nos termos do Comentário Geral n. 4 do comitê de direitos econômicos, sociais e culturais (ONU, 1991): "[...] 6. O direito à habitação adequada aplica-se a todas as pessoas. [...] o Comitê acredita, contudo, que é possível identificar certos aspectos do direito que devem ser levados em consideração para este propósito em qualquer contexto particular. Eles incluem os seguintes: a. Segurança legal de posse. A posse toma uma variedade de formas, incluindo locação (pública e privada), acomodação, habitação cooperativa, arrendamento, uso pelo próprio proprietário, habitação de emergência e assentamentos informais, incluindo ocupação de terreno ou propriedade. Independentemente do tipo de posse, todas as pessoas deveriam possuir um grau de sua segurança, o qual garanta proteção legal contra despejos forçados, pressões incômodas e outras ameaças. Estados-partes deveriam, consequentemente, tomar medidas imediatas com o objetivo de conferir segurança jurídica de posse sobre pessoas e domicílios em que falta proteção, em consulta real com pessoas e grupos afetados".
[22] Confira-se o estudo de Levy e Friedman (2019).
[23] Sobre o impacto dos despejos na saúde mental e física, confiram-se Alfonsin (2022) e Hoke; Boen (2021).
[24] Rolnik (2012) chama atenção para a situação de vulnerabilidade da segurança da posse das mulheres.
[25] O interessante estudo de Suzuki, Ogawa e Inaba (2018) narra como os despejos decorrentes das obras das Olimpíadas de Tokyo foram determinantes para a deterioração da saúde dos removidos, especialmente os idosos.
[26] Pesquisa do Observatório de Remoções – FAU/USP demonstra que o aumento de 31% da população em situação de rua em São Paulo (comparativo entre o Censo da Prefeitura de São Paulo de 2019 e 2021) está ligado ao aumento dos despejos e de remoções na cidade (LABCIDADE *et al.*, 2022).

as variadas formas de se morar, incluindo o aluguel. Assim, o papel do Estado deve ser o de reconhecer e proteger juridicamente todas essas modalidades, atento às singularidades de cada tipo de posse.[27] No aluguel, a segurança jurídica da posse está relacionada ao reconhecimento e à proteção legal do inquilino para permanecer no imóvel alugado desde que ele cumpra com suas obrigações contratuais. A legislação locatícia que atribui prerrogativa absoluta de rescisão contratual unilateral ao locador, não prevê duração mínima de contratos, de prazos e de pré-aviso de rescisão contratual e possibilita a venda do imóvel durante o contrato concede um enorme poder ao locador, com potencialidade de causar grandes prejuízos à segurança jurídica do locatário. Quanto maior o poder do locador para rescindir unilateralmente o contrato, mais frágil é a proteção do inquilino, a limitação dessa prerrogativa do senhorio protege os inquilinos, garantindo estabilidade e previsibilidade ao direito de moradia em questão (Bell, 1985).

A segurança jurídica da posse é elemento essencial ao efetivo exercício do direito à moradia, devendo ser assegurada e protegida por mecanismos jurídicos adequados. Essa segurança permite um ambiente habitacional mais estável e seguro ao possibilitar proteção jurídica ao morador, preservando a continuidade de sua moradia e o salvaguardando de uma remoção ou despejo contra sua vontade. No âmbito do aluguel, essa proteção é estabelecida por meio de mecanismos legais que podem ser agrupados em quatro categorias: (a) a proteção jurídica contra despejos diretos do locador; (b) a proteção jurídica contra despejos indiretos do locador; (c) a proteção jurídica contra despejos econômicos e a (d) a proteção jurídica contra situações emergenciais. A primeira proteção relaciona-se com a duração do contrato (determinado ou indeterminado), a possibilidade de extensão do prazo contratual por parte do inquilino, a facilidade do proprietário em retomar o imóvel

---

[27] Esse entendimento foi reafirmado na *Nova Agenda Urbana*, documento produzido pela Conferência das Nações Unidas sobre Habitação e Desenvolvimento Urbano Sustentável (Habitat III), realizada em Quito (Equador), em 20 de outubro de 2016. O documento foi aprovado pela Assembleia Geral das Nações Unidas no 68º encontro plenário para a sua 71ª sessão em 23 de dezembro de 2016. Um dos compromissos assumidos pelo documento foi: "35. Comprometemo-nos a promover, no nível adequado de governo, incluindo governos subnacionais e locais, o fortalecimento da segurança da posse para todos, reconhecendo a pluralidade de tipos de posse, e a desenvolver soluções adequadas aos fins a que se destinam, sensíveis a questões de idade, de gênero e ambientais dentro do universo dos direitos fundiários e de propriedade, com particular atenção dirigida à segurança da posse da terra para as mulheres como fator fundamental para seu empoderamento, inclusive por meio de sistemas administrativos efetivos" (ONU, 2019, p. 13).

durante o prazo do contrato e os prazos de aviso prévio para deixar o imóvel. A proteção contra despejos indiretos é aquela que protege o inquilino da má gestão do proprietário, ou seja, da negligência do locador em relação à manutenção dos elementos básicos de funcionamento do imóvel, situação que acaba por, indiretamente, obrigar o abandono do imóvel pelo locatário. A proteção contra despejos econômicos refere-se ao controle do valor do aluguel a ser cobrado pela locação do imóvel.

Por último, a proteção jurídica contra as situações emergenciais engloba a preservação do contrato de aluguel frente a situações atípicas ou extraordinárias, como a Pandemia Global de covid-19, por exemplo.

Os próximos itens se debruçam sobre essas quatro frentes de proteção jurídica.

1.3.1.3.1 A proteção jurídica contra despejos diretos do locador e o reforço da segurança da posse

A proteção legal contra despejos diretos impede que o proprietário remova o inquilino de forma arbitrária. Essa proteção da posse do locatário se traduz em várias medidas como: o estabelecimento de prazos contratuais mínimos,[28] a estipulação de prazos mais longos para o aviso prévio de desocupação do imóvel por parte do proprietário, a limitação das possibilidades de o proprietário rescindir unilateralmente o ajuste locatício sem justificativa válida, a prorrogação automática do contrato de locação ao final do tempo acordado e a fixação de indenização ao inquilino em caso de rescisão do contrato pelo proprietário.

O estabelecimento legal do equilíbrio entre a estabilidade da moradia do inquilino e os poderes de rescisão unilateral do locador dá a exata medida da proteção jurídica da posse dispensada ao locatário. Por óbvio, não se pode defender uma legislação que retire qualquer possibilidade de despejo, especialmente aqueles considerados razoáveis (inadimplência ou danos ao imóvel, por exemplo), malferindo por completo os direitos proprietários. Além disso, o dever de prover habitação é responsabilidade do Estado e não dos locadores privados. Não se pode olvidar, entretanto, que a legislação deve resguardar a estabilidade da moradia, assegurando segurança jurídica aos locatários e habitação

---

[28] Estudo da OCDE (2021) identificou que a maioria dos países estabelece um prazo mínimo do contrato locatício com a intenção de defender tanto as expectativas dos inquilinos quanto às expectativas dos proprietários.

adequada. Nesse sentido, torna-se imperioso analisar especificamente como a legislação brasileira trata e conforma a questão. A Lei do Inquilinato brasileira – Lei n. 8.245/1991 – estabelece que o contrato pode ser estipulado por qualquer prazo, nos termos do art. 3º. O artigo 6º da lei estipula que o contrato de aluguel firmado por prazo indeterminado poderá ser denunciado[29] pelo locatário de forma imotivada, com antecedência mínima de trinta dias. Pode o proprietário a qualquer tempo reaver o imóvel do locatário sem qualquer necessidade de uma motivação específica (Brasil, 1991).

Se as partes estipularem prazo determinado para a avença contratual, o locador não poderá reaver o imóvel enquanto perdurar o prazo ajustado, já o locatário poderá devolver o imóvel pagando multa contratual proporcional ao período de cumprimento do contrato, nos termos do art. 4º. Contudo a locação por tempo determinado poderá ser desfeita, conforme o art. 9º, nas seguintes hipóteses: por mútuo acordo; por decorrência de prática de infração legal ou contratual; por decorrência da falta de pagamento do aluguel e demais encargos, e por realização de reparações urgentes determinadas pelo Poder Público, que não possam ser normalmente executadas com a permanência do locatário no imóvel ou, podendo, ele se recuse a consenti-las (Brasil, 1991).

Para locações ajustadas por escrito, com prazo de 30 meses ou mais, o contrato se encerra automaticamente ao término desse período. Caso o inquilino permaneça no imóvel por mais 30 dias sem oposição do proprietário após o final do prazo, o contrato é automaticamente prorrogado por tempo indeterminado. Nessa situação, o locador poderá denunciar o contrato a qualquer tempo e sem apresentar justificativa, apenas concedendo o prazo de trinta dias ao locatário para a desocupação, nos termos do art. 46. Em contrapartida, a locação ajustada verbalmente ou por escrito e com prazo inferior a trinta meses, terá seu prazo automaticamente prorrogado de forma indeterminada com o fim da locação, só podendo haver a retomada do imóvel pelo locador de forma motivada (denúncia cheia) pelas seguintes justificativas: hipóteses do art. 9º; pedido para uso próprio, de seu cônjuge ou companheiro, ou para uso residencial de ascendente ou descendente que não disponha, assim como seu cônjuge ou companheiro, de imóvel

---

[29] O termo "denúncia" é usado para identificar a notificação enviada de uma parte para outra comunicando a intenção de desfazer a locação. A denúncia pode ser motivada (cheia) e imotivada (vazia).

residencial próprio; pedido para demolição e edificação licenciada ou para a realização de obras aprovadas pelo Poder Público, que aumentem a área construída em no mínimo vinte por cento ou, se o imóvel for destinado à exploração de hotel ou pensão, em cinquenta por cento; se a vigência ininterrupta da locação ultrapassar cinco anos, conforme previsão do art. 47 (Brasil, 1991).

Nos casos de venda do imóvel durante a locação, o adquirente poderá denunciar o contrato, com o prazo de noventa dias para a desocupação, salvo se a locação for por tempo determinado e o contrato contiver cláusula de vigência em caso de alienação averbada junto à matrícula do imóvel, conforme art. 8º. Ainda, ao cônjuge sobrevivente ou às pessoas que viviam na dependência econômica do *de cujus*, é assegurada a permanência no imóvel mesmo com a morte do locatário, nos termos do art. 11 (Brasil, 1991).

Nos contratos indeterminados, o locador poderá rescindir unilateral e imotivadamente o ajuste contratual quando lhe aprouver. Nos contratos por tempo determinado, há razões motivadas para se denunciar o contrato, podendo haver denúncia vazia somente no final do contrato de até 30 meses e quando houver cinco anos de contrato locatício. Em qualquer tipo de contrato, o locador poderá vender o imóvel objeto da locação, possibilitando ao adquirente denunciar imotivadamente o contrato de locação. Conclui-se que, embora haja uma proteção ao locatário, sobretudo em contratos com prazo determinado, o equilíbrio da balança da legislação brasileira é mais favorável aos interesses do locador e aos direitos proprietários.

Para fins de uma simples comparação, pode-se cotejar a legislação brasileira sobre o tema com a correspondente alemã.[30] Na Alemanha, as normas que regem a locação residencial encontram-se no Código Civil Alemão (*Bürgerliches Gesetzbuch* — BGB, a partir da seção n. 535. Dessa feita, os contratos de aluguel na Alemanha são, geralmente, feitos por tempo indeterminado. O inquilino é protegido pela Seção n. 573, do BGB, que determina que a rescisão unilateral dos contratos está limitada a casos específicos e proíbe a rescisão contratual para o

---

[30] A Alemanha é aqui estudada porque o Relatório da OCDE (2021) a coloca junto com a Dinamarca, a Suécia e a Holanda como uma das legislações mais protetivas aos inquilinos. A escolha recaiu sobre a Alemanha, especificamente, porque seu governo disponibiliza tradução em inglês da legislação do inquilinato, o que não ocorre com os outros países. O acesso à legislação traduzida pode ser feito no *site* do Ministério da Justiça Alemão (Alemanha, 2002).

aumento dos preços de aluguel. Os casos específicos ocorrem apenas nas seguintes hipóteses: (a) descumprimento dos deveres contratuais por parte do locatário; (b) necessidade do imóvel para uso do locador ou de seus familiares; (c) outras razões "convincentes" estipuladas na Seção n. 543, do BGB, como, por exemplo, dano intencional ao imóvel pelo inquilino, destinação diferente da residencial ou, ainda, atraso no pagamento do aluguel por mais de dois meses (Alemanha, 2002).

Nos casos de rescisão por falta de pagamento, se o locatário, após ser notificado, conseguir efetuar em tempo razoável o pagamento das parcelas devidas, haverá a cessação das causas de término e o contrato continuará em vigor, conforme o item 2 da Seção n. 543. A seção n. 569 do BGB ainda prevê diversas regras protetivas para a aplicação das citadas "razões convincentes" descritas na Seção n. 543. Por outro lado, a segurança na posse também é garantida por disposições que disciplinam o aviso prévio mais longo destinado à desocupação do locatário, determinando o prazo de três meses, prorrogáveis por até três meses, a depender do tempo já executado do contrato, conforme definido na Seção n. 573c (Alemanha, 2002).

O contrato de aluguel por tempo determinado, por sua vez, só pode ser rescindido motivadamente pelas razões descritas na já citada Seção n. 543, conforme a previsão estabelecida no Item 2, da Seção n. 542 (Alemanha, 2002).

Por último, deve-se ressaltar que a segurança jurídica da posse é tutelada, inclusive, quando há venda do imóvel alugado. De acordo com o item 1, da Seção n. 566, o comprador, no lugar do locador, assume os direitos e deveres decorrentes do contrato de locação durante o período em que for proprietário (Alemanha, 2002). Essa garantia é tão expressiva que, na Alemanha, um imóvel habitado por inquilinos tende a ser comercializado por um valor consideravelmente inferior quando comparado a um imóvel idêntico, porém vago (Kholodilin; Mense; Michelsen, 2017).

O cotejo dessas legislações demonstra as diversas possibilidades de tratamento do tema, com impactos variados nos mercados locatícios e nas relações entre locadores e locatários.

1.3.1.3.2 A proteção jurídica contra despejos econômicos e o controle dos preços de aluguel

A proteção jurídica contra despejos por razões econômicas visa proteger um inquilino contra aumentos arbitrários e abusivos do valor do aluguel. Quando o proprietário exige um valor excessivamente oneroso de aluguel, forçando o inquilino a se mudar do imóvel, está-se diante de um despejo econômico. A proteção legal nesse ponto tem o propósito de coibir e reprimir essas práticas excessivas, uma vez que esses acréscimos pecuniários podem comprometer a acessibilidade econômica da moradia, fragilizando a segurança da posse e propiciando um crescimento dos casos de despejos (Lind, 2012).

No âmbito da proteção jurídica contra essas elevações abusivas no aluguel, duas abordagens distintas são possíveis. A primeira interpreta a questão sob uma ótica meramente individual, tratando-a nos contornos do direito civil, com o manejo de mecanismos processuais individuais que promoveriam a análise pelo Poder Judiciário do valor do aluguel e de uma eventual redução do preço praticado aos níveis do mercado. É o caso da legislação brasileira que prevê disposições legais que visam à proteção da parte contratante quando houver circunstância que acarrete desproporção manifesta no contrato. Essa garantia encontra-se prevista genericamente no artigo 317 do Código Civil "quando, por motivos imprevisíveis, sobrevier desproporção manifesta entre o valor da prestação devida e o momento de sua execução, poderá o juiz corrigi-lo, a pedido da parte, de modo que assegure, quando possível, o valor real da prestação" (Brasil, 2002). De forma específica, a Lei do Inquilinato, em seu art. 68, institui a ação revisional de aluguel e estabelece que a desproporcionalidade do valor do aluguel seja aferida no caso concreto pelo Poder Judiciário, que poderá corrigir o valor, trazendo-o para os níveis de mercado (Brasil, 1991). Assinale-se que a ação revisional do inquilinato foi concebida em um período crítico da economia brasileira, marcado por instabilidade econômica e por hiperinflação. A contextualização é importante, uma vez que, nesses cenários, os aluguéis poderiam se tornar rapidamente obsoletos ou injustos, prejudicando locadores ou locatários.

A segunda abordagem, por sua vez, compreende o problema sob uma perspectiva mais ampla, situando-o não como um problema apenas de um contrato específico, mas decorrente de dinâmicas macroeconômicas dos mercados imobiliários urbanos. Trata-se, pois, de um problema coletivo que deve ter respostas mais abrangentes, abarcando a cidade como um todo ou, pelo menos, parte dela. O exemplo mais claro desse tipo de proteção seria o controle de aluguel. O controle de aluguel refere-se a um tipo de legislação que impõe limitações aos aluguéis e/ou aos aumentos de aluguéis. Trata-se de uma política comum e difundida em diversos países.[31] Embora existam múltiplas formulações e modalidades jurídicas para regular tais preços, a literatura especializada reconhece três gerações distintas de controle de aluguel (Arnott, 1995, 2003; Lind, 2001; Whitehead et al., 2012).

O controle de aluguel de primeira geração é um conjunto de leis e de regulamentos que limita o valor de aluguel de uma unidade residencial. Ainda que tais controles se manifestem de formas diversas ao redor do mundo, em geral, foram adotados em momentos de crise econômica, com altas taxas de inflação e escassez de moradia. Esse tipo de controle consiste basicamente em um congelamento dos valores dos aluguéis, fixando-os com base no valor praticado em uma data específica. Essa estabilização de preços acaba por acarretar queda significativa do valor real dos aluguéis, mesmo que eventualmente ocorram correções monetárias. Não há, portanto, uma atualização real dos níveis inflacionários e dos custos da moradia. No Brasil, o exemplo mais emblemático dessa política foi a adotada pelo Governo Vargas que editou, em 1942, o Decreto-Lei n. 4.598.[32] O art. 1º do referido decreto determinou o congelamento dos preços dos aluguéis em todo território nacional nos patamares daqueles praticados em 31 de dezembro de 1941 (Brasil, 1942). Posteriormente, os aluguéis foram atualizados pelo Decreto-Lei n. 9.669/1946, no entanto, esse aumento não acompanhou o contexto inflacionário da época (Bonduki, 2017).[33]

---

[31] Na pesquisa conduzida por Kholodilin (2020a), são analisadas as intervenções habitacionais ocorridas entre 1910 e 2020, utilizando uma base de dados que engloba mais de 100 países. De acordo com o autor, as evidências apontam para uma ampla aceitação das políticas de controle de aluguel desde a Primeira Guerra Mundial.

[32] Outros três exemplos podem ser citados no contexto brasileiro. O presidente Floriano Peixoto decretou a diminuição dos preços "dos aluguéis dos edifícios destinados à habitação de operários e classes pobres", conforme o Decreto n. 694 de 1891. O presidente João Goulart, por meio do Decreto n. 53.702, de 14 de março de 1964, tabelou os preços dos futuros contratos de aluguel e os atrelou ao salário mínimo. Registre-se, entretanto, que a legislação foi aprovada em 14 de março, e o Golpe de Estado foi perpetrado em 31 de março, não havendo aplicação da legislação. Por último, o presidente José Sarney congelou os preços dos aluguéis em 1986, conforme Decreto-Lei n. 2.283/1986, que institui o Plano Cruzado.

[33] Bonduki (2017, p. 222-223) aduz que o Decreto-Lei n. 9669/1946 "permitiu pequena elevação nos aluguéis, ou seja, 20% para aluguéis em vigor antes de 01/01/1939 e 01/01/1942. Ambos,

O controle de aluguel de primeira geração enfrenta diversas críticas, sobretudo devido aos potenciais efeitos negativos e às distorções geradas no mercado imobiliário. Entre as consequências frequentemente apontadas, estão o desestímulo à construção de novas unidades habitacionais e a interferência indevida no âmbito dos contratos de locação, o que poderia causar um desequilíbrio dos direitos dos proprietários frente aos deveres dos inquilinos. No entanto, deve-se salientar que a relação entre o controle de aluguel e a piora do mercado imobiliário não é necessariamente evidente e pode ser influenciada por outras circunstâncias. Nesse sentido, Michael Harloe (1985, p. 298, tradução nossa) chama a atenção para o fato de que outros fatores podem impactar o mercado e a produção de novas moradias para aluguel:

> [...] o impacto dos controles de aluguel estava longe de ser simples e evidente. Em alguns países, o declínio mais rápido do setor ocorreu a partir de 1960, quando os rígidos controles deram lugar ao descontrole ou a controles mais flexíveis que tentavam relacionar os aluguéis com a qualidade e os custos.

O controle de aluguel de segunda geração é aquele em que há a contenção dos aumentos dentro de uma locação (contratos vigentes) e entre contratos de locação (novos contratos). Em comparação ao modelo de primeira geração, essa modalidade apresenta maior flexibilidade, uma vez que permite o reajuste dos aluguéis para cobrir diversos encargos, incluindo variações do valor de impostos, das despesas operacionais, dos encargos financeiros e, até mesmo, dos custos de melhorias feitas na habitação pelo locador (Turner; Malpezzi, 2003). Dessa forma, essa estratégia regula tanto o preço inicial dos aluguéis quanto seus reajustes, estabilizando os preços e repassando ao inquilino os custos suportados pelo proprietário. Além de trazer uma maior estabilidade aos locatários, esse modelo também incentiva os proprietários a promover a manutenção e a melhoria das unidades habitacionais, contudo o controle de segunda geração demanda uma supervisão mais proativa do Poder Público, tanto no aspecto regulatório quanto na fiscalização da execução contratual.

Por sua vez, o controle de aluguel de terceira geração se limita a moderar os reajustes de aluguéis dentro de uma locação (contratos

---

reajustes irrisórios frente à inflação do período: o índice de preços elevou-se 214% de 1939 a 1946 [...]".

existentes), sem interferir nos valores de novos contratos. Os preços podem ser livremente convencionados para os novos aluguéis, contudo os aumentos durante a vigência do contrato são controlados, geralmente pela imposição de índices e percentuais compulsórios de reajustes.

Os controles de aluguel podem, geograficamente, se localizar em todo território nacional ou em parte dele. Atualmente, por exemplo, há diversas legislações internacionais que instituem as chamadas *zonas de pressão imobiliária*. Tais zonas demarcam áreas de forte demanda de imóveis, acompanhadas de um o mercado aquecido, com valorização imobiliária e aumento de preços dos aluguéis. A pressão imobiliária pode ser causada por inúmeros fatores, entre eles, a melhoria de infraestrutura urbana local, a ocorrência de obras públicas, a construção de novos empreendimentos. Em resposta, alguns governos têm limitado o valor de aluguel nessas áreas. É o caso, por exemplo, das *zonas de difícil acesso à habitação* na Catalunha,[34] das *zonas de pressão de aluguel* da Irlanda[35] e das *áreas de situação tensa de habitação* na Alemanha.[36] Vale ressaltar que diferentes gerações de controle de aluguel podem ser aplicadas concomitantemente, como, por exemplo, na cidade de Berlim, em que vigorou, por um período, os citados controles de reajuste com uma legislação local que congelou por cinco anos os preços dos aluguéis residenciais.[37]

Por outro lado, os controles de valores iniciais de aluguéis e de reajustes contratuais funcionam de diferentes modos. No contexto

---

[34] A Lei Catalã n. 11/2020 dispõe sobre o controle de aluguel e foi declarada inconstitucional pelo Tribunal Constitucional da Espanha. Entretanto, as disposições da lei se aplicam aos contratos já firmados (Espanha, 2022). Nesse sentido, nas áreas em que o imóvel se situe em zona declarada de "difícil acesso à habitação", o aluguel inicial não poderá exceder: (a) O preço de referência do arrendamento para unidades com características no mesmo ambiente urbano; e (b) desde que a habitação tenha sido alugada durante os cinco anos anteriores à entrada em vigor da legislação o aluguel pactuado na última locação do imóvel, acrescido de acordo com o "índice de garantia de competitividade" (Catalunha, 2020, tradução nossa).

[35] Os reajustes contratuais dos aluguéis dentro das *Zonas de Pressão de Aluguel* estão limitados à inflação ou a 2%, se o índice inflacionário for menor que isso.

[36] Popularmente conhecido como *Mietpreisbremse*, a legislação federal alemã estabeleceu que o controle de aluguel se aplica às áreas onde existem pressão no mercado imobiliário. Nesses casos, os aumentos do aluguel não podem ultrapassar 10% do valor de referência, nos termos do §556d BGB. Além disso, de acordo com § 556g do BGB, o locador deve informar o valor do aluguel praticado nos últimos 24 meses no imóvel objeto da locação (Alemanha, 2002).

[37] Esse congelamento de preços levado a cabo por Berlim foi declarado inconstitucional. O Tribunal Constitucional Federal da Alemanha decidiu, em 25 de março de 2021, que os estados alemães não tinham competência legislativa para instituir controle de aluguel. Nesse sentido, a competência para legislar sobre direito dos contratos de locação só poderia ser atribuída aos estados se o nível federal não exercesse sua competência legislativa.

francês, por exemplo, o preço inicial do aluguel é estipulado com base no mercado, não podendo ultrapassar uma determinada porcentagem acima da média dos aluguéis de imóveis similares (OCDE, 2021). Além dessa abordagem, existem métodos que não se pautam estritamente no valor do mercado para a definição do aluguel, por exemplo: o valor da propriedade – um percentual relativo ao valor venal do IPTU; os custos do proprietário; um sistema de pontuação em que o tamanho do imóvel, os números dos cômodos, as utilidades são consideradas no cálculo do valor[38] (Wheatley; Arnold; Beswick, 2019). O controle dentro das locações pode ocorrer vinculando os reajustes a índices de inflação (IPCA, IGP-M) ou a um indexador público,[39] ou a uma porcentagem fixa (7% ao ano), ou ao percentual de aumento do salário mínimo,[40] etc.

Em suma, a terminologia "controle de aluguel" pode abranger diferentes situações e, portanto, pode ter, em razão da sua diversidade, diferentes impactos no mercado imobiliário. Quanto aos impactos,[41] a introdução de políticas de controle de aluguel pode aumentar o bem-estar social e a segurança da posse dos inquilinos, reduzir os preços de aluguel (Diamond; Mcquade; Qian, 2019), desenvolver redes sociais mais fortes com uma maior estabilidade nas comunidades em razão das diminuições dos despejos econômicos (Pastor; Carter; Abood, 2018), possibilitar moradias mais próximas do mercado de trabalho, entre outros. Esses benefícios ganham ainda maior importância nos casos em que as moradias se encontrem em mercados imobiliários aquecidos.

Por outro lado, certas análises econômicas sugerem possíveis perdas de bem-estar social a médio e longo prazos, associadas a uma redução na qualidade e na quantidade dos imóveis, assim como a uma ineficiência na alocação das unidades habitacionais. Estudos indicam que o controle de preços gera uma redução e uma degradação no conjunto de imóveis voltado à locação, isso ocorreria porque o controle desestimularia os proprietários a investirem em propriedades já existentes e em edificação de novas unidades para aluguel (Arnott, 1995; Bourne, 2014).

---

[38] Suécia e Holanda determinam o valor dos aluguéis iniciais utilizando cálculos que levam em conta diferentes fatores e utilidades dos imóveis, tais quais: qualidade, tamanho, local, infraestrutura urbana etc. (Wheatley; Arnold; Beswick, 2019).

[39] A título de exemplo, a Lei n. 6.649/1979 limitava a correção monetária do aluguel ao título público federal chamado ORTN.

[40] A Lei n. 4.494/1964 vinculava o reajuste do aluguel ao aumento do salário mínimo.

[41] Foge do escopo deste trabalho a análise pormenorizada dos efeitos dessa política, uma visão geral sistemática sobre todos os efeitos possíveis do controle de aluguel pode ser encontrada em Kholodilin (2020a).

Adicionalmente, a garantia de continuidade das famílias em moradias poderia levar a permanecerem em residências por períodos mais longos do que o ideal. Um exemplo dessa situação seria os núcleos familiares que se reduzem com o tempo (independência financeira dos filhos) e mesmo assim continuam a habitar apartamentos de tamanho familiar (Bulow; Klemperer, 2012). No entanto, vale ressaltar que alguns efeitos maléficos podem ser compensados com outras medidas legislativas/administrativas que, por exemplo, excluam da incidência da limitação de preços as novas unidades habitacionais ou que possibilitem o aumento do valor do aluguel no caso de gastos com manutenção, investimentos e reparos (Peppercorn; Taffin, 2013).

O que se pode concluir é que o controle de aluguel pode ser uma ferramenta importante para a garantia do direito à moradia adequada e para a proteção da segurança da posse do indivíduo frente às exigências muitas vezes voláteis e abusivas do mercado. Em que pese essa possibilidade, a utilização desse instrumento deve ser avaliada junto com seus possíveis impactos e outras medidas que visem equilibrar a oferta de unidades habitacionais para moradia.

No Brasil, há o Projeto de Lei n. 1.026/2021, do deputado federal Vinícius Carvalho (Republicanos – SP), que visa alterar o art. 18 da Lei n. 8.245/1991 e estabelecer o Índice de Preços ao Consumidor Amplo (IPCA) como limite máximo para o reajuste de aluguel. Na justificação do projeto de lei, o deputado argumentou que o intuito da proposição era responder à situação dos inquilinos diante da larga utilização do Índice Geral de Preços – Mercado (IGP-M) como índice de reajuste, situação essa que levou a um aumento acumulado no ano de 2020 de 25%, ainda que o índice oficial de inflação no Brasil tenha girado em torno de 5% (Brasil, 2021).

O projeto está em tramitação na Câmara dos Deputados e já conta com parecer da Comissão de Constituição e Justiça e de Cidadania, de autoria do deputado Eduardo Cury (Partido da Social-Democracia Brasileira – SP). O deputado manifestou-se pela injuridicidade da proposição. A leitura do parecer oferece uma visão sobre a abordagem do Legislativo brasileiro em relação a esse tema. Em um primeiro momento, o deputado afirmou que a atual Lei do Inquilinato abandonou a disciplina protetiva anterior e apostou em mecanismos de mercado para regular as locações, garantindo estabilidade jurídica e efetiva liberdade contratual. Asseverou que a vigência da Lei n. 8.245/1991 trouxe um efetivo aumento da oferta de imóveis para locação e atração de novos investimentos na construção civil, voltados a empreendimentos imobiliários a serem disponibilizados para locação. O parlamentar reconheceu as boas intenções da proposição, mas entendeu haver riscos de desequilíbrio do mercado imobiliário. Aduziu que o ordenamento jurídico brasileiro já dispõe de medidas aptas a proteger o inquilino, por meio da análise da desproporção do caso concreto pelo judiciário[42] (Brasil, 2021).

Por último, é interessante notar que o deputado trouxe como exemplo de comparação a já citada legislação de Berlim que congelou os níveis de aluguel por cinco anos. Afirmou que houve, na cidade alemã, em razão da lei aprovada, uma diminuição no número de imóveis existentes para a locação, além do aumento dos valores dos novos contratos. O deputado propositalmente[43] mistura tipos de controles distintos para afirmar que mudanças na legislação do inquilinato acarretam insegurança jurídica. Ao final, o parlamentar sustentou que não haveria soluções fáceis para problemas complexos e que outras medidas de cunho macroeconômico poderiam ser mais eficientes no auxílio aos locatários, especialmente aqueles hipossuficientes, qual seja: controle da inflação, medidas de incentivo à construção civil e uma reforma tributária que desonere o consumo, tornando o sistema tributário brasileiro menos regressivo (Brasil, 2021).

No parecer, o deputado defendeu uma postura não intervencionista do Estado sobre os mercados de locação, permitindo que o mercado se autorregule. Para ele, a funcionalidade do mercado viria a partir do crescimento econômico e da constrição da atuação legislativa em prol da efetiva liberdade contratual, fatos que ampliariam a produção de unidades habitacionais e dariam equilíbrio a relação entre inquilinos e proprietários. Contudo, essa argumentação deve ser contestada, isso porque o crescimento econômico pode não andar *pari passu* com um mercado de moradia acessível para todos. Em muitas situações, uma demanda elevada pode aumentar os preços, especialmente em áreas urbanas com oferta limitada. Rolnik (2010), ao analisar o *boom* dos

---

[42] Diz o deputado: "O mercado locatício é maduro o suficiente para lidar com variações atípicas dos índices tradicionalmente utilizados e, em caso de recalcitrância do locador, sempre estarão abertas ao locatário as vias ordinárias de revisão contratual, disciplinadas na legislação em vigor" (Brasil, 2021).

[43] Diz o parlamentar que: "É evidente que a medida adotada em Berlim não é igual àquela que consta das proposições sob análise nesta Comissão. Entretanto, a lição é bastante didática quanto aos efeitos prejudiciais decorrentes da intervenção indevida no mercado imobiliário e na economia como um todo" (Brasil, 2021).

preços dos imóveis no Brasil, na década de 2010, explica que a disponibilização de crédito imobiliário e o envelhecimento da população brasileira aumentaram a demanda por moradia e tensionaram os preços das habitações, dificultando o acesso à moradia adequada em um momento de crescimento econômico do país.

Além disso, a liberdade contratual plena pode causar, com frequência, desigualdades habitacionais, trazendo grande prejuízo à qualidade da moradia e à estabilidade da segurança da posse. A atuação irrestrita dos agentes privados pode resultar em condições contratuais desfavoráveis aos locatários, com prejuízo à habitabilidade das moradias – falta de manutenção, paredes mofadas, construções pouco arejadas.

O mercado de locação possui complexidades particulares que exigem uma atuação específica e planejada do Estado. O desenvolvimento e a implementação de políticas macroeconômicas não são mecanismos juridicamente suficientes para assegurar a universalização do acesso à moradia acessível e de boa qualidade. Portanto, é importante que o Estado atue com mecanismos e ferramentas específicas para solucionar problemas relacionados à questão da moradia de aluguel. Entretanto, deve-se assinalar que a implementação inadequada, somada à falta de planejamento do Estado ao usar esses mecanismos, pode ser bastante danosa. Um controle rígido de aluguel, desacompanhado de medidas que incentivem a construção, de regulações urbanísticas e de garantias aos locadores, pode reduzir a oferta de unidades habitacionais disponíveis, pressionando os preços das moradias para cima. A atuação estatal no setor precisa ser bem planejada e integrada. Nesse sentido, o controle de aluguel não pode ser implementado de forma isolada, mas deve ser concebido como parte integrante de uma estratégia mais ampla que busque equilibrar a oferta e a demanda de moradias.

1.3.1.3.3 A proteção jurídica contra despejos indiretos

A proteção jurídica contra despejos indiretos refere-se a mecanismos legais de defesa do locatário frente a condutas negligentes do locador. O despejo indireto ocorre quando o proprietário adota posturas negligentes com o intuito de forçar a saída do locatário. O proprietário age ou se omite de forma a tornar a moradia inviável para o inquilino. Isso pode incluir, por exemplo, a interrupção de serviços essenciais como água e luz ou a negligência na manutenção do imóvel.

Essa proteção legal é estruturada em duas frentes. Na primeira, definem-se quais ações do proprietário são consideradas inadequadas. No segundo momento, há o estabelecimento de penalidades para ocorrência das ações proscritas. Nesse sentido, a Legislação do Inquilinato brasileira, dispõe como obrigação do locador a entrega ao locatário do imóvel alugado em estado de servir ao uso a que se destina e a garantia, durante o tempo da locação, das condições para o uso do imóvel locado, nos termos do art. 22, Inciso I e II. Quando houver necessidade de reforma para a manutenção dessas condições adequadas, as obras serão consideradas como necessárias e estarão a cargo do proprietário. Na hipótese de inércia do proprietário, as obras poderão ser feitas pelo inquilino, sendo indenizáveis e permitindo o exercício do direito de retenção, conforme o art. 35. Por último, o art. 43 da Lei de Inquilinato considera como contravenção penal, punível com prisão simples de cinco dias a seis meses ou multa de três a doze meses do valor do último aluguel atualizado, revertida em favor do locatário: exigir quantia ou valor além do aluguel e encargos permitidos; exigir mais de uma modalidade de garantia num mesmo contrato de locação; cobrar antecipadamente o aluguel (Brasil, 1991a).

1.3.1.3.4 A proteção jurídica contra situações emergenciais

Há momentos em que a conjuntura econômica é marcada por profunda fragilidade e debilidade, tendo severas consequências na esfera da moradia. O declínio da economia faz com que a renda da população diminua sensivelmente e traz, consequentemente, dificuldades para as pessoas cumprirem com suas obrigações de curto prazo, entre elas o gasto com a moradia. Esses momentos são marcados pelo crescimento da precariedade e da insegurança habitacional e pelo evidente enfraquecimento da segurança da posse dos inquilinos, especialmente os mais vulneráveis. A pandemia de *Corona Virus Disease* (covid-19) é o exemplo mais recente dessa situação emergencial. Uma grande parte da população mundial viu suas rendas encolherem, seus empregos sumirem, suas jornadas de trabalho reduzirem e suas casas depauperarem com o espalhamento do vírus. A importância da moradia ficou ainda mais evidente, uma vez que o isolamento social foi implementado como política para contenção da doença. O "ficar em casa" se tornou uma necessidade de sobrevivência.

Contudo, com as dificuldades econômicas, muitas famílias que alugavam imóveis tiveram seu direito à moradia ameaçado, com riscos iminentes de despejo. Diversos países adotaram medidas específicas com o intuito de garantir que os locatários pudessem continuar em suas casas. Distintas providências emergenciais foram tomadas. Países como a Irlanda,[44] o Canadá[45] e a Grécia impuseram um congelamento geral momentâneo de aluguéis, impedindo qualquer tipo de reajuste contratual. A Venezuela suspendeu por seis meses a obrigação de pagar aluguéis de imóveis comerciais e residenciais (Venezuela, 2021). A Espanha decretou a moratória dos pagamentos de aluguel quando o proprietário do imóvel for um grande titular de propriedades ou entidade pública e o locatário se encaixe em certos critérios de vulnerabilidade, nos termos estabelecidos no referido Real Decreto-Lei n. 11/2020 (Espanha, 2020). A empresa de habitação pública de Nova York – NYCHA determinou a redução do valor do aluguel para famílias que tiveram um decréscimo de mais de 5% de sua renda (Nova Iorque, 2020).

Outros países proibiram a rescisão unilateral de contratos de locação e determinaram a renovação automática dos ajustes vencidos durante a pandemia (European Comission, 2020). Houve também medidas que decretaram a moratória ou um generoso desconto no pagamento dos serviços públicos como água, eletricidade e gás. Nesse sentido, a Espanha (2020) garantiu o fornecimento contínuo de serviços básicos enquanto perdurasse o Estado de Emergência. Na região belga de Flandres, as pessoas que ficaram temporariamente desempregadas em consequência da covid-19 tiveram isenção automática do pagamento das contas de água, de gás e de eletricidade durante um mês e receberam auxílios pecuniários para ajuda no pagamento (European Comission, 2020). A Argentina (2020) proibiu que as concessionárias prestadoras de serviços essenciais, tais como energia elétrica, gás de rede e água encanada, telefonia fixa ou móvel e empresas de *internet* e TV a cabo, suspendessem ou cortassem o fornecimento do serviço por atraso de pagamento de até três faturas consecutivas ou alternadas. Em

---

[44] O congelamento foi adotado no começo da pandemia e vigorou até o dia 1º de agosto de 2021, conforme informação retirada do *site* do Conselho de Locação residencial irlandês (RTB, 2020).
[45] A medida foi tomada especificamente pela província da Colúmbia Britânica que adotou um congelamento de aluguel no início da pandemia, estendido até janeiro de 2022, posteriormente limitando o reajuste do aluguel em 1,5%. Informação retirada do *site* oficial da província (Columbia Britânica, 2023)

Portugal (2020), foi estabelecido que durante o estado de emergência não poderia haver suspensão de fornecimento de serviços essenciais – água, energia elétrica, gás natural e comunicações eletrônicas. Ainda, a Lei n. 4-C/2020 que instituiu o "Regime excecional para as situações de mora no pagamento da renda devida nos termos de contratos de arrendamento urbano habitacional e não habitacional, no âmbito da pandemia covid-19", no seu artigo 5º, institui a grupos vulnerabilizados pelos efeitos da pandemia o apoio financeiro de concessão de um empréstimo sem juros para suportar os valores relativos ao aluguel (Portugal, 2020). Na Inglaterra, a Seção n. 81, da Lei do Coronavírus de 2020, estendeu por até três meses o período de aviso prévio que certos inquilinos tinham direito a receber quando um proprietário tentava recuperar a posse de suas casas (Inglaterra, 2020). No Brasil, o art. 3º, Inciso II, da Lei n. 14.216/2021, proibiu expressamente a interrupção da prestação dos serviços essenciais como o acesso a serviços básicos de comunicação, de energia elétrica, de água potável, de saneamento e de coleta de lixo (Brasil, 2021a).

A proibição de despejos em razão de atrasos nos pagamentos do aluguel foi a medida mais comum adotada pelos países (Kholodilin, 2020b). Essa foi a medida adotada pelo Brasil,[46] o artigo 9º, da Lei n. 14.010/2020, que tratou do Regime Jurídico Emergencial e Transitório das relações jurídicas de Direito Privado (RJET) no período da pandemia do coronavírus, proibiu a liminar para desocupação de imóvel urbano até 30 de outubro de 2020 (Brasil, 2020b). Posteriormente, o art. 1º da Lei 14.216/2021 suspendeu, até 31 de dezembro de 2021, o cumprimento de medida judicial, extrajudicial ou administrativa que resultasse em desocupação ou remoção forçada coletiva em imóvel privado ou público, exclusivamente urbano, e a concessão de liminar em ação de despejo (Brasil, 2021a). Em seguida, na Ação de Descumprimento de Preceito Fundamental (ADPF) n. 828, por decisão monocrática do ministro Roberto Barroso, confirmada pelo Plenário, a suspensão temporária de desocupações e despejos, inclusive para as áreas rurais, de acordo com os critérios previstos na Lei n. 14.216/2021, foi prorrogada até 31 de outubro de 2022 (Brasil, 2022).

---

[46] A suspensão de despejos já foi adotada pelo Brasil diversas vezes. A título de exemplo, a Lei n. 7.538/1986 e a Lei n. 7.612/1987 suspenderam os despejos no país em razão de crises econômicas e sociais.

Chama atenção no exemplo brasileiro o veto aposto pelo então presidente da República Jair Bolsonaro aos já citados artigo 9º da Lei n. 14.010/2020 e art. 1º da Lei n. 14.216/2021, alegando em síntese: (a) ser meritória a intenção do legislador; (b) a legislação seria contra o interesse público porque daria salvo conduto para os ocupantes irregulares de imóveis públicos, os quais frequentemente agem em caráter de má-fé e cujas discussões judiciais tramitam há anos; (c) a proteção excessiva ao devedor em detrimento do credor promove o incentivo ao inadimplemento e desconsidera a realidade de diversos locadores que dependem do recebimento de aluguéis como forma complementar ou, até mesmo, exclusiva de renda para o sustento próprio; (d) a proposição legislativa estaria em descompasso com o direito fundamental à propriedade (Brasil, 2020b, 2021a). O presidente se alinhou a uma postura inflexível da defesa da propriedade e dos direitos dos proprietários, sem nem mesmo levar em conta que os artigos vetados tratavam de uma situação temporária e excepcional e que os direitos proprietários seriam restabelecidos com data determinada. Evidencia-se, aqui, o que ficou claro durante todo o mandato do Governo Bolsonaro, sua clara postura refratária frente aos direitos sociais.

Interessante assinalar, ainda, que os vetos apostos às duas leis foram derrubados por ampla maioria no Congresso Nacional. O Congresso Nacional tão resistente às leis protetivas dos locatários teve desafogado consenso para aprovar a legislação e desmantelar os vetos n. 20/2020 e n. 42/2021. Os pareceres proferidos nos plenários do Senado Federal e da Câmara ressaltaram a natureza excepcional e extraordinária da medida de suspensão, a sua aplicabilidade limitada a seis meses e o objetivo de não agravar a crise social e sanitária que o país estava passando. Assim, o direito proprietário foi afastado por um regime emergencial que teria duração diminuta no tempo e em razão do contexto excepcional vivido pelo país.

Por último, cabe ainda salientar que alguns países dispõem de um fundo de garantia destinado a assegurar o pagamento dos aluguéis quando ocorrer inadimplência pelo inquilino. Essa medida visa proteger tanto o locador quanto o locatário. O Uruguai (2002), por exemplo, tem um fundo de caráter público chamado de *Fondo de Garantía de Alquileres* vinculado ao Ministério Nacional de Habitação. Para participar do fundo, tanto o locador quanto o locatário devem contribuir com um percentual mensal de 3% do valor do aluguel ao governo do Uruguai. O locatário pode se candidatar ao Fundo se preencher os requisitos estabelecidos e, caso seja aprovado, receberá um certificado de garantia de locação que poderá apresentar ao locador na hora da negociação do contrato de locação, comprovando sua solvabilidade para o negócio. O fundo aumenta a segurança dos contratos locatícios, resguardando o infortúnio do inquilino em situações de desemprego e beneficiando os proprietários que têm garantida sua remuneração pelo uso do imóvel. Nesse sentido, um mecanismo jurídico como esse traz estabilidade ao contrato locatício, protegendo tanto o proprietário quanto o inquilino em situações de inadimplência (Blanco; Cibils; Muñoz, 2014).

A proteção jurídica contra situações emergenciais tenta proteger tanto a segurança jurídica da posse do proprietário quanto os direitos do proprietário, por meio de medidas que evitem que indivíduos e suas famílias percam as habitações, em razão de conjunturas de crise econômica e social. Tais medidas têm por escopo conferir sustentabilidade e resiliência aos sistemas habitacionais, possibilitando o acesso à moradia digna especialmente em contextos de crises sociais e econômicas e, também, em situações individuais adversas como desemprego e problemas de saúde.

1.3.1.4 O processo legislativo da Lei n. 8.245/1991 e o equilíbrio entre os interesses do proprietário e do inquilino

O projeto de lei original, que resultou na promulgação da Lei de Inquilinato, foi submetido à apreciação do Congresso Nacional pela Mensagem n. 216-A, de 15 de maio de 1991, com pedido de urgência na apreciação da matéria, nos termos do §1º do art. 64, da CRFB/1988, pelo então Chefe do Executivo, o presidente Fernando Collor. A mensagem foi acompanhada pela Exposição de Motivos n. 42/1991, de 5 de abril de 1991, subscrita pelos ministros de Estado da Justiça (Jarbas Passarinho), da Economia, Fazenda e Planejamento (Zélia Cardoso) e da Ação Social (Margarida Procópio). Resumidamente, essa exposição de motivos apresenta o diagnóstico da situação do mercado habitacional de locação e uma possível solução para as questões problemáticas do setor. Nesse sentido, argumenta-se que as legislações do inquilinato até então existentes presumiam a hipossuficiência do inquilino e proporcionavam uma excessiva proteção ao locatário. O atendimento às demandas dos inquilinos em detrimento dos proprietários, principalmente a impossibilidade do exercício do direito à retomada do imóvel, acabou por produzir profunda escassez de imóveis destinados ao aluguel e ainda gerou aumento dos preços e dos índices inflacionários. A solução proposta pelo projeto seria a de "equilibrar" o mercado por meio da livre negociação e da redução de regras excessivamente protecionistas. Especificamente, isso envolveria facilitar o direito de retomada do imóvel pelos proprietários, eliminar a renovação automática do contrato e aprimorar as normas processuais para acelerar a resolução dos conflitos locatícios (Brasil, 1991c, p. 43-46).[47]

Anteriormente, o governo Collor já havia tentado modificar a legislação do inquilinato, especificamente disciplinando o reajuste dos preços pactuados por meio da Medida Provisória (MP) n. 291/1991. A argumentação utilizada na exposição de motivos da referida MP é muito semelhante àquela que posteriormente foi usada para a Lei de Inquilinato, qual seja: a falta de interesse dos investidores no setor de aluguel de moradia, a interferência excessiva do governo no setor, a presunção equivocada de hipossuficiência do inquilino, entre outros (Brasil, 1991b).

Assim, o Poder Executivo Federal baseava-se em ideias centradas na redução das garantias concedidas aos locatários, na diminuição da segurança da posse e no fortalecimento dos direitos dos proprietários. O objetivo era romper com uma legislação de viés protecionista, permitindo uma maior liberdade de negociação e de estabelecimento das cláusulas contratuais, o que poderia dinamizar o mercado habitacional de aluguel, aumentando a oferta de unidades disponíveis para locação e reduzindo os preços.

O projeto de lei do Inquilinato apresentado pelo Poder Executivo foi elaborado por uma Comissão Interministerial, criada com o objetivo exclusivo de propor um novo marco legal das locações no Brasil. Essa comissão tomou como base um esboço de projeto produzido pelos juristas Sylvio Capanema de Souza, Geraldo Beire Simões e Pedro Antônio Barbosa Cantisano a pedido da Associação Brasileira das Administradoras de Imóveis (ABADI). A proposta elaborada pelos juristas foi posteriormente apoiada pela Federação Nacional do Mercado

---

[47] Um trecho da Exposição de Motivos do mencionado Projeto de Lei do Inquilinato exemplifica os princípios orientadores do projeto proposto pelo Poder Executivo: "3. Percebeu-se, sem grande dificuldade, que a atual Lei do Inquilinato, ao presumir a hipossuficiência de uma das partes na relação locatícia, restou por inviabilizar a locação de imóveis e os investimentos que tradicionalmente eram destinados à construção civil, especialmente na área de habitação" (Brasil, 1991, p. 43).

Imobiliário (FENADI) e encaminhada ao presidente da República Fernando Collor por meio de um ofício assinado por diversas associações representativas dos direitos dos proprietários (Simões, 2011). Na Câmara dos Deputados, o projeto de lei foi aprovado, nos termos de um projeto substitutivo comum, proposto pelos quatro relatores setoriais: deputado Renato Vianna (PMDB-SC), da Comissão de Constituição e Justiça e de Redação; deputado Gilson Machado (PFL-PE), da Comissão de Viação e Transportes, Desenvolvimento Urbano e Interior; e deputado Aécio Neves (PSDB-MG), da Comissão de defesa do Consumidor, Meio Ambiente e Minorias. É interessante notar que os relatores reforçaram a preocupação com a liberdade contratual e a proteção dos direitos dos proprietários. No parecer conjunto, os relatores afirmaram que seriam "adeptos da livre economia de mercado e estamos convencidos e que exagerada ingerência governamental no mercado locatício gerou as dificuldades em que se encontra [...] a questão da moradia mediante aluguel" (Brasil, 1991a, p. 87). Durante os apartes e esclarecimentos dos relatores sobre o Parecer, chama atenção a fala do deputado Gustavo Krause, que afirmou que um dos "grandes objetivos do projeto de lei: tentar fazer chegar ao mercado uma maior oferta de locações para habitação que hoje estão fora do mercado pela falta de estímulo [...] e reequilibrar as relações entre inquilino e locador e induzir o processo de negociação" (Brasil, 1991c, p. 458).

Encaminhado ao Senado, o PL n. 912/1991 foi denominado Projeto de Lei da Câmara (PLC) n. 52/1991. Aprovado pela CCJ do Senado e encaminhado ao plenário, o PLC n. 52/1991 foi submetido à votação. Durante a votação em plenário, o senador Élcio Álvares proferiu parecer oral e reforçou os argumentos já delineados na referida comissão, destacando que a nova legislação teria o potencial de criar novos empregos em razão do incremento da construção civil e afirmando que "ninguém mais vai investir em dólar, mas sim em imóveis para alugar. Vai cair o aluguel [...]" (Brasil, 1991d).

O projeto foi encaminhado à sanção presidencial em 27/09/1991, e seu autógrafo foi parcialmente sancionado em 18/10/1991, transformando-se na Lei n. 8.245/1991. Foi aposto veto aos artigos 87 e 88 que tratavam, respectivamente, da isenção de imposto de renda sobre o lucro da venda de um imóvel para aquisição ou construção de outro imóvel e da dedução dos pagamentos de aluguel na declaração do imposto de renda. Os vetos foram mantidos após votação ocorrida em sessão conjunta do Congresso Nacional, em 25/09/1991. Interessante notar que todo o processo que resulta com a edição da Lei de Inquilinato foi influenciado por uma visão favorável à liberdade de contratação e de negociação, à redução de supostos "entraves estatais" e à priorização dos direitos dos proprietários. Argumentava-se que uma legislação nesse sentido estimularia o investimento no setor, aqueceria o mercado, aumentaria a oferta de unidades habitacionais para locação e, consequentemente, reduziria o déficit habitacional.

Por outro lado, apenas uma grande reforma foi feita na Lei de Inquilinato durante sua vigência. A Lei n. 12.112, de 9 de dezembro de 2009, alterou a Lei n. 8.245/1991 para modificar as regras e procedimentos sobre locação de imóvel urbano.[48] Diversos dispositivos foram modificados com o intuito de dar celeridade e simplificar os procedimentos e a prestação jurisdicional na solução dos conflitos. Assim houve modificação quanto às regras sobre a multa devida pelo locatário quando da devolução do imóvel antes do término do prazo contratual, alteração das questões referentes à sub-rogação nos direitos e obrigações do locatário em casos de separação, divórcio ou dissolução da união estável, além da extensão das garantias locatícias em caso de prorrogação legal do contrato, entre outros. Adicionalmente, a Lei n. 12.112/2009 trouxe significativas alterações quanto à ação de despejo, uma vez que se ampliaram as hipóteses em que se é permitida a liminar de desocupação, abrangendo reparos urgentes no imóvel determinados pelo poder público, falta de apresentação de nova garantia, término de locação não residencial e falta de pagamento do aluguel sem nenhuma garantia. As modificações tinham como objetivo principal proporcionar maior segurança de investimento ao mercado imobiliário, com a simplificação do processo judicial e uma maior agilidade da retomada do imóvel. Em entrevista ao *Estado de São Paulo*, Jacques Bushatsky, diretor do Sindicato das Empresas de Compra, Venda, Locação ou Administração de Imóveis Residenciais ou Comerciais de São Paulo (SECOVI/SP), afirmou: "Houve uma simplificação do processo judicial. O tempo médio para retirar um locatário era de 12 a 14 meses. Com as mudanças, esse processo será reduzido para cerca de seis meses" (González, 2010, online).

---

[48] A Lei de Inquilinato sofreu pequenas modificações ao longo do tempo pela Lei n. 9.256/1996, pela MP n. 2.223/2001, pela Lei n. 10.931/2004, pela Lei n. 11.196/2005 e pela Lei n. 12.744/2012. Tais alterações foram pontuais e tinham por objetivo aprimorar a legislação de regência, introduzindo ajustes específicos.

A partir da análise do processo legislativo, fica evidente que a Lei n. 8.245/1991 foi criada com a justificativa expressa de priorizar a proteção dos proprietários e reduzir as normas protetivas da posse dos locatários, consideradas como obstáculos ao desenvolvimento do mercado de aluguel. A aprovação dessa legislação tinha como objetivo promover maior segurança jurídica e rentabilidade para os proprietários de imóveis, estimulando a disponibilização e a construção para o mercado de aluguel, com um aumento de oferta de moradias e de redução de preços. A ideia subjacente era impulsionar os mecanismos de oferta e demanda, aumentando o estoque habitacional disponível para locação, facilitando o acesso à moradia e reduzindo, consequentemente, o déficit habitacional, sem uma intervenção incisiva do Estado no setor. O projeto de lei inicialmente proposto expressamente assume sua intenção ao ser justificado e condicionado pelo princípio da livre negociação entre as partes e pela redução das regras de proteção aos inquilinos, regras que presumiam a hipossuficiência de uma das partes e limitavam o direito dos proprietários de reaver seus imóveis. Segundo essa visão, essas regras restritivas acabavam por reduzir o número de imóveis disponíveis para aluguel, além de aumentar os preços e os índices inflacionários.

Nessa concepção, cabe ao Estado criar uma legislação que estimule o investimento no setor, aquecendo o mercado e aumentando a oferta de unidades habitacionais. Além disso, dentro desse arcabouço legislativo, o Estado também deveria adotar medidas e políticas indutivas que promovam o aumento da oferta e incentivem a demanda, impulsionando um funcionamento adequado do setor. A próxima seção abordará essas medidas de indução em detalhes.

1.3.2 A intervenção do Estado por indução

A intervenção sobre o domínio econômico por indução (Grau, 2018) é uma técnica jurídica de atuação estatal que cria estímulos e incentivos econômicos com o intuito de influenciar e moldar as ações dos agentes econômicos. Trata-se, pois, de um direcionamento indireto de condutas econômicas. Nessa perspectiva, o ordenamento jurídico se distancia de seu atributo tradicional de coação, dando lugar a um direito premial que busca orientar determinadas condutas. Fábio Konder Comparato (1978, p. 468-469) se refere a essa intervenção como "técnicas jurídicas de economia mista" em que o "Estado atribui vantagens financeiras e fiscais às empresas que decidem colaborar na realização dos objetivos inscritos no plano". Por outro lado, Odete Medauar (2018, p. 101) denomina o fenômeno de fomento e o conceitua como "estímulo a condutas e atuações de particulares, sem uso de mecanismos de coação (por exemplo: subsídios, incentivos fiscais, prêmios e condecorações)". Em linha similar, afirma o administrativista Carlos Ari Sundfeld (2003, p. 25): "o fomento estatal à vida privada consiste na concessão de benefícios a particulares de modo a induzir suas ações em certo sentido. Quem não se dispõe a adotar o comportamento pretendido não é sancionado; apenas deixa de usufruir o benefício que teria [...]". Floriano Marques (2015, p. 412) define fomento como uma "atividade estatal de incentivo positivo ou negativo a outra atividade desenvolvida por um ou vários particulares, de forma a condicionar o comportamento privado".

Por sua vez, a CRFB/1988 aborda a intervenção por indução em seu artigo 174, denominando-a como incentivo e a inserindo dentro da atuação de normatização e regulação do Estado. O texto constitucional não se debruça de forma pormenorizada sobre o conceito, mas vincula a utilização dessa técnica jurídica aos princípios da Ordem Econômica brasileira, bem como aos objetivos fundamentais da República, especialmente no que diz respeito à redução das desigualdades sociais e regionais (art. 170 VII e art. 3º, III da CRFB/1988).

Os diversos termos atribuídos a essa técnica jurídica descrevem um mesmo padrão de atuação estatal, que consiste no Estado influenciando as condutas dos agentes econômicos por meio de oferta de certos benefícios econômicos. Trata-se de uma forma não coercitiva de o Estado orientar as ações de indivíduos e de empresas, com o objetivo de cumprir propósitos e metas de políticas públicas. São criados estímulos e subsídios que acabam incentivando determinados comportamentos. Esses estímulos estatais podem ser viabilizados de diversas formas, tais quais: auxílios financeiros, concessão direta de recursos aos beneficiários, incentivos e renúncias fiscais, utilização de mecanismos de créditos, como empréstimos e financiamentos para pessoas físicas ou empresas, aumento da carga tributária para certos tipos de comportamento, entre outras. Importante assinalar que a intervenção por indução não está ligada apenas à concessão de vantagens econômicas, existem também normas de indução reversa, como nos casos em que o Estado eleva a tributação de um determinado comportamento com o intuito de desestimulá-lo (por exemplo, a alta tributação dos cigarros e de outros derivados do tabaco). Nesses casos, a norma indutiva tem efeito negativo, onerando a ação e tornando-a financeiramente mais dispendiosa (Grau, 2018). Os incentivos podem ser globais, setoriais e pontuais. Os incentivos globais são direcionados a toda coletividade, os setoriais são destinados a setores específicos e os pontuais são voltados a um indivíduo ou a uma empresa. Nesse contexto, as próximas seções analisam os incentivos setoriais voltados ao estímulo do acesso à moradia por aluguel. Especificamente, esses incentivos podem atuar na promoção da oferta, estimulando a construção de unidades habitacionais destinadas ao mercado de aluguel e incentivando o uso eficiente do estoque habitacional, por meio de concessão de benefícios econômicos a construtores e proprietários, bem como pela aplicação de tributação progressiva sobre imóveis desocupados. Além disso, podem existir benefícios à demanda que garantam recursos financeiros a beneficiários específicos para facilitar o acesso à moradia de aluguel. Assim os mecanismos de indução visam precipuamente estimular o aumento da oferta privada de unidades habitacionais direcionadas ao aluguel e fornecer apoio financeiro à demanda, facilitando o acesso à moradia para aqueles que são afetados com os níveis de preço da locação.

1.3.2.1 Técnicas jurídicas de indução à oferta habitacional

A intervenção sobre o domínio econômico por indução à oferta habitacional utiliza mecanismos tributários com o objetivo de aumentar a produção e a disponibilidade de unidades habitacionais para locação. Tais mecanismos têm por finalidade reduzir a carga tributária sobre os rendimentos obtidos pelos proprietários que disponibilizam seus imóveis para aluguel, assim como sobre o custo de produção de moradias para aluguel. Esses benefícios podem ser direcionados tanto às pessoas físicas quanto às jurídicas.

Nesse sentido, podem ser oferecidos incentivos que reduzam a tributação dos rendimentos provenientes do aluguel de propriedades residenciais de pessoas físicas, com o objetivo de tornar o investimento em aluguel mais atrativo em comparação com outras opções de utilização do imóvel. Um exemplo de medida nesse sentido é o Projeto de Lei n. 709, de 2022, do senador Alexandre Silveira (PSD/MG), que propõe alterações na legislação do Imposto de Renda de Pessoas Físicas incidente sobre a receita proveniente da locação de imóveis residenciais. O projeto prevê a concessão de isenção temporária, por cinco anos, do imposto de renda para rendimentos recebidos a título de aluguéis de imóveis residenciais, com 75% dos valores recebidos ficando desonerados do imposto. O objetivo desse projeto é incentivar a declaração formal dos rendimentos e os gastos com aluguéis, tanto para fins de arrecadação tributária como para promover o acesso à moradia. O projeto foi aprovado pela Comissão de Assuntos Econômicos (CAE) do Senado Federal e agora será revisado pela Câmara dos Deputados (Brasil, 2022c). Na Espanha, por exemplo, a Lei Nacional n. 35/2006, que trata do Imposto de Renda de Pessoas Físicas, prevê uma redução de 60% do imposto devido sobre a renda obtida com o aluguel de imóveis residenciais (Espanha, 2006). Além disso, também existem medidas tributárias voltadas às pessoas físicas para melhorar e facilitar o acesso ao crédito bancário para financiamento de construções de imóveis destinados ao aluguel. A Caixa Econômica Federal (CEF) oferece linhas de crédito voltadas para o apoio à produção de moradias, permitindo o financiamento de empreendimentos promovidos por pessoas físicas, sem a necessidade de intermediação por pessoa jurídica (CEF, 2023a).

No entanto, apesar de esses incentivos poderem aumentar a construção e a oferta de novas moradias, é importante ressaltar que tais medidas podem ter uma abrangência ampla e pouco focalizada. Comumente, elas apresentam um caráter regressivo, beneficiando de forma desproporcional a parcela mais rica da pirâmide de renda (OCDE, 2021). Para superar essa questão crítica, diversas ações podem ser adotadas: (a) melhor focalização dos incentivos, garantindo-se que sejam direcionados à construção de moradias acessíveis para a população de baixa renda; (b) implementação de políticas de controle de preços dos aluguéis que desestimulem a especulação imobiliária, incluindo medidas específicas de retenção dos preços e políticas urbanísticas de zoneamento que estimulem o uso eficiente do solo; (c) aumento dos investimentos públicos em habitação social, com o uso das empresas públicas para a construção de moradias a preços acessíveis, aliviando a pressão sobre os preços no mercado privado; (d) estabelecimento de sistemas de monitoramento e de avaliação para acompanhar a implementação das políticas públicas, permitindo-se ajustes com base nos resultados desejados; (e) promoção de uma participação popular no desenvolvimento e no acompanhamento desses programas, (f) expansão dos programas de produção de moradia de aluguel, aumentando-se a oferta de moradias acessíveis para a população de baixa renda.

Por outro lado, existem medidas de indução direcionadas a incentivar as pessoas jurídicas que promovem a produção imobiliária a disponibilizar moradias para aluguel a preços acessíveis. Essas medidas podem ser de diversos matizes como: subvenções fiscais, acesso a linhas de crédito com juros reduzidos, venda ou doação de terrenos a preços abaixo do nível de mercado para empreendedores imobiliários, isenções fiscais, redução de carga tributária e ajudas diretas. O objetivo desses benefícios é aumentar a oferta e o parque habitacional de moradias para aluguel, a partir da construção ou da reabilitação de unidades habitacionais. Ao conceder esses benefícios, o poder público exige que as empresas cumpram certas condições, como disponibilizar e manter, por um período de tempo, uma quantidade específica de unidades habitacionais voltadas ao aluguel de baixa renda ou a disponibilização de moradia de aluguel para beneficiários específicos.

Há vários exemplos práticos desses tipos de medidas. Por exemplo, o extinto Programa Casa Verde Amarela, nos termos do seu art. 22, implementou uma redução na tributação federal, unificando a alíquota, de 4% para 1%, que incide sobre a receita mensal de empreendimentos dedicados à construção e à incorporação unidades habitacionais de interesse social. Essa unificação abrangia os tributos de IRPJ, da CSLL, da COFINS e do PIS/PASEP. Tal regra vigorou até dezembro de 2018 e limitava o benefício às receitas oriundas de imóveis de valor máximo de 100 mil reais (Brasil, 2021b). O Novo Programa Minha Casa Minha Vida (PMCMV) reintroduziu a alíquota unificada, criando a oportunidade para que essa medida seja estendida também às moradias de aluguel. Isso porque o art. 17 não especifica o valor do imóvel e exige apenas que a unidade habitacional seja destinada aos beneficiários da Faixa 1 do programa – famílias que auferem até R$ 2.640,00 (Brasil, 2023a). É importante observar que esse benefício fiscal foi legalmente criado sem qualquer estimativa de impacto orçamentário e de medidas compensatórias, requisitos estabelecidos tanto no art. 113 do ADCT quanto no art. 14 da Lei de Responsabilidade Fiscal. Essas circunstâncias são extremamente problemáticas tanto para a avaliação da efetividade dos benefícios quanto para o monitoramento de sucesso ou não dessa política. Por outro lado, a Reforma Tributária votada no Congresso Nacional afetou diretamente esse benefício fiscal, uma vez que esse novo regime tributário proíbe a concessão de benefício fiscal de Imposto sobre Bens e Serviços - IBS e Contribuição sobre Bens e Serviços – CBS (Brasil, 2019). É importante notar que a CBS substitui o PIS/PASEP e a COFINS, o que poderia resultar na inconstitucionalidade superveniente do mencionado art. 17 da lei que institui o PMCMV.

No âmbito dos tributos municipais, a cidade de São Paulo, por exemplo, concede diversos incentivos tributários à construção e aquisição de unidades habitacionais de interesse social, tais quais: a Lei n. 13.402/2002 que, em seu artigo 4º, isenta de imposto as transmissões de bens ou de direitos relativos a imóveis adquiridos para programas habitacionais de interesse social (São Paulo, 2002a). Além disso, a Lei n. 13.701/03 prevê, em seu artigo 17 (redação dada pela Lei n. 16.359, de 14 de janeiro de 2016), a isenção de ISS sobre diversos serviços prestados para construção de habitação popular (São Paulo, 2003).

Adicionalmente, pode haver medida de indução tributária que preveja a possibilidade de dedução dos juros de empréstimos imobiliários da base de cálculo do imposto de renda das pessoas jurídicas. Embora essa hipótese não seja prevista no Brasil, o código tributário federal dos EUA, por exemplo, permite que os proprietários deduzam de sua renda tributável os juros pagos em financiamentos de imóveis, política chamada de *Mortgage Interest Deduction*. Dessa forma, um proprietário que tiver uma renda de $100.000 e pagar $10.000 de juros terá como base de cálculo para impostos o valor de $90.000 (EUA, 2022). Além disso, existem medidas de estímulo que permitem a construção de prédios além do coeficiente de aproveitamento estabelecido, desde que sejam reservadas unidades para moradias de interesse social. Este é o caso da cota de solidariedade da cidade de São Paulo, embora essa medida tenha perdido tração devido ao estabelecimento de alternativas que distorceram o propósito original do instrumento. Por último, há a possibilidade de doação de terrenos para empreendedores imobiliários que destinem uma parte das unidades ao aluguel de famílias de baixa renda etc. A lei que dispõe sobre o PMCMV institui a possibilidade de que a União destine bens imóveis a entidades privadas sem fins lucrativos para alcançar os objetivos de políticas públicas habitacionais. A destinação desses bens estaria condicionada ao cumprimento de certas contrapartidas, entre as quais, o atendimento prioritário das famílias de baixa renda (art. 13, §3º).[49]

---

[49] É o texto da legislação federal: "§3º A União poderá destinar bens imóveis a entes públicos e privados, dispensada alteração legislativa específica, mediante atendimento prioritário

A implementação de medidas de incentivo fiscal pode ser extremamente útil para a acessibilidade habitacional, desde que tais medidas sejam direcionadas de forma criteriosa aos grupos de renda em que o custo do aluguel seja realmente um problema, evitando que a política seja regressiva e acabe por fomentar ainda mais a desigualdade no país. Os incentivos fiscais, portanto, têm o potencial de aumentar a disponibilidade de moradias a preços moderados. No entanto, para que serem eficazes, esses incentivos precisam estar associados a medidas estatais que promovam a regulação de preços e a sistemas de monitoramento e avaliação contínuos. Assim, os incentivos fiscais podem ser uma ferramenta valiosa, mas dependem de uma abordagem integrada e bem regulada que vise facilitar o acesso à moradia para aqueles que mais precisam.

1.3.2.1.1 Técnicas jurídicas de indução à oferta habitacional e funcionalização habitacional – medidas para aumentar a disponibilidade de unidades para aluguel dentro de um determinado parque habitacional

A tributação pode também auxiliar no melhor aproveitamento do estoque de moradias existente, trazendo incentivos para que os imóveis desocupados sejam novamente integrados ao mercado habitacional, aumentando a oferta no setor. Nesse sentido, as alíquotas dos tributos incidentes no imóvel podem ser majoradas quando as residências forem consideradas vazias ou desocupadas. Essa é uma medida fiscal destinada a incentivar os proprietários de casas vazias a disponibilizá-las no mercado. Nesse passo, o principal objetivo do tributo não é a arrecadação em si, mas sim promover a função social da propriedade. Nesse contexto, a imposição de tributos assume uma função extrafiscal.

De acordo com o art. 182 da CRFB/1988, é facultado ao poder público, mediante lei específica para área incluída no plano diretor, exigir, nos termos da lei federal,[50] do proprietário do solo urbano não

---

a famílias da Faixa Urbano 1, observado o disposto na Lei n. 9.636, de 15 de maio de 1998, e na regulamentação correlata, entre os quais: I - o FAR e o FDS; e II - entidades públicas ou privadas sem fins lucrativos".

[50] A lei federal editada foi o Estatuto da Cidade, que assim dispõe sobre o IPTU progressivo: "Art. 7º Em caso de descumprimento das condições e dos prazos previstos na forma do caput do art. 5º desta Lei, ou não sendo cumpridas as etapas previstas no § 5º do art. 5º

edificado, subutilizado ou não utilizado, que promova seu adequado aproveitamento. Essa disposição constitucional foi regulamentada pelo Estatuto da Cidade, que instituiu como um de seus instrumentos de Política Urbana o IPTU (art. 4º, IV, "a"). Além disso, o art. 7º possibilitou a aplicação do IPTU progressivo no tempo, mediante a majoração da alíquota pelo prazo de cinco anos consecutivos. Por outro lado, a Emenda Constitucional n. 29/2000 possibilitou a progressividade fiscal do IPTU em razão do valor do imóvel e de acordo com a localização e o uso do bem. A citada emenda foi uma resposta direta à decisão do STF no Recurso Extraordinário n. 423.768/SP. Naquela ocasião, o Tribunal considerou inconstitucionais artigos de uma lei municipal de São Paulo, sancionada pela então prefeita Luiza Erundina, que estabeleciam alíquotas escalonadas do IPTU baseadas na localização e no valor venal dos imóveis.

    A utilização do imposto de forma progressiva visa aumentar os custos associados à ociosidade do imóvel, diminuindo o retorno financeiro e incentivando economicamente a disponibilização da habitação para o aluguel. A tributação diferenciada gera despesas adicionais sobre a administração e a preservação do imóvel desocupado. Esse aumento de dispêndios traz desvantagens e prejuízos que acabam por tornar atrativa a disponibilização da unidade para a locação. No Brasil, o imposto sobre propriedade ainda é precipuamente utilizado como um imposto fiscal, no entanto, internacionalmente, a função extrafiscal desse tributo é amplamente aplicada em países como Canadá, França, Irlanda, Reino Unido, Espanha, Israel, entre outros (OCDE, 2021). Recente estudo (Segú, 2020) indica que a instituição de um imposto sobre moradias desocupadas na França influenciou o comportamento dos proprietários de unidades vagas, desempenhando um papel importante na formação de incentivos ao mercado imobiliário e diminuindo, em um período de quatro anos, as taxas de vacância em 13% nos municípios que adotaram a tributação. Ainda que o sistema de proteção do inquilinato e

---

desta Lei, o Município procederá à aplicação do imposto sobre a propriedade predial e territorial urbana (IPTU) progressivo no tempo, mediante a majoração da alíquota pelo prazo de cinco anos consecutivos. §1º O valor da alíquota a ser aplicado a cada ano será fixado na lei específica a que se refere o caput do art. 5º desta Lei e não excederá a duas vezes o valor referente ao ano anterior, respeitada a alíquota máxima de quinze por cento. §2º Caso a obrigação de parcelar, edificar ou utilizar não esteja atendida em cinco anos, o Município manterá a cobrança pela alíquota máxima, até que se cumpra a referida obrigação, garantida a prerrogativa prevista no art. 8º§ 3º É vedada a concessão de isenções ou de anistia relativas à tributação progressiva de que trata este artigo" (Brasil, 2001c).

o ambiente legal do mercado imobiliário na França sejam diferentes das condições brasileiras, trata-se de uma evidência importante para pensar em uma aplicação mais frequente do imposto sobre imóveis desocupados. O imposto imobiliário pode funcionar como uma ferramenta pública potencial para aumentar a disponibilidade de unidades habitacionais para locação, sem a necessidade de aumentar o estoque habitacional com novas construções ou reabilitações.

Por outro lado, esse tipo de medida, além de possuir o potencial de aumentar a oferta de habitação, pode ser uma estratégia menos onerosa em comparação com as isenções e os subsídios diretos praticados para incrementar tanto a oferta quanto a demanda, além de gerar receitas públicas decorrentes das habitações que continuarem desocupadas.

Diversos desafios podem, contudo, ser levantados para a implementação dessa tributação. O mais fundamental é definir claramente o que se entende por "moradia desocupada" e os critérios que a distinguem de uma residência vazia. Além disso, é essencial estabelecer os elementos qualificadores da hipótese de incidência tributária. Conceitualmente falando, uma moradia vaga é um imóvel desocupado ou vazio. Para efeitos estatísticos, o IBGE define o termo unidade vaga como aquela que estava desocupada na data base da pesquisa (IBGE, 2023b). Por seu turno, o Código Civil, em seu artigo 1276, define que o abandono pode ser caracterizado quando o proprietário não arcar com os ônus fiscais. Os dois conceitos não se alinham plenamente ao caso em questão, mas podem seguir de referência ou ponto de partida para o estabelecimento de uma definição mais precisa e aplicável à situação. Assim, mesmo sendo uma tarefa difícil, a definição deveria levar em conta tanto o lapso de tempo de desocupação quanto o não cumprimento de obrigações fiscais, condominiais e a inadimplência com prestadores de serviços públicos. Além disso, a concretização dessas medidas requer um aprimoramento substancial dos dados cadastrais e estatísticos sobre habitação, bem como recursos suficientes para fazer frente às necessidades administrativas e burocráticas necessárias ao monitoramento e à avaliação dos requisitos indispensáveis à implementação dessas medidas tributárias.

Para enfrentar esses desafios associados à implementação de uma tributação progressiva sobre imóveis, algumas soluções podem ser adotadas: (a) uma definição legal sobre o que configuraria "moradia desocupada"; (b) um marco regulatório específico para os deveres dos proprietários e as penalidades específicas sobre o descumprimento desses deveres; (c) atualização cadastral com dados sobre os imóveis e sobre o status de ocupação; (d) incentivos para o uso e ocupação de imóveis desocupados; (e) parcerias público-privadas com plataformas digitais para o monitoramento dos preços e ocupação das moradias; (f) mecanismos de denúncia de subutilização de imóveis; (g) estabelecimento de um sistema de monitoramento e avaliação das medidas adotadas. A adoção dessas medidas tende capacitar o poder público a utilizar o IPTU como instrumento de política urbana e pode promover uma gestão mais dinâmica e eficiente do estoque de moradias de aluguel.

1.3.2.1.2 Técnicas jurídicas de indução à oferta habitacional e funcionalização habitacional – a regulação das plataformas digitais de locações de imóveis por curta duração

Nos últimos anos, observou-se um aumento significativo no setor de aluguel de curta duração, impulsionado principalmente pela popularização do uso de plataformas digitais como o *AirBnb*, o *Booking. com*, o *Vrbo*, o *Tripping*, entre outros. Apesar de vendidas como experiências únicas e personalizadas em comparação às formas tradicionais de aluguel, as plataformas têm trazido diversos desafios às cidades. A preocupação central relaciona-se ao efeito que esse tipo de locação pode acarretar ao mercado convencional de aluguel residencial. A ampliação desse setor com a conversão de moradias de aluguel tradicional em espaços para locações de *short stay*, pode diminuir sensivelmente a oferta de moradia de aluguel – situação que pode resultar em aumentos de preços, tornando a moradia menos acessível àqueles que dependem desse tipo de provisão habitacional.

Raquel Rolnik (2023) destaca essa problemática, assinalando que, sem regulamentação adequada, "o aluguel de curta temporada ofertado para alta renda por meio de plataformas, como *Airbnb*, já está destruindo o mercado residencial para aqueles que realmente precisam morar de aluguel". Estudos têm evidenciado a correlação entre o aumento dos preços de aluguel e as plataformas de locação digital de curta duração. Horn e Merante (2017, p. 15), analisando o contexto da cidade de Boston, observaram evidências empíricas de que a plataforma *Airbnb* diminuiu a quantidade de unidades de aluguel disponíveis em 2015, o que contribuiu para o aumento dos preços dos aluguéis. Lee (2016, p. 237) notou que os aluguéis de curta duração de moradias inteiras retiraram até 3% dos apartamentos em certas áreas da cidade de Los Angeles e mencionou que essa redução repentina no estoque de moradias de locação tem o potencial de aumentar os preços dos aluguéis em mercados imobiliários inelásticos com taxas de vacância próximas a zero. Gushiken (2023), ao analisar um conjunto de 18 bairros da cidade do Rio de Janeiro, constatou que o aumento de 1% de anunciantes ativos no *Airbnb* está associado a um aumento de 0,08% nos preços dos aluguéis residenciais.

Para conter essa tendência, várias regulações estão sendo implementadas pelo mundo, incluindo: (a) a exigência de uma licença especial para operar esse tipo de atividade (Caldas Novas, Paris e Lyon); (b) a limitação do número máximo de dias que a habitação pode ser alugada para fins turísticos - Amsterdã (30 dias), Munique (56 dias), Nova Orleans, São Francisco, Londres, Berlim e Reykjavik (90 dias), Los Angeles e Paris (120 dias) e Tóquio (180 dias); (c) a imposição de tributação específica sobre a atividade (Caldas Novas e Ubatuba); (d) restrições da prática em algumas áreas da cidade; (e) a proibição do aluguel de casas e apartamentos inteiros, permitindo-se apenas o aluguel de quartos; (f) o banimento completo de aplicativos de aluguel de curta duração em algumas localidades - Palma de Mallorca; (g) a implementação de políticas de compensação que exigem a criação de novas unidades de aluguel tradicional para cada unidade convertida em aluguel de curta temporada (Airbnb, 2023; OCDE, 2021). As estratégias mencionadas são exemplos de como as cidades estão tentando lidar com o problema específico, mantendo a acessibilidade e a oferta habitacional aos locatários residenciais.

O desenvolvimento de medidas regulatórias poderia ser uma estratégia efetiva para lidar com os impactos negativos que a popularização dessas plataformas digitais tem trazido ao contexto urbano brasileiro. A adoção dessas abordagens demanda um sistema abrangente de coleta e análise de dados que pode ser viabilizado pela criação de órgãos administrativos especializados no monitoramento dessas plataformas digitais e na gestão do compartilhamento de informações. Veja-se que a coleta de dados sobre a frequência e a localização dos aluguéis de curto prazo, o perfil dos usuários e o impacto dessas locações no mercado imobiliário local são imprescindíveis para a implementação de políticas adequadas ao setor. Esse banco de dados pode ser viabilizado tanto pela técnica chamada *web scraping* de extração de dados públicos da internet de forma automatizada, com informações atualizadas e detalhadas das plataformas de locação de curta duração, como também por intermédio do compartilhamento direto de dados entre as plataformas e as autoridades públicas. Esses órgãos administrativos especializados poderiam ter atribuições que abrangem tanto o monitoramento quanto a aplicação das regras estabelecidas, assegurando que empresas e anfitriões operassem dentro dos parâmetros legais definidos.

A implementação desse aparato de avaliação, de monitoramento e de fiscalização encontra certos desafios, como a falta de recursos orçamentários e a resistência das plataformas em divulgar e compartilhar seus dados. No entanto, essas dificuldades podem ser superadas com a utilização dos recursos advindos das taxas de licenciamento para a atividade de locação de curta duração, com uma tributação específica sobre essas operações de aluguel e com as próprias plataformas digitais fornecendo fundos adicionais para o apoio das atividades de monitoramento. É importante, ainda, que regulações legislativas imponham a obrigatoriedade de compartilhamento de dados por parte das empresas que gerenciam essas plataformas.

Nesse sentido, a adoção de uma estratégia integrada de medidas regulatórias combinada com uma burocracia especializada, com um banco de dados abrangente e com a disponibilidade de recursos financeiros, pode capacitar melhor as administrações das cidades brasileiras para gerir as tensões de acessibilidade de moradias causadas pelo crescimento do mercado de locação de imóveis de curta duração.

1.3.2.2 Técnicas jurídicas de indução à demanda habitacional

Pelo lado da demanda, a intervenção sobre o domínio econômico por indução combina benefícios fiscais e reduções de impostos devidos. Esse conjunto de estratégias inclui a possibilidade de dedução de imposto de renda do valor pago a título de aluguel e a concessão de subsídios diretos aos locatários a partir de políticas públicas de apoio à renda – transferência direta de recursos monetários ou concessão de vales/*vouchers* para auxiliar as famílias frente aos custos com o aluguel. Esses subsídios diretos geralmente são direcionados a determinados segmentos, notadamente insertos nas populações de mais baixa renda, e podem incluir também auxílios para o pagamento de despesas relevantes associadas ao aluguel, como o condomínio, o seguro contra o incêndio e os gastos com o pagamento de serviços público, entre outros (OCDE, 2021). Após a promulgação da CRFB/1988, o Brasil tentou, sem sucesso, implementar políticas fiscais de isenção de imposto voltadas aos inquilinos. Nesse sentido, o Art. 88 da Lei n. 8.245/1991 previa que o Governo Federal poderia estabelecer a possibilidade de que "os pagamentos efetuados a título de aluguel sejam deduzidos na declaração de imposto de renda até o seu limite máximo". No entanto, o então presidente da República Fernando Collor vetou o dispositivo por entender que a medida traria "ostensivo retrocesso, além de se patentear inoportuna, dado o delicado momento por que passam as finanças públicas, a ponto de levar o Governo Federal a rever diversos incentivos tributários anteriormente concedidos" (Brasil, 1991a). Uma nova tentativa de implementação desse tipo de política pode ser observada no já mencionado PL n. 709/2022, que permite a dedução das importâncias pagas a título de locação residencial da base de cálculo do IRPF, subtraídos eventuais gastos acessórios, como os encargos condominiais, o IPTU e outros tributos devidos (Brasil, 2022c). No entanto, chama atenção que todos esses ensaios de redução de tributos tenham caráter geral, sem estabelecer qualquer critério de elegibilidade baseado em níveis de renda ou outros fatores de seleção, o que levanta preocupações sobre a regressividade e a inconstitucionalidade da medida.

Já os subsídios diretos proporcionam ajuda econômica para aqueles que não têm recursos financeiros suficientes para arcar com os custos do aluguel. Essa assistência está vinculada, geralmente, à renda familiar mensal e ao valor do aluguel. De acordo com a OCDE (2021), nos últimos anos, houve uma tendência crescente dos governos em direcionar prioritariamente os recursos orçamentários para políticas habitacionais que forneçam recursos financeiros, seja em dinheiro ou por meio de *vouchers*, para grupos de baixa renda e mais vulneráveis, visando cobrir os custos com moradia. A maior ênfase nesses programas tem sido justificada pela liberdade concedida ao beneficiário em escolher a localização da moradia que melhor lhe prouver e também devido à diminuição de recursos orçamentários para programas mais onerosos como a provisão pública de moradia ou como os incentivos aos incorporadores imobiliários.

Um exemplo desse tipo de política é o Programa do Governo Federal dos EUA denominado *Section 8*. O programa oferece *vouchers* para famílias de baixa renda com o intuito de auxiliar o pagamento do aluguel no mercado privado. O Governo Federal americano disponibiliza os recursos orçamentários, e as agências locais de habitação têm a função de organizar a lista de espera e de conceder os benefícios, além de regular os preços dos aluguéis com a definição de um chamado "aluguel de mercado justo" e selecionar os imóveis privados disponibilizados para a política com a fiscalização dos padrões de adequabilidade e de qualidade mínimas das moradias. A família beneficiária destina 30% de sua renda para o pagamento da moradia e o restante é coberto pelo *voucher*. Os beneficiários podem permanecer no programa até que 30% de sua renda seja suficiente para pagar a totalidade do aluguel (não sendo necessário mais qualquer tipo de complementação com o *voucher*). O *Section 8* não constrói unidades habitacionais, apenas as torna mais acessíveis economicamente. A proposta orçamentária para o ano de 2023 previa a destinação de quase seis bilhões de dólares para essa política habitacional (Department of Housing and Urban Development – HUD, 2023).

Um desafio inerente a esse tipo de política é que, conforme apontam alguns estudos, a acessibilidade econômica e a diminuição dos preços dos aluguéis trazida para um grupo podem significar um potencial aumento geral dos preços dos aluguéis, o que poderia obliterar os efeitos desses subsídios. Assim, o valor do subsídio concedido poderia contribuir para o estabelecimento de um preço informal mínimo de locação praticado no mercado imobiliário (OCDE, 2021). Salvi del Pero *et al.* (2016), ao analisarem os mercados locatícios da Finlândia, da França e do Reino Unido, apresentam fortes indícios de que os subsídios habitacionais podem ter efeitos indesejados no aumento dos preços gerais dos aluguéis em razão de três principais motivos: (1) aumento da demanda por moradia e o aquecimento do mercado habitacional; (2) acréscimo dos preços do aluguel por parte dos locadores, que balizam seus preços a partir do valor do benefício; (3) elevação dos preços pela suposição de que muitas famílias podem pagar mais pelo aluguel.

No contexto brasileiro, existe um tipo de benefício comumente chamado de auxílio-aluguel. Esse benefício tem seu suporte legal na Lei Orgânica da Assistência Social (LOAS) (Lei n. 8.742/1993). O art. 22 da LOAS permite a criação de benefícios eventuais prestados aos cidadãos e às famílias em virtude de nascimento, morte, situações de vulnerabilidade temporária e de calamidade pública. O §1º estabelece que a competência para criação, regulamentação e pagamento pertence aos estados, ao Distrito Federal e aos municípios. A partir dessa previsão legal, diversos auxílios-aluguéis foram criados no Brasil com o intuito de conceder prestação pecuniária temporária a beneficiários de baixa renda que estão vivenciando situações de estado de emergência ou de calamidade pública, vulnerabilidade social e remoção por obras públicas. Essa assistência pecuniária tem caráter transitório e emergencial, durando até que cesse a vulnerabilidade ou que seja provido ao beneficiário atendimento habitacional definitivo – geralmente a concessão de casa própria (Brasil, 1993b).

Um exemplo desse tipo de política é o Programa de Bolsa-Aluguel Municipal da Cidade de São Paulo, regulamentado pela Instrução Normativa da Secretaria de Habitação do município de São Paulo (SEHAB-SP) n. 01, de 19 de fevereiro de 2004 e modificações trazidas, entre outras pelas Portarias SEHAB n. 131/2015, SEHAB n. 68/2019, SEHAB n. 2/2022, SEHAB n. 8/2022 e SEHAB 104/2022. Esse programa tem como objetivo facilitar o acesso a unidades habitacionais para pessoas e famílias de baixa renda que habitam locais que estão sendo objeto de intervenção pela prefeitura, por meio da concessão de benefícios, por 30 (trinta) meses, podendo ser prorrogada uma única vez por igual período (Item 1). O valor do benefício varia de 400 a 600 reais, a depender da renda familiar, e será destinado às famílias com renda mensal de até três salários mínimos nacional, no caso daquelas compostas por até quatro membros. No caso de famílias com cinco ou mais membros, deverá ser a renda familiar limitada a 3,75 salários mínimos para a concessão do benefício (item 2). A legislação de regência também estabelece os procedimentos operacionais para a concessão do benefício, dispondo sobre o cadastramento dos beneficiários, a emissão de um certificado de inclusão no programa que contém informações básicas sobre valores do benefício, condições mínimas do imóvel a ser alugada, tempo de duração do benefício concedido (Item 3). Além disso, há orientações aos beneficiários sobre os imóveis a serem locados, estabelecendo as condições de habitabilidade do imóvel, como o uso exclusivamente residencial e não coletivo, o bom funcionamento das instalações hidráulicas, elétricas e de gás, o tamanho adequado ao número de membros das famílias. O beneficiário é o único responsável pela procura do imóvel que atenda às exigências previstas no programa Bolsa Aluguel. Após encontrar esse imóvel, o beneficiário deverá comparecer à Companhia Metropolitana de Habitação de São Paulo (Cohab/SP) com diversos documentos. A Cohab/SP analisará a documentação entregue e decidirá sobre a aprovação ou reprovação da moradia sugerida para a concessão do benefício.

O programa Auxílio Aluguel, implementado pela Prefeitura de São Paulo, representa a única iniciativa de política pública voltada para o atendimento habitacional temporário na cidade. Atualmente, segundo informações de novembro de 2023, coletadas no Portal *HabitaSampa*, o programa beneficia 21.057 famílias. Embora tenha sido concebido como uma solução provisória, observa-se que a maioria das famílias permanece vinculada ao programa por um período superior a cinco anos, o que indica uma perenização da assistência oferecida (Guerreiro, 2019). É interessante observar que o beneficiário do auxílio poderá utilizar o *voucher* em qualquer parte da cidade, sem que haja qualquer seleção prévia feita pelo órgão municipal. A declaração de habitabilidade não é seguida de uma perícia *in loco* e fica a depender da exatidão e da veracidade das informações fornecidas pelo beneficiário e pelo locador, o que abre margem à locação de moradias inadequadas. Por outro lado, o baixo valor do benefício acaba por impedir que os beneficiários, que já estavam em situação de precariedade habitacional, consigam unidades habitacionais no mercado formal, retroalimentando a precariedade habitacional (Chiavone; Santoro, 2018). Além disso, existem estudos que correlacionam o subsídio com o aumento dos preços de aluguel em bairros periférico (Cunha, 2019).

Em 2021, a Prefeitura de São Paulo realizou um Chamamento Público para Locação de Imóveis privados no centro de São Paulo, nos termos da Consulta Pública CP 007/2021/SGM-SEDP. O objetivo era a locação de 3.000 unidades por um período de cinco anos, com a prefeitura se responsabilizando pelo pagamento do aluguel e do condomínio e pela disponibilização das unidades habitacionais aos beneficiários de forma subsidiada. Há o estabelecimento de requisitos mínimos, como metragem, habitabilidade do imóvel, banheiro individual, área de serviço, áreas de repouso e de estar e acesso às redes elétrica e sanitária. Todos esses requisitos serão fiscalizados por vistoria de órgão municipal responsável (São Paulo, 2021a). A despeito das garantias quanto à qualidade do imóvel, esse chamamento tem sido criticado por sua possível falta de acessibilidade econômica e por sua modelagem ser muito afeta aos interesses dos investidores imobiliários em detrimento dos beneficiários (Cf. Guerreiro; Santoro; Rolnik, 2021).

As críticas feitas ao programa paulistano podem ser transportadas para o universo de auxílios-moradias espalhados pelo país, em razão das similaridades regulamentares. Para enfrentar os problemas associados aos subsídios habitacionais voltados à demanda, diversas soluções estratégicas podem ser adotadas. Para a melhoria da qualidade das habitações, o Estado poderia implementar programas de inspeção específicos para as habitações destinadas a essa política, estabelecendo critérios e requisitos mínimos de qualidade dos imóveis ofertados. Poderia, ainda, celebrar parcerias com organizações locais, como associações de moradores, com o intuito de monitorar e garantir a qualidade das habitações e oferecer suporte aos inquilinos. Além disso, o Estado poderia incentivar os proprietários a realizarem manutenções contínuas nas habitações. Por outro lado, as questões relativas ao aumento de preços das locações podem ser contornadas com a implementação de regulação de preços de aluguel, estabelecendo controles e limites para evitar aumentos excessivos e manter os aluguéis em níveis acessíveis. Outras medidas incluem incentivar a construção e o aumento da oferta de moradias acessíveis, a produção pública de moradias para o mercado privado de aluguel, e subsídios focalizados em grupos vulneráveis ou em áreas onde o mercado de aluguel é menos propenso a aumentos rápidos de preços. Todas essas medidas visam abordar tanto a qualidade das habitações quanto a acessibilidade financeira das moradias, garantindo que essas políticas de auxílio à demanda atendam de forma mais eficaz às necessidades dos beneficiários e evitem problemas críticos como habitações precárias e preços inacessíveis.

1.3.3 O direito como caixa de ferramentas e o uso do aluguel em políticas públicas de moradia

Até o momento, a leitura das diferentes seções deste estudo evidencia que o Estado desempenha papéis fundamentais no setor privado de aluguel residencial. Ao reconhecer juridicamente o aluguel como uma *atividade econômica em sentido estrito*, abre-se a possibilidade de intervenção estatal sobre o setor, utilizando diversas ferramentas e mecanismos legais com potencial para melhorar o acesso à moradia adequada. abre-se a possibilidade de intervenção estatal no setor, utilizando diversas ferramentas e mecanismos legais com potencial para melhorar o acesso à moradia adequada. O direito é uma caixa de ferramentas que disponibiliza um conjunto de normas e princípios, além de uma variedade de instrumentos, para alcançar determinados fins legais e constitucionais (Coutinho, 2013).

A intervenção do Estado no SPAR pode ocorrer por meio de técnicas de intervenção direta, atuando como agente do mercado, ou indireta, buscando induzir o comportamento dos agentes econômicos por meio de incentivos. A gama de possibilidades interventivas é ampla e pode incentivar tanto a produção quanto a otimização do uso do estoque existente de moradias para aluguel e reduzir os preços praticados no mercado. Todavia, deve-se assinalar que o funcionamento adequado dessas ferramentas não é automático. Aplicar os instrumentos de maneira apartada ou descoordenada pode resultar em situações contraproducentes, como a diminuição de moradias para o aluguel e a elevação dos preços praticados no mercado. A atuação estatal, se não for acompanhada por uma estratégia mais abrangente e bem planejada, pode inadvertidamente inflacionar o mercado imobiliário. Por isso, uma política pública voltada ao estímulo do setor de aluguel deve ser acompanhada por um conjunto coerente de medidas que visem estimular o crescimento equilibrado do setor, com o provimento de moradias adequadas e acessíveis financeiramente à população de baixa renda.

Nesse sentido, cabe considerar a formulação de uma política nacional de aluguel. Essa política visaria posicionar o aluguel residencial não apenas como uma alternativa residual e provisória de provimento habitacional, mas como uma das preferências estratégicas a serem adotadas nas políticas públicas de moradia. Isso implicaria mudança na estruturação das políticas de moradia no contexto nacional, reduzindo o enfoque na aquisição da casa própria e colocando maior ênfase na moradia como um direito, independentemente da propriedade do imóvel. Para tanto, seria necessária a adoção de uma política direcionada ao aluguel, com medidas específicas para dinamizar o mercado de locações e para garantir proteção jurídica aos locatários, com o estabelecimento de diversas questões, tais como: financiamento, regulação, incentivos fiscais, coordenação interfederativa, entre outros. O objetivo central dessa abordagem é assegurar que o aluguel se torne acessível e sustentável para aqueles com renda mais baixa.

1.4 A ausência de uma Política Nacional de Aluguel Estruturada

A intervenção eficaz no setor de aluguel pressupõe a estruturação, a construção e o manejo de uma Política Nacional de Aluguel. Uma política que consiga viabilizar o acesso às unidades habitacionais alugadas para a população, implementando programas, investimentos e subsídios que promovam esse tipo de mecanismo jurídico dentro das diversas unidades federativas. Torna-se necessário compatibilizar e articular os diversos órgãos e unidades federativas que desempenhem funções na política de aluguel: estabelecer atribuições, compor, produzir e preparar as capacidades estatais, encorajar as cooperações público-privadas, estabelecer procedimentos e ferramentas de controle e legitimação, instituir postulados normativos que articulem e concertem a atuação dos diversos órgãos encarregados da implementação da política pública (atribuição de competências administrativas exclusivas e concorrentes, métodos de resolução de conflitos de competência etc.). Além disso, a estruturação de uma política específica demanda a previsão de mecanismos de financiamento e a integração de instrumentos tributários de fomento e subvenção econômica para a sua viabilidade financeira.

Contudo a elaboração e a implementação das políticas habitacionais nos últimos anos foram prioritariamente voltadas à concessão da casa própria. Historicamente, a produção de moradia brasileira foi direcionada como uma política de crescimento econômico e de geração de emprego (Rolnik, 2017). A lógica de fomento estrutural do mercado imobiliário prevaleceu sobre a utilidade da habitação como um lugar de se viver (Madden; Marcuse, 2016). Entretanto, vários fatores, além da circulação de capital, moldam a questão habitacional. O direito, por exemplo, tem sido usado como uma ferramenta do Estado que permite a predominância do acesso à casa própria como meio principal de acesso à habitação. E isso ocorre a partir de três estratégias (Lima, 2018).

A primeira estratégia pressupõe que a habitação só poderia ser implementada a partir do direito proprietário. No entanto, o direito à moradia não equivale ao direito à propriedade (Silva, V. A., 2021). Do ponto de vista jurídico, propriedade e moradia são direitos distintos. O direito à moradia se aplica a toda e qualquer pessoa e não deve ser interpretado em um sentido restrito que o equipara com, por exemplo, o abrigo provido meramente de um teto sobre a cabeça dos indivíduos. Trata-se de um direito de viver com segurança, paz e dignidade que compreende diversos elementos, tais como: segurança jurídica da posse, disponibilidade de serviços e infraestrutura urbanas, custo acessível, habitabilidade e acessibilidade, localização adequada e adequação cultural.

A moradia pode ser promovida não só pela propriedade individual, mas também por outras formas de propriedade e até por outras formas de apropriação de bens que não as propriedades (Silva, V. A, 2021). Atualmente, os programas habitacionais tendem a ter uma abordagem única para diferentes tipos de carências. O direito à moradia é, contudo, um conceito muito mais amplo e não se resume a um direito de propriedade, uma vez que tem por objetivo principal a promoção do bem-estar e da vida com dignidade. Há uma distinção clara entre o conteúdo do direito à moradia e do direito de propriedade, sendo que o reconhecimento deste não está vinculado ao preenchimento daquele. A propriedade não é elemento essencial para a efetivação do direito à moradia adequada.

A segunda estratégia é vincular a segurança da posse à propriedade privada, assentando que apenas a propriedade individual poderia proteger o direito dos moradores, contudo essa visão simplista deve ser questionada, isso porque há diversas formas de se habitar com segurança sem o intermédio da propriedade privada de um bem imóvel. O Estado tem o dever de promover e de proteger essas diversas formas de posse, tais quais: direito de posse, direito de uso, aluguel, arranjos coletivos etc. Nesse sentido, a relatora da ONU para o direito à moradia 2008-2013, Raquel Rolnik (2012), chamou atenção para o fato de que a implementação da moradia digna deve ir além da proteção e promoção dos direitos individuais de propriedade, e ainda recomendou que os países concebessem e desenhassem arranjos legais que salvaguardem a segurança da posse para variadas formas de posse, incluindo a decorrente de locação, o importante seria a proteção jurídica da posse.

A terceira estratégia está relacionada à modelagem das políticas públicas habitacionais brasileiras, juridicamente concebidas a partir de arranjos institucionais que beneficiam o acesso à habitação por meio da casa própria – subsídios governamentais, acesso facilitado ao financiamento e à concessão de casa própria. A imprecisão e a sobreposição entre os conceitos de direito à moradia e de direito à propriedade são frutos de uma ideologia construída também juridicamente ao longo dos últimos anos por políticas públicas habitacionais. Esse histórico de monopolização do provimento habitacional traz um legado de instituições e de encaixes de difícil transformação. Existe uma clara *dependência de trajetória* que influencia e direciona as políticas públicas habitacionais. As políticas habitacionais até aqui produzidas moldaram juridicamente todo nosso sistema de produção habitacional, deixando outras formas de acesso à habitação fora do debate e/ou marginalizadas (Lima, 2018).

Veja-se que toda essa problemática pode ser bem ilustrada na análise da tramitação, na Câmara dos Deputados, do Projeto de Lei n. 5.663/2016 de autoria do deputado Carlos Zarattini (PT/SP). O projeto tinha como objetivo prever a modalidade de locação de imóveis urbanos no âmbito do PMCMV. Contudo, acabou sendo arquivado após análise na Comissão de Desenvolvimento Urbano com a seguinte argumentação:

[...] Assim, consideramos que a inserção de recursos públicos para solucionar os problemas habitacionais da população de baixa renda deve continuar concentrada na aquisição de imóveis próprios e na requalificação dos imóveis. O gasto com locação social não resolve o problema – apenas o adia –, pois, para as famílias pobres, que não têm capacidade de poupar, o aluguel inviabiliza completamente o pagamento de prestações para compra. Para elas, a locação social será o adiamento de um sonho. Em vista desses argumentos, somos pela rejeição do Projeto de Lei n. 5.663, de 2016. (Brasil, 2016).

A argumentação para a rejeição e para o arquivamento do projeto de lei revela a complexidade atrelada ao desenvolvimento e à implementação de políticas públicas de locação em um contexto hegemonicamente dominado por políticas habitacionais voltadas à promoção da casa própria. Primeiramente, o relator considera que o problema de acesso à moradia só pode ser resolvido por meio da concessão da propriedade privada e coloca a propriedade como uma garantia de estabilidade para as famílias de baixa renda. Essa perspectiva entende a habitação como um patrimônio que potencialmente traria benefícios econômicos futuros. Ao mesmo tempo, o deputado entende a locação como uma solução provisória e temporária, que não resolve o problema de habitação nem mesmo contribui para a construção do patrimônio dos beneficiários da política pública. Tal argumentação desconsidera que parte considerável da população brasileira acessa o direito à moradia por aluguel e ignora que muitas famílias não têm condições de adquirir uma casa própria e que, portanto, o aluguel é uma opção que se mostra viável e aplicável a diversas pessoas. Nesse sentido, o Projeto de Lei n. 5.663/2016 buscava preencher uma lacuna da nossa política de moradia, diversificando a oferta habitacional e abrangendo diversos beneficiários que não se encaixam nos critérios de elegibilidade dos programas de concessão de moradia via casa própria.

Em certo sentido, a argumentação empreendida pelo parlamentar mimetiza a tensão entre diferentes formas de se conceber a política habitacional – aquisição de moradia própria com ênfase na constituição de patrimônio individual e a utilização do instrumento de aluguel representando uma compreensão mais ampla do problema, com uma maior ênfase em atender às necessidades habitacionais e não propriamente conceder um título de propriedade.

Por último, o deputado trata as políticas de moradia baseadas em aluguel como soluções temporárias e transitórias até a aquisição da moradia. No entanto, essa visão, embora reflita a prática habitual das políticas habitacionais brasileiras, não corresponde à realidade do potencial dessas políticas, uma vez que esse tipo de programa pode ser um meio duradouro e estável de acesso ao direito a moradia. As políticas de locação podem, se bem estruturadas e financiadas, ser um dos componentes permanentes da política habitacional brasileira, abarcando não somente situação emergenciais e provisórias, mas garantindo estabilidade e segurança habitacional no longo prazo, assegurando moradia digna, independentemente da capacidade das pessoas de adquirirem uma casa própria e respeitando a heterogeneidade das demandas habitacionais da população.

Assim, ainda que o cenário jurídico não seja o mais favorável, o aluguel pode ser um instrumento de política de moradia viável e permanente para acesso à moradia, especialmente o de baixa renda. O direito à moradia não é implementado apenas com mecanismos de acesso a financiamentos e à casa própria, mas também por uma diversificação das medidas de provisão habitacional. Nesse contexto, uma política pública protetiva ao aluguel e políticas públicas baseadas em aluguel poderiam beneficiar e melhorar a efetivação do direito à moradia em nosso país. É preciso, portanto, trazer o aluguel ao debate.

1.4.1 Uma política de moradia baseada em aluguel como uma das linhas de atendimento do PMCMV

O PMCMV, em sua versão renovada, visa assegurar o direito à cidade e à moradia de famílias residentes em áreas urbanas e rurais, associado ao desenvolvimento urbano e econômico, à geração de trabalho e de renda e à elevação dos padrões de habitabilidade, de segurança socioambiental e de qualidade de vida da população. Um dos objetivos específicos dessa política pública é a diversificação da oferta de habitação, proporcionando uma variedade de opções de moradia para atender a uma gama diversificada de necessidades e carências habitacionais. Para alcançar esses objetivos, uma das estratégias é estimular o mercado de aluguel social em áreas urbanas (Brasil, 2023a). A previsão da locação com uma das linhas de ação do programa é particularmente importante para famílias que, por diferentes estágios da vida, por condições econômicas desfavoráveis ou por não estarem prontas para compromissos de longo prazo, não se encaixam nos programas habitacionais tradicionais. Embora a legislação já contemple o aluguel como uma ação elegível para financiamento pelo PMCMV, ainda se faz necessária a efetiva implementação de políticas públicas que concretizem essa modalidade.

O PMCMV organiza a distribuição de benefícios e recursos com base em categorias de renda familiar. A categoria "Faixa Urbano 1" se destina às famílias com renda de até R$ 2.640 mensais, sendo financiada pelo Fundo de Arrendamento Residencial (FAR) ou pelo Fundo de Desenvolvimento Social (FDS). A "Faixa Urbano 2" atende às famílias com renda entre R$ 2.640,01 e R$ 4.400, com financiamento oriundo do FGTS, enquanto a "Faixa Urbano 3" é voltada para famílias com renda mensal entre R$ 4.400,01 e R$ 8.000, também apoiada pelo FGTS (Brasil, 2023a).

Dentro do PMCMV, o aluguel poderia ser uma linha estratégica, direcionada principalmente para os beneficiários da "Faixa 1", utilizando recursos tanto do FAR quanto do FDS, em uma abordagem híbrida que integra as forças do setor público e do privado na oferta de habitação. Isso promoveria diversas ferramentas de incentivos direcionados à oferta (por meio da produção e da disponibilização de unidades habitacionais para aluguel) e à demanda (assegurando que os beneficiários tenham acesso econômico às moradias). Nesse sentido, diversas possibilidades se abririam para a implementação desse tipo de política: contratos diretos entre os proprietários e o poder público para o oferecimento de locação a preços específicos; utilização de *vouchers* de habitação para permitir a acessibilidade dessas moradias; estratégias destinadas à mobilização do estoque habitacional para o mercado de aluguel; criação de um fundo de garantia para assegurar os pagamentos de aluguéis aos proprietários; apoio à criação de estruturas institucionais e à capacitação de profissionais para gerir tais políticas; aquisição de imóveis pelo poder público para fins de promoção de programas de locação social (hipótese estudada no Capítulo 2); fomento à implementação de parcerias público-privadas na área de locação (hipótese estudada no Capítulo 3); incentivo à criação de cooperativas habitacionais, entre outros. Medidas legislativas específicas poderiam ser adotadas dentro dessa política, com a modificação da legislação de regência prevendo a adoção de contratos padrões de aluguel que limitassem o aumento do aluguel, vinculando-os a um índice geral de preços ou renda, a extensão do prazo mínimo para tais contratos, a ampliação dos prazos de aviso prévio, o estabelecimento de parâmetros para o controle de preços de aluguel, a inclusão de cláusulas de renovação automática de contrato, a criação de diretrizes para regular o mercado de aluguéis de curto prazo especialmente os de hospedagens turísticas, mudanças na legislação de zoneamento com incentivos a conversão de imóveis comerciais em residenciais onde for apropriado, políticas de subsídio cruzado em que imóveis de alto valor são obrigados a incluir uma porcentagem de unidades habitacionais acessíveis, entre outros. Tais estratégias não apenas visam à implementação de moradias dignas e acessíveis, mas também têm o potencial de estimular a reabilitação urbana, a otimização da utilização de imóveis ociosos e o melhor aproveitamento da infraestrutura urbana.

A política habitacional voltada para o aluguel, entretanto, enfrenta desafios específicos. O primeiro, citado anteriormente, é a justaposição entre os conceitos de direito à moradia e de direito de propriedade que são frequentemente vistos como interdependentes, mas que, na verdade, têm bases e finalidades distintas. Outra dificuldade é a inexistência de recursos financeiros alocados especificamente nas políticas públicas relacionadas ao aluguel. Uma política voltada à locação exige recursos específicos e estáveis, o que demanda o comprometimento de orçamento do Estado e o desenvolvimento de soluções inovadoras de financiamento, como parcerias entre particulares e poder público. Além disso, a carência de um banco de dados sobre oferta e demanda de imóveis para locação dificulta a identificação precisa das necessidades habitacionais e a alocação correta dos recursos disponíveis.

1.4.2 A inexistência de recursos financeiros específicos destinados às políticas públicas de aluguel

Atualmente, no Brasil, não existem mecanismos jurídico-financeiros específicos de apoio à oferta de unidades habitacionais de aluguel. Essa possibilidade é, inclusive, proscrita pela Lei n. 4.380/1964, que institui o Sistema Financeiro de Habitação (SFH). O objetivo do SFH é facilitar e incentivar a "construção e a aquisição da casa própria ou moradia", especialmente pelas classes de menor renda da população (Art. 8º). O art. 9º diretamente orienta que todas as aplicações do sistema devem ter como objetivo a aquisição de casa para residência do adquirente, sua família e seus dependentes (Brasil, 1964b).

O SFH tem duas fontes principais de recursos: o Fundo de Garantia do Tempo de Serviço (FGTS) e o Sistema Brasileiro de Poupança e Empréstimo (SBPE). Os financiamentos com recursos do FGTS são direcionados a pessoas físicas, como mutuários, para aquisição de unidade habitacional nova ou usada. Esses financiamentos são voltados para beneficiários finais e não se destinam a fomentar a produção de unidades habitacionais para aluguel. O Programa de Apoio à Produção de Habitações, por exemplo, que utiliza de recursos do FGTS para financiar empresas da construção civil brasileira, é destinado exclusivamente à produção de habitação para venda, não abrangendo a construção de unidades habitacionais com finalidade de aluguel (CEF, 2023a). Quanto aos recursos captados por meio do SBPE, sua destinação é disciplinada pela Resolução n. 4.676/2018 do Banco Central. Embora o artigo 7º da referida resolução abra margem para a possibilidade de financiamento da produção habitacional destinada a unidades locatícias, o artigo 13, inciso II, estabelece como um dos requisitos para a validade das operações a observância do custo máximo para o mutuário. O mutuário é o adquirente da unidade habitacional produzida, o que implicitamente retiraria do âmbito da aplicação dos recursos do SBPE os empreendimentos voltados à produção de unidades habitacionais para o aluguel (Banco Central do Brasil, 2018).

Ressalte-se que a Caixa Econômica Federal, empresa pública responsável pela operação dos recursos do FGTS e integrante do SBPE, não disponibiliza linhas de crédito específicas para a produção de moradias destinadas à locação em sua plataforma *online*, sendo todas as linhas de crédito disponibilizadas concentradas na aquisição de unidades habitacionais (CEF, 2023b).

Além dos recursos captados para o SFH, a Lei n. 11.124/2005, que dispõe sobre o Sistema Nacional de Habitação de Interesse Social (SNHIS), criou o Fundo Nacional de Habitação de Interesse Social (FNHIS) e disponibilizou recursos para implementação de políticas habitacionais direcionadas à população de baixa renda. O FNHIS é integrado por recursos onerosos provenientes do FGTS (art. 13) e por outros recursos não onerosos descritos no art. 8º da referida lei, tais quais: (1) recursos do Fundo de Apoio ao Desenvolvimento Social – FAS; (2)

outros fundos ou programas que vierem a ser incorporados ao FNHIS; (3) dotações do Orçamento Geral da União, classificadas na função de habitação; (4) recursos provenientes de empréstimos externos e internos para programas de habitação; (5) contribuições e doações de pessoas físicas ou jurídicas, entidades e organismos de cooperação nacionais ou internacionais; (6) receitas operacionais e patrimoniais de operações realizadas com recursos do FNHIS; (7) receitas decorrentes da alienação dos imóveis da União que lhe vierem a ser destinadas (Brasil, 2005). No entanto, o Decreto Federal n. 5.796/2006, que regulamenta o FNHIS, direcionou apenas recursos orçamentários para o Fundo, não prevendo a possibilidade de associação dos recursos onerosos provenientes do FGTS ao FNHIS.

Os recursos do FNHIS são destinados a programas de habitação de interesse social que abrangem, entre outras possibilidades, aquisição, construção, conclusão, melhoria, reforma, locação social e arrendamento de unidades habitacionais em áreas urbanas e rurais, nos termos do Inciso I, artigo 11, da Lei nº 11.124/2005. Além disso, o FNHIS também pode repassar esses recursos a entidades privadas sem fins lucrativos, desde que essas entidades estejam alinhadas aos objetivos do FNHIS e observem algumas regras: o objeto social da entidade deve se alinhar às diretrizes do FNHIS e ao projeto a ser financiado, o funcionamento regular da entidade por no mínimo três anos, a proibição de repasse a entidades cujos dirigentes sejam membros dos poderes Executivo, Legislativo, Judiciário, do Ministério Público e do Tribunal de Contas da União, a promoção de chamada pública para seleção de projetos ou entidades e o cumprimento de limites financeiros de aplicação por projeto ou entidade (Brasil, 2005).

A legislação do FNHIS expressamente contempla o suporte financeiro federal à oferta privada de moradia por aluguel, contudo a única regulamentação que possibilitou o direcionamento desses recursos a entidades privadas foi a Instrução Normativa n. 47, de 2008, do Ministério da Cidade. Essa instrução normativa estruturou a *Ação de Apoio à produção social de Moradia* para o período de 2008/2011. Como destacado por Balbim e Krause (2014), o último processo de seleção de propostas de entidades privadas concluiu-se em março de 2010.

A Instrução Normativa n. 47/2008 do Ministério das Cidades tinha como um de seus objetivos "o incentivo à implementação dos diversos institutos jurídicos que regulamentam o acesso à moradia" (III – DIRETRIZES GERAIS, item "e") (Brasil, 2008, *online*). No entanto, o direcionamento de recursos destinados à provisão de moradia de aluguel foi bloqueado ao se exigir que as unidades habitacionais e os lotes urbanizados produzidos estivessem vinculados necessariamente a compromisso de direito real sobre o imóvel em favor da família beneficiária, tais compromissos incluíam a transferência de propriedade ou, alternativamente, a cessão de uso, a concessão de direito real de uso, a doação, a alienação, o direito de superfície, o aforamento, a usucapião especial urbana e a concessão de uso especial para fins de moradia (item 4.6 Instrução Normativa n. 47, de 2008). A exigência de constituição de direito real de uso acabou por impedir o uso de recursos para a produção de moradia destinados ao aluguel, uma vez que os contratos de locação não estabelecem esse tipo de direito (não há transmissão de propriedade ou posse permanente da moradia). A Instrução Normativa n. 47/2008 criou uma restrição infralegal ao financiamento de imóveis para aluguel e direcionou os recursos do FNHIS a uma lógica voltada à aquisição da casa própria (Brasil, 2008).

Atualmente, os recursos do FNHIS são regidos pelo *Manual de Instruções do Programa Moradia Digna – Ação: Apoio à Provisão Habitacional de Interesse por meio do Fundo Nacional de Habitação de Interesse Social (FNHIS) – Plano Plurianual 2020-2023*. Segundo a regulamentação, os valores aportados pelo FNHIS devem ser direcionados exclusivamente aos entes federativos, não existindo previsão de repasse direto a entidades privadas. As intervenções que poderão receber recursos incluem aquelas destinadas à produção ou aquisição de unidades habitacionais, à produção ou aquisição de lotes urbanizados e à requalificação de imóveis urbanos. Todavia, ainda assim, há a obrigatoriedade de que as unidades habitacionais ou lotes urbanizados adquiridos ou produzidos com esses recursos reflitam compromisso de constituição de direito real sobre o imóvel em favor da família beneficiária, o que inviabiliza qualquer possibilidade de provisão de moradia por aluguel (Brasil, 2022a, item 8.4).

É importante destacar, também, que atualmente o FNHIS tem um baixo orçamento e uma baixa execução de recursos. Isso fica evidente pela análise dos dados contidos no Relatório da Área Temática III – Desenvolvimento Regional, de autoria do deputado Henrique Gaguin, apresentado em 14 de novembro de 2022, na Comissão Mista de Planos, Orçamentos Públicos e Fiscalização, que revelam que, em 2021, o FNHIS teve uma despesa executada de 90,5 milhões de reais. Em 2022, a proposta orçamentária foi de 57,7 milhões de reais, com uma dotação inicial de 107 milhões e uma despesa autorizada de 122,6 milhões. Para 2023, a proposta orçamentária é de 18,1 milhões de reais, um valor 80% menor que o proposto em 2022, 83,1% menor que a dotação inicial de 2022 e 85,3% menor que o valor autorizado nesse mesmo ano (Brasil, 2022b).

Portanto, pode-se concluir que não há um mecanismo estável e acessível de financiamento da oferta de provisão habitacional de aluguel privado no Brasil. Além disso, diversas legislações infralegais criam barreiras ao direcionamento de recursos a este tipo de produção habitacional. Embora o FNHIS expressamente preveja a possibilidade de destinação para tais fins, sua captação e execução orçamentária são insuficientes, ficando muito aquém das necessidades do setor.

Uma estratégia potencial para mitigar esse problema, poderia ser a implementação efetiva de uma linha de política de moradia baseada em aluguel dentro da linha de atendimento Faixa 1 do PMCMV. Essa implementação poderia vir acompanhada da previsão de destinação obrigatória, por *lege ferenda*, de um percentual específico dos recursos disponíveis do FAR e do FDS para o suporte desse tipo de provisão habitacional. Vale ressaltar que o FAR, criado pela Lei n. 10.188/2001, tinha o propósito original de fomentar e viabilizar o Programa de Arrendamento Residencial (PAR), uma política pública voltada para o arrendamento residencial com opção de compra para atender a população de baixa renda – o PAR será explorado mais a fundo no segundo capítulo. Com a implementação do PMCMV, o uso do FAR foi direcionado exclusivamente para subsidiar a compra de imóveis por essa faixa de renda. Portanto, direcionar uma parte desses recursos para políticas baseadas em aluguel significaria uma volta parcial a intenção original desse fundo.

1.4.3 A necessidade de um banco de dados e uma burocracia especializada

A escassez de recursos financeiros disponibilizados pelo Estado para financiar políticas voltadas ao aluguel é consequência de vários fatores, entre eles, citam-se questões relacionadas ao direito financeiro, mormente as restrições orçamentárias e financeiras impostas às medidas necessárias à efetivação de direitos sociais. Por outro lado, a situação também decorre da dificuldade do Estado em considerar o aluguel como parte integrante de uma estratégia nacional de habitação. Essa realidade não se restringe ao Brasil, uma vez que em grande parte dos países emergentes também não existe uma política estável para o financiamento de moradias para aluguel (Peppercorn; Taffin, 2013, p. XV).

O desenvolvimento do aluguel como uma estratégia nacional depende, entre outros aspectos, do desenvolvimento de capacidades institucionais e administrativas voltadas à implementação de medidas eficazes e coerentes na estruturação do setor. A formação de um corpo técnico de servidores e de instituições apto a monitorar, rastrear, planejar e estruturar a atuação estatal no setor poderia garantir a existência, a estabilidade e a continuidade de uma estratégia nacional de aluguel. Nesse sentido, uma burocracia especializada seria relevante para desenvolver uma política mais abrangente de aluguel, desenvolvendo medidas que poderiam afetar a demanda e a oferta, criar sistema de controle de aluguel, propor a melhoria e o aumento da própria estrutura burocrática para uma melhor implementação das medidas, controlar o impacto dos incentivos fiscais e tributários sobre as finanças públicas, definir níveis de aluguéis aceitáveis e locais em que o mercado se encontra aquecido ou com baixa oferta, entre outras. Dessa forma, uma estratégia nacional de aluguel necessita de uma burocracia administrativa que colete dados, realize medições e aferimento de resultados, compare os resultados obtidos com outras intervenções possíveis, implemente e desenvolva ação estatal no setor. Importante ressaltar que essa estrutura administrativa não exige a criação de novos órgãos, podendo haver o aproveitamento das capacidades já existentes, especialmente as das diversas empresas estatais de habitação, que já possuem experiência e infraestrutura para gerenciar questões habitacionais.

Relevante observar que a atuação de uma burocracia especializada será eficaz quando for atrelada a uma estratégia de coleta e de cruzamento de dados que permita aos gestores públicos avaliar, desenvolver e monitorar as medidas direcionadas ao setor de aluguel. Nesse sentido, as evidências coletadas servem como orientação, oferecendo uma base de dados dos mercados imobiliários e dos efeitos das intervenções ao longo do tempo. Importante haver um sistema de dados que englobe tanto informações sobre a demanda por moradia quanto sobre a oferta de imóveis.

Quanto aos dados de demanda, a Portaria n. 163, de 06 de maio de 2016, instituiu o Sistema Nacional de Cadastro Habitacional (SNCH), sob gestão do Ministério das Cidades, que centralizou o cadastro dos candidatos a beneficiários do PMCMV inscritos nos estados, municípios e no Distrito Federal, e estabeleceu critérios nacionais de priorização e seleção de candidatos. Além disso, existe o sistema de Cadastro Único (CADÚNICO), operado pela Caixa Econômica Federal, que concentra informações sobre as famílias que vivem com renda mensal de até meio salário mínimo. Esse cadastro é usado para os programas federais do Bolsa-Família, do Benefício de Prestação Continuada (BPC), da Tarifa Social de Energia Elétrica, Água Para Todos (Cisternas), PMCMV e para isenção de taxa em concursos públicos. Ademais, há também o Cadastro Nacional de Mutuários – CADMUT, que registra as informações pertinentes aos contratos de financiamento habitacional, ativos ou findos, celebrados com recursos do SFH e dos programas habitacionais da União – implantado pela Portaria n. 140, do Ministério das Cidades, de 05 de maio de 2010. Todos esses bancos de dados interagem entre si e compartilham informações para verificação e atualização de informações cadastrais e financeiras dos beneficiários - a título de exemplo, a Portaria n. 163, de 06 de maio de 2016, instituiu o Sistema Nacional de Cadastro Habitacional (SNCH), dispõe em seu item 2.4 que serão verificadas as informações cadastrais e financeiras dos candidatos inscritos nos seguintes sistemas: a) FGTS; b) RAIS; c) CADMUT; d) CADIN; e) SIACI. A consolidação de todos esses dados em um único sistema de informação ainda não existe, mas esses cadastros, por si só, já poderiam produzir informações relevantes que contribuíssem na tomada de decisões específicas para o setor de locação.

Quanto aos dados da oferta habitacional, os principais índices utilizados no Brasil para monitorar e analisar os preço dos imóveis são o *FipeZap*, de uma parceria entre a Fundação Instituto de Pesquisas Econômicas (FIPE) e o ZAP Imóveis, que congrega anúncios de aluguel e venda de imóveis; o Índice de Valores de Garantia de Retorno (IVG-R) do Banco Central, que estima a tendência de preço dos imóveis de longo prazo, utilizando-se do Sistema de Informações de Crédito (SCR) – banco de dados que congrega os valores de avaliação dos imóveis dados em garantia a financiamentos imobiliários residenciais; e o Índice Geral do Mercado Imobiliário – Residencial (IGMI-R), iniciativa conjunta da Fundação Getúlio Vargas (FGV) e a da Associação Brasileira das Entidades de Crédito Imobiliário e Poupança, baseada em dados de financiamentos imobiliários residenciais. Embora esses índices sejam úteis na análise dos preços praticados no mercado, é importante considerar a necessidade de dados mais abrangentes que reflitam tanto o aumento de preços quanto o estoque disponível para aluguel e venda.

Nesse sentido, poderia ser benéfico uma mudança legislativa que obrigasse a averbação dos contratos de aluguel nas matrículas dos imóveis.

A averbação dos contratos de aluguel já ocorre em situações específicas, como nos casos em que o contrato tem cláusula de vigência registrada na matrícula do imóvel para proteção contra uma eventual venda ou para garantir o direito de preferência do inquilino na venda do imóvel, conforme estabelecido nos artigos 8º e 33 da Lei n. 8.245/1991, respectivamente. A extensão dessa averbação a todos os contratos de aluguel poderia fornecer uma base de dados relevante sobre os valores e a quantidade de imóveis alugados. Há alguns problemas que devem ser solucionados para essa obrigatoriedade. Qual seria a consequência jurídica de não registrar? Em uma operação de compra e venda, o não registro acaba por trazer a condição de não proprietário do imóvel ao comprador, sendo uma consequência jurídica bem clara. No caso do contrato de locação, que sempre foi considerado relação obrigacional, não há uma consequência jurídica clara. Uma saída possível seria a instituição de multa para quem não registre ou mesmo benefícios fiscais para aqueles que registrem.

Com o avanço da digitalização cartorial que ocorre no Brasil, esse banco de dados poderia ser ainda mais relevante. O Sistema de Registro Eletrônico de Imóveis (SREI) instituído pela Corregedoria Nacional de Justiça, por meio do Provimento n. 47/2015, juntamente com a identificação de cada imóvel por um único Código Nacional de matrícula, conforme determinado pelo Provimento n. 143/2023, traz possibilidades muito promissoras. O SREI é administrado pelo Operador Nacional do Sistema de Registro de Imóveis Eletrônico (ONR) e pode ser acessado pela Administração Pública, nos termos do § 7º, art. 76, da Lei n. 13.465/2017. Portanto, a extensão da averbação de todos os contratos de aluguel aliada à implementação do SREI poderia constituir uma base de dados extremamente rica, com dados e informações atualizados e geolocalizados, fundamentais para a implementação e a formulação de uma estratégia nacional de aluguel.

Outra possibilidade seria a criação de uma lei nacional inspirada na legislação de algumas comunidades autônomas espanholas, que exige o depósito das fianças dadas como garantia em contratos de aluguel em órgãos públicos. Um exemplo dessa prática é a obrigatoriedade de depósito das fianças no *Instituto de la Vivienda de Madrid*, conforme estabelecido no art. 4º do Decreto n. 181/1996, de 5 de dezembro. Implementar uma medida similar no Brasil poderia proporcionar aos órgãos públicos uma vasta quantidade de informações e dados sobre a situação do mercado de moradias para aluguel, permitindo um melhor monitoramento e uma melhor regulação do mercado imobiliário. Além disso, a centralização das fianças em um órgão público poderia facilitar a resolução de disputas relacionadas a depósitos de garantia, agilizando processos e reduzindo a carga sobre o sistema judiciário.

Assim a intervenção no mercado de aluguel que busque um adequado estabelecimento de objetivos, com um eficaz desenho e desenvolvimento da política pública, deve vir acompanhada de uma estratégia abrangente de coleta e produção de dados do mercado local que facilite aos gestores públicos o *design* e monitoramento de ações no âmbito do setor de aluguel. Os dados serão necessários tanto para uma calibragem da intervenção estatal quanto para monitorar e entender seus efeitos. Ocorre, todavia, que esses dados devem ser continuamente coletados, com uma preocupação em sua abrangência, qualidade e frequência. O financiamento público para esse sistema de dados poderia vir dos recursos da União, como parte de uma política de aluguel estruturada dentro da Faixa 1 do PMCMV, utilizando os recursos do FAR e do FDS, conforme discutido anteriormente na seção 1.4.1.

1.5 Conclusões parciais

O setor privado de aluguel residencial é definido como uma *atividade econômica de sentido estrito*. Essa definição situa a atividade topograficamente na CRFB/1988, no título VII da Ordem Econômica e Financeira. A classificação, longe de ser irrelevante, é de grande importância, uma vez que submete essa atividade à incidência de um conjunto de princípios jurídicos estabelecido tanto no *caput* quanto nos incisos do artigo 173. Dessa maneira, a categorização desempenha um papel importante na identificação dos princípios jurídicos que estruturam e orientam a regulação dessa atividade. Além disso, essa definição vem alçada com a ideia de que a área é preferencialmente destinada à atuação da iniciativa privada, o que permite uma intervenção específica do Estado, que pode se apresentar sob três modalidades distintas: por absorção ou por participação, por direção ou por indução, artigos 173 e 174 da CRFB/1988 respectivamente.

A palavra *intervenção* pode sugerir uma ideia de atuação anômala do Estado, associada a um agente externo e parasitário ao setor. No entanto, isso está longe de ser uma verdade, a presença regulatória do Estado não somente é obrigatória como também necessária para o funcionamento adequado do setor. O direito estrutura e configura o SPAR, tornando possível sua existência, assegurando previsibilidade e coercibilidade aos comportamentos dos indivíduos. A afirmação de que o Estado deveria se abster de intervir no setor de aluguel não só é impraticável, mas também guarda um paradoxo, haja vista que a existência do setor é diretamente viabilizada pela ação estatal. Nesse sentido, é possível afirmar que o SPAR existe não apesar, mas em razão da presença do Estado.

O cerne da questão, portanto, reside em entender *como se dá* a atuação estatal e *não se o Estado* está presente. Nesse contexto, o direito funciona como uma caixa de ferramentas à disposição do Estado, facilitando, a partir de um plexo de mecanismos, o atingimento das metas e dos objetivos a serem almejados. Há ferramentas jurídicas que asseguram a segurança jurídica da posse, enquanto outras medidas incentivam a produção de moradias para aluguel. Além disso, há medidas voltadas para a otimização do estoque de moradias já existente.

Diversas possibilidades se abrem para a atuação estatal no setor. A intervenção *estatal por absorção ou por participação*, uma atuação direta do Estado, foi abordada no item 1.2. Entretanto, como visto, as empresas existentes são braços de execução e operação das políticas habitacionais dos seus respectivos entes federativos, não produzindo habitação para a venda no mercado regular. Essa modalidade de intervenção poderia representar um mecanismo de moderação à dinâmica de oferta e procura no mercado de aluguel, com um potencial de redução do poder dos locadores sobre a determinação dos valores de locação praticados e da qualidade dos imóveis disponíveis.

Há a possibilidade de uma colaboração mais integrada entre o Estado e o setor privado na área habitacional, situação em que o Estado pode atuar de maneira indireta, influenciando ou incentivando certos comportamentos. A *intervenção por direção* ocorre, primordialmente na estruturação da relação contratual locatícia, sendo algumas com feições mais voltadas ao direito do locador enquanto outras se mostram mais afetas à rentabilidade dos investimentos. Uma regulação orientada à rentabilidade concentra-se em assegurar instrumentos de garantia contratual, promover a livre negociação entre as partes e ampliar o direito de retomada. Em contraste, uma estruturação voltada à garantia da segurança da posse é traduzida por uma legislação que tenha mecanismo de salvaguarda contra os despejos econômicos, a possibilidade imotivada do direito de retomada, as ações negligentes do locador e as situações emergenciais. Parte considerável da doutrina jurídica nacional associa a proteção mais substancial ao locatário com falhas de mercado ocorridas sob a vigência de legislações pregressas, que resultaram em uma profunda crise habitacional e uma redução da oferta de unidades habitacionais voltadas ao aluguel, diante desse cenário, advogam por uma legislação que seja mais protetiva ao direito do proprietário, assegurando a rentabilidade do aluguel, o que incentivaria proprietários e investidores a disponibilizar e a construir, respectivamente, moradias direcionadas ao segmento. O estudo do processo legislativo da Lei n. 8.245/1991, no item 1.3.1.4, indica que essa também foi a linha argumentativa e estrutural adotada tanto pela Presidência da República, propositora do projeto, quanto pelo Congresso Nacional, com diversas manifestações de parlamentares e relatores setoriais e de plenário apontando que o principal objetivo era fomentar o ambiente de locação mais atrativo para investimentos, abandonando a ideia preexistente de um locatário hipossuficiente.

A intervenção por indução concentra-se em técnicas jurídicas que estimulam tanto a demanda quanto a oferta e também amplia a disponibilidade das unidades habitacionais já existentes no parque habitacional. Essa técnica tenta dinamizar e impulsionar o mercado de locações, aumentando os incentivos de construção de novas unidades habitacionais e dando suportes financeiros às pessoas para arcar com os custos relacionados à habitação. Estratégias como isenções fiscais, disponibilização de *vouchers*/vales, concessão de financiamentos subsidiados e ajudas diretas, elevação da tributação sobre unidades vagas, são tipos de técnicas empregadas nessa modalidade interventiva. Note-se que, por ser uma estratégia que estimula o setor, promovendo o mercado privado, esses subsídios, voltados à demanda e à oferta, utilizados isoladamente ou em conjunto, representam a maior possibilidade de modalidade interventiva a ser adotada pelo Estado no cenário brasileiro.

Assim, a intervenção do Estado no SPAR pode ocorrer por meio de técnicas de intervenção direta, como agente do mercado, ou indireta, buscando induzir o comportamento dos agentes econômicos por meio de incentivos. A gama de possibilidades interventivas é ampla e pode incentivar tanto a produção quanto a otimização do uso do estoque existente de moradias para aluguel e reduzir os preços praticados no mercado. Todavia, o funcionamento adequado dessas ferramentas não é automático. Aplicar os instrumentos de maneira apartada ou descoordenada pode resultar em situações contraproducentes, como a diminuição de moradias para o aluguel e a elevação dos preços praticados no mercado. A atuação estatal, se não for acompanhada por uma estratégia mais abrangente e bem planejada, pode inadvertidamente inflacionar o mercado imobiliário. Por isso, uma política pública voltada ao estímulo do setor de aluguel deve ser acompanhada por um conjunto coerente de medidas que visem estimular o crescimento equilibrado do setor com o provimento de moradias adequadas e acessíveis financeiramente à população de baixa renda.

Dentro do PMCMV, o aluguel poderia ser uma linha estratégica, direcionada principalmente para os beneficiários da "Faixa 1", utilizando recursos tanto do FAR quanto do FDS, desenvolvendo uma abordagem híbrida que integrasse as forças dos setores público e privado na oferta de habitação, e promovendo diversas ferramentas de incentivos direcionados à oferta e à demanda, além de medidas legislativa específicas que atuassem sobre a relação contratual de aluguel. Todavia, a adoção dessa política, no contexto brasileiro, encontra diversas dificuldades jurídicas de implementação. O primeiro é a justaposição entre os conceitos de direito à moradia e de direito de propriedade que são frequentemente vistos como interdependentes, mas que, na verdade, têm bases e finalidades distintas. Outra dificuldade é a inexistência de recursos financeiros alocados especificamente às políticas públicas relacionadas ao aluguel. Uma política voltada à locação exige recursos específicos e estáveis, o que demanda o comprometimento de orçamento do Estado e o desenvolvimento de soluções inovadoras de financiamento, como parcerias entre particulares e poder público. Além disso, a carência de um banco de dados sobre oferta e demanda de imóveis para locação dificulta a identificação precisa das necessidades habitacionais e a alocação correta dos recursos disponíveis. Contudo, tais obstáculos podem ser superados com instrumentos e estratégias jurídicas já existentes no cenário legal brasileiro, que podem auxiliar em uma construção de estratégia nacional para a locação.

CAPÍTULO 2

A MORADIA DE ALUGUEL COMO SERVIÇO PÚBLICO: A LOCAÇÃO SOCIAL DE PROMOÇÃO PÚBLICA

Conforme estabelecido pelo artigo 175 da Constituição da República Federativa do Brasil de 1988, é responsabilidade do poder público, seja de forma direta ou indireta, a prestação de serviços públicos. Este capítulo aborda especificamente a locação social de promoção pública, que se configura como um serviço público prestado diretamente pelo Estado. Além disso, examina-se a potencial aplicação desse tipo de locação social como parte da política habitacional nacional, mais especificamente no Programa Minha Casa Minha Vida (PMCMV).

Para alcançar esses objetivos, a primeira seção deste capítulo estabelece o conceito de locação social de promoção pública e o diferencia das políticas públicas que também utilizam o instrumento jurídico do aluguel, como os casos do benefício assistencial de auxílio-aluguel e do leasing habitacional. Em seguida, a segunda seção avalia experiências pontuais de locação social ocorridas no país e analisa a legislação federal sobre o tema.

No item 2.3, realiza-se uma análise crítica da produção de estudos jurídicos sobre locação social, destacando a falta de contextualização desses estudos com a realidade atual de contenção dos gastos públicos e de mercantilização da moradia, uma lacuna que pode trazer uma visão idealizada sobre essas políticas. A partir do item 2.4, o foco recai sobre a análise dos elementos essenciais à implementação de uma política de locação social de provimento público, como a compreensão da moradia como um direito, a instituição de um serviço público social de moradia e a viabilidade de existência de *serviços compartidos* em que coexistem a prestação de serviço público e a exploração de *atividade econômica em sentido estrito*. O item 2.5 explora o regime jurídico de direito público, seus princípios e sua aplicação a locação social.

Na seção 2.6, analisa-se a estruturação da política social, mais especificamente a repartição de distribuição de responsabilidade federativa (ou ausência dela) no âmbito de uma política de locação social, além disso, discute-se a definição do público-alvo e as repercussões derivadas da adoção do modelo de Estado de bem-estar para essa delimitação. A seção 2.7 recai sobre os instrumentos jurídicos que podem ser mobilizados para o combate a especulação imobiliário e podem viabilizar o solo urbanizado para a Política de Locação Social. Avançando para o item 2.8, exploram-se os instrumentos jurídicos disponíveis para a captação e afetação de unidades habitacionais a essa política. Já a seção 2.9 concentra os esforços na análise dos mecanismos jurídico-urbanísticos e orçamentários para o financiamento da política. A seção 2.10 faz uma análise crítica sobre a viabilidade da política discutida, levantando questões sobre a ausência de uma estratégia nacional estruturada de aluguel e a escassez de recursos orçamentários direcionados a essa política.

Na seção 2.11, procede-se a uma análise crítica sobre o Programa de Locação Social implementado na cidade de São Paulo, utilizando-se do quadro de referências de análise de políticas públicas elaborado por Maria Paula Dallari Bucci (2015). Em seguida, explora-se a possibilidade de integrar a locação social ao PMCMV, com foco especial na Faixa 1 de beneficiários. A seção se encerra com as conclusões parciais obtidas neste capítulo.

Estabelecidos os pontos, inicia-se a análise.

2.1 O que é um programa de locação social de promoção pública e a diferença entre outras formas de política pública baseada em aluguel

A locação social de promoção pública se configura como uma política permanente e estável de provisão habitacional, delineada a partir do instrumento jurídico do aluguel e da concepção jurídica de serviço público. Diferentemente das estratégias habitacionais tradicionais, que concedem apenas um bem (propriedade de uma moradia), a locação social incorpora dois elementos, contemplando tanto a provisão do bem quanto a oferta de um serviço. O primeiro elemento é a concessão de uma moradia em imóveis públicos, sem a transferência de titularidade da propriedade. O segundo componente é o fornecimento de um serviço público que assegura a manutenção da qualidade e da habitabilidade do ambiente residencial, assegurando as condições adequadas de moradia. Visa, portanto, propiciar o acesso à moradia adequada sem, contudo, transferir a propriedade para o beneficiário, mantendo o imóvel como ativo público. Importa ressaltar que, apesar de ser uma política de acesso à moradia digna, a locação social não promove habitação gratuita. Os beneficiários do programa devem demonstrar capacidade econômica para pagar o aluguel. O valor cobrado, por sua vez, é determinado a partir de um cálculo de capacidade de comprometimento da renda e/ou dos custos de provisão da unidade habitacional. Cuida-se, nesse sentido, de uma política pública e um serviço público continuado de acesso à moradia adequada, sem a transferência da titularidade da propriedade privada da habitação e com pagamento de um aluguel abaixo do mercado (Balbim, 2015), operacionalizado por meio de um parque imobiliário público. Destaca-se, adicionalmente, que a definição de valores acessíveis baseada na renda do público-alvo potencializa a possibilidade não apenas de inclusão habitacional, mas também a inclusão social, ampliando a possibilidade de diversidade econômica com diversos segmentos de renda nos imóveis destinados a essa política.

A partir dessa contextualização, torna-se necessário distinguir a locação social de políticas assistenciais habitualmente executadas no Brasil, frequentemente denominadas de *Auxílio-aluguel*, *Bolsa-aluguel*, *Aluguel social*, entre outras denominações similares. Esses programas assistenciais, como já visto no capítulo 1, têm como marco legal o artigo 22 da Lei n. 8.742/1993 (LOAS)[51] e o artigo 1º do Decreto 6.307/2007.[52] Trata-se de uma política assistencial provisória e emergencial que concede, em razão de uma situação de vulnerabilidade temporária ou calamidade pública, um valor específico para o pagamento de aluguel até que os beneficiários sejam atendidos de forma definitiva pela política

---

[51] É o texto do Art. 22: "Entendem-se por benefícios eventuais as provisões suplementares e provisórias que integram organicamente as garantias do Suas e são prestadas aos cidadãos e às famílias em virtude de nascimento, morte, situações de vulnerabilidade temporária e de calamidade pública" (Brasil, 1993b).

[52] É o texto do Art. 1º: "Benefícios eventuais são provisões suplementares e provisórias, prestadas aos cidadãos e às famílias em virtude de nascimento, morte, situações de vulnerabilidade temporária e de calamidade pública (Brasil, 2008)".

habitacional de concessão de casa própria. Essas políticas não consideram o aluguel como um instrumento capaz de estruturar uma política habitacional definitiva e estável, sendo apenas um instrumento de uma política transitória que durará até que o beneficiário seja atendido pelas políticas habitacionais de concessão da casa própria. Diante disso, o chamado *auxílio-aluguel* está mais vinculado às políticas que priorizam a aquisição de propriedade privada do que às políticas de locação social.

A locação social também não deve ser confundida com estratégias de *leasing habitacional*, como, por exemplo, o Programa de Arrendamento habitacional (PAR), criado pela Lei Federal n. 10.188/2001. Isso porque as políticas de locação social não se estruturam como um mecanismo de transição para a aquisição da propriedade do imóvel. Em contraste, o PAR tem como objetivo final, ainda que não imediato, a concessão de título de propriedade ao beneficiário do programa. Essa previsão está estabelecida de forma clara no artigo 6º da lei que disciplina o programa e que possibilita ao arrendador a opção de compra do imóvel após 15 anos de arrendamento, descontados os valores pagos a título de aluguel. Esse mecanismo legal estabelece um caminho gradual e facilitado para a aquisição da casa própria, o que reforçaria o entendimento do aluguel como um instrumento de política transitória (Brasil, 2001b). Essa perspectiva foi reforçada pela Lei Federal n. 11.474/2007, que permitiu a liquidação antecipada das parcelas e a alienação dos imóveis aos arrendatários, corroborando a argumentação de que o PAR encara o aluguel como um instrumento secundário à política da casa própria (Brasil, 2007b). Além disso, é importante salientar que o PAR enfrentou desafios significativos relativos à acessibilidade econômica, uma vez que os custos mensais despendidos com o aluguel, somados aos reajustes vinculados à inflação, bem como às taxas elevadas de condomínio, acabaram por comprometer, no médio e longo prazo, parte significativa da renda dos beneficiários. Nessa linha, André Marinho Souza Júnior (2008), então gerente nacional dos Programas Habitacionais da Caixa Econômica Federal (agente operacional e financeiro do PAR), observou que, em um horizonte de 8 a 10 anos, mais de 30% da renda bruta dos beneficiários foi destinada a cobrir os encargos do PAR e relacionados. Essa situação contrasta fortemente com o que ocorre na locação social, uma vez que esse tipo de programa estabelece um teto para o comprometimento da renda do beneficiário na determinação do valor dos aluguéis, evitando sobrecarga financeira. Portanto, tanto em termos de estruturação quanto de finalidade, o PAR está mais alinhado às políticas habitacionais voltadas para a concessão de propriedade privada do que aos programas de locação social, que priorizam, entre outros aspectos, a habitabilidade das moradias e a sustentabilidade financeira dos inquilinos.

Em resumo, a locação social de promoção pública configura-se como uma política pública permanente e estável, baseada no instrumento jurídico do aluguel. A política tem como objetivo oferecer moradias a partir de parques públicos de habitação, por meio de um serviço público de moradia que assegure a habitabilidade e a qualidade das moradias, a partir do pagamento de aluguel acessível financeiramente aos beneficiários.

Os exemplos desse tipo de política no contexto brasileiro ainda são incipientes e ocorrem de forma fragmentada. No entanto, já existem em diversas disposições legais prevendo essa modalidade de provisão habitacional. A seção subsequente aborda esse panorama em detalhes.

2.2 As iniciativas pontuais de locação social no cenário brasileiro e a previsão legal dessa política

Conforme mencionado, as experiências de políticas públicas de locação social de promoção pública são isoladas, tendo lugar, geralmente, no âmbito municipal e estadual. Nesse sentido, pode-se destacar a experiência da Cohab de Curitiba/PR, que disponibilizou imóveis retomados em razão da inadimplência dos mutuários para locação social. Trata-se de uma experiência de número diminuto, abarcando 148 moradias no período de 2008 a 2010, além de ter um caráter transitório, uma vez que focou o atendimento de famílias situadas em áreas atingidas por intervenções da companhia, enquanto perdurassem essas ações (Moreira, T. A., 2014).

No Maranhão, o Subprograma de Promoção Social e Habitação, formulado na gestão da governadora Roseane Sarney (1996-1999), destinou à locação imóveis públicos localizados no centro histórico de São Luís. O programa tinha como beneficiários os servidores públicos estaduais que não tivessem imóveis em sua propriedade, que morassem afastados de seus locais de trabalho e que auferissem renda superior a R$ 600,00 (seiscentos reais). O servidor poderia comprar a habitação, após dez anos de residência no imóvel, havendo previsão de abatimento das parcelas pagas a título de aluguel no valor final pago pela moradia – uma configuração que assemelha o programa a um *leasing habitacional*.

As prestações mensais de aluguel eram cobradas diretamente nos contracheques dos servidores e parte do valor arrecadado era destinado a um fundo para a manutenção dos imóveis (Gonçalves, 2006).

Por sua vez, a cidade de Santos/SP implementou um programa de locação social exclusivamente voltado ao atendimento aos idosos, conhecido como *República dos Idosos*. O programa de locação social santista é coordenado pela Secretaria Municipal de Assistência Social e foi criado pela Lei Municipal n. 1.447/1995, voltando-se ao atendimento prioritário de famílias com renda igual ou inferior a cinco salários mínimos (Santos, 2009). Posteriormente, o art. 1º, da Lei n. 2.366/2006, destinou 5% das unidades de habitação social construídas por iniciativa ou intermediação municipal para idosos em vulnerabilidade (Santos, 2006b). Regulamentando a Lei n. 2.366/2006, o Decreto n. 4.705/2006 estabeleceu que o idoso (60 anos ou mais), em situação de vulnerabilidade e com renda igual a um salário mínimo, seria o beneficiário do programa de locação social. O indigitado decreto ainda estabeleceu que o encargo mensal do beneficiário não poderia ultrapassar o valor de 30% de sua renda (Santos, 2006a). A Prefeitura de Santos administra três imóveis públicos específicos para o público idoso. Nessas denominadas *Repúblicas de Idosos*, os beneficiários pagam uma mensalidade no valor de R$ 123,04 por mês, além de dividirem entre si os custos fixos relacionados à luz e água, o que totaliza um custo total de R$ 205,00 por mês. Além disso, os beneficiários contam com serviços médicos, assistenciais e psicológicos (Santos, 2019).

Em Belo horizonte, a previsão para a implementação de políticas de locação social foi estabelecida pelo Inciso XVIII, art. 3º, da Lei Municipal n.º 6.326/1993, com a redação dada pela Lei Municipal n. 11.148/2019. Esse dispositivo permitiu a aplicação de recursos do Fundo Municipal de Habitação em iniciativas voltadas à locação social (Belo Horizonte, 1993). A regulamentação e a estruturação operacional da política foram disciplinadas pelo Decreto Municipal n.º 17.150/2019. De acordo com o art. 1º desse decreto, o objetivo da política de locação social é o de prover atendimento temporário ou contínuo, por meio da locação, a preços acessíveis, de unidades habitacionais privadas ou públicas existentes. Já o art. 11 determinou a implementação do *Banco de Imóveis do Programa de Locação Social*, composto por imóveis públicos (locação social pública), imóveis privados (locação social privada) e imóveis pertencentes a organizações da sociedade civil (locação social por Organizações da Sociedade Civil). O cálculo do subsídio ao locatário será estruturado de forma que o comprometimento de renda não ultrapasse 30% (trinta por cento) da renda familiar mensal e 15% (quinze por cento) quando a *renda per capita* for inferior a meio salário mínimo, conforme artigo 22 (Belo Horizonte, 2019). Atualmente, o programa mantém um cadastro de aproximadamente 200 famílias, das quais 170 já são beneficiárias, contudo, todas as famílias destinatárias estão concentradas na modalidade de *locação social privada* (informação pessoal).[53]

A iniciativa mais consolidada de política de locação social no Brasil se encontra na cidade de São Paulo. O programa foi criado em de 2001 durante a gestão da então prefeita Marta Suplicy – Partido dos Trabalhadores (PT) e sob a liderança do secretário Municipal de Habitação e Desenvolvimento Urbano Paulo Teixeira. Instituído e regulamentado pela Resolução n. 23/2002 do Conselho do Fundo Municipal de Habitação de São Paulo (CFMH-SP). A locação social paulistana foi criada com o intuito de ampliar o acesso a unidades habitacionais da população de baixa renda, especialmente aquelas que não têm capacidade financeira para acessar os programas de concessão de moradia por financiamento. A estratégia adotada foi a disponibilização de imóveis públicos para aluguel a preços acessíveis (CFMH/SP, 2002). A resolução citada criou um estoque público de locação, fato extraordinário dentro de um contexto de políticas voltadas à propriedade privada. Além disso, a resolução delineou o arcabouço legal e os diversos arranjos institucionais necessários à implementação da política, tais quais: os beneficiários, os objetivos, a estruturação econômico-financeira, instituições participantes etc.[54]

Embora as políticas de locação social ainda sejam caracterizadas por uma abrangência restrita e localizada, deve-se salientar que essa modalidade de provisão habitacional já vem sendo discutida, há pelo menos duas décadas, na esfera federal. Veja-se que a Política Nacional de Habitação (PNH), aprovada em 2004 pelo Conselho das Cidades (Concidades), estabeleceu-se como um marco na política habitacional brasileira. O objetivo principal do PNH era organizar e orientar as iniciativas governamentais relacionadas à habitação. Entre suas diretrizes,

---

[53] Informação prestada pelo técnico Gustavo Sapori Avelar, servidor da Companhia Urbanizadora e de Habitação de Belo Horizonte (Urbel), órgão responsável pela execução do programa.

[54] O arcabouço legal e os arranjos jurídicos institucionais da locação social do município de São Paulo serão mais bem analisados neste capítulo em tópico próprio.

o PNH orientava como prioritário o desenvolvimento de programas e de linhas de financiamento destinados à produção de unidades habitacionais dirigidas à locação social. O documento destacava que a implementação de políticas de locação social, combinadas a outras estratégias urbanísticas e habitacionais, poderia trazer maior equilíbrio ao mercado de aluguel. Além disso, o PNH enfatizava que essas políticas poderiam promover um aproveitamento habitacional mais eficiente dos imóveis centrais ociosos e subutilizados, contribuindo para a redução do déficit habitacional (Brasil, 2004).

Como um dos desdobramentos do PNH, houve a promulgação da Lei Federal n. 11.124/2005, que instituiu o SNHIS e expressamente previu a locação social como um dos programas de habitação habilitados a receber recursos oriundos do FNHIS, nos termos do art. 11 (Brasil, 2005). Outra repercussão do PNH foi a produção, em 2009, pelo Ministério da Cidade, do Plano Nacional de Habitação (PLANHAB), que estabelece ações estratégicas com horizonte temporal de 15 anos (2009-2023) para a intervenção em vários aspectos do processo de produção de habitação com o intuito de atingir o objetivo de universalização do acesso à moradia digna a todos os brasileiros. O PLANHAB previu em uma de suas linhas programáticas a ação de *Promoção Pública de Locação Social de Unidades Habitacionais em Centros Históricos e Áreas Urbanas Consolidadas* – que tinha como objetivo o subsídio de parte do aluguel da população de baixa renda em centros urbanos e áreas consolidadas (Brasil, 2009). Acrescente-se que as discussões atinentes à produção do PLANHAB 2040, ocorridas a partir de 2021, contemplam como um dos seus eixos temáticos a provisão de moradia a partir de políticas de locação social (Brasil, 2023a). Apesar das diretrizes estabelecidas pelo PNH e PLANHAB, o PMCMV, criado pela Lei Federal n. 11.977/2009, não mencionou em sua redação e nem mesmo destinou recursos à provisão habitacional de locação social (Brasil, 2009). Raquel Rolnik (2017, p. 300) argumenta que o PMCMV foi concebido sem a participação do Ministério das Cidades e da equipe que estava por trás do PHS e PLANHAB, sendo gestado no Ministério da Fazenda com apoio dos empresários do setor da construção civil.

No governo do presidente Jair Bolsonaro, o PMCMV foi sucedido pelo *Programa Casa Verde Amarela*. A Lei Federal n. 14.118/2021 previu a locação social como uma das modalidades possíveis para disponibilização de unidades habitacionais aos beneficiários do programa, nos termos do art. 8º, §6º (Brasil, 2021b). Ademais, o Regulamento do Programa estabeleceu, em seu art. 4º, a locação social como uma de suas linhas de atendimento em áreas urbanas (Brasil, 2021c). Não houve, contudo, alocação específica de recursos para essa vertente da política habitacional.

O PMCMV foi retomado pelo governo Lula, em 2023, com a edição da MP n. 1.162/2023. A exposição de motivos da MP apresenta a diversificação das linhas de atendimento e da provisão habitacional como um dos seus princípios estruturantes. Isso pode ser visto na redação da medida provisória que estabelece como meta do programa a ampliação da oferta de moradias para atender às necessidades habitacionais em suas diferentes modalidades (art. 2º). O art. 3º dispõe que os objetivos do PMCMV serão alcançados por meio de diversas abordagens, entre elas, a locação social de imóveis em áreas urbanas (Brasil, 2023a). Importante destacar que a MP n. 1.162/2023 foi posteriormente convertida na Lei n. 14.620/2023, mantendo em sua totalidade as disposições relativas à locação social. Contudo a regulamentação do PMCMV, disposta no Decreto n. 11.439/2023, não faz qualquer menção à modalidade locação social e não há, até o presente momento, qualquer portaria do Ministério das Cidades estabelecendo diretrizes ou orientações específicas sobre essa questão.

Apesar das recorrentes menções em textos legais e documentos oficiais, a locação social ainda não foi objeto de uma regulamentação específica e detalhada por parte do governo federal. Ainda que seja constantemente mencionada, a modalidade não foi efetivamente estruturada no âmbito das políticas públicas federais. Até o presente momento, não existe legislação infralegal federal que discipline a incorporação da locação social como linha de atendimento habitacional, deixando em aberto questões relativas à sua implementação – parque público ou por parque privado, adoção de parcerias público-privadas ou mesmo por uma locação viabilizada por *vouchers*, por exemplo.

Apesar da falta de diretrizes claras para a sua operacionalização, existe uma rica produção intelectual sobre o tema, inclusive no âmbito jurídico. Dessa forma, a seção subsequente é dedicada à análise crítica dessa produção.

2.3 A locação social e as ilusões jurídico urbanísticas: o contexto de enxugamento de gastos públicos e mercantilização da moradia de aluguel

A análise da locação social de promoção pública, na área do direito, tem sido muitas vezes direcionada e empreendida sob a ótica das lições tradicionais e dos binarismos do direito (legal/ilegal, constitucional/inconstitucional). Nesse contexto, verifica-se a constante presença de estudos focados na análise do instrumento jurídico do aluguel e sua consonância com o direito de moradia assegurado pela CRFB/1988 sem, entretanto, explorar mais a fundo a implementação e a coordenação das ações estatais necessárias ao desenvolvimento desse tipo de programa. Diversos trabalhos tentam desvincular o acesso à moradia digna da necessidade de propriedade privada, apontando o aluguel como um instrumento jurídico adequado à garantia e à implementação desse direito, além de identificar a locação como uma ferramenta efetiva no combate ao déficit habitacional.[55] Contudo essa abordagem, certamente relevante, restringe-se à análise da validade e da eficácia jurídica, deixando de lado outros objetos de estudo que estão vinculados à implementação e à complexidade de execução desse tipo de política pública. O escopo restrito de estudo das políticas públicas voltado exclusivamente ao controle de seus atos se mostra incapaz de regular a realidade dinâmica das políticas públicas.

No entanto, essa perspectiva, que não se aprofunda nas particularidades da implementação e nos mecanismos operacionais da política pública de locação social, é também recorrente em outras áreas do conhecimento. Muitas pesquisas têm abordado esse tipo de política pública (Andrade; Breviglieri, 2016; Balbim, 2015; Kohara; Comaru; Ferro, 2015; Moreira, T. A., 2014). A locação social é destacada como uma política que

---

[55] Apenas para exemplificar o afirmado, cite-se parte do trabalho de Ventura (2022, p. 7): "Apesar de o direito à moradia estar consagrado, no artigo 6º da Constituição Federal, como um direito social, e além da legislação infraconstitucional e tratados internacionais sobre a temática, ele ainda não é efetivamente cumprido em muitas cidades brasileiras. [...] Contudo, as políticas urbanísticas aplicadas até o momento têm como objetivo principal a aquisição de propriedade, por meio de mecanismos que levam à mercantilização e à financeirização da moradia e ao endividamento da população menos favorecida economicamente. Desse modo, o objetivo da Dissertação é asseverar acerca do direito à moradia e da necessidade de utilização das políticas públicas que visem à efetividade desse direito. Para tanto, analisa-se a política de Locação Social, a fim de compreender se esta representa um meio capaz de trazer efetividade ao direito fundamental social à moradia." Outros trabalhos na mesma linha podem ser citados como, por exemplo (Lima, 2018) e (Cunha, 2021).

poderia viabilizar a desmercantilização da moradia e a concepção de habitação como um direito e não como uma propriedade, afastando-se, assim, do tradicional modelo de provisão de casa própria (Fix; Arantes, 2009; Luft; Lima, 2021; Paolinelli, 2018), um instrumento capaz de reduzir o ônus excessivo com o aluguel e, consequentemente, mitigar o déficit habitacional (Balbim, 2015), uma ferramenta para revitalizar os grandes centros brasileiros que se encontram atualmente abandonados ou subutilizados (Mercês; Tourinho; Lobo, 2014), um programa capaz de reduzir a elitização dos espaços e a expulsão de moradores em função das pressões imobiliárias (Andrade; Brevigtieri, 2016), um mecanismo de controle e regulação dos preços de aluguel praticados pelo mercado (Maher Júnior, 2015), além de se constituir como um instrumental que possibilita o melhor aproveitamento da infraestrutura urbana existente (Baltrusis; Mourad, 2014).

Publicações internacionais também destacam os benefícios potenciais da locação social de provimento público. Scanlon (2008) observa que os parques públicos de moradia podem revitalizar áreas urbanas degradadas, incentivando o desenvolvimento de uma variedade de serviços e de atividades para a comunidade local. Esses programas habitacionais têm o potencial de fomentar uma maior mistura e coesão social, ao propiciar que diversas classes econômicas vivam em um mesmo edifício ou área residencial e, podem, ter efeitos reguladores positivos sobre os preços adotados pelo mercado imobiliário. Sob outro ângulo, Blanco (2014) enfatiza que as moradias de aluguel são frequentemente localizadas em áreas mais centralizadas das cidades. Nesse contexto, um programa de locação social poderia não apenas proporcionar um melhor aproveitamento da infraestrutura urbana, mas também evitar o espraiamento da mancha urbana. A diminuição das moradias nas extremidades da cidade gera diversos efeitos positivos como a diminuição dos gastos públicos com infraestrutura urbana e do tempo gasto com transporte (Peppercorn; Taffin, 2013).

Contudo a análise da locação social descolada da realidade e do contexto brasileiro bem como o estudo abstrato e idealizado do tema podem trazer falsas expectativas. Esse cenário remete ao que o urbanista Henri Lefebvre (2002) diagnosticou como "ilusões urbanísticas", que, no contexto deste trabalho será denominado como ilusões jurídico-urbanísticas. Nessas ilusões, os operadores e técnicos acabam visualizando o espaço como um vazio, uma tela em branco para seus projetos, seus planos e suas ideias, propondo soluções que visam substituir e suplantar a prática urbana existente. Essas tentativas de "substituir a práxis por suas representações do espaço, da vida social, dos grupos e de suas relações" (Lefebvre, 2002, p. 141) negligenciam a atividade produtiva capitalista e o próprio espaço que é produto dessa atividade, portanto, essas ilusões jurídico-urbanísticas servem essencialmente para embasar tecnicamente a produção capitalista do espaço, "Não só faz o espaço entrar na produção de mais-valia, ele visa uma reorganização completa da produção [...] oculta, sob uma aparência positiva, humanista, tecnológica a estratégia capitalista: o domínio do espaço" (Lefebvre, 2002, p. 143).Veja-se que a locação é, muitas vezes, idealizada por técnicos como uma estratégia de desmercantilização e de democratização do acesso à moradia. No entanto, na prática, pode acabar funcionando paradoxalmente como uma ferramenta capitalista de produção do espaço. Trata-se, portanto, de uma solução patogênica que produz o que supostamente se propõe a evitar.

O objetivo desta seção, no entanto, não é apenas criticar a locação social de uma maneira paralisante e que impeça a provisão de moradia por esse instrumento. O foco é reconhecer e compreender as restrições específicas que esse modelo enfrenta no Brasil. Ao identificar essas limitações, pode-se investigar melhor o desenvolvimento de programas de aluguel nas políticas de moradia. Busca-se uma análise crítica de como esse tipo de provisão habitacional pode ser efetivamente empregado, particularmente em um cenário de restrições orçamentárias e no qual o aluguel está sendo utilizado para negócios e renda. Também é importante compreender se um sistema regulatório inteiramente público, com propriedades e financiamento estatais exclusivos, é sustentável e pode ser uma solução eficaz para oferecer moradia em larga escala.

A análise abstrata da locação social, baseada exclusivamente na avaliação de consonância com a CRFB/1988 e em seus potenciais efeitos benéficos, pode conduzir a ilusões jurídico-urbanísticas em que se atribui, de maneira simplista, ao instrumento jurídico de aluguel a capacidade de promover um desenvolvimento equitativo da cidade, com uma justa distribuição da população no espaço construído e uma correção das distorções do crescimento urbano com uma melhoria na oferta de moradia digna. No entanto, é fundamental considerar dois aspectos importantes para a viabilidade da promoção pública de locação social. Em primeiro lugar, há diversas restrições orçamentárias e condições relacionadas ao desenvolvimento do Estado de Bem-Estar Social que afetam diretamente as condições de implementação desses programas. De outra sorte, deve-se ter em perspectiva que, tanto no cenário brasileiro quanto no global, o aluguel passou a ser uma nova forma de extração de renda imobiliária (Rufino; Batista, 2020). A realidade atual, marcada pela mercantilização do aluguel, pela emergência de uma nova fronteira de extração de renda financeiro-imobiliária e pela restrição orçamentária à execução de políticas sociais, não pode ser ignorada pelos estudos que se debruçam sobre o tema.

Os estudos de políticas de locação social de promoção pública no Brasil são frequentemente acompanhados por exemplos europeus de sucesso dessa política. Interessante observar, entretanto, que os parques públicos de moradia nesses países foram estabelecidos após a segunda Guerra Mundial, durante o período conhecido como *Trinta Gloriosos* (1945-1975), marcado por uma expansão de direitos e do Estado de Bem-Estar Social, juntamente com um crescimento econômico vigoroso. No entanto, deve-se ressaltar que esse período foi único na história, como indicado por Streeck (2012, p. 36) "creio que não os *trente glorieuses*, mas as várias crises que se seguiram, representam a condição normal do capitalismo democrático – uma condição pautada por um conflito endêmico entre mercados capitalistas e políticas democráticas". Desse modo, os exemplos internacionais dessa política foram, em grande parte, desenvolvidos durante um período de expansão de gastos com políticas sociais, o que não se alinha com a realidade atual. Além disso, a tendência atual, mesmo nos países europeus, é de enxugamento de gastos orçamentários e de retração significativa desses parques públicos (OCDE, 2022; Whitehead *et al.*, 2012).

No Brasil, a capacidade de alocação de recursos orçamentários e investimentos em políticas sociais, incluindo-se habitação, tem sido severamente limitada ao longo dos últimos anos. Os exemplos mais recentes são: a Emenda Constitucional (EC) n. 95/2016, também conhecida como Emenda Constitucional do Teto de Gastos Públicos; o Regime Fiscal Sustentável, conhecido como Novo Arcabouço Fiscal; e a Lei Complementar n. 200/2023, mecanismo de controle de gastos que substituiu o regime trazido pela EC n. 95/2016. Tais medidas legais impactaram significativamente a capacidade do governo atuar de forma expansiva na garantia de direitos. Diante disso, surgem dúvidas sobre a viabilidade de um modelo de financiamento para a locação social que dependa exclusivamente do Estado. Assim, a possibilidade de se adotar um modelo de financiamento misto, combinando recursos públicos e privados, não deve ser descartada. A abordagem poderia oferecer um equilíbrio entre a necessidade de investimento em habitação social e as restrições fiscais atuais – esse tipo de financiamento será mais amplamente discutido e analisado no terceiro capítulo, explorando-se as potenciais implicações e viabilidades dessa estratégia.

Ainda, no que tange à capacidade de investimento estatal em políticas sociais, o cientista político José Luís Fiori (1997) afirma que o processo econômico de globalização trouxe impactos diretos à viabilidade do Estado de Bem-Estar Social em escala mundial. Nesse sentido, o fenômeno de competição global ocasionado pela desregulação dos mercados limitou sensivelmente os gastos sociais e restringiu o espaço de manobra dos Estados nacionais na formulação de políticas de acesso a direitos fundamentais. Houve um enfraquecimento dos sindicatos e partidos trabalhistas, além de uma fragmentação dos interesses internos à classe trabalhadora. Os sistemas de proteção social e solidariedade nacional estão cada vez mais reduzidos, e há normas cada vez mais restritas com relação aos gastos orçamentários e ao desenvolvimento de políticas sociais, o que diminui a possibilidade e torna cada vez mais complicada a implementação de programas como a locação social. A divergência dos rumos das políticas econômicas e dos gastos sociais com o que é praticado no cenário mundial acaba por afetar a capacidade e a reputação dos Estados de conquistar investimentos dos capitais globalizados. Isso tudo indica que a tendência mundial de desmantelamento dos parques públicos é um forte obstáculo à instituição, pelo Brasil, de uma política de locação de provimento de imóveis públicos.

Além desse contexto de restrição orçamentária, há também uma tendência de direcionamento de recursos privados ao setor de aluguel para investimentos. Assim, uma política de desmercantilização voltada a esse setor é de difícil concretização. Raquel Rolnik, Isadora Guerreiro e Adriana Marín-Toro (2022) trazem luz à ascensão do aluguel no Brasil e na América Latina como uma nova frente de expansão do complexo financeiro-imobiliário, tornando-se uma nova possibilidade de extração de renda imobiliária. Essa escalada do aluguel como uma nova estratégia de acumulação ocorre a partir do surgimento e fortalecimento, nos mercados privados, de senhorios corporativos (*Corporate Landlords*) que articulam plataformas digitais e capitais financeiros, criando novos ativos imobiliários e negócios financeiros apoiado na chamada "economia de compartilhamento" e em um aproveitamento digital mais eficiente do parque habitacional disperso em todo o território da cidade (Fields, 2018). Ainda pode-se notar o surgimento de empresas especializadas em construção e gerenciamento de empreendimentos totalmente voltadas para a locação. A Vitacon, por exemplo, é uma incorporadora que viabiliza investimentos em apartamentos pensados e voltados para a locação, inclusive para plataformas digitais como o *Airbnb*. A empresa vende a *ideia de não oferecer o imóvel como um bem, mas como um serviço*,[56] e promete a reinvenção do mercado imobiliário, anunciando vantagens como alta rentabilidade, localização estratégica das unidades residenciais e apartamentos inteiramente adaptados aos serviços de aplicativo de celular, além de menos burocracia para investidores. Adota em seus empreendimentos o conceito de propriedade *multifamily*, que consiste em um modelo de estruturação imobiliária em que o edifício inteiro pertence a apenas um único proprietário e todas as unidades habitacionais são voltadas para a locação residencial. A gestão do condomínio é centralizada em uma empresa que fica responsável por toda administração do imóvel (reformas, melhoramentos, decoração etc.). A administração unificada do empreendimento é um atrativo e facilita a captação de investimentos, em comparação com outros investimentos residenciais, além de propiciar a conversão do empreendimento em ativo mobiliário (Rolnik; Guerreiro, 2020). A gestão centralizada dos empreendimentos fica sob responsabilidade de uma *startup* de plataforma de aluguel temporário vinculada à Vitacon, chamada Housi (Vitacon, 2023). Outros exemplos de empresas como essa são a Luggo, empresa vinculada ao grupo MRV; e a Performance Empreendimentos Imobiliários, ligada à Patrimar Engenharia.

Dessa forma, analisar a locação social de uma perspectiva abstrata, sem considerar a conjuntura atual, pode conduzir a ilusões jurídico-urbanísticas em que a locação é vista erroneamente como uma solução mágica que, por si só, resolveria o problema da habitação. Não é, portanto, uma panaceia, mas é sim uma opção relevante a ser considerada dentro das diversas estratégias de políticas habitacionais do Estado. A implementação de uma política de locação social de promoção pública

---

[56] O presidente e fundador da Vitacon, Alexandre Frankel, durante um simpósio chamado Zenvia, explicou que mais de 300 parceiros oferecem serviços dentro dos seus empreendimentos. Esclareceu que a ideia central do seu negócio é vender diversos serviços de forma digital e metadados gerados a partir desse fluxo de informações. Frankel garante que "mais apps estarão dentro do prédio, em um modelo *phygital*. Em muito pouco tempo. Pode ser da compra do sapato até a comida". A ideia, segundo Frankel, é que a venda dos serviços seja o elemento principal do negócio "Uma pessoa com três salários-mínimos consegue alugar um apartamento de R$ 900. Com tudo que ele consome dentro do prédio, com esses elementos dentro do prédio, a moradia fica mais barata. Queremos chegar à moradia zero, pois o que pagará é o que ele consome dentro do prédio" (Mobile Time, 2022).

encontra uma série de barreiras a sua implementação, especialmente quanto a questões de disponibilidade orçamentária do ente público e quanto à configuração que o aluguel tem tomado no contexto nacional e internacional. Por outro lado, a implementação de uma política de locação social deve desenvolver um aparato jurídico específico que congrega a instituição de um serviço público de moradia, o manejo de instrumento jurídicos urbanísticos para facilitar o acesso do Poder Público a imóveis bem localizados a preços mais baixos, instrumentos jurídicos de afetação de imóveis para a política, instrumento jurídicos de financiamento, entre outros. A análise desse tipo de política deve levar em conta os desafios e as necessidades operacionais para sua implementação.

Colocadas nesta seção essas barreiras estruturais à implementação da política, passa-se, na próxima seção, a analisar as variadas questões jurídicas associadas à implementação da locação social de provimento público.

2.4 A locação social de provimento público: a desmercantilização da moradia e a instituição de um serviço público de moradia

A locação social de promoção pública é uma política habitacional baseada na ideia de serviço público e no reconhecimento da moradia como direito. Veja-se, entretanto, que o histórico das políticas habitacionais brasileiras tem tratado a habitação como um bem de consumo a ser entregue a uma família como propriedade privada – a política pública de moradia se encerra com a entrega da casa própria. Tradicionalmente, as estratégias habitacionais brasileiras têm se concentrado em incentivar a produção de novas moradias, com subsídios para o crescimento da oferta, e linhas de créditos atrativas para o setor da construção civil conjugadas com financiamento e subsídios habitacionais à população de baixa renda para a compra dos imóveis. O ato de entrega da moradia desonera o Estado de prestação posterior, não havendo uma obrigação, dentro do programa habitacional, de manutenção predial - o *Programa de Olho na qualidade*, da Caixa Econômica Federal, agente operador e agente financeiro do PMCMV, só é responsável por receber as reclamações de vícios construtivos e encaminhamento às construtoras e não faz qualquer manutenção predial dos empreendimentos, por exemplo (CEF, 2023c). Não há também obrigação de disponibilização de acesso à infraestrutura e serviços urbanos, ainda que o direito à moradia pressuponha a qualidade das habitações e da infraestrutura urbana. A Lei Federal n. 14.620/2023 dispõe que para a implantação dos empreendimentos é necessária a "provisão de lotes urbanizados, dotados da adequada infraestrutura" e que o Ministério das Cidades é responsável por "garantir as condições adequadas para execução do Programa e recepção das moradias, com infraestrutura, pavimentação, saneamento básico, iluminação e demais necessidades estruturais necessárias ao cumprimento integral do Programa". Ocorre que a garantia é de infraestrutura básica e o compromisso é feito de forma genérica sem uma possibilidade de um controle dos parâmetros de qualidade.

Por sua vez, a locação social está ligada à noção de direito e de serviço. O beneficiário do programa é um morador-usuário que utiliza continuamente e por tempo indeterminado o imóvel público para moradia. Em razão dessas características, a formulação e a implementação da política pública não podem se restringir a subvenções econômicas, à produção de habitação, ao financiamento imobiliário e à entrega definitiva da habitação. Se na locação social a moradia é um direito implementado de forma contínua pelo uso de um imóvel público, e não em razão da propriedade da habitação, o poder público deve formular uma política ampla que consiga produzir um adequado serviço habitacional – boa localização, disponibilidade de infraestrutura e serviços urbanos, acessibilidade financeira, segurança da posse e adequação cultural (Brasil, 2013).

2.4.1 A desmercantilização da habitação e a moradia como direito

A locação social de provimento público está atrelada à ideia de moradia como direito e, mais especificamente, à desmercantilização da habitação. Esping-Andersen (1990, p. 22, tradução nossa) descreve a desmercantilização como um "processo em que um determinado serviço é prestado como um direito e quando uma pessoa pode manter sua subsistência sem depender do mercado". Nesse sentido, a renda deixa de ser um requisito para acessar ou manter a fruição de um direito. No contexto da moradia, a desmercantilização representa a desvinculação do acesso à habitação das regras e das dinâmicas mercadológicas, reorientando a moradia para o preenchimento prioritário de valor de uso dos imóveis em detrimento do seu valor de troca. Nesse sentido, a habitação é destinada prioritariamente a atender às demandas habitacionais da população e não às demandas de obtenção de lucro dos agentes do mercado. Destaca-se, entretanto, que as moradias desmercantilizadas, apesar de terem seu valor de uso privilegiado, não perdem seu valor de troca e podem ser, em casos específicos, vendidas. No entanto, o valor recebido deve ser reinvestido em melhorias e em manutenção de outras unidades desmercantilizadas, gerando um processo circular de retroalimentação em que o valor de troca fomenta e propaga o valor de uso.

Nesse sentido, a desmercantilização da moradia ocorre quando o seu acesso não está associado preponderantemente à capacidade financeira dos indivíduos, mas a condições distintas, por exemplo, a faixa etária, a necessidade habitacional, o grupo social, as condições familiares, entre outros (Paolinelli, 2018). Vale destacar que a desmercantilização da moradia pode ocorrer de variadas formas, com políticas públicas distintas, como, por exemplo: as cooperativas de *ayuda mutuas* do Uruguai, a moradia de propriedade coletiva das *Community landtrusts*, *limited equity cooperative*, entre outras iniciativas (Avelar, 2022; Ghilardi, 2016; Baiges; Ferreri; Vidal, 2020).

Além disso, a desmercantilização pode ocorrer em diferentes graus ou níveis, não sendo limitada a uma métrica única. Deve-se concebê-la como um contínuo, em cujas extremidades se localizam, de um lado, o grau máximo de mercantilização; e de outro, o grau máximo de desmercantilização. Quanto maior a liberdade do mercado de atuação para definir o preço, mais inclinado ao extremo mercantilizado a habitação é localizada, inversamente, quanto mais o Estado atua no sentido de retirar essa determinação das regras de oferta e procura, mais estará deslocado ao extremo desmercantilizado. Esping-Anderson (1990) define uma escala de desmercantilização das políticas sociais com base em três dimensões principais: (1) os critérios de elegibilidade dos beneficiários ao acesso aos benefícios, sendo que quanto menos condicionantes houver, mais desmercantilizado será o direito; (2) relação dos benefícios com a renda média do país, ou seja, quanto mais próximo o nível da prestação estiver do nível de renda da população do país, mais desmercantilizada será a política; quanto menores forem os benefícios, mais necessidade haverá do retorno ao mercado de trabalho; (3) a extensão da rede de proteção social, quanto mais abrangente a cobertura, mais desmercantilizado será o sistema (coberturas contra velhice, maternidade, paternidade, incapacidade, desemprego, doença etc.). Aplicando-se essa modelagem ao caso da moradia, pode-se dizer que quanto menores forem as condicionantes e mais abrangente for o público-alvo, mais desmercantilizado será o acesso a esse direito.

A concepção de desmercantilização não é uma construção recente. Os conjuntos habitacionais construídos entre 1920 e 1930 na "Viena Vermelha", por exemplo, já absorviam essa ideia (Madden; Marcuse, 2016). Contudo, apesar de sua longa trajetória e de sua crescente aceitação entre ativistas e acadêmicos, o modelo de provisão habitacional desmercantilizado enfrenta diversos obstáculos a sua implementação. Harloe (1996) argumenta que a forma predominante de provisão habitacional nas sociedades capitalistas é a mercantilizada e apenas será desmercantilizada quando não for possível sua prestação pelo mercado (ainda que com auxílio do Estado) e quando essa situação tiver ressonância ampla no contexto social dominante. Segundo Harloe, a forma preponderantemente de habitação desmercantilizada é a locação social de provimento público, e ela só foi possível em contextos muito singulares na Europa, especialmente no pós-guerra (1945-1975), nos trinta gloriosos (*Trente Glorieuses*). Harloe (1996) destaca, ainda, que, em meados da década de 1970, houve um ponto de virada no qual as taxas de crescimento diminuíram e o desemprego e a inflação aumentaram, o que culminou com uma resposta de cortes profundos em novos investimentos, privatização dos estoques de moradia pública e retração da política de moradia com o estreitamento do perfil socioeconômico dos beneficiários e diminuição da responsabilidade política e financeira no setor. Nesse sentido, a desmercantilização da habitação surge como uma ruptura de padrões predominantes nas economias de mercado e enfrenta significativas barreiras a sua implementação, especialmente pelas dinâmicas de mercado existentes no setor habitacional e pela redução da atuação do Estado no setor, com o corte dos investimentos e a diminuição do compromisso do Estado com a moradia pública.

Embora ocorram obstáculos políticos e econômicos para sua concretização, a desmercantilização da moradia pode ser mediada por alguns instrumentos jurídicos previstos no ordenamento jurídico brasileiro. Sendo assim, a próxima seção se debruça na possibilidade de desmercantilização da habitação a partir do conceito jurídico de serviço público.

2.4.2 A desmercantilização da moradia a partir do conceito jurídico de serviço público

A provisão habitacional de locação social de parque público tem duas premissas fundamentais, quais sejam: (1) a criação de opções habitacionais desmercantilizadas que surgem como resposta à incapacidade do mercado de garantir acesso à moradia adequada à população; (2) a obrigatoriedade, por parte do Estado, de assegurar a qualidade habitacional das unidades disponibilizadas, o que implica responsabilizar-se pela implementação dos adequados atributos da moradia. Veja-se que essas premissas e essa modalidade de provisão habitacional necessitam de parâmetros e racionalidade jurídica específica (Luft; Lima, 2021). O arranjo jurídico previamente estabelecido nas políticas habitacionais, focado em subsídio para a demanda e oferta com mecanismos de financiamento dos beneficiários, não se encontra adequado a uma política centrada em produzir imóveis para a locação.

O sistema jurídico brasileiro tem instrumentos jurídico-administrativos que podem viabilizar e estruturar de forma eficiente a modelagem de uma política de locação social. A extensão do conceito jurídico de serviço público, de forma a incluir a moradia, pode ser a abordagem jurídica apropriada para essa tarefa.

Vale ressaltar, contudo, que essa conceituação de moradia como um serviço público não é uma proposta inédita. Bonduki (2014) narra que, na década de 1940, a presidente do Departamento de Habitação Popular, vinculada à Prefeitura do Distrito Federal, a engenheira e urbanista Carmen Coutinho já advogava pelo tratamento da habitação como um serviço público. Assim Portinho defendia que as moradias deveriam ser alugadas a preços adequados e não superiores a 10% do salário do trabalhador, com o montante sendo destinado à manutenção do imóvel e à oferta de serviços e infraestrutura urbanas adequados. Para Portinho (*apud* Bonduki, 2014, p. 51), a habitação deveria ser "um serviço social de utilidade pública, com a principal função de reeducação completa do operariado brasileiro. Deveria estar incluído entre os serviços obrigatórios que o governo deve oferecer, como água, luz, gás, esgoto".

Atualmente, a iniciativa encontra respaldo entre ativistas e acadêmicos da área. A professora Sônia Rabello (2020) corrobora essa visão destacando que no Brasil o provimento habitacional é tratado como uma atividade econômica privada e não como um serviço público.

Argumenta que quando uma atividade econômica é considerada essencial para o funcionamento da sociedade, o Estado a transforma, por lei, em serviço público, e o ente estatal passa a ter obrigação de prover o serviço. Rabello (2020) recorda que essa transição já ocorreu em áreas como transporte público, serviços funerários, de iluminação e de entregas postais. A professora defende que os serviços de moradia deveriam ser prestados pelo Estado de maneira não exclusiva, como ocorre com a educação e saúde, e que seria necessário tratar o assunto com a urgência e importância necessárias, especialmente quanto ao provimento de moradia à população de baixa renda.

A ideia de conceituar a moradia como um serviço público também encontrou espaço de discussão no Congresso Nacional. Os deputados federais do PT, Paulo Teixeira e Zezéu Ribeiro, propuseram o Projeto de Lei n. 6342/2009, que criava o Serviço de Moradia Social. Essa proposta estruturava a moradia como um serviço público gratuito (o que nos traz a ideia de políticas públicas de abrigo) destinado a garantir a moradia em centros urbanos para a população de baixa renda, "por meio de um conjunto de ações e iniciativas integradas com as demais políticas de desenvolvimento urbano e promoção social, implementadas de forma participativa, continuada e articulada entre os entes federativos e organizações da sociedade civil" (Brasil, 2009). De acordo com o art. 3º do projeto, o objetivo principal do Serviço de Moradia Social seria diversificar as formas de acesso à moradia para a população de baixa renda, operacionalizando de maneira complementar aos demais programas de aquisição de moradia social. Adicionalmente, o Serviço de Moradia Social buscaria integrar-se à rede socioassistencial, promover a utilização do estoque imobiliário ocioso e da infraestrutura instalada, e a preservar a recuperação do patrimônio cultural. Apesar de ter recebido parecer favorável da Comissão de Desenvolvimento Urbano, o projeto foi arquivado por duas vezes devido ao término da legislatura. No ano de 2019, o Deputado Paulo Teixeira solicitou por meio do Requerimento n. 165/20019 o desarquivamento do PL n. 6.342/2009 que está atualmente aguardando a designação de relator na Comissão de Finanças e Tributação Comissão de Finanças e Tributação da Câmara (Brasil, 2009).

Mas, afinal, o que define juridicamente um serviço público? Seria possível incluir a locação social nessa categoria?

2.4.3 A aplicabilidade do conceito jurídico de serviço público à locação social de promoção pública

A definição jurídica de serviço público pode ser decomposta em quatro componentes centrais: (a) uma atividade prestacional voltada à satisfação de necessidades coletivas, sendo, no entanto, usufruída de maneira individual; (b) uma obrigação estatal estabelecida por meio de legislação específica ou pela Constituição Brasileira; (c) com ou sem exclusividade na titularidade do serviço; (d) prestada diretamente ou indiretamente pelo Estado, seguindo total ou parcialmente o regime de direito público.

Nesse sentido, Odete Medauar (2018) argumenta que os elementos integrantes do conceito de serviço público são o vínculo orgânico com a Administração, que pode se manifestar por meio da realização direta da atividade prestacional pelo Estado ou por uma conexão em que exista uma supervisão exercida pelo poder público sobre a entidade executora, e a submissão ao regime jurídico de direito público – a prestação do serviço é sempre vinculada em maior ou menor grau ao direito administrativo, não sendo possível um serviço público sujeito apenas a regras do direito privado. Bandeira de Mello (2021), por sua vez, concebe o serviço público como uma atividade prestacional com um eixo de utilidade ou comodidade material *uti singuli* em que pode ser identificado o usuário e um eixo formal que lhe traz unidade normativa e jurídica que seria um específico regime de direito público. Esse regime seria um conjunto de regras e princípios jurídicos que tem como fundamento a supremacia do interesse público sobre o interesse privado, além de outros valores constitucionais que conformam a prestação do serviço. Maria Sylvia Di Pietro (2020) argumenta que a definição de serviço público seria qualquer atividade legalmente atribuída ao poder público, exercida de forma direta ou por meio de seus delegatários, com o intuito de concretamente realizar necessidades coletivas, sob um regime jurídico de direito público.[57]

A definição do que constitui um serviço público não é ontológica, ao reverso, é conformada por decisões legislativas, de estatura

---

[57] No mesmo sentido, a definição do professor Alexandre Aragão (2021, p. 130): "serviços públicos são as atividades de prestação de utilidades econômicas a indivíduos determinados, colocados pela Constituição ou pela Lei a cargo do Estado, com ou sem reserva de titularidade, e por ele desempenhadas diretamente ou por seus delegatários, gratuita ou remuneradamente, com vistas ao bem-estar da coletividade".

constitucional ou infraconstitucional, influenciadas pela concepção política e de Estado predominante em um determinado momento histórico. Portanto, trata-se de atividades assumidas pelo Estado como de prestação obrigatória em razão de decisões político-jurídicas tomadas em determinado contexto (Bandeira de Mello, 2021). Medauar (2018) enfatiza que existe um núcleo de serviços tido pacificamente como serviços públicos, incluindo água, luz, iluminação pública, coleta de lixo, limpeza de ruas, correio. No entanto, a professora também destaca que a caracterização de uma atividade como serviço público varia significativamente ao longo do tempo e do contexto, sendo um produto das ideias prevalentes na sociedade sobre o papel que o Estado deve desempenhar e as necessidades básicas que ele deve prover aos cidadãos.

A CRFB/1988 definiu explicitamente uma série de atividades que deve ser prestada como serviço público, tais quais: o serviço postal e o correio aéreo nacional (art. 21, X), serviços de telecomunicações (art. 21, XI), os serviços de radiodifusão sonora, de sons e de imagens, os serviços e instalações de energia elétrica e o aproveitamento energético dos cursos de água, a navegação aérea, aeroespacial e a infraestrutura aeroportuária, os serviços de transporte ferroviário e aquaviário entre portos brasileiros e fronteiras nacionais, ou que transponham os limites de Estado, os serviços de transporte rodoviário interestadual e internacional de passageiros e os portos marítimos, fluviais e lacustres (artigo 21, XII), a seguridade social (art. 194), a assistência social (artigo 203) e a educação (artigo 205) (Brasil, 1988).

É importante, todavia, notar que essas hipóteses constitucionais não são taxativas, podendo, assim, ser criados serviços públicos não explicitamente previstos na CRFB/1988. O art. 175 da CRFB/1988 corrobora essa visão e delega à legislação infraconstitucional a prerrogativa de instituir novos serviços públicos e definir as diretrizes para sua prestação. Portanto, cabe ao legislador das unidades federativas, no âmbito da sua atribuição constitucional, o tratamento sobre o tema. Essa atribuição dada pelo art. 175 da CRFB/1988 permitiu a instituição, por legislação infraconstitucional, de diversas atividades como serviço público. Por exemplo, o art. 1º, da Lei n. 9.074/1995, estabelece como serviço público federal a exploração de obras ou serviços de barragens, contenções, eclusas ou outros dispositivos de transposição hidroviária de níveis, diques, irrigações, precedidas ou não da execução de obras públicas (Brasil, 1998b). Diversas razões estratégicas e sociais podem motivar a opção legislativa de considerar determinada atividade como de serviço público: prestação inadequada da atividade pela iniciativa privada, desenvolvimento econômico e técnico do país, provimento mais adequado para as populações mais vulneráveis, afastar da especulação e exploração privadas setores econômicos sensíveis, entre outros (Medauar, 2018).

Ressalte-se que há serviços públicos em que a prestação é privativa do poder público, podendo ser delegado sob regime de concessão ou permissão a particular, nos termos do art. 175 da CRFB/1988. Além desses, há também *serviços públicos não privativos* que podem ser tanto prestados pelo Estado, enquanto serviço público, quanto pelo setor privado enquanto *atividade econômica em sentido estrito* (Grau, 2018). É o que ocorre, por exemplo, no setor de saúde e de educação em que a CRFB/1988 estabelece textualmente que são obrigações do Estado (art. 196 e art. 208) enquanto também permite a atuação da iniciativa privada (art. 199 e art. 209). O mesmo ocorre com a assistência social (art. 204, Inciso I e II) e previdência social (art. 202). Alexandre Santos Aragão (2021), usando uma nomenclatura diferente de Eros Grau, conceitua essa dupla possibilidade de atuação como *serviço compartido* em que há uma prestação de serviço público pelo Estado, os chamados serviços públicos sociais, e há uma exploração de atividade econômica privada. Bandeira de Mello (2021) chama esse serviço público de serviços que o *Estado tem obrigação de prestar, mas sem exclusividade* e entende que são espécies de serviço que não podem ser prestados exclusivamente por particulares como atividade privada, sendo necessária a atuação estatal nessa seara, e cita como exemplo os serviços de educação, saúde, previdência social e assistência social.[58] Maria Sylvia Di Pietro (2020) conceitua serviços públicos sociais como aquelas atividades prestacionais do Estado que atendem a necessidades coletivas sociais e assistenciais, mas que coexistem com a prestação da mesma atividade pela iniciativa privada, como ocorre com os serviços de previdência, cultura, meio ambiente, educação e saúde.

---

[58] Segundo Bandeira de Mello (2001, p. 284): "Em princípio, poder-se-ia pensar que poder-se-ia pensar que o titular exclusivo dos serviços seria o Estado. Nem sempre, porém, é assim, como já se anotou. Há certos serviços que serão públicos quando prestados pelo Estado, mas que concernem a atividades em relação às quais a Constituição não lhe conferiu exclusividade, pois, conquanto as tenha colocado a seu cargo, simultaneamente deixou-as liberadas à iniciativa privada. [...]. Há, na verdade, quatro espécies de serviços sobre os quais o Estado não detém titularidade exclusiva, ao contrário do que ocorre com os demais serviços públicos. São eles: serviços de saúde, de educação, de previdência social e de assistência social".

O STF, no julgamento da Ação Direta de Inconstitucionalidade (ADI) n. 319-4/QO (Brasil, 1993), assentou a constitucionalidade do controle de aumento de preços das mensalidades escolares por via de medida legislativa federal, firmando o caráter privado das atividades prestadas pelas escolas particulares, mas asseverando que a intervenção do Estado na atividade econômica se justifica em razão de superiores interesses de justiça social. Assim o STF entendeu que atividades, como a de educação, podem ser classificadas sob diferentes categorias jurídicas, uma vez prestadas pela iniciativa privada ou pelo Estado. Os serviços prestados pelas escolas particulares são considerados *atividades econômicas em sentido estrito*, mas podem sofrer forte ingerência estatal para a consecução de fins constitucionais. Decisões análogas, reconhecendo o caráter de *atividades econômicas em sentido estrito* de serviço compartido e autorizando regulação de preços, foram tomadas em relação à promoção à cultura (ADI n. 2.163/RJ e ADI n. 1950/SP) e à proteção do direito à vida e saúde (ADI n. 2.435/RJ).

O importante aqui é sedimentar que há *serviços compartidos* prestados tanto pelo Estado quanto pela iniciativa privada. Em sendo prestados pelo poder público, esses serviços são denominados *serviços públicos sociais*, espécie de serviço público caracterizado pela ausência da titularidade exclusiva do Estado. Quando prestados pela iniciativa privada, essas atividades são *atividades econômicas em sentido estrito*. Essa configuração permite a coexistência harmônica entre a prestação de serviço público e o exercício da *atividade econômica em sentido estrito*, sem que exista qualquer incompatibilidade.

Compreende-se que, no contexto da moradia, há viabilidade de coexistência da prestação de um serviço público com o exercício da *atividade econômica em sentido estrito*. Desse modo, poderia ser aplicado a esse setor o conceito de *serviço compartido*, fundamentando essa decisão em duas razões principais. A primeira razão é a insuficiência de produção habitacional desenvolvida a partir de mecanismos de mercado para garantir a universalização do acesso à moradia. A iniciativa privada, por si só, não tem se mostrado capaz de suprir toda carência habitacional do país. A segunda razão reside na notória incapacidade do mercado de atender de maneira adequada os setores mais vulneráveis da sociedade, aqueles que historicamente têm dificuldade em acessar a moradia digna via mercado. Essa necessária atuação estatal encontra respaldo na obrigação constitucional imposta aos entes federativos de promover programas de construção de moradia e melhoramento habitacional (art.

23, IX da CRFB/1988). Acrescente-se a isso a previsão constitucional do direito à moradia no rol de direitos sociais do artigo 6º da CRFB/1988. Além disso, a moradia é uma necessidade básica de todo ser humano e seu acesso a contento vincula-se à preservação da dignidade da pessoa humana, nos termos do art. 1º, Inciso III, da CRFB/1988, e à melhoria das condições sociais e econômicas da sociedade em geral. Assim, em face da centralidade da moradia para a promoção da dignidade humana e da obrigação constitucional de garantir esse direito, o Estado pode entender a moradia como um *serviço público social*.

Os *serviços compartidos* emergem como um modelo viável e factível para o serviço público de moradia. Diante da inaptidão da iniciativa privada em atender integralmente às necessidades e interesses coletivos no setor, o Estado presta o serviço sob as vestes do *serviço público social*. Paralelamente, permite-se que o setor privado também atue nessa área, sob a categoria e o regime jurídico incidente sobre a *atividade econômica em sentido estrito*, como já ocorre nos setores da saúde, educação, assistência social e previdência social.

No Brasil, a moradia é majoritariamente categorizada como uma *atividade econômica em sentido estrito*, não sendo reconhecida como um serviço público. No entanto, por opção legislativa infraconstitucional ou constitucional, a moradia pode ser instituída como um serviço público social.[59] Essa mudança depende, todavia, de um consenso político que estabeleça a política de moradia como uma atividade de prestação obrigatória e universalizada pelo Estado. Apesar de sua indiscutível relevância, a perspectiva de considerar a moradia como um serviço público não encontrou os mesmos graus de apoio e aceitação quanto outras políticas setoriais. Oportuno assinalar que a CRFB/1988 estabeleceu a obrigação de o Estado prover saúde e a educação como políticas universais e gratuitas, o que não ocorreu com a moradia – diversos países estabelecem a oferta de moradia como um serviço público de responsabilidade do Estado, como na França, por exemplo.

---

[59] Alexandre Aragão (2021, p. 133) argumenta pela possibilidade de criação por legislação infraconstitucional de serviços públicos sociais: "O fato de a Constituição assegurar expressamente a possibilidade de atuação da iniciativa privada nesses serviços não quer dizer, naturalmente, que ela esteja vedada em outros serviços públicos sociais ou mais especificamente culturais, como a música, o teatro, o lazer e a pesquisa. A Constituição só foi expressa em relação a atividades sociais a respeito das quais historicamente já se discutiu quanto à necessidade de estatização. Naquelas outras atividades sociais, ao revés, sempre prevaleceu a ideia de que, quanto mais pessoas as prestassem, mais atendido estaria o interesse público".

No contexto brasileiro, a promoção dessa ideia enfrenta obstáculos significativos tanto em termos políticos quanto institucionais. No entanto, a existência de exemplos locais que demonstrem a viabilidade dessa modalidade pode trazer visibilidade institucional à questão e colocá-la na agenda de debates. Nesse sentido, a implementação de programas bem-sucedidos de locação social no âmbito municipal pode ser de grande valia para o ganho de escalo no âmbito nacional. A replicação de exemplos municipais dentro de uma política nacional é um fenômeno possível, especialmente dentro do contexto federativo brasileiro. Marques (2019) argumenta que a construção de capacidades administrativas e técnicas, e o desenho e a institucionalização de políticas locais de moradia e de intervenção no urbano, nos anos 90, foram importantíssimos na criação de novas instituições e de políticas distributivas no governo federal no primeiro mandato do presidente Lula (2003-2006). A produção de políticas municipais inovadoras no campo do urbano produziu conhecimento técnico, experiência técnica, consensos políticos e apoio popular para a introdução de uma nova agenda de políticas públicas com caráter mais progressista e distributivo. Contudo uma transformação completa de uma política habitacional mercantilizada para uma desmercantilizada é pouco provável no contexto atual, sendo mais factível pensar em uma estratégia de *layering*[60] com a introdução paulatina de novas regulamentações e medidas legislativas na política habitacional já existente, expandindo as possibilidades e a gama de opções do estado para a implementação do direito à moradia adequada (Arretche; Marques; Faria, 2019).

2.5 O regime jurídico de direito público, seus princípios e os programas de locação social

A moradia como serviço público engloba a prestação e a gestão das unidades habitacionais sob um regime jurídico de direito público, regida por princípios jurídicos específicos a essa atividade. Conforme exposto por Maria Sylvia Di Pietro (2020), os princípios específicos do regime jurídico dos serviços públicos seriam o da continuidade

---

[60] Segundo Arretche *et al*. (2019, p. 465) *layering* envolveria "estratégias de mudanças endógenas pelas quais movas regras são introduzidas em políticas já existentes e têm como efeito mudar o modo de as regras vigentes operarem. Emendamentos, revisões, adições – isto é, novas camadas de legislação[...]".

do serviço público, o da mutabilidade do regime jurídico, o da igualdade dos usuários e o da adequação do serviço.[61] Esses princípios são essenciais para que o serviço seja prestado de forma eficiente, com o atendimento das necessidades habitacionais envolvidas e a promoção do direito à moradia adequada.

O princípio da continuidade do serviço público cria a obrigação de o Estado prestar o serviço público sem descontinuidades, com o propósito de atender adequadamente às necessidades coletivas em jogo.[62] Esse princípio impõe a obrigação constitucional de mobilização de recursos orçamentários, objetivando a expansão e a manutenção dos recursos administrativos, humanos e materiais que garantam a qualidade e a ampliação do serviço prestado. Cuida-se, portanto, de uma garantia jurídica de permanência da política pública de locação social, mesmo frente a mudanças de governo e partidos políticos. Além disso, o princípio confere proteção à segurança jurídica do usuário, garantido a manutenção da qualidade do serviço ao longo do tempo.

Ocorre, entretanto, que a aplicação da continuidade do serviço público à política de locação social é problemática na realidade nacional. Isso porque as iniciativas estão concentradas no âmbito dos municípios e são associadas a governos progressistas. Essa associação resulta em descontinuidade das políticas a cada troca de gestão, criando um ciclo de instabilidade para as estratégias de locação social. Tomando como exemplo a cidade de São Paulo, é perceptível esse ciclo de descontinuidade: criado em 2002, na gestão da prefeita Marta Suplicy – PT, a política enfrentou desfinanciamento e desinvestimento nas gestões municipais de Gilberto Kassab e José Serra, que apostaram na produção privada de moradias de locação social. Além disso, a gestão do prefeito Fernando Haddad não apresentou qualquer proposta efetiva de ampliação da política de locação social (Marques; Pulhez; Pagin, 2018). A instabilidade

---

[61] Bandeira de Mello (2021) argumenta que os princípios afetos ao regime jurídico do serviço público são: dever inescusável do Estado de promover-lhe a prestação, princípio da supremacia do interesse público, princípio da adaptabilidade, princípio da universalidade, princípio da impessoalidade, princípio da continuidade, princípio da transparência, princípio da motivação, princípio da modicidade das tarifas e princípio do controle (interno e externo) sobre as condições de sua prestação.

[62] A Lei n. 8987/1995, em seu artigo 3º, dispõe que não se caracteriza como descontinuidade do serviço a sua interrupção em situação de emergência ou após aviso prévio quando motivada por razões de ordem técnica ou de segurança das instalações e por inadimplemento do usuário, considerado o interesse da coletividade. A suspensão por inadimplência não poderá ocorrer na sexta-feira, no sábado ou no domingo, nem em feriado ou no dia anterior a feriado (Brasil, 1995).

da política de locação social está associada à ausência de uma estratégia nacional de locação social consolidada, bem como ao potencial efeito de esvaziamento que políticas federais de habitação voltadas à casa própria podem provocar nas políticas locais, especialmente com a ausência de aporte financeiro a políticas alternativas, deixando a continuidade e a existência desses programas nas mãos dos entes subnacionais que, muitas vezes, têm recursos orçamentários e capacidades administrativas muito limitadas (Marques, 2018a).

A mutabilidade do regime jurídico é um princípio que facilita a adaptação do modo de execução do serviço público às exigências da coletividade. A implementação da política pública é um processo de interação que pode alterar o que foi estabelecido e determinado nas cadeias superiores de decisão, "as fases finais de entrega das políticas criariam elementos novos, inclusive nos escalões mais baixos da cadeia de produção das políticas, pela ação dos agentes finais, ou pela interação com os usuários" (Marques, 2018a, r. 27). Essa flexibilidade permite a mudança da forma de execução do serviço público com o intuito de adequação da política executada ao interesse público. Isso acontece porque o interesse público é um conceito vago que deve ser preenchido diante das circunstâncias locais, sociais, políticas e econômicas que dão moldura ao seu conteúdo. Ao possibilitar a modificação da forma de execução, o direito objetiva a adaptação do serviço público às novas exigências da vida coletiva e das modernas tecnologias (Medauar, 2018). Nesse sentido, a regulação que rege o serviço público de moradia deve ter como características a adaptabilidade e flexibilidade à realidade dos fatos. O direito, portanto, norteado pelo princípio da mutabilidade do regime jurídico, é um instrumental que ajusta e calibra a execução do serviço público ao interesse público. Como exemplo prático, pode-se citar a política de locação social em São Paulo, que possui uma série de instruções normativas que modifica a execução da política pública, especialmente sobre alteração dos critérios de elegibilidade dos beneficiários, atualização valores relativos ao pagamento do aluguel, de taxas condominiais, de contas de água e energia elétrica, previsão de período de carência de pagamento, regulamentação de percentual de comprometimento de renda familiar, adaptação das unidades às necessidades da demanda habitacional etc.

O princípio da igualdade dos usuários frente ao serviço público indica que o tratamento dispensado ao usuário/beneficiário deve ser igualitário, uma vez cumpridos os requisitos legais estabelecidos. Assim, é proscrita qualquer distinção de caráter pessoal (Di Pietro, 2020). No entanto, a aplicação de tarifas diferenciadas, com a atribuição equitativa de pesos diferentes do custeio do serviço a usuários em situações diferentes, é uma possibilidade que vai ao encontro de princípios constitucionais como o da razoabilidade e da proporcionalidade e ainda com valores constitucionais de justiça social e redução de igualdades. É o caso, por exemplo, de um aluguel reduzido para idosos e pessoas em estado de vulnerabilidade. A Lei de Concessões de Serviço Público expressamente dispõe em seu artigo 13 sobre a possibilidade de estabelecimento de tarifas diferentes "em função das características técnicas e dos custos específicos provenientes do atendimento aos distintos segmentos de usuários" (Brasil, 1995, online).

Por último, tem-se o princípio da adequação do serviço, previsto no art. 6, § 1º, que considera serviço adequado aquele "que satisfaz as condições de regularidade, continuidade, eficiência, segurança, atualidade, generalidade, cortesia na sua prestação e modicidade das tarifas" (Brasil, 1995, online). Esse princípio é considerado um *princípio guarda-chuva*, uma vez que abrange todos os demais princípios anteriormente citados e é especificado por eles. Ele obriga o poder público a prestar o melhor serviço possível, respeitando as circunstâncias e as possibilidades técnicas e econômicas (Justen Filho, 2016).

2.6 A estruturação da política de locação social: a distribuição de responsabilidades federativas e a delimitação do público-alvo

Ao classificar juridicamente a oferta de moradia social como um serviço público, o Estado atrai para si um regime jurídico diferenciado em que é aberta a possibilidade de uma atuação mais efetiva e mais direta. Isso permite a definição de critérios específicos que favoreçam a implementação do serviço público e do direito à moradia adequada, tais quais: as condições de elegibilidade dos beneficiários do programa, os parâmetros de priorização de atendimento, as tarifas cobradas, os requisitos mínimos exigidos para os imóveis (dimensão, número de cômodos, infraestrutura disponibilizada, localização, distância de equipamentos comunitários), entre outros aspectos. No mesmo sentido, a normatização e a estruturação dos processos relacionados à execução da política, abrangendo a padronização da gestão, o controle das atividades e a operacionalização, são pontos cruciais para o bom funcionamento do programa (Luft; Lima, 2021).

2.6.1 A repartição de competências, a cooperação interfederativa e o poder indutivo da União na cooperação interfederativa

O estabelecimento dos encargos e das responsabilidades dos órgãos e entes federativos envolvidos é uma questão importante para o desenvolvimento e a implementação da locação social, sendo importante a definição legal de diversas questões, como, por exemplo: questões relacionadas ao financiamento da política, à capacitação e ao treinamento dos entes federativos; disposição sobre a organização e a atualização dos cadastros de beneficiários, preenchimento de requisitos para elegibilidade, trâmites administrativos e burocráticos para celebração de contratos; administração e manutenção dos empreendimentos, unidades habitacionais e espaços comuns[63] etc. Veja-se, portanto, que a citada política requer um esforço grande de coordenação federativa e de gestão pública. Por outro lado, também é necessária a regulação estatal sobre a interatividade entre alguns agentes do setor privado e atores públicos, especialmente as associações sem fins lucrativos (Luft; Lima, 2021). Nesse ponto, deve-se chamar atenção para a possibilidade de a gestão dos empreendimentos ser transferidas para cooperativas habitacionais ou até mesmo para as associações habitacionais – entidades comuns em países europeus como a Inglaterra e Holanda – *housing associations* (UNECE, 2015).

A CRFB/1988 estabelece que a promoção de construção de moradias e a melhoria das condições habitacionais da população brasileira são de responsabilidade conjunta da União, estados e municípios, nos termos do art. 23, Inciso IX. Além disso, a CRFB/1988 especifica que

---

[63] No que toca à gestão e ao gerenciamento das unidades habitacionais, as Companhias Estaduais de Habitação (CEHABs) e Municipais (Cohabs) têm capacidade administrativa e institucional de desempenhar essas funções, ainda que atualmente as companhias existentes desempenhem principalmente o papel de intermediárias em empreendimentos voltados à produção habitacional do tipo "casa própria": "Não há um compromisso de longo prazo entre poderes públicos e companhias de habitação para a gestão do parque de moradia social subsidiado com recursos públicos. É possível mudar a lógica para que essas operadoras sociais não apenas construam e aluguem, mas também recuperem, façam a gestão de um patrimônio específico destinado à locação, instituam e coordenem operações de regularização fundiária e assumam várias outras atividades ligadas à moradia" (Luft; Lima, 2021, p. 90).

é atribuição da União estabelecer diretrizes gerais para o desenvolvimento urbano, incluso aqui a habitação, conforme inciso XX, do art. 21. Por outro lado, aos municípios, são conferidas a gestão e a direção da política de desenvolvimento urbano com o objetivo de ordenar o pleno desenvolvimento das funções da cidade e garantir o bem-estar dos seus habitantes. Aos estados cabe, por meio de lei complementar, instituir regiões metropolitanas para integrar a organização, o planejamento e a execução de funções públicas de interesse comum, de acordo com § 3º, do art. 25 (Brasil, 1988). Há, portanto, competências constitucionais compartilhadas e uma repartição intergovernamental de encargos e de responsabilidades entre os diversos níveis federativos, com a União exercendo a competência de direção, de coordenação e de regulação das políticas, podendo influenciar de forma significativa as ações executadas pelos entes subnacionais.

Nesse sentido, as políticas habitacionais são executadas pelos entes federativos municipais e estaduais e influenciadas pelo efeito de indução da União. As transferências e disponibilidades de recursos do governo federal produzem estímulos para que estados e municípios desenvolvam capacidades administrativas com o intuito de elaborar e instrumentalizar os programas e as ações no âmbito da habitação (Arretche; Vazquez; Fusaro, 2012). Essa repartição constitucional de competências e a possibilidade de ação conjunta dos entes federativos podem trazer maior efetividade e adequação às políticas de moradia frente às realidades locais.

A previsão de aporte de recursos federais e de capacitação organizacional dos entes federados pode promover justiça habitacional e reduzir as desigualdades regionais e sociais. Esse arranjo permite um tratamento igualitário entre os entes federativos, garantindo que estados e municípios mais pobres tenham acesso a recursos e *expertises* para a implementação de políticas habitacionais. O modelo constitucional de cooperação interfederativa valoriza as particularidades locais e a autonomia dos municípios e estados, ao mesmo tempo em que respeita a obrigação constitucional de promoção de políticas de melhorias das condições habitacionais estabelecida à União. Nesse arranjo, a União, os estados e os municípios são interdependentes, uma vez que o governo nacional necessita das capacidades dos estados e dos municípios para a execução de suas políticas habitacionais e, por sua vez, os entes subnacionais são dependentes dos recursos federais para a implementação dessas políticas (Arretche; Vazquez; Fusaro, 2012).

Há um processo de indução federal no qual a União disponibiliza recursos orçamentários que podem ser acessados pelos entes subnacionais desde que haja a adoção de certas práticas e o cumprimento de diretrizes e de condições. A execução descentralizada dessas políticas, com a disponibilização de recursos e a adequação das diretrizes e condições estabelecidas pela União, promove a produção e construção de capacidades administrativas e burocráticas dos estados e municípios. Essa indução garante a prestação de um patamar básico de serviço, resultando em certo grau de uniformização das políticas públicas empreendidas pelos entes federativos (Arretche; Marques; Faria, 2019). Por outro lado, a padronização das políticas habitacionais resultantes dessa indução pode trazer um efeito de esvaziamento da produção local de políticas habitacionais alternativas. Nesse sentido, a ação indutiva da União pode ter um efeito limitador na diversidade e criatividade de desenvolvimento de políticas públicas adaptadas a situações e especificidades locais (Marques, 2018b).

A política de habitação no Brasil é concebida como um sistema nacional, com um arranjo institucional[64] estruturado, com o intuito de compatibilizar a preservação da autonomia dos municípios com a garantia de prestação de patamares mínimos de serviço no território nacional. A União, com esse desiderato, desempenha um papel fundamental de coordenador, indutor e harmonizador da atuação dos estados e municípios, buscando trazer padronização e homogeneidade, e reduzir as desigualdades entre os diversos entes federativos. Por outro lado, o papel dos municípios e do estado é a de executar de forma descentralizada a política de habitação. A construção do sistema nacional de habitação teve como modelo paradigmático o SUS (Arretche; Marques; Faria, 2019). Aplicou-se à área da habitação o modelo institucional usado na saúde. Um modelo institucional seria "um determinado padrão de arranjo institucional, passível de aplicação e replicação em contextos semelhantes [...] um determinado padrão de organização tende a servir de inspiração para propósitos análogos" (Bucci, 2021,

---

[64] Segundo Maria Paula Dallari Bucci (2021, p. 259), o arranjo institucional de uma política compreende: "O arranjo institucional de uma política compreende seu marco geral de ação, incluindo uma norma instituidora (com o perdão da tautologia), da qual conste o quadro geral de organização da atuação do Poder Público, com a discriminação das autoridades competentes, as decisões previstas para a concretização da política, além do balizamento geral das condutas dos agentes privados envolvidos, tanto os protagonistas da política quanto os seus destinatários ou pessoas e entes por ela afetados, como empresas e consumidores, por exemplo".

p. 260-263). Assim, foi criado o SNHIS pela Lei Federal n. 11.124/2005, com o intuito de enfrentar o problema habitacional brasileiro, a desarticulação federativa e as incapacidades administrativas e burocráticas dos entes da Federação.

O SNHIS tem como objetivo principal a formulação e a viabilização de políticas e programas de investimentos e subsídios habitacionais que promovam moradia digna à população de baixa renda. O sistema concentra todos os programas e projetos dos entes federativos brasileiros destinados à habitação de interesse social e tem como princípios estruturantes a compatibilidade e a integração das políticas habitacionais federal, estadual, do Distrito Federal e municipal, bem como das demais políticas setoriais de desenvolvimento urbano, ambientais e de inclusão social. O SNHIS é composto por diversos órgãos e entidades, entre elas, o Ministério das Cidades, o Conselho Gestor do FNHIS, a Caixa Econômica Federal, o Conselho das Cidades, os Conselhos, os Órgãos e as Instituições da Administração Pública direta e indireta dos estados, do Distrito Federal e dos municípios, relacionados às questões urbanas e habitacionais, às entidades privadas que desempenham atividades na área habitacional e aos agentes financeiros autorizados pelo Conselho Monetário Nacional (Brasil, 2005). Igualmente, a Lei do SNHIS criou o FNHIS (já analisado no capítulo 2).[65] Em síntese, a legislação brasileira já dispõe de um arcabouço jurídico capaz de instrumentar e viabilizar uma política nacional de locação social de provimento público, especialmente em razão de todo arranjo institucional do SNHIS.

Todavia, o PMCMV, apesar de ser a maior iniciativa na área de habitação do país, diverge em aspectos fundamentais dos princípios estabelecidos pelo SNHIS. Enquanto o SNHIS enfatiza a importância do setor público e a descentralização federativa, promovendo a participação ativa dos governos locais na formulação e na implementação de políticas habitacionais, o PMCMV adota uma abordagem diferente, baseando-se na produção de moradias pelo setor privado. Adicionalmente, o desenho do PMCMV não se alinha completamente

---

[65] O acesso a esses recursos está condicionado à celebração de termo de adesão entre a União, os municípios e os estados e ao preenchimento de diversos requisitos por parte dos entes subnacionais, tais quais: a constituição de um Fundo Local de Habitação de Interesse Social e de o Conselho Gestor do Fundo Local de Habitação de Interesse Social, a elaboração de um Plano Habitacional de Interesse Social, a produção contínua de Relatórios de Gestão dos Fundos Locais de Habitação de Interesse Social, além da estruturação de um sistema de informação habitacional com dados sobre a necessidade habitacional local (Brasil, 2006, 2010).

com as diretrizes do PlanHab, que visa uma abordagem mais integrada e abrangente na resolução das questões habitacionais (Klintowitz, 2016). Essa desconexão entre o PMCMV e os princípios estruturantes do SNHIS evidencia uma falta de coerência nas políticas públicas de habitação, especialmente na questão da alocação de recursos financeiros. A maior parte dos recursos financeiros para habitação tem sido alocada ao PMCMV, seguindo um modelo distinto do proposto pelo SNHIS, resultando em uma posição secundária e residual do SNHIS na definição dos rumos da política habitacional nacional (Cardoso; Aragão; Araújo, 2011). Segundo Klintowitz (2016, online):

> [...] Os recursos crescentes para o setor habitacional são alocados em outros fundings a fim de financiar programas habitacionais – PAC Favelas e Minha Casa Minha Vida (MCMV) – que não integram o modelo desenhado para o funcionamento do SNHIS. É importante ressaltar, também, que os recursos destinados ao FNHIS não só são menores em termos absolutos em relação aos outros fundings nesse período, como percentualmente sua participação nos recursos destinados à habitação perde importância, chegando a menos de 1% dos recursos totais orçamentários no final do período estudado. Com quase a integralidade dos recursos, desenhou-se um programa – o MCMV – que acabou se transformando de maneira hegemônica no eixo central da política habitacional no Brasil, fixando sua atuação apenas na produção de novas moradias, atendendo plenamente aos interesses do mercado imobiliário e da construção civil, mas relegando ao esquecimento outras modalidades de enfrentamento às diferentes necessidades habitacionais.

É importante destacar que a locação social de provimento público está alinhada com os princípios estruturantes do SNHIS e poderia ser uma das ações a receber recursos do FNHIS. No entanto, atualmente, esse fundo dispõe de recursos limitados e não possui um financiamento estável e vinculado. Por outro lado, o PMCMV absorve a maior parcela dos fundos destinados à habitação no país e direciona esses recursos à produção e ao financiamento de moradias prioritariamente pela iniciativa privada, o que cria um descompasso com a produção e o financiamento exclusivo pelo Poder Público, como ocorre na locação social de provimento público. Além disso, uma política de locação de provimento público concede aos municípios um papel central na definição de estratégias para a produção e afetação de imóveis dentro da política habitacional. Esse protagonismo municipal contrasta fortemente com a abordagem do PMCMV, em que as empresas têm uma influência considerável na decisão sobre os projetos habitacionais.

2.6.2 Política de Locação Social e o Estado de Bem-Estar Social: entre a universalização e a focalização na definição dos beneficiários

A especificação do grupo-alvo e a definição dos critérios de alocação dos programas de locação social são elementos centrais na elaboração de programas de locação social. A definição das condições de elegibilidade e de acesso é uma escolha fundamental que determina como os recursos e benefícios destinados à política de locação social serão alocados. Há dois tipos de abordagens para estabelecimento desses critérios: o universalista e o focalizado (Czischke; Pittini; CECODHAS, 2007; UNECE, 2015).

O modelo universalista de provisão habitacional tem como princípio a moradia como direito e tem por escopo disponibilizar habitação de qualidade e de preço acessível a toda a população, não importando o segmento de renda do beneficiário. Nessa abordagem, a moradia é estabelecida como um serviço de responsabilidade pública, prestada diretamente pelo Estado (geralmente por empresas públicas estatais) ou por organizações privadas de moradia sem fins lucrativos (UNECE, 2015). O acesso à habitação de locação social é feito por listas de espera, com ou sem critérios de prioridades, e com um número de habitações reservado para os casos emergenciais. Os preços praticados são baseados nos custos, havendo subsídios habitacionais para as famílias em vulnerabilidade se manterem adimplentes. Ainda, tais programas têm como meta a promoção de mistura social, evitando-se a segregação urbana e a formação de guetos, concentrando minorias étnicas e populações de baixa renda (Czischke; Pittini; CECODHAS, 2007).

A abordagem universal é base para a provisão habitacional dos países escandinavos e da Holanda (Czischke; Pittini; CECODHAS, 2007; UNECE, 2015) – países com o Estado de Bem-Estar Social democrático, com políticas sociais voltadas a todos os cidadãos (Esping-Andersen, 1990). No entanto, esse modelo vem sendo questionado na Comissão Europeia em razão de questões vinculadas ao direito concorrencial e a alegações de competições desleal com proprietários privados. A habitação social na União Europeia é classificada como Serviços de Interesse Econômico Geral (SIEGs). Os SIEGs são previstos pela Carta dos Direitos Fundamentais da União Europeia[66] e pelo Tratado sobre o Funcionamento da União Europeia,[67] e são conceituados como "atividades econômicas que satisfazem atribuições de interesse geral que não poderiam ser satisfeitas pelo mercado sem uma intervenção pública" (Comissão Europeia, 2011, online). As condições para a concessão de auxílios estatais nos SIEGs enfrentam crescentes restrições vindas do direito da concorrência europeu. Em relação à habitação social, uma decisão da Comissão Europeia de 2005 definiu de forma restritiva o grupo elegível que pode receber os aportes desses recursos, estabelecendo que apenas os programas que oferecem "alojamento a cidadãos desfavorecidos ou a grupos menos favorecidos que, devido a problemas de solvência, não conseguem obter uma habitação em condições de mercado" (Comissão Europeia, 2005, p. 69) possam receber esses recursos. A decisão do órgão europeu acarretou desmobilização de parques públicos de habitação social, levando a uma pressão para o abandono do caráter universal e para o direcionamento das políticas de habitação às camadas mais vulneráveis da população. A Holanda estabeleceu exigência de que as associações habitacionais direcionassem no mínimo 90% de suas unidades habitacionais para famílias com renda inferior a 33.000 euros, como condição para continuarem elegíveis para receber ajuda estatal (Priemus; Gruis, 2011). Na Suécia, em 2009, ocorreram modificações na legislação que regula a atuação das empresas municipais de habitação, a intenção era dotar essas entidades de gestão empresarial com indicadores de retorno de investimento e capital compatíveis com os praticados pela iniciativa privada (Elsinga; Lind, 2013).

---

[66] É o texto do Art. 36: "Acesso a serviços de interesse económico geral: A União reconhece e respeita o acesso a serviços de interesse económico geral tal como previsto nas legislações e práticas nacionais, de acordo com os Tratados, a fim de promover a coesão social e territorial da União" (União Europeia, 2000, online).

[67] É o texto do Art. 14: "Sem prejuízo do disposto no artigo 4. o do Tratado da União Europeia e nos artigos 93. o, 106. espaço e 107. o do presente Tratado, e atendendo à posição que os serviços de interesse económico geral ocupam no conjunto dos valores comuns da União e ao papel que desempenham na promoção da coesão social e territorial, a União e os seus Estados-Membros, dentro do limite das respetivas competências e no âmbito de aplicação dos Tratados, zelarão por que esses serviços funcionem com base em princípios e em condições, nomeadamente económicas e financeiras, que lhes permitam cumprir as suas missões. O Parlamento Europeu e o Conselho, por meio de regulamentos adotados de acordo com o processo legislativo ordinário, estabelecem esses princípios e definem essas condições, sem prejuízo da competência dos Estados-Membros para, na observância dos Tratados, prestar, mandar executar e financiar esses serviços". (União Europeia, 2016, online).

Em contraste, a abordagem direcionada ou focalizada parte da premissa de que o acesso à moradia adequada será alcançado predominantemente por meio do mercado imobiliário e pela alocação das unidades habitacionais de acordo com as leis de oferta e demanda, reservando a atuação do Estado para apoiar grupos específicos de pessoas que enfrentam dificuldades em acessar a habitação no mercado imobiliário. Assim, elege-se como alvo grupos específicos compostos por jovens, trabalhadores pobres, famílias monoparentais e agregados familiares em vulnerabilidade que não conseguem acessar moradia de qualidade e a preços acessíveis por meio do mercado. Esse modelo se subdivide em dois subtipos chamados de generalista e residual (Ghekière, 2008). O primeiro estabelece os beneficiários como todos aqueles que estiverem abaixo de limites de renda definidos em regulamentos e tem como intuito beneficiar aqueles que encontram dificuldades em acessar o mercado habitacional. O segundo estabelece como público-alvo grupos específicos de pessoas vulneráveis que dependem fortemente de benefícios estatais, como os desempregados, os idosos, as famílias monoparentais e que estão excluídos do mercado de habitação (Czischke; Pittini; CECODHAS, 2007).

No contexto do Norte global, observa-se uma tendência de residualização dos programas de locação social de abordagem generalista (Czischke; Pittini; CECODHAS, 2007; Harloe, 1996; UNECE, 2015; Scanlon, 2008). Essa tendência pode ser explicada pela diminuição significativa de financiamento público decorrente das políticas de austeridade fiscal e restrição orçamentária adotadas por diversos países. Esse enxugamento da oferta de habitação social ocorre em um momento em que a demanda por políticas públicas de habitação social tem aumentado progressivamente. Como resultado, mais grupos vulneráveis estão em busca de habitação, o que resulta em um menor direcionamento dessas políticas a grupos não vulneráveis.

A residualização dos programas de habitação social traz consequências negativas para o ambiente urbano. A diminuição de disponibilidade de unidades com preços acessíveis, a inviabilização de novos empreendimentos e o aumento da demanda por moradia social resultam em uma concentração cada vez maior da população vulnerável em parques habitacionais de locação social, o que pode levar à formação de bolsões de pobreza e de desemprego nas cidades, agravando a injustiça habitacional e a divisão social. Além disso, a falta de recursos provoca a ausência de manutenção e reparos levando à degradação e à precarização do estoque público de moradias. Diversos países têm reestruturado seus programas de locação social por meio de realocação residencial dos conjuntos habitacionais públicos, objetivando melhorar as condições de vida dos moradores, reduzir a segregação urbana, incentivar a pluralidade social e revitalizar áreas urbanas em declínio.

Os pesquisadores Kleinhans e Kearns (2013) descrevem iniciativas europeias e americanas de reestruturação urbana envolvendo a demolição em larga escala de habitações sociais voltadas à população de baixa renda e à construção de novas habitações com mesclagem de provisão habitacional (locação social, locação de mercado e propriedade privada em um mesmo empreendimento), estabelecimento de percentuais de locação social para novos empreendimentos licenciados, indução e criação de bairros de renda mista etc. Os autores argumentam que os resultados dessas realocações são multifacetados. Enquanto alguns moradores se beneficiam com a mudança para novas casas e comunidades, outros moradores podem enfrentar dificuldades em se adaptar a esses novos ambientes. Além disso, a realocação pode afetar o círculo social dos moradores, piorar sua locomoção para o trabalho e diminuir a sensação de pertencimento à comunidade que o cerca.

As estratégias utilizadas para alcançar a diversidade social e reduzir as injustiças habitacionais tentam atrair para áreas com empreendimentos de locação social agregados familiares com alta renda, ao mesmo tempo em que buscam inserir os beneficiários desses programas em áreas de alta renda (Scanlon, 2008). No entanto, nem sempre essas medidas são eficazes. Um exemplo claro disso é o fenômeno conhecido como *poor doors* ou porta dos pobres em que empreendimentos imobiliários mistos de Nova York e de Londres segregam as portas de entrada e o acesso a comodidades dos prédios (área de lazer, estacionamento, piscinas) de acordo com a renda do morador. A prática é justificada pelos empreendedores imobiliários sob o ponto de vista de viabilidade financeira do empreendimento, mas tem sido alvo de críticas por seu nítido caráter discriminatório e segregador, que, longe de trazer igualdade, aprofunda as desigualdades urbanas (Heath-Harris, 2022; Navarro, 2014; Osborne, 2014).

A reestruturação das políticas de locação social de provimento público na Europa, sugere uma diminuição dessa forma de provimento habitacional. Além disso, sinaliza um caminho de políticas de moradia que combinem ações do Estado e do setor privado, empregando modelos mistos de provisão e de financiamento.

2.7 Viabilizando o solo urbanizado para a política de locação social: os instrumentos jurídicos urbanísticos para combater a retenção especulativa dos imóveis

Além de estabelecer as responsabilidades federativas e definir os beneficiários da política de locação social, um elemento central da política de locação social é a disponibilização de unidades habitacionais bem localizadas para os usuários do programa. Como visto, a política de locação social de provimento público é reconhecida como uma ferramenta eficaz para facilitar o acesso à moradia e com potencial para otimizar o uso da infraestrutura urbana, revitalizar os grandes centros, produzir moradias centrais, combater a elitização dos espaços das cidades, entre outros benefícios. No entanto, a realização efetiva desses objetivos não acontece de forma automática e requer uma atuação proativa do Estado, especialmente das administrações municipais, no sentido de regular os preços do solo urbanizado e de combater a especulação imobiliária, reduzindo os custos da terra urbanizada e facilitando os mecanismos de disponibilização e uso de terrenos bem localizados para a política pública.

Veja-se que um dos maiores gargalos enfrentados na implementação das políticas habitacionais brasileiras é o acesso ao solo urbanizado. Isso ocorre em razão dos altos preços das terras nos centros urbanos. Esse dilema é chamado por Ermínia Maricato (2008) de "nó da terra". O alto custo dos terrenos limita a produção de moradia social em áreas com acesso à adequada infraestrutura urbana, geralmente localizadas nas áreas mais centrais das cidades. Como resultado, a produção de moradias é empurrada para as áreas periféricas e periurbanas, em que o acesso aos serviços urbanos é limitado.

A locação social como uma política pública redistributiva não será efetiva sem que seja viabilizado um amplo acesso à terra urbana com infraestrutura urbana, acessibilidade econômica e boa localização. Nesse sentido, são responsabilidade do Estado a definição e a implementação da política fundiária, com o intuito de propiciar a disponibilização de terras com preços acessíveis e servidas de infraestrutura urbanas. A política fundiária é um elemento categórico para a definição do acesso à moradia adequada e para as políticas habitacionais, e consiste em um conjunto de medidas político-jurídicas implementado pelo Estado com o objetivo de regular o uso, a ocupação e a propriedade do solo urbano. Por meio dessas medidas, o Estado busca regular como a terra é utilizada, distribuída e valorizada. Assim essa política fundiária é considerada um dos elementos mais importantes para a construção e implementação de uma política urbana direcionada à moradia adequada, permitindo um acesso justo e equitativo à terra urbanizada, fornecendo e disponibilizando o insumo necessário para o desenvolvimento habitacional. Pierre Lascoumes e Patrick Le Galès (2015) afirmam que os instrumentos de ação pública não são neutros e desassociados de ideias e interesses. Não produzem, portanto, efeitos com independência em relação às ideias e aos fins que estruturam, permeiam e influenciam a ação do Estado. A política fundiária, portanto, longe de ser um instrumento legal que apenas organiza de forma independente o espaço urbano, configura-se também como um instrumental moldado pelo direcionamento das políticas públicas e pelos propósitos estabelecidos pelo Estado.

Hartmann e Spit (2015) mencionam duas abordagens possíveis para uma política fundiária e a gestão da terra: a abordagem passiva ou de mercado e a abordagem ativa ou de planejamento estatal. A abordagem passiva é baseada na premissa do livre funcionamento do mercado, com pouca ou nenhuma intervenção estatal sobre o uso da terra, o que permitiria a livre determinação dos preços do solo urbano e o uso desembaraçado da propriedade. Essa abordagem é defendida, por exemplo, no estudo desenvolvido pelos economistas Edward L. Glaeser e Bryce A. Ward (2009). Ao analisarem o mercado imobiliário de Boston, nos Estados Unidos, os pesquisadores afirmam que a política de uso do solo urbano, em especial as regulações que impõem um tamanho mínimo para os lotes urbanos, tem repercussões negativas na produção e disponibilização de unidades habitacionais destinadas à moradia. Isso ocorre porque, na visão dos autores, essas determinações estatais geram um aumento considerável nos custos de construção e reduzem a disponibilidade da terra urbanizada nas cidades, o que, por sua vez, eleva ainda mais os preços dos imóveis urbanos e diminui sensivelmente a oferta de novas moradias.[68]

---

[68] Essa concepção de que cabe ao mercado decidir qual o melhor planejamento e uso das propriedades urbanas está claramente presente no trecho do livro do professor Manoel Ferreira Filho em que comentava sobre o até então esboço do capítulo constitucional denominado Política Urbana, veja-se: "1. É este o capítulo do Projeto da Comissão de Sistematização que mais afronta o direito de propriedade. Ora, o abalo do direito de propriedade num de seus pontos de incidência se reflete nos demais planos, enfraquecendo o próprio sistema de economia descentralizada. 2. De fato, o Projeto, no art. 214, § 2º, não se contenta com reclamar a utilização do bem imóvel, sob pena de desapropriação. Cria

A abordagem passiva prioriza uma concepção de justiça procedimental em que o respeito aos direitos dos proprietários e à liberdade individual dos atores do mercado é o papel primordial do Estado. Em curto prazo, essa abordagem pode ser vista como menos onerosa para o Estado e pode trazer um desenvolvimento rápido com a produção de vários empreendimentos imobiliários. No entanto, se o uso do solo não levar em consideração as necessidades habitacionais, pode trazer custos sociais e ambientais significativos em uma perspectiva de longo prazo e levar à especulação imobiliária e à exclusão social (Gerber; Hartmann; Hengstermann, 2018).

Por sua vez, a estratégia ativa de gestão da política fundiária envolve um papel mais proativo do Estado no planejamento urbano, com intervenções mais incisivas voltadas à coibição de retenção especulativa de terras. Trata-se de uma abordagem baseada em uma visão distributiva de justiça, em que se busca ouvir os beneficiários das políticas públicas e implementar soluções para suas necessidades habitacionais urbanas. Assim, esta perspectiva busca mobilizar medidas estatais e partes interessadas para uma maior sintonia entre as políticas habitacionais e urbanas a fim de reduzir a lacuna existente entre a oferta de moradias e as necessidades reais da população (Bugnon; Iacono, 2011). Todavia a abordagem ativa apresenta também algumas desvantagens. O custo das intervenções necessárias (compra de terrenos, custos administrativos e burocráticos etc.) e, ainda, a possibilidade de sofrer questionamentos judiciais quanto à violação de direitos ligados à propriedade privada são algumas delas.

No Brasil, a CRFB/1988 e o Estatuto da Cidade adotaram um viés claramente ativo de política fundiária. Isso fica evidente em diversos artigos ao longo da legislação. A Constituição estabelece que o direito

---

figuras esdrúxulas, absolutamente incompatíveis com a economia de mercado, como o "parcelamento ou edificação compulsórios". Por meio destes institutos, uma decisão política, o mais das vezes ditada por caprichos de burocratas, irá ditar a utilização do imóvel, independentemente do que postula o mercado. Podem-se facilmente imaginar os abusos que isso ensejará, bem como os favorecimentos que propiciará 3. Igualmente, esse dispositivo antecipa uma utilização confiscatória do imposto sobre a propriedade urbana, prevendo-o "progressivo" [...] Realmente, não se adivinha o critério de tal progressividade: se o número de propriedades havidas pelo mesmo dono, se o seu valor, se a sua "boa" ou "má" utilização segundo critérios políticos ou burocráticos. 4. Em boa hora, a Emenda do Centrão elimina essas figuras teratológicas. Restitui, assim, ao plano diretor urbano o seu papel de orientação da "política de desenvolvimento e de expansão urbana". Quer dizer, de planejamento indicativo do setor urbano, repudiando o planejamento imperativo que está implícito na determinação de "parcelamento ou edificação compulsórios" (Ferreira Filho, 1990, p. 68-69).

fundamental à propriedade (art. 5º) é conformado pela função social da propriedade urbana e pelo Plano Diretor, nos termos do art. 5º combinado com o artigo 182 (Brasil, 1988). Por sua vez, o Estatuto da Cidade (Brasil, 2001c) dispõe que normas de ordem pública e interesse social regulam o uso da propriedade urbana em prol do bem coletivo (art. 1º) e que a política urbana tem por objetivo ordenar o pleno desenvolvimento das funções sociais da cidade e da propriedade urbana (art. 2º).

Além disso, o artigo 2º estabelece como diretriz da política urbana uma política fundiária que evite o uso inadequado de imóveis, a proximidade de usos incompatíveis ou inconvenientes, o parcelamento excessivo ou inadequado em relação à infraestrutura urbana, a instalação de empreendimentos ou atividades geradoras de tráfego sem a previsão correspondente de infraestrutura, a retenção especulativa de imóveis, a deterioração das áreas urbanizadas, a poluição, a degradação ambiental e exposição da população a riscos de desastres, nos termos do art. 2º. Também há a garantia do direito a cidades sustentáveis, entendido como o direito à terra urbana, à moradia, ao saneamento ambiental, à infraestrutura urbana, ao transporte e aos serviços públicos, ao trabalho e ao lazer, para as presentes e futuras gerações.

Assim, incumbe ao Estado atuar e intervir sobre a especulação imobiliária mediante a implementação de mecanismos urbanísticos (Parcelamento, Edificação ou Utilização Compulsórios – PEUC, IPTU progressivo, desapropriação sancionatória, zoneamento) e por instrumentos fiscais de natureza tributária (seletividade e progressividade de alíquotas) (Luft; Lima, 2021).

2.7.1 Instrumentos jurídico-urbanísticos de combate à especulação imobiliária: PEUC, IPTU progressivo, desapropriação sancionatória e zoneamento

No art. 182, § 4ª, da CRFB/1988, estão previstos os instrumentos jurídicos do PEUC e do IPTU progressivo no tempo, a regulamentação dos institutos veio com a edição dos artigos 5º a 8º do Estatuto da Cidade. O objetivo primordial dessas medidas é o de implementar a função social da propriedade nas cidades brasileiras, além de promover a ordenação e o controle do uso do solo de forma a evitar a retenção especulativa de imóvel que resulte em sua subutilização ou no seu completo abandono, nos termos do Art. 2º, inciso VI, alínea e, do Estatuto da Cidade. Trata-se de instrumental jurídico desenvolvido e concebido com o intuito de democratizar o acesso da terra urbana, dificultando a possibilidade de especulação imobiliária ao diminuir o poder dos proprietários sobre os imóveis.

O Estatuto da Cidade regulamenta a utilização do PEUC e prevê instrumentos sucessivos para serem utilizados antes de se chegar ao ato final sancionatório de desapropriação por títulos da dívida pública. O art. 5º estabelece a necessidade de lei específica municipal a fim de incluir área para a incidência do PEUC, fixando condições e prazos para a implementação do instrumento. Se as condições e os prazos não forem cumpridos pelos proprietários, o município poderá aplicar o IPTU progressivo no tempo, aumentando a alíquota pelo período de cinco anos consecutivos, conforme previsto no art. 7º. Se mesmo após cinco anos ainda houver o descumprimento das condições e dos prazos para o PEUC, o município poderá manter a alíquota até que se cumpra as obrigações ou poderá desapropriar os imóveis com pagamento em títulos da dívida pública que terão prévia aprovação do Senado Federal e serão resgatados no prazo de até dez anos, em prestações anuais, iguais e sucessivas, assegurados o valor real da indenização e os juros legais de seis por cento ao ano, conforme o art. 8º do Estatuto da Cidade (Brasil, 2001c).

Há, contudo, diversos gargalos jurídico-institucionais que podem ser apontados e dificultam o uso massivo e eficaz do PEUC, IPTU progressivo e da desapropriação sancionatória. Cabe ressaltar que, embora os instrumentos do artigo 182, da CRFB/1988, estejam previstos no ordenamento brasileiro desde 1988, eles somente foram regulamentados quase treze anos depois, com o Estatuto da Cidade. De acordo com a classificação de José Afonso Silva (2014), o dispositivo em questão é categorizado como norma de eficácia limitada e dependia, portanto, de norma regulamentadora para ser aplicado efetivamente, o que significa que não teve efeito durante todo esse período. Essa situação por si só já "demonstra a correlação de forças que tem, nos proprietários imobiliários e na histórica relação entre poder e patrimonialismo, os limites para a aplicação da função social da propriedade" (Maricato, 2000, p. 176).

Ainda, apesar de ser muito presente nas legislações municipais, o PEUC é pouco aplicado na realidade das cidades brasileiras. O estudo dos pesquisadores da Universidade Federal do ABC (Denaldi *et al.*, 2017) aponta que poucos municípios brasileiros colocaram em prática o PEUC e os que implementaram o fizeram sem uma instrumentação mais coerente com sua política urbana com o intuito de reduzir a lacuna entre a oferta de moradias e as necessidades reais da população. Em muitos casos, foi dado ao instrumento um caráter apenas arrecadatório e, em outros, como na cidade de Maringá, no Paraná, o instituto foi utilizado como um processo de fomento e indução da expansão da malha urbana e da especulação imobiliária.

Com relação à desapropriação sancionatória, há diversas barreiras jurídicas que a tornam inviável. Em primeiro lugar, é importante mencionar que a exigência de cumprimento de diversos requisitos, inclusive a implementação de todo o procedimento de aplicação do PEUC e do IPTU progressivo, bem como um lapso temporal alongado tornam difícil sua implementação.[69]Veja-se que a proposta de redação original do capítulo constitucional da Política Urbana apresentada à Assembleia Constituinte previa que a utilização desses três instrumentos jurídicos poderia ser feita de forma independente, ou seja, cada um deles poderia ser aplicado autonomamente e de acordo com a política urbana adotada pelo município. Contudo, ao final dos debates, a redação atual do dispositivo acabou prevalecendo e exigindo a necessidade de aplicação sucessiva desses instrumentos (Brasil, 2015).[70]

Por outro lado, o art. 5º, da EC n. 3/1993 (Brasil, 1988), estabeleceu que os Estados e os municípios, até 31 de dezembro de 1999, só poderiam emitir títulos da dívida pública no montante necessário ao refinanciamento do principal devidamente atualizado de suas obrigações. Essa proibição foi mantida pelas Resoluções do Senado Federal

---

[69] José Afonso da Silva (2014, p. 830, grifo nosso) argumenta sobre essa questão:"A utilização do solo urbano fica sujeita às determinações de leis urbanísticas e do plano urbanístico diretor. Isso decorre do disposto no art. 182 quando faculta ao Poder Público municipal, mediante lei específica para área incluída no plano diretor, exigir, nos termos da lei federal, do proprietário do solo urbano não edificado, subutilizado ou não utilizado, que promova seu adequado aproveitamento, sob pena, sucessivamente, de parcelamento ou edificação compulsórios, imposto sobre a propriedade predial e territorial urbana progressivo no tempo e desapropriação com pagamento mediante títulos da dívida pública de emissão previamente aprovada pelo Senado Federal, com prazo de até dez anos, em parcelas anuais, iguais e sucessivas, assegurados o valor real da indenização e os juros legais. *Vê-se, por aí, que, embora seja um avanço, é de exequibilidade praticamente inalcançável. Raramente se chegará à desapropriação prevista no texto*".

[70] Segundo o já citado estudo do Ministério das Cidades (Brasil, 2015, p. 13): "A aplicação sucessiva dos instrumentos foi incorporada ao texto devido a uma emenda apresentada pelo Deputado Lúcio Alcântara (PFL do Ceará) em 1987 (Emenda n. 19.063, de 13 de agosto de 1987). O relator da matéria na Assembleia Nacional Constituinte (deputado José Ulysses de Oliveira – PMDB/MG) incorporou a redação ao texto, que foi mantido na redação final dos Arts. 182 e 183, após o acordo com o "Centrão" (grupamento de forças conservadoras no âmbito da Assembleia Nacional Constituinte)".

n. 69, de 14 de dezembro de 1995 (revogada), n. 78, de 1º de julho de 1998 (revogada) e n. 43, de 21 de dezembro de 2001. O artigo 11, da Resolução n. 43/2001, estipulava que até 31 de dezembro de 2020 os estados, o Distrito Federal e os municípios somente poderiam emitir títulos da dívida pública no montante necessário ao refinanciamento do principal devidamente atualizado de suas obrigações (Brasil, 2001a). Apesar dessa proibição não estar mais em vigor, a emissão de títulos da dívida pública mobiliária é definitiva e expressamente vedada aos estados, ao Distrito Federal e aos municípios, nos termos do art. 11, da Lei Complementar n. 148/2014, o que inviabiliza por completo a desapropriação sancionatória por parte dos municípios, já que a emissão de títulos para o pagamento dos proprietários encontra-se interditada (Brasil, 2014). A constitucionalidade do art. 11 é duvidosa, especialmente porque inviabiliza uma prerrogativa constitucional dos municípios e do Distrito Federal, contudo o dispositivo não foi questionado no Supremo Tribunal Federal.

Outro instrumento a ser usado para o manejo da política fundiária e para contenção da retenção especulativa da propriedade urbana é o mecanismo jurídico do zoneamento, mais especificamente as Zonas Especiais de Interesse Social (ZEIS), também chamada de Áreas de Especial Interesse Social (AEIS), previstas no artigo 4º, inciso V, alínea f, do Estatuto da Cidade (Brasil, 2001c). A Lei n. 13.465/2017 também prevê o instrumento em seu artigo 18. O zoneamento é uma técnica jurídica de espacialização da ação pública sobre a cidade consistente em vincular a divisões territoriais certas regras urbanísticas, ou seja, é um instrumento jurídico que estabelece coeficientes urbanísticos diversificados para agrupamentos territoriais específicos. Assim o zoneamento ordena o que já existe, integrando uma tipologia global e restritiva e, por outro lado, inscreve no espaço uma visão prospectiva (Melé, 2016). Por meio dele, definem-se o uso mais adequado para uma determinada área, as formas de ocupação, a organização, as dimensões e os parâmetros de ocupação dos lotes, coeficientes de edificação, taxa de ocupação, recuos entre outros aspectos (Bandeira de Mello, 2019). Por sua vez, a principal característica das ZEIS é que a definição desses coeficientes e desses parâmetros é feita com o intuito principal de favorecer à moradia social, seja possibilitando a manutenção da ocupação pela população de uma determinada região (ZEIS ocupadas), seja favorecendo a garantia de solo urbanizado para habitação de interesse social (ZEIS em espaços vazios).

As ZEIS em espaços vazios ou áreas subutilizadas têm por escopo a produção de moradia de interesse social. O instrumento jurídico pode induzir a criação de reserva de mercado de terras exclusivamente destinada à produção de unidades habitacionais de interesse social, ampliar a oferta e regular o mercado de solo urbanizado com redução dos preços dos terrenos e pode garantir, assim, o acesso à moradia social com boa localização e infraestrutura adequada. Devem ser associadas com outros instrumentos jurídicos, como a desapropriação, o PEUC e o direito de preempção, além de uma gestão ativa dos agentes públicos para a garantia de qualidade urbanística e destinação social. Nas palavras de Rolnik e Santoro (2013, p. 22): "as ZEIS – como destarte nenhum outro instrumento urbanístico – não operam sozinhas. A combinação de instrumentos com políticas e programas assim como o protagonismo da gestão municipal são essenciais para viabilizar a produção de HIS".

2.7.2 Instrumentos tributários de combate à especulação imobiliária e de recuperação de mais-valia urbana

Há, também, a possibilidade do uso de instrumentos fiscais de natureza tributária para o enfrentamento da retenção especulativa dos imóveis e para recuperação da mais-valia produzida em decorrência da atuação do Estado. Um desses mecanismos tributários é a contribuição de melhoria, um tributo de competência comum da União, dos estados, dos municípios e do Distrito Federal. A contribuição de melhoria é prevista nos artigos 81 e 82 do Código Tributário Nacional – CTN e art. 145, Inciso III da CRFB/1988. Trata-se de um tributo vinculado, uma vez que sua hipótese de incidência[71] é a valorização imobiliária decorrente de obra pública realizada nas proximidades - apenas como exemplo da valorização imobiliária, pode-se citar notícia jornalística reportando a valorização média de 30% dos imóveis no entorno da Linha-4 Amarela do metrô de São Paulo (Agência Estado, 2010). O objetivo central do tributo em questão é "a recuperação do enriquecimento ganho por um proprietário em virtude de obra pública concreta no local da situação do prédio" (Baleeiro; Derzi, 2018, p. 1000-1001). Além disso, possibilita a consecução das diretrizes gerais da política urbana estabelecidas no Estatuto da Cidade, quais sejam: "a recuperação dos investimentos do

---

[71] Segundo Geraldo Ataliba (2004), a hipótese de incidência tributária é a descrição genérica e abstrata de um fato, a previsão legal tributária; e já o fato imponível é o acontecimento concreto, localizado no tempo e no espaço.

poder público de que tenha resultado a valorização de imóveis urbanos" e "a promoção da justa distribuição dos benefícios e ônus decorrentes do processo de urbanização" (Brasil, 2001c, online). A despeito de suas potencialidades, o tributo tem sido pouco usado no contexto das cidades brasileiras. Durante a década de 2000-2010, a contribuição de melhoria representou menos de 1% do total de tributos arrecadados sobre as propriedades imobiliárias brasileiras (Pereira, G., 2013). No ano de 2006, apenas 22,1% dos municípios brasileiros instituíram e arrecadaram recursos por meio da contribuição de melhoria (Gomide; Faroni, 2008). Apesar da baixa adesão e cobrança, a instituição de contribuição de melhoria, mais do que uma possibilidade, é um dever dos entes federados. O artigo 11, da Lei de Responsabilidade Fiscal, institui como requisito essencial para uma gestão fiscal responsável a efetiva arrecadação de todos os tributos da competência constitucional do ente da Federação, vedando inclusive a transferência de recursos voluntários para os entes que não observem essa questão (Brasil, 2000).

A contribuição de melhoria tem, portanto, a finalidade de capturar a mais-valia urbana produzida por uma obra pública. No entanto, a valorização da propriedade urbana não é apenas o resultado de uma obra específica, mas é resultado de diversas intervenções estatais ao longo do tempo. Ao contrário do solo rural, em que o valor está intrinsecamente atrelado às suas características naturais, tais quais a produtividade e fertilidade da terra, a valorização do solo urbano está ligado justamente a seu atributo urbano, ou seja, sua localização dentro da cidade e sua infraestrutura urbana. À medida que a cidade cresce e se desenvolve, com investimentos públicos em infraestrutura e equipamentos comunitários, as propriedades urbanas se valorizam e agregam valor. Esses investimentos podem englobar a construção de obras viárias e de saneamento, as instalações de parques públicos, a edificação de equipamentos comunitários e a instalações de infraestrutura urbana destinados a serviços públicos, entre outros (Gaio, 2015). Os economistas Smolka e Amborski (2003) destacam que até mesmo os investimentos privados, que contribuem para o aumento de preço da terra, dependem da infraestrutura urbana provida pelo poder público. Portanto, verifica-se que a participação do Estado na conformação e delimitação do conteúdo econômico da propriedade urbana é crucial e deve ser recuperada.

A tributação relacionada à propriedade imobiliária possui um papel fundamental no processo de recuperação dessa valorização, uma vez que possibilita ao Estado capturar, de forma gradual, o aumento e a valorização dos preços dos imóveis decorrentes tanto do desenvolvimento urbano quanto dos investimentos públicos difusos efetuados quanto da mudança da qualificação urbanística da terra (Sotto, 2015). O IPTU é o principal mecanismo fiscal nesse contexto. Trata-se de imposto comumente cobrado pelas administrações municipais brasileiras, possuindo um histórico consistente de receitas ao longo do tempo,[72] além de permitir a cobrança do proprietário e de quem tem posse ou domínio útil de quem possui imóvel localizado na zona urbana do município – o art. 32 do CTN estipula que a hipótese de incidência tributária do IPTU é "a propriedade, o domínio útil ou a posse de bem imóvel por natureza ou por acessão física, como definido na lei civil, localizado na zona urbana do Município" (Brasil, 1967a).

A efetivação da cobrança do IPTU pode trazer diversos efeitos positivos. Sob o ponto de vista fiscal, o IPTU pode ser um importante instrumento para ampliar a arrecadação dos municípios, fortalecendo suas autonomias financeiras e contribuindo para o financiamento de diversos serviços públicos essenciais (Norregaard, 2013). Do ponto de vista extrafiscal, a cobrança efetiva desse tributo pode incentivar o uso eficiente do solo urbano e promover o desenvolvimento urbano sustentável. Além disso, se o imposto for cobrado de forma sistemática, com constante atualização da base de cálculo, com alinhamento dos preços praticados no mercado e com alíquotas significativas, pode ocorrer uma redução na margem de lucro imobiliário e dos preços dos imóveis. A imposição de um custo efetivo e elevado para a retenção especulativa do imóvel resulta na diminuição subsequente das expectativas de ganhos e de rendimentos (Gaio, 2015; Smolka; Cesare, 2011; Sotto, 2015).[73] Ainda que não seja originariamente concebido para a

---

[72] Segundo Mizabel Derzi e Aliomar Baleeiro (2018, p. 414): "É velho, na competência dos Municípios brasileiros, o imposto predial, que, com o nome de "décima urbana", tributava imóveis edificados. Em carta de 19.05.1799, a Rainha D. Maria assim dispôs: "atendendo ao nosso favor, que me proponho conceder-lhe, suprimindo os contratos de sal e pescaria das baleias, me proponho estabelecer o imposto de décima, nas casas das cidades marítimas e a extensão do tributo do papel selado que já se paga nos meus domínios do continente da Europa".

[73] Nas palavras de Smolka e Cesare (2011, p. 19, tradução nossa): "O IPTU constitui (pelo menos potencialmente) a fonte mais importante de receitas a serem usadas para fornecer serviços e infraestrutura urbanas. Além disso, a parcela do IPTU incidente sobre o valor da terra pode ajudar a disponibilização ao mercado de mais solo urbanizado. Com efeito, um

finalidade de recuperação da mais-valia urbana, o IPTU pode ser uma ferramenta importante para essa tarefa, especialmente porque após a EC n. 29/2000 o imposto pode ser progressivo em razão do valor do imóvel e ainda pode ter alíquotas diferenciadas de acordo com o uso e a localização do imóvel, nos termos do artigo 156 da CRFB/1988.

É possível, contudo, identificar várias dificuldades na cobrança do IPTU e na sua eficácia em capturar a mais-valia urbana. Entre os desafios, destaca-se a limitação administrativa e institucional dos municípios, especialmente no que diz respeito à avaliação e cobrança do imposto. Adicionalmente, a falta de um cadastro atualizado e confiável pode gerar complicações na identificação dos imóveis e no cálculo do valor devido. Outros aspectos a serem apontados seriam a resistência política da população em geral e os entraves institucionais criados pelo setor imobiliário, questões que podem ser obstáculos de difícil superação, especialmente em um país como o Brasil em que os proprietários de terra possuem um elevado capital político (Norregaard, 2013). Por último, cabe salientar que o IPTU não é um tributo vinculado, não havendo obrigação constitucional ou legal para o emprego do valor da receita dentro da área que originou a cobrança, o que pode limitar o uso do imposto como um instrumento de política redistributiva.

---

imposto que significativamente reduz o retorno econômico da terra vazia aborda ambos os componentes da oferta de terras, ou seja, a produção de novos lotes urbanizados e o uso de parcelas vazias. O imposto sobre o valor da terra pode ser visto como um incentivo natural para desenvolver terra para o seu maior e melhor uso, desencorajando os proprietários de postergar a urbanização com a esperança de obter preços mais altos". No mesmo sentido, Bahl e Linn (1992, p. 168) aduz: "Os preços dos terrenos urbanos frequentemente são tão altos que os grupos de baixa renda não conseguem adquiri-los, considerando seus rendimentos disponíveis e as condições vigentes do mercado de capitais, que impedem o acesso a créditos hipotecários com taxas de juros acessíveis. Na medida em que a receita proveniente de impostos sobre a propriedade é capitalizada em valores de terrenos mais baixos no presente (já que o imposto reduz o rendimento privado futuro esperado sobre a terra), isso expropria parcialmente os direitos de propriedade do proprietário atual e também constitui um empréstimo aos futuros proprietários, que agora podem adquirir o terreno a um preço mais baixo, mas terão que pagar impostos sobre a propriedade no futuro. Se os grupos de baixa renda não conseguem comprar terrenos devido à falta de liquidez e acesso aos mercados de capitais, a tributação da propriedade pode ser um dos instrumentos de política para melhorar seu acesso à propriedade da terra".

2.7.3 Instrumentos não tributários de combate à especulação imobiliária e de recuperação de mais-valia urbana

É importante destacar que existem instrumentos não tributários de recuperação de mais-valia urbana que podem ajudar no combate a retenção especulativa da terra. Um exemplo seria a possibilidade de o Estado capturar a valorização imobiliária ao deduzir do valor da indenização de desapropriação a mais-valia originada de investimentos públicos (Gaio, 2015). O artigo 27, do Decreto-Lei n. 3.365/1941, expressamente prevê a possibilidade de dedução da valorização imobiliária decorrente de obra pública do valor indenizatório devido em razão da desapropriação (Brasil, 1942). No entanto, apesar da clara previsão legal, o Superior Tribunal de Justiça (STJ) entende que se a valorização do imóvel específico ocorreu de maneira semelhante aos demais imóveis adjacentes à obra pública, a mais-valia deve ser cobrada por meio da contribuição de melhoria. Nesses casos, seria ilegal deduzir esse valor do preço pago pela desapropriação (Brasil, 2006). Esse é também o entendimento do STF firmado anteriormente à promulgação da CRFB/1988. Por todos, cite-se a seguinte decisão:

> DESAPROPRIAÇÃO – REVISÃO DO LAUDO SUPERADO. 1. Não viola a Constituição Federal, nem denega vigência de dispositivos federais o Ac. que, em face da demora na ultimação do processo expropriatório, adota laudo novo ao invés da correção monetária do velho. 2. A plus valia oriunda da obra no local deve ser recuperada pelo Município por meio da contribuição de melhoria que contempla todos os proprietários beneficiados e não apenas os atingidos pela desapropriação. (RE 78506, Relator(a): ALIOMAR BALEEIRO, Primeira Turma, julgado em 23/08/1974, DJ 04-11-1974 PP-08176 EMENT VOL-00965-02 PP-00495).

Outro instrumento não fiscal seria a desapropriação urbanística por zona. Conforme explica José Afonso da Silva (2010), a desapropriação é o mecanismo jurídico pelo qual o Poder Público determina a transferência da propriedade particular para o patrimônio público ou de seus delegatários. A desapropriação urbanística, ou com fins urbanísticos, refere-se à desapropriação de utilidade pública fundamentada em uma das hipóteses estabelecidas no Decreto-Lei n. 3.365/1941 relacionada à política urbana. Portanto, seu objetivo principal é atender a uma finalidade específica no âmbito do planejamento urbano. A desapropriação por zona, conforme estabelecido no art. 4º do mencionado decreto-lei, refere-se à desapropriação de uma área maior do que a estritamente necessária para a execução da obra. Essa medida se justifica em razão de um futuro desenvolvimento e expansão da obra pública ou em face de valorização extraordinária de áreas adjacentes resultante da realização da obra visando à futura revenda. Trata-se de instrumento urbanístico posto à disposição para absorver a mais-valia produzida em decorrência de obra do poder público e para a execução da política urbana, incluindo projeto habitacionais. A desapropriação urbanística por zona foi empregada especificamente no projeto de construção do metrô de São Paulo. O STF analisou essa aplicação no contexto do Recurso Extraordinário n. 82.300 – SP. A Corte declarou a constitucionalidade das leis paulistanas n. 7.859/1973 e n. 7.670/1971, autorizando o uso desse instrumento de desapropriação em áreas próximas à obra do metrô. Além disso, permitiu a construção de unidades habitacionais nesses locais com a finalidade de revenda dos imóveis e de arrecadação de recursos para o financiamento da obra de construção do metrô (Brasil, 1978).

2.8 Instrumentos jurídico-urbanísticos para a captação e afetação de unidades habitacionais à política de locação social

O Estado, especialmente as administrações municipais, deve atuar com o intuito de combater a especulação imobiliária e a retenção especulativa dos imóveis, reduzindo e tornando o custo do solo urbano acessível, barateando o insumo da política habitacional e viabilizando políticas de moradia acessível. Além desse enfrentamento, a política de locação social necessita de uma atuação proativa do Estado para a captação e afetação de um conjunto de unidades habitacionais para efetivar a política de locação e garantir o uso pelos beneficiários. Nesse sentido, o Estado tem como objetivo tanto regular os preços do solo urbano de maneira geral quanto atuar de forma específica, assegurando a disponibilização contínua e perene de imóveis para os programas de locação.

Diversos instrumentos jurídicos podem ser empregados para a disponibilização de solo urbanizado e de unidades habitacionais aos programas de locação. Em primeiro lugar, as unidades federativas podem afetar parte de seus bens a programas habitacionais. No âmbito da União, a Lei n. 11.481/2007 modificou a Lei n. 9.636/1998 e ampliou as hipóteses permissivas de doação de imóveis federais às companhias de habitação, aos estados e aos municípios, bem como aos fundos públicos e aos beneficiários de políticas habitacionais, com o intuito de fortalecer as políticas de enfrentamento das necessidades habitacionais. Nesse sentido, o artigo 23 do referido diploma estabeleceu que a Secretaria do Patrimônio da União (SPU) deve adotar as providências cabíveis para realizar levantamento de imóveis da União que possam ser destinados a implementar políticas habitacionais direcionadas à população de menor renda no âmbito do SNHIS (Brasil, 2007a). Além disso, a legislação estruturou arcabouço normativo e arranjos federativos que favoreceram o estabelecimento de parcerias entre União, estados e municípios e associações cooperativas habitacionais para o desenvolvimento de projetos de habitações de interesse social (HIS) (Balbim, 2010). O renovado PMCMV expressamente prevê que a União pode doar bens imóveis para oferta de benefícios habitacionais desde que observado o rito disposto na Lei n. 9.636/1998, nos termos do §3º, art. 13 (Brasil, 2023a). Segundo Renato Balbim (2015), em 2008, a União realizou estudo acerca dos imóveis de sua propriedade que poderiam ser destinados a programas habitacionais. O grupo de trabalho conseguiu que alguns imóveis do Instituto Nacional do Seguro Social (INSS) fossem disponibilizados para doação, conforme os ditames da Lei n. 9.636/1998, modificada pela Lei n. 11.481/2007. Entretanto, segundo o pesquisador, há milhares de imóveis federais abandonados ou subutilizados pelo país, sendo que uma parcela significativa desse número poderia ser destinada a viabilizar programas habitacionais ou até mesmo constituir fundos imobiliários para rentabilizar essas políticas.

Além de destinar parte de seus bens à política de locação, o poder público pode expandir sua reserva fundiária por meio da arrecadação de imóveis abandonados, compra de imóveis, desapropriação para fins urbanísticos e dação em pagamento de imóveis para pagamento de dívidas fiscais.

A arrecadação de bens imóveis urbanos é prevista tanto no Código Civil de 2002 quanto na Lei n. 13.465/2017, que dispõe sobre a regularização fundiária. O artigo 1276 do Código Civil dispõe que o imóvel urbano abandonado por seu proprietário com a intenção de não mais conservá-lo em seu patrimônio, que não esteja na posse de outra pessoa, poderá ser arrecadado pelo município ou Distrito Federal como bem vago e passar para o patrimônio dos entes federativos após três anos da arrecadação. A presunção de abandono será absoluta quando, cessados os atos de posse, o proprietário deixar de satisfazer os ônus fiscais (Brasil, 2002). A Lei n. 13.465/2017 também prevê essa hipótese em seus artigos 64 e 65. A previsão de arrecadação é semelhante àquela disposta no Código Civil, havendo apenas a especificação de que a presunção de abandono por não pagamento de tributos dar-se-á quando o proprietário deixar de pagar os ônus fiscais instituídos sobre a propriedade predial e territorial urbana por cinco anos. Há também os requisitos legais que devem ser seguidos no procedimento de arrecadação, como a abertura de procedimento administrativo, a comprovação do tempo de abandono e de inadimplência fiscal e os termos em que se devem dar a notificação do proprietário. Por fim, o artigo 65 dispõe de forma expressa que os imóveis arrecadados devem ser destinados a programas habitacionais e serviços públicos (Brasil, 2017a). Outra possibilidade seria a arrecadação de bens imóveis de herança vacante pelo município, após cinco anos de abertura da sucessão, sem nenhum herdeiro habilitado nos termos do art. 1822 do CC/2002[74] (Brasil, 2002). A herança vacante ocorre quando o proprietário do imóvel morre sem deixar herdeiros ou quando os herdeiros renunciam à herança. Não é uma situação tão incomum, veja-se, por exemplo, a cidade de São Paulo que lançou um site em 2018 em que é possível comprar bens imóveis arrecadados por herança vacante (Bérgamo, 2018). A iniciativa da prefeitura paulistana corrobora o entendimento que a arrecadação desses bens pode ser uma possibilidade de expansão da reserva fundiária para os programas de locação social.

A compra de imóveis pelo município é outra possibilidade para a disponibilização de imóveis para a política de locação social. Veja-se que a Prefeitura de São Paulo publicou dois editais de chamamento público, em 2022, com intuito de adquirir 45 mil unidades habitacionais para utilização em suas políticas habitacionais, por exemplo. Além disso, o Estatuto da Cidade prevê um instrumento que pode ser bastante útil para esse desiderato, qual seja, o direito de preempção ou direito de preferência previsto nos artigos 25 a 27 do referido diploma. O direito

---

[74] A título de curiosidade, a redação original do Código Civil, de 1916, destinava os imóveis de herança vacante aos estados. No estado de São Paulo, o Decreto Estadual n. 23.296/1985 destinou os bens provenientes de heranças vacantes a três universidades estaduais paulistas, Universidade de São Paulo (USP), Universidade Estadual de Campinas (UNICAMP) e Universidade Estadual Paulista "Júlio de Mesquita Filho" (UNESP). O referido decreto vigorou até a edição da Lei n. 8.049/1990, que modificou o antigo Código Civil e destinou os bens de herança vacante aos municípios.

de preempção garante a preferência do poder público municipal na aquisição de imóvel urbano de alienação onerosa entre particulares. Para utilização desse instrumento, é necessária a edição de lei municipal específica que delimite a área de incidência do instrumento e o prazo de vigência, que não será superior a cinco anos. O estatuto da Cidade expressamente prevê a utilização da preempção para a constituição de reserva fundiária e execução de programas e projetos habitacionais de interesse social nos termos do art. 26 (Brasil, 2001c). Trata-se de instrumento importante que possibilita a compra progressiva de imóveis pelo poder público para a implementação de uma política de locação social, entretanto, apesar da potencial importância do direito de preempção, o instrumento urbanístico não é usado no contexto brasileiro (São Paulo, 2022).

A desapropriação é outro mecanismo que pode ser utilizado para disponibilizar imóveis para as políticas de locação social. O art. 8º do Estatuto da Cidade prevê a desapropriação como um instrumento jurídico posto à disposição da política urbana. Segundo José Afonso da Silva (2010, p. 409), a desapropriação urbanística pode ser conceituada "como um instrumento de realização da política do solo urbano em função da execução do planejamento urbanístico". Trata-se, pois, de um instrumento posto à disposição para a consecução dos programas habitacionais. A própria Lei n. 4.132/1962, que dispõe sobre a desapropriação por interesse social, prevê a possibilidade de desapropriação de "todo bem improdutivo ou explorado sem correspondência com as necessidades de habitação" ou para "a construção de casas populares" (Brasil, 1962, online).

Além disso, o instituto jurídico da dação em pagamento pode ser utilizado como um instrumento para ampliação da reserva fundiária municipal. Isso porque a Lei Complementar n. 104/2001 modificou o Código Tributário Nacional e permitiu que a dação em pagamento em bem imóveis extinguisse o crédito tributário nos termos do art. 156, Inciso XI, do CTN. Em que pese a previsão legal, a norma não era autoaplicável, isso porque o legislador complementar exigiu a complementação posterior do dispositivo ao estabelecer que o instituto dar-se-ia "na forma e condições estabelecidas em lei" (Brasil, 1967a). A União só regulamentou o tema com a edição da Lei n. 13.259/2016 e da Portaria da Procuradoria da Fazenda Nacional – PGFN n. 32/2018. No âmbito da cidade de São Paulo, a Lei n. 13.259/2001, regulamentada pelo Decreto n. 42.905/2002, prevê a extinção dos créditos tributários inscritos na dívida ativa do município por meio de dação em pagamento de bem imóvel situado no município. Além disso, o artigo 6º, § 2º, prevê a possibilidade de utilização do imóvel para fins habitacionais e a sua destinação para o Fundo Municipal de Habitação ou para "alienação aos promotores de habitação de interesse social da Administração Pública Direta ou Indireta ou cooperativos" (São Paulo, 2001, online). No âmbito da União, a Comissão de Desenvolvimento Urbano da Câmara dos Deputados deu parecer favorável ao Projeto de Lei n. 4.731/2020 que estabelece a destinação preferencial ao Programa Nacional de Habitação de Interesse Social dos imóveis urbanos obtidos pela União em razão da extinção de créditos tributários por dação em pagamento (Brasil, 2020b). Por último, há outros instrumentos que podem ser utilizados para a captação de imóveis para o programa de locação social, tais quais: a execução de lotes caucionados, medidas mitigadoras e compensatórias de processos de licenciamento de empreendimentos e ações civis públicas.

2.9 A sustentabilidade financeira da política de locação social: o financiamento com instrumentos urbanísticos e recursos orçamentários

Além da obtenção dos imóveis, a continuidade e o funcionamento de um programa de locação social dependem de uma gestão efetiva de captação de recursos para o financiamento do programa. Tais recursos podem ser obtidos de diversas fontes e são essenciais para garantir sustentabilidade financeira e continuidade da política pública ao longo do tempo. A primeira dessas frentes seria as receitas auferidas pelos já citados mecanismos de recuperação de mais-valia fundiária. O IPTU e as contribuições de melhoria poderiam reforçar a arrecadação e viabilizar financeiramente os programas habitacionais baseados na locação.

2.9.1 Captação de financiamento por instrumentos jurídicos urbanísticos

Por outro lado, os recursos financeiros podem ser captados pela utilização de alguns instrumentos jurídicos previstos no art. 4º do Estatuto da Cidade, especificamente a outorga onerosa do direito de construir, comumente chamado de *solo criado* ou *solo virtual*. Trata-se de uma possibilidade de construção de espaço edificável acima do coeficiente de aproveitamento estabelecido para determinada área. Os recursos arrecadados com a outorga onerosa podem ser aplicados na execução de programas de habitação de interesse social, nos termos do art. 31, combinado com o artigo 26, Inciso II, do Estatuto da Cidade. No Brasil, a aplicação desse instrumento tem sido particularmente observada na implementação de operações urbanas consorciadas (OUCs)[75] definidas pelo Estatuto da cidade como "o conjunto de intervenções e medidas coordenadas pelo Poder Público municipal, com a participação dos proprietários, moradores, usuários permanentes e investidores privados, com o objetivo de alcançar em uma área transformações urbanísticas estruturais, melhorias sociais e a valorização ambiental" (Brasil, 2001c, online). Veja-se que o artigo 33, do Estatuto da Cidade, estabelece que os recursos arrecadados com a operação devem ser aplicados exclusivamente na área da OUC, entretanto, deve-se assinalar que não há qualquer obrigação legal que essa aplicação de recursos abarque a provisão de moradia social. Infelizmente, a prática dessas OUCs tem sido regressiva e com concentração de investimentos públicos e privados nos pontos do território com maior potencial imobiliário (Fix, 2004). Entretanto, o instrumento não é ontologicamente benéfico ou perverso e seu efeito progressista depende de mobilização política da sociedade civil para "assegurar uma implementação segundo os interesses da maioria e não apenas das classes dominantes, e que permita o controle efetivo do Estado e a possibilidade de controle social na sua aplicação" (Maricato; Ferreira, 2002, p. 215).

2.9.2 Ausência de fontes estáveis de recursos orçamentários

Diferentemente das políticas pública de educação – a Emenda Constitucional n. 108/2020 tornou o FUNDEB permanente – e de saúde – a Emenda n. 29/2000 assegurou recursos mínimos para o financiamento de ações e serviços públicos de saúde – que contam com fontes de financiamentos estáveis e com garantias constitucionais de transferências de recursos, os programas habitacionais não possuem

---

[75] Sobre essa denominação, José Afonso da Silva (2010, p. 361–362) menciona que a prática das operações urbanas surgiu em São Paulo sob duas modalidades distintas, chamadas de operações urbanas integradas e as operações urbanas interligadas, denominações condensadas pelo Estatuto da Cidade como operações urbanas consorciadas.

fontes perenes de recursos disponíveis.[76] Essas instabilidade e escassez de recursos são ainda mais agravadas pela situação fiscal do governo, uma vez que os programas habitacionais necessitam de crédito e de investimento particularmente vulneráveis às políticas de austeridade fiscal. A situação de financiamento da habitação se agrava quando se trata de programas de locação social, isso porque às adversidades já pontuadas são somadas outras dificuldades de ausência de previsão de financiamento público, tornando esse tipo de provisão habitacional totalmente residual e fragmentado, bem como dependente de recursos exclusivamente municipais ou de fomentos de agências financeiras internacionais, como o Banco Interamericano de Desenvolvimento (BID) ou o Banco Mundial.

No Congresso Nacional, há diversas propostas em discussão que tentam solucionar a questão do financiamento da habitação social, vinculando uma porção das receitas de arrecadação dos tributos à área. Uma dessas iniciativas é a Proposta de Emenda à Constituição (PEC) n. 285/2008, chamada PEC da Moradia Popular, de autoria do deputado Paulo Teixeira do PT/SP. A proposta objetiva acrescentar um artigo ao Ato das Disposições Constitucionais Transitórias a fim de estabelecer a obrigatoriedade da vinculação de 2% das receitas da União e 1% das receitas dos estados, do Distrito Federal e dos municípios para os respectivos Fundos de Habitação de Interesse Social. A PEC foi aprovada em comissão especial e aguarda votação pelo plenário desde 2009. Trata-se, pois, de uma solução que garante um financiamento consistente e previsível para a habitação social (Brasil, 2008).

No entanto, no âmbito dos estados, a vinculação de receitas tributárias para a moradia social foi considerada inconstitucional pelo STF. O STF se debruçou sobre o caso da Lei paulista n. 6.374/89, que majorou a alíquota do ICMS de 17% para 18% e vinculou este 1% de aumento à Caixa Econômica do Estado S/A com o intuito de financiar políticas habitacionais. O Tribunal assentou o entendimento de que essa vinculação seria inconstitucional com base no artigo 167, IV, da CRFB/1988, conforme decisão dada no Recurso Extraordinário n. 183.906/SP (Brasil, 1997). No entanto, é importante destacar que o artigo 167, IV, proíbe apenas as legislações dos estados, dos municípios e da

---

[76] Na Argentina, por exemplo, a Lei Nacional n. 24.464/1995, que institui o Sistema Federal de Moradia, prevê um Fundo Nacional com recursos vinculados da arrecadação de impostos com combustíveis nos termos do seu artigo 3º, alínea "a" (Argentina, 1995).

União de vincular receitas de impostos, mas não serve como parâmetro de controle de constitucionalidade para emendas à constituição. Desse modo, a vinculação constitucional de receitas permanece uma possibilidade viável.

Adentrando especificamente nos recursos disponibilizados pela União, o Programa Pró-Moradia é uma linha onerosa de financiamento operada pela Caixa, uma vez que o governo federal destina apoio à provisão pública de habitação. O objetivo do Pró-Moradia é auxiliar os estados, municípios e o Distrito Federal a executar projetos habitacionais voltados à população em situação de vulnerabilidade social, com renda familiar mensal de até três salários mínimos, por meio de financiamento com recursos provenientes do FGTS. Nos termos das condições gerais do Regulamento, o prazo de amortização é fixado em 20 (vinte) anos, com a aplicação de uma taxa nominal de 5% (cinco por cento) ao ano, acrescida da remuneração do Agente Financeiro e taxa de risco de crédito, limitados a 3% (três por cento). Além disso, os projetos habilitados devem ter valor entre um milhão e 50 milhões de reais, e a unidade federativa deve aportar uma contrapartida de investimento de no mínimo 5% do valor total do investimento (Brasil, 2022a).

As modalidades do programa são divididas em três grupos distintos: Urbanização e Regularização de Assentamentos Precários (voltado à implementação de projetos de urbanização de assentamentos precários), Produção de Conjuntos Habitacionais e Desenvolvimento Institucional (voltado ao fomento da capacidade institucional dos municípios). A modalidade de produção de conjuntos habitacionais se volta à aquisição e execução de obras e serviços que resultem em unidades habitacionais e contém certo direcionamento à produção de moradia por meio da propriedade individual dos imóveis, nos termos do item 5, alínea T4, do Regulamento do Programa (Brasil, 2022a).[77] O Regulamento do Programa – Anexo III, que disciplina a modalidade de produção de conjuntos habitacionais, prevê duas tipologias relacionadas a esse item, quais sejam, a *Construção ou Aquisição de Unidades Habitacionais* e *Requalificação de Imóveis Urbanos*. Na tipologia de requalificação, o

---

[77] É o texto do item T.5: "contribuição, sempre que possível, das famílias beneficiadas na modalidade Produção de Conjuntos Habitacionais, sob a forma de parcelas mensais ou poupança prévia, de forma que cada família contribua, dentro de suas possibilidades, com o retorno dos investimentos aplicados em obras destinadas à sua propriedade individual, de modo a compor recursos do fundo local de habitação de interesse social" (Brasil, 2022a, p. 6).

regulamento prevê expressamente em seu item 2.3.1 a possibilidade de aplicação do instrumento jurídico de locação para as pessoas em situação de rua, indicando que nessa situação a propriedade permaneceria com o ente federativo e o imóvel seria alugado para beneficiário da política. Essa previsão se trata de alternativa residual e se distancia das políticas de locação, aproximando-se muito mais dos programas assistenciais que têm como objeto o provimento de abrigos para o saneamento de situações de vulnerabilidade transitórias (Brasil, 2022b).

Outra possibilidade seria a captação de recursos não onerosos do Orçamento Geral da União, operados pelo FNHIS, integrantes do Programa Moradia Digna, constante do Plano Plurianual – PPA 2020-2023. O programa orçamentário denominado Moradia Digna tem por finalidade apoiar municípios, estados e o Distrito Federal em ações vinculadas à habitação.

As ações orçamentárias da Lei Orçamentária Anual (LOA) 2022 voltadas a esse programa são as seguintes: "00TI – Apoio à Produção Habitacional de Interesse Social"; "8873 – Apoio ao Fortalecimento Institucional dos Agentes Integrantes do Sistema Nacional de Habitação de Interesse Social – SNHIS"; "00TH – Apoio à Urbanização de Assentamentos Precários por meio do Fundo Nacional de Habitação de Interesse Social"; e "00TJ – Apoio à Melhoria Habitacional".

Os parâmetros de acesso a esses repasses estão assentados em três manuais de instruções produzidos pelo antigo Ministério do Desenvolvimento Regional. Os três manuais (Brasil, 2022a, 2022b, 2022c) direcionam a seleção das propostas para projetos que privilegiem o provimento de moradia por meio da propriedade individual dos imóveis e preveem a possibilidade de locação social nos casos em que os beneficiários se encontrem em situação de rua, seguindo o já citado modelo do Programa Pró-Moradia.[78]

---

[78] Cite-se a redação dos dois itens presentes nos três manuais: "As propostas apresentadas no âmbito dessa ação observarão as seguintes diretrizes específicas [...] contribuição, sempre que possível, das famílias beneficiadas, sob a forma de parcelas mensais ou poupança prévia, de forma a que cada família contribua, dentro de suas possibilidades, com o retorno dos investimentos aplicados em obras destinadas à sua propriedade individual, de modo a compor recursos do fundo local de habitação de interesse social;" e "Nos casos em que o Proponente/Agente Executor julgar adequado em vista do perfil socioeconômico dos beneficiários, em especial moradores em situação de rua, as unidades habitacionais adquiridas, produzidas ou requalificadas poderão ficar sob propriedade do estado ou município, que as disponibilizará por meio da locação social às famílias e se responsabilizará pela gestão patrimonial e condominial".

2.10 O direito como caixa de ferramentas e a carência de uma política estruturada de aluguel e de financiamento

O direito configura-se como uma *caixa de ferramentas* dotada de inúmeros mecanismos e recursos capazes de implementar um programa de locação social. Nesse sentido, diversos instrumentos jurídico-urbanísticos estão à disposição para auxiliar na tarefa de combater a retenção especulativa de terras, regular os preços do solo urbanizado, recuperar a mais-valia urbana, disponibilizar e afetar imóveis para o programa etc. Contudo a mera previsão legal desses instrumentos não assegura sua efetiva implementação. No contexto brasileiro, diversos fatores contribuem para a ineficácia e inutilização desses instrumentos.

Dois fatores se sobressaem: a ausência de uma estratégia nacional de moradia de aluguel e a falta de recursos orçamentários para essa política. A falta de uma estratégia nacional voltada a essa política é fator preponderante para a existência de políticas fragmentadas no contexto brasileiro, limitando às experiências a fase piloto, sem qualquer perspectiva de ganho de escala. Entretanto, o poder indutivo da União sobre os demais entes subnacionais poderia alçar a locação social de provimento público como uma possibilidade real de política habitacional, além de incentivar a capacitação das administrações municipais e o uso efetivo dos instrumentos jurídico-urbanísticos no contexto urbano brasileiro. Um mecanismo indutor interessante para esse desiderato seria o *Índice de Capacidade Institucional Habitacional e Gestão Urbana*, previsto no PLANHAB 2008-2023. Esse índice, estruturado a partir de um sistema pontuado de avaliação de eficiência e de capacidade institucional dos agentes executores locais do SNHIS, tem por objetivo distribuir recursos orçamentários, ao ponderar fatores como as condições de gestão do ente federado, o nível de estruturação da política habitacional, a existência e aplicação de instrumentos voltados a ampliar a terra para habitação de interesse social, entre outros. Esse mecanismo, ao contemplar diversos aspectos, tanto da gestão federativa quanto da política habitacional, poderia ser um indutor de disponibilização de terras bem localizadas e de desenvolvimento de políticas de locação social. Contudo a previsão contida no PLANHAB não foi implementada, e o índice continua sendo apenas uma ideia (Brasil, 2009).

Por outro lado, a ausência e a escassez de recursos adequados para financiamento desse tipo de política de moradia são uma realidade que demarcam e limitam a atuação estatal. Essa escassez de fundos é agravada por barreiras jurídicas e fiscais complexas, que impõem restrições adicionais ao desenvolvimento de políticas sociais como a habitação. Além disso, nota-se uma transformação estrutural no papel tradicional do Estado, com uma tendência frequente de busca de colaborações com o setor privado para a provisão e para o financiamento de serviços, inclusive no setor habitacional. Essa mudança reflete uma realidade em que o Estado já não atua mais como o único provedor e financiador de serviços essenciais. Tais fatores trazem questionamentos sobre a viabilidade da implementação de uma política de locação social em que o Estado assuma o papel exclusivo de provedor e de financiador. A crescente atuação do setor público em parceria com o setor privado pode indicar que modelos híbridos de financiamento e de provisão de serviços habitacionais, que combinem recursos e esforços, são potencialmente mais estáveis e sustentáveis no longo prazo. Tais modelagens híbridas podem representar uma alternativa mais realista para enfrentar os problemas de financiamento e das restrições jurídicas e fiscais impostas.

Para compreender melhor esse cenário, torna-se fundamental analisar um exemplo prático de política habitacional. A próxima seção analisará detidamente o Programa de Locação Social implementado na cidade de São Paulo, buscando ilustrar os desafios e particularidades presentes nesse contexto.

2.11 O Programa de Locação Social no Município de São Paulo (PLS-SP) e a aplicação do quadro de referência para análise jurídica de políticas públicas

A presente seção se propõe a realizar uma análise jurídica do Programa de Locação Social implementado na cidade de São Paulo (PLS-SP), utilizando-se dos doze elementos contidos no quadro de referência de análise jurídica de políticas públicas concebido por Maria Paula Dallari Bucci (2015).

O estudo das políticas públicas, do ponto de vista jurídico, agrega diversas complexidades e desafios. Nesse contexto, o quadro de referência citado configura-se como um instrumental valioso para o estudo desse intrincado conjunto de legislação, de decisões administrativas e de medidas operacionais que viabiliza e implementa uma política pública.

A adoção desse recurso metodológico oferece uma série de benefícios: (a) atribui rigor acadêmico à análise, o que permite uma comparação com outras pesquisas futuras sobre o tema, além de trazer uniformidade, o que se revela essencial para o desenvolvimento de uma "tecnologia jurídica das políticas públicas"; (b) possibilita o isolamento de fatores que contribuem para a identificação de elementos jurídicos relacionados à implementação bem-sucedida ou não da política pública; (c) provê um conjunto útil de questionamentos que auxilia na investigação de um cenário normativo altamente complexo e inter-relacionado; (d) permite ajustes, sendo um método adaptável; (e) serve como uma ferramenta útil tanto para a compreensão jurídica teórica quanto para intervenção jurídica prática (Bucci, 2015).

O uso do método também traz alguns desafios. Um aspecto a ser assinalado é o entrelaçamento dos elementos que compõe o quadro de referências, fato que dificulta a abordagem desses elementos de forma isolada. Adicionalmente, deve-se destacar que a escassez de dados atualizados e pesquisáveis sobre a implementação do PLS-SP representa um obstáculo para a aplicação desse método. No entanto, essas dificuldades não retiram a importância do recurso metodológico, mas reforçam a necessidade de que o pesquisador o flexibilize.

O objetivo é aplicar um método estruturado de análise que facilite a compreensão das nuances jurídicas da intervenção governamental, promovendo uma visão mais clara sobre a atuação estatal na política pública em questão, os desafios enfrentados e os potenciais pontos de aprimoramento. As próximas seções se debruçam sobre os seguintes elementos do PLS-SP: o nome oficial do programa de ação, a gestão governamental que criou o programa, a base normativa da política, o desenho jurídico-institucional da política, os agentes governamentais intervenientes, os agentes não governamentais, os mecanismos jurídicos de articulação, a escala e o público-alvo, a dimensão econômico-financeira do programa, a estratégia de implantação, o funcionamento efetivo do programa e os aspectos críticos do desenho jurídico-institucional (Bucci, 2015).

2.11.1 O Programa de Locação social de São Paulo: origens e a gestão de Marta Suplicy na Prefeitura de São Paulo

O programa de ação a ser analisado é chamado oficialmente de *Programa de locação Social no Município de São Paulo (PLS-SP)*. A gestão da prefeita Marta Suplicy (PT/SP) foi a responsável pela idealização dessa política habitacional baseada no instrumento jurídico do aluguel.

A candidata Marta Suplicy (PT/PHS/PCdoB/PCB) foi eleita derrotando o ex-prefeito Paulo Maluf do Partido do Povo Brasileiro (PPB), hoje denominado Progressistas. No Plano de Governo apresentado pela então candidata, já havia a sinalização para uma diversificação da política habitacional municipal, evitando a padronização das soluções e visando atender às necessidades habitacionais por meio de uma gama variada de políticas de moradia. Uma dessas iniciativas era o "Projeto Morar Perto", concebido com o objetivo de produzir unidades habitacionais centrais, por meio de reforma e utilização de prédios já existentes (Coligação Muda São Paulo, 2000).

A eleição de Marta Suplicy ao cargo de prefeita gerou fortes expectativas na área habitacional, tanto entre os movimentos populares de luta por habitação quanto entre os técnicos ligados aos partidos que a apoiaram. Esse otimismo era alimentado pela tradição do PT de priorizar a habitação, como já havia ocorrido no mandato de Luiza Erundina (1989-1993). Além disso, o engajamento e a força dos movimentos populares, junto com a capacidade técnica das equipes que ficaram responsáveis pela política habitacional da prefeitura, reforçavam essas expectativas positivas (Constantino, 2007).

O secretariado da gestão de Marta Suplicy foi composto por Paulo Teixeira, na Secretaria de Habitação e Desenvolvimento Urbano, ator político fortemente alinhado com as demandas de luta por moradia; e por Jorge Wilheim, na Secretaria de Planejamento, um renomado arquiteto e urbanista, que já contava com uma rica experiência na Administração Pública, exercendo as funções de secretário de Economia e Planejamento do Estado de São Paulo (1975-79), de secretário do Meio Ambiente do Estado de São Paulo (1987-1991), além de secretário-geral adjunto da Conferência Habitat – II. O quadro técnico do setor habitacional era formado por "diversas lideranças de movimentos de moradia, assim como atores de organizações sociais e de setores progressistas da academia" (Kohara; Comaru; Ferro, 2016, p. 280). Adicionalmente, existia uma forte pauta reivindicatória por melhores condições de moradia e pela manutenção da população no centro da cidade vinda dos movimentos sociais, destacando-se a atuação da União dos Movimentos de Moradia de São Paulo (UMM)[79] e do Fórum Centro Vivo (FCV)[80] (Moraes, 2018). Com a eleição de Marta Suplicy e do Partido dos Trabalhadores para a prefeitura, a questão da moradia no centro da cidade ganhou destaque na agenda governamental. Esse foco foi estimulado especialmente por três fatores: pressões e reivindicações dos movimentos populares, compromissos assumidos durante o período eleitoral e nomeação de técnicos para a administração municipal ligados à temática de habitação. No início de seu mandato, a gestão de Marta Suplicy apresentou o Plano *Reconstruir o Centro*. Tratava-se de um programa que contava com diversas secretarias e congregava a articulação de oito programas de ações específicas para a região central da cidade, quais sejam: "andar no centro"; "morar no centro"; "trabalhar no centro"; "descobrir o centro"; "investir no centro"; "preservar o centro"; "cuidar do centro"; "governar o centro" (Silva, H. M. B., 2008).

A dimensão habitacional do Plano estava centrada no *Programa Morar no Centro*, que englobava uma gama diversificada de programas e intervenções, escorada por instrumentos urbanísticos e tributários que visavam abordar a diversidade de problemas habitacionais na região, possibilitando uma atuação sustentável em médio prazo. Os principais objetivos do programa eram a melhoria da qualidade de vida da população residente no centro da cidade, o favorecimento do acesso à habitação para aqueles que trabalham na região e a contenção da expulsão dos moradores dos espaços do centro – fenômeno comum em políticas de reabilitação urbana. Já as diretrizes que norteavam a ação eram a priorização da reforma de edifícios desocupados, a mescla

---

[79] Fundada em 1987, a UMM surgiu para organizar e mobilizar os movimentos de moradia no estado de São Paulo. A entendida desempenhou papel importante na gestão habitacional da prefeita Marta Suplicy, tendo influenciado diretamente a escolha do secretário de Habitação, além de ter duas de suas lideranças integrando a equipe da Secretaria (Cavalcanti, 2006).

[80] O FCV foi fundado em 10 de dezembro de 2000 durante o Seminário "Movimentos Populares e Universidade" e é uma iniciativa coletiva de diversos docentes e discentes da Universidade de São Paulo (USP), de integrantes da Central dos Movimentos Populares (CMP) e da União dos Movimentos de Moradia (UMM). O objetivo era produzir um espaço horizontal de discussão, reflexão e engajamento para a democratização e defesa dos direitos urbanos e sociais no universo do centro da cidade, como resposta a projetos e ações, tanto públicos quanto privados, que frequentemente negligenciavam ou impactavam negativamente os grupos mais vulneráveis da cidade de São Paulo.

de diversidade de soluções habitacionais com iniciativas de geração de renda e a promoção de diversidade social na região (Silva, H. M. B., 2008). Aprovada em junho de 2002 como parte do Programa Morar no Centro, a política de locação social surgiu em resposta às pressões e reivindicações dos movimentos sociais que postulavam uma maior diversidade na oferta habitacional em São Paulo. Por exemplo, a UMM enviou, em março de 2001, uma proposta à prefeitura, intitulada *Morar Perto*, solicitando estudos de viabilidade para programas de locação social na cidade. Ainda, a 1ª Conferência Municipal de Habitação de São Paulo, realizada em setembro de 2001, criou um Grupo de Trabalho Específico para o tema. Essas discussões e pressões foram fundamentais para inserir o tema da locação social na agenda governamental. Essa convergência de interesses políticos, com as capacidades técnicas dos corpos administrativos e com as demandas dos movimentos por luta de moradia, culminou com a criação do Programa de Locação Social de São Paulo pelo CFMH-SP.

2.11.2 A base normativa do PLS-SP: uma construção incremental

A locação social tem por base normativa um conjunto de quatro leis municipais que a constituem como uma das estratégias da política habitacional do município de São Paulo. Além disso, há uma série de regulamentações e instruções normativas que a instituem como uma política pública efetiva. A inclusão da previsão da locação social na política municipal de moradia ocorreu paulatinamente à modificação da Lei do Fundo Municipal de Habitação, seguida pela aprovação do Plano Diretor Estratégico (PDE), com a alteração da Lei Orgânica do município, além da manutenção da previsão no novo PDE – Lei n. 16.050/2014.

A Lei Municipal n. 11.632/1994 instituiu o Fundo Municipal de Habitação do município de São Paulo (FMH-SP) e a forma como seus recursos poderiam ser utilizados. A redação original do art. 10º, Inciso III, previa a destinação de valores para programas de locação com opção de compra, seguindo uma política semelhante ao PAR. No entanto, a Lei Municipal n. 13.509/2003 modificou o inciso, ampliando a destinação de recursos para a produção de moradias "por meio de locação social ou arrendamento residencial com opção de compra" (São Paulo, 1994). O aperfeiçoamento da legislação possibilitou a alocação de recursos específicos a políticas de locação social. Por outro lado, o PDE 2002-2012, instituído pela Lei Municipal n. 13.430/2002, estabeleceu a locação social como uma diretriz[81] e uma ação estratégica[82] da política habitacional do município. O PDE subsequente, Lei n. 16.050/2014, proposto pelo prefeito Fernando Haddad (PT), manteve a locação social como diretriz e ação estratégica, além de prever o serviço de moradia social. Da mesma forma, a Emenda n. 26/2005 à Lei Orgânica Municipal de iniciativa da então prefeita Marta Suplicy incluiu a possibilidade de destinação de imóveis públicos a políticas de locação social.[83] Veja-se que essas previsões legais dispostas em leis relevantes do município, que ditam os rumos de sua política urbana em longo prazo, demonstram o reconhecimento e o compromisso municipal em transformar e consolidar a locação social como uma opção permanente e duradoura de política pública de moradia.

O PLS-SP foi implementado pela Resolução do CFMH-SP[84] n. 23, de 12 de junho de 2002. A legislação infralegal efetivou a previsão já existente no arcabouço normativo do município e ainda viabilizou uma política pública de provisão habitacional alternativa que não tinha por escopo a produção e o financiamento da aquisição da casa própria. O Anexo Único da Resolução CFMH-SP n. 23 estabelece a estrutura completa do Programa de Locação Social, definindo os objetivos a serem alcançados, o público-alvo abrangido, os critérios de produção e seleção das unidades habitacionais, o acompanhamento socioeducativo, a gestão

---

[81] É o texto do Art. 80: "São diretrizes para a Política Habitacional: [...] XX - a facilitação do acesso da população de baixa renda à moradia, por meio de mecanismos de financiamento de longo prazo, investimento de recursos orçamentários a fundo perdido, permissão de uso e subsídio direto, pessoal, intransferível e temporário na aquisição ou locação social" (São Paulo, 2002b).

[82] É o texto do Art. 81: "São ações estratégicas da Política Habitacional:[...] XI - reformar imóveis da Prefeitura destinados a programas de locação social; [...] XIV - implementar subsídio direto, pessoal, intransferível e temporário na aquisição ou locação social, bem como criar instrumentos que possibilitem a inserção de todos os segmentos da população no mercado imobiliário" (São Paulo, 2002b).

[83] É o texto do Art. 114: "Os bens municipais poderão ser utilizados por terceiros, mediante concessão, permissão, autorização e locação social, conforme o caso e o interesse público ou social, devidamente justificado, o exigir. [...] § 6º A locação social de unidades habitacionais de interesse social produzidas ou destinadas à população de baixa renda independe de autorização legislativa e licitação e será formalizada por contrato. [...] § 8º O Prefeito deverá encaminhar anualmente à Câmara Municipal relatório contendo a identificação dos bens municipais objeto de concessão de uso, de permissão de uso e de locação social, em cada exercício, assim como sua destinação e o beneficiário" (São Paulo, 1990).

[84] A Lei municipal n. 13.425/2002 alterou o nome do Conselho do Fundo Municipal de Habitação – CFMH para Conselho Municipal de Habitação de São Paulo – CMH.

condominial, as diretrizes para o cálculo da retribuição mensal paga pelos beneficiários, os limites de comprometimento da renda familiar, as condições gerais de locação, as fontes de recursos do programa e os agentes/órgãos envolvidos (São Paulo, 2002a). De forma complementar, a Instrução Normativa da SEHAB-SP n. 01/2003 define os procedimentos operacionais necessários ao funcionamento do programa de locação social, detalhando as regras estabelecidas na Resolução CFMH-SP n. 23. Aqui há a definição específica dos órgãos gestores da política, do órgão operador e dos beneficiários, além de estipular as responsabilidades das secretarias municipais e órgãos/entidades vinculados, as obrigações dos beneficiários, a responsabilidade sobre a produção das unidades habitacionais do programa, as etapas operacionais do programa, os critérios de priorização do atendimento, os requisitos e as condições específicas da locação, entre outros (SEHAB/SP, 2003). Adicionalmente, deve-se ressaltar que o CMH desempenha um poder normativo importante na deliberação e na regulamentação de diversos procedimentos relacionados à execução da política de locação social.

2.11.3 O desenho jurídico-institucional do programa, agentes governamentais e não governamentais

O PLS-SP se constitui como programa voltado ao fornecimento de moradia digna à população de baixa renda, viabilizado pelo instrumento jurídico do aluguel. Nesse sentido, o poder público municipal constitui um parque público de moradia e o disponibiliza por contratos de locação aos beneficiários da política pública. O município garante aos beneficiários de baixa renda a segurança jurídica e a qualidade das residências, mantendo a propriedade e a responsabilidade sobre a gestão dos imóveis. Toda essa argumentação está disposta na Exposição de Motivos da Resolução CFMH n. 23/2002:

> Entende-se como Locação Social a política destinada a produzir unidades habitacionais de aluguel compatíveis com as necessidades familiares e com a capacidade de pagamento das famílias de baixa renda. Embora seja a solução básica de todas as políticas habitacionais europeias, os sistemas baseados em locação não conseguiram até hoje ser discutidos no Brasil, face à predominância absoluta do modelo e do sonho da casa própria. No programa habitacional de São Paulo, a Locação Social será complementar a uma política de casa própria, procurando atingir famílias

sem condições financeiras para a aquisição ou que tenham o aluguel como opção, permanente ou ocasional (CFMH/SP, 2002).

Além disso, a prefeitura entendia, à época da implementação do programa, que a oferta pública de unidades habitacionais de locação poderia ter um efeito regulador dos preços praticados no mercado privado, contribuindo para evitar o aumento excessivo dos aluguéis. Veja-se a Exposição de Motivos da Resolução CFMH n. 23/2002: "Outra característica importante é que um programa público de locação poderá ter o papel de interferir no mercado popular de aluguel, reduzindo o poder dos locadores de cortiços em relação aos valores e abusos" (CFMH/SP, 2002).

O PLS-SP constitui seu estoque público de unidades habitacionais por meio da construção de novas edificações ou da aquisição/reforma de imóveis existentes. A definição dos locais de construção de novas unidades e os critérios de seleção de imóveis já existentes levam em conta diversos aspectos, tais quais: maior ou menor utilização de investimentos já realizados, menor investimento por família ou por pessoa, melhores opções de acesso a transporte coletivo e regiões com maiores índices de oferta de emprego. Além disso, estabelece critérios para a seleção das famílias que poderão participar do programa, direcionando a política para as pessoas e agregados familiares que contam com uma renda de até três salários mínimos, com priorização das pessoas acima de 60 anos, das pessoas em situação de rua, das pessoas portadoras de direitos especiais e dos moradores em áreas de risco e insalubridade. Excepcionalmente, é permitido admitir famílias com renda superior, desde que a renda per capita não ultrapasse um salário mínimo (São Paulo, 2002a).

O acesso aos imóveis será feito a partir da celebração de contratos de locação firmados entre o município e os beneficiários. O contrato é firmado com um prazo de quarenta e oito meses, podendo ser renovado, desde que o locatário tenha cumprido as obrigações contratuais e legais. Segundo a Instrução Normativa n. 01/2003 – SEHAB-SP, são obrigações do beneficiário, entre outras: cumprir as obrigações estabelecidas, observar as condições de uso do imóvel, pagar o aluguel e encargos em dia, restituir o imóvel em bom estado, informar danos ou defeitos, reparar danos causados por eles mesmos, obter consentimento para modificações no imóvel, arcar com despesas de consumo, pagar despesas ordinárias do condomínio, permitir vistorias e reavaliar a situação socioeconômica quando houver mudanças financeiras (SEHAB/SP, 2003). Ainda, o ajuste estabelece, entre outras coisas, as condições da locação, o valor do aluguel, a duração do contrato, as responsabilidades tanto da família quanto do poder público e os requisitos para continuar usufruindo o imóvel. A situação de vulnerabilidade social da família, bem como as condições de elegibilidade, é regularmente avaliada a cada 24 meses para a renovação contratual e para o acesso aos subsídios (São Paulo, 2002a).

De acordo com a Resolução CFMH-SP n. 23/2002, a SEHAB-SP deve realizar acompanhamento socioeducativo regular e contínuo com o intuito de promover a inserção social e a capacitação profissional dos beneficiários do programa. Esse acompanhamento pode ser executado diretamente pela SEHAB-SP ou por entidades sem fins lucrativos conveniadas. Por outro lado, a administração do condomínio fica sob a responsabilidade da Cohab-SP e pode ser concedida a empresas ou aos próprios moradores em sistema autogestionário. Quanto à gestão do condomínio, há obrigação por parte dos beneficiários de pagamento de taxa condominial por unidade habitacional ocupada, essa taxa condominial consiste na divisão das despesas gerais do edifício e não pode ser paga com o subsídio concedido (São Paulo, 2002a).

Para o cálculo do valor da retribuição mensal (aluguel social) a ser paga pelos beneficiários, é necessário considerar três componentes essenciais que estruturam o cálculo. Primeiramente, o aluguel social é delimitado pela situação socioeconômica do agregado familiar e pela capacidade de endividamento da renda entre 10% e 15%, variando em razão da faixa de renda da família e do número de seus membros. Em segundo lugar, há o valor de referência do aluguel que funciona como um limite máximo mensal de pagamento, ajudando a estabelecer o valor do subsídio habitacional, sendo composto por três componentes: (1) a recuperação mensal do investimento, que seria a amortização do investimento de cada unidade habitacional, em um período de 30 anos para reaver o capital investido; (2) uma comissão de administração destinada a Cohab, correspondente a 10% do valor do valor de recuperação mensal; (3) uma taxa de manutenção do condomínio, incluindo os gastos com elevadores, com a distribuição de água e esgoto, e custos com eletricidade, reformas e pinturas (30% do valor de recuperação). O valor de referência calculado para cada unidade habitacional em cada empreendimento é ajustado de acordo com o limite máximo do endividamento de cada família. A diferença entre o valor de referência e a capacidade de endividamento da família é o que constitui o terceiro elemento do cálculo denominado subsídio. O subsídio é concedido especificamente a cada família, é intransferível, tem o valor obrigatório de pelo menos 10% do valor de referência e é anualmente reexaminado mediante avaliação da renda do beneficiário. Além disso, a concessão inicial e mensal do subsídio está vinculada à adimplência das taxas condominiais pelos beneficiários (São Paulo, 2002a). Segundo a Instrução Normativa n. 01/2003 da SEHAB-SP, a inadimplência de três aluguéis seguidos acarretará a suspensão automática do subsídio e o ajuizamento de ação de despejo por falta de pagamento (SEHAB/SP, 2003). De acordo com dados da Prefeitura Municipal, constantes do Processo Administrativo n. 2017-0.151.039-8, no mês de dezembro de 2016, os valores da retribuição mensal pagos pelos beneficiários variavam entre R$ 39,01 e R$ 160,22 nos seis empreendimentos existentes. Por outro lado, os valores de referência para os aluguéis situavam-se em uma faixa de R$ 319,12 a R$ 1.367,12. Além disso, os subsídios concedidos tinham uma média que oscilava entre R$ 280,11 e R$ 1.206,90.

Com relação às competências, responsabilidades e atribuições dispensadas aos agentes governamentais, pode-se concluir que SEHAB-SP seria responsável pela gestão do programa, enquanto a Cohab/SP atuaria como o executor operativo da política. A SEHAB-SP é a entidade responsável pela gestão do programa, abarcando a coordenação das atividades dos atores governamentais e não governamentais envolvidos, a viabilização da implementação e do desenvolvimento do Programa, bem como a avaliação periódica de seus resultados. Conforme estabelecido pela Instrução Normativa n. 01/2003 – SEHAB-SP, suas competências abrangem a coordenação das ações dos agentes intervenientes, a seleção dos beneficiários e suplentes, o encaminhamento da lista de beneficiários à Cohab-SP para orientação e assinatura dos contratos de locação, a supervisão do acompanhamento socioeducativo, o estabelecimento de convênios e parcerias, e a promoção da autogestão condominial. Além disso, a SEHAB-SP é responsável pela sistematização dos dados socioeconômicos dos beneficiários, utilizados para a reavaliação periódica dos benefícios concedidos, pela análise e aprovação das prestações de contas anual e mensal, e pela participação na elaboração das diretrizes gerais para ocupação dos empreendimentos e do programa como um todo.

Por sua vez, a Cohab/SP atua como o órgão executor da política, ficando responsável pela gestão patrimonial, administrativa e condominial, compreendendo as seguintes atribuições: comprar imóveis e celebrar contratos para projetos e obras destinados à viabilização do PLS-SP; executar a conservação e o cuidado com os imóveis; determinar o valor do subsídio com base nos dados fornecidos pela SEHAB-SP; elaborar e assinar contratos de locação; gerir o condomínio e receber os aluguéis dos locatários; realizar o controle operacional, financeiro e contábil; preparar a prestação de contas mensal e anual (SEHAB/SP, 2003). Existe também a possibilidade de que agentes não governamentais desempenhem papéis na execução do PLS-SP. Segundo a Instrução Normativa n. 01/2003 – SEHAB-SP e a Resolução CFMH-SP n. 23/2002, esses atores externos podem ser empresas, organizações da sociedade civil, entidades de assistência social e cooperativas habitacionais. A colaboração desses agentes pode ocorrer tanto na assistência socioeducativa destinada aos beneficiários – que pode ser conferida a entidades sem fins lucrativos – quanto na administração e conservação dos condomínios, que podem ficar a cargo de empresas terceirizadas ou até mesmo seguir modelos autogestionários.

O PLS-SP segue um conjunto de etapas operacionais para sua execução. Inicialmente, a SEHAB-SP realiza a seleção dos beneficiários e seus suplentes, enviando à Cohab-SP a lista com os respectivos dados cadastrais que permitam a definição do valor do subsídio. Em seguida, a Cohab-SP convoca os beneficiários selecionados para a entrega dos documentos e a elaboração do contrato de locação. A Cohab-SP é responsável pelo recebimento mensal dos aluguéis e pela cobrança das despesas condominiais, na ausência de terceirização ou autogestão condominial. A cada 24 meses, ou mediante solicitação do locatário, a SEHAB-SP reavalia a condição social e financeira dos beneficiários, encaminhando o parecer à Cohab-SP para possível alteração do subsídio. Findo o prazo contratual e cumpridas as obrigações estabelecidas, a Cohab-SP pode renovar o contrato caso o beneficiário deseje prosseguir na locação. Em casos de desistência ou rescisão contratual com desocupação do imóvel, a Cohab-SP convoca os suplentes para ocuparem as unidades disponíveis (SEHAB/SP, 2003).

2.11.4 Mecanismos jurídicos de articulação: ausência de coordenação federativa do PLS-SP

O PLS-SP é uma política pública desenvolvida no município de São Paulo e não tem uma coordenação federativa multinível de governo (federal, estadual e municipal) para sua implementação. Assim, no âmbito do PLS-SP, não existe uma estrutura jurídica que defina responsabilidades entre os entes federativos, distribua competências materiais e legislativas, diversifique fontes de financiamento e estabeleça os deveres de cada ente federativo na implementação da política. Essa peculiaridade do PLS-SP talvez seja um dos principais obstáculos que impeçam o programa de alcançar maior escala.

Contudo, no âmbito municipal, existem mecanismos jurídicos específicos que visam à coordenação e implementação do PLS-SP. A legislação infralegal, por exemplo, desempenha um papel crucial ao estabelecer os procedimentos operacionais do programa, bem como as atribuições e responsabilidades dos órgãos municipais envolvidos e dos atores privados. Essa legislação também define diretrizes e critérios essenciais para a execução do programa. Paralelamente, instrumentos contratuais celebrados entre a Cohab-SP, os beneficiários e os agentes não governamentais são usados como mecanismos de coordenação entre os agentes envolvidos, estabelecendo direitos e obrigações aos participantes. Além disso, as Resoluções do Conselho Municipal de Habitação e as instruções normativas da Secretaria de Habitação configuram-se como instrumentos legais que buscam harmonizar a atuação cooperativa dos órgãos da Administração Direta - Secretaria Municipal de Habitação – SEHAB e Secretaria Municipal de Assistência e Desenvolvimento Social – SMADS, e auxiliam a integração entre os órgãos estatais e a Cohab-SP com o intuito de implementar a política em questão.

2.11.5 Escala e público-alvo do PLS-SP

Desde a edição da Resolução CFMH-SP n. 23/2002, apenas sete empreendimentos fazem parte do PLS-SP. O primeiro empreendimento construído foi o Parque do Gato, em 2004, e conta com 486 unidades habitacionais – foi projetado para abrigar as famílias residentes na Favela do Gato que ocupavam o mesmo terreno e que sofreram um processo de remoção após um incêndio causado pela explosão de um gasoduto. O segundo empreendimento é chamado de Olarias e também foi construído em 2004, conta com 137 unidades destinadas a famílias ligadas a movimentos sociais e à população em situação de rua. A Vila dos Idosos é de 2007 e conta com 145 unidades habitacionais, sendo voltada para a população idosa maior de sessenta anos. Construído em 2009, o edifício Senador Feijó tem 45 unidades habitacionais, sendo destinado às famílias especificadas pela Unificação das Lutas de Cortiços (ULC). O empreendimento Asdrúbal do Nascimento, implementado em 2009, possui 40 unidades habitacionais e atende a beneficiários ligados aos movimentos sociais de moradia – Movimento de Moradia do Centro e Povo Nobre (MMC). Há o Palacete dos Artistas, de 2014, que possui 50 unidades habitacionais e é destinado principalmente a artistas idosos da cidade de São Paulo. Por último, a prefeitura entregou, em 2019, o empreendimento Asdrúbal do Nascimento II/Edifício Mário de Andrade, destinado à população em situação de rua, com 34 unidades habitacionais. Assim, o PLS-SP conta com 937 unidades habitacionais (Ribeiro et al., 2019; SEHAB/SP, 2018). Importante destacar que a meta inicial do programa era entregar, até 2006, quatorze empreendimentos com o total de 2.150 unidades habitacionais disponíveis (Moraes, 2018).

Para contextualizar, em agosto de 2022, o programa de auxílio-aluguel, regulamentado pela Portaria SEHAB-SP n. 131/2015, assistia a 21 mil famílias beneficiárias (São Paulo, 2022). Além disso, o Programa de metas da Prefeitura de São Paulo para o quadriênio de 2021-2024 estabelece em sua meta 12 o objetivo estratégico de provimento definitivo de 49.000 moradias de interesse social (São Paulo, 2021b). Diante desses números, fica evidente que uma política habitacional que resultou em apenas 900 unidades habitacionais em mais de vinte anos não pode ser considerada de escala significativa quando analisada dentro do panorama geral de provimento de moradia em São Paulo.

2.11.6 A dimensão econômico-financeira do programa

As construções dos sete empreendimentos do PLS-SP foram viabilizadas por um conjunto de recursos vindos do FMH-SP, do BID e do governo federal por meio do Programa Especial de Habitação Popular (PEHP).[85] Especificamente, os residenciais Parque do Gato e Olarias contaram com recursos do FMH-SP e do BID. Já os projetos relacionados à Vila dos Idosos, ao Asdrúbal do Nascimento, ao Senador Feijó, ao Palacete dos Artistas e ao Asdrubal Nascimento II foram viabilizados

---

[85] O PEHP foi um programa criado pela Lei n. 10.840/2004, que tinha por objetivo fornecer moradia à população de baixa renda. Os recursos do programa poderiam ser usados para produção ou aquisição de unidades habitacionais, produção ou aquisição de lotes urbanizados, aquisição de material de construção, urbanização de assentamentos e requalificação urbana.

com recursos provenientes do Ministério da Cidade – programa PEHP e do FMH-SP (Cohab/SP, 2004; Gatti, 2016; Moraes, 2018; São Paulo, 2019). Apesar de a entrega dos empreendimentos ter sido feita eventualmente por outras gestões, todos os edifícios foram planejados e viabilizados dentro das gestões municipais petistas de Marta Suplicy e Fernando Haddad. Os edifícios Parque dos Gatos, Olarias, Vila dos Idosos, Asdrúbal do Nascimento e Senador Feijó são projetados pela Gestão Marta Suplicy. O Palacete dos Artistas é desapropriado no ano de 2012 e concluído em 2014 pelo prefeito Fernando Haddad. Além disso, na gestão de Haddad, o Comitê Intersetorial da Política Municipal para a População em Situação de Rua – Comitê PopRua destina o edifício Asdrúbal II para a população em situação de rua.

Os recursos do BID e do PEHP foram utilizados de maneira pontual e não representam uma fonte estável de financiamento. Atualmente, existem apenas duas possibilidades específicas de recursos para a locação social, quais sejam o Fundo Municipal de Habitação e o Fundo de Desenvolvimento Urbano (FUNDURB) da cidade de São Paulo. No tocante ao FUNDURB, o PDE de 2014 assegurou que ao menos 30% dos recursos do fundo seriam alocados para projetos e produção de Habitação de Interesse Social, além de vincular todas as receitas advindas das contrapartidas financeiras provenientes da outorga onerosa de potencial construtivo adicional ao fundo, conforme os art. 340 e art. 115 (São Paulo, 2014). No entanto, apesar do artigo 339 do PDE prever a alocação de recursos do fundo para programas de locação social, ainda não existem diretrizes gerais do Conselho Gestor do FUNDURB para a liberação desses recursos para o PLS-SP. Na 10ª Reunião Ordinária do Conselho Gestor do FUNDURB, realizada em 2 de fevereiro de 2018, houve autorização de utilização de recursos para aplicação em ações expropriatórias de quatro edifícios localizados na Av. José Bonifácio, n. 367-379-383; na Praça da Bandeira, n. 31-39-47; na Rua Aurora, n. 515-519; e na Av. São João, n. 247-253, no montante de R$ 26.158.327,00 (vinte e seis milhões, cento e cinquenta e oito mil e trezentos e vinte e sete reais). A Resolução CMH n. 96, de 22 de fevereiro de 2018, determinou a vinculação futura desses imóveis ao PLS-SP.

Quanto ao FMH-SP, após a Resolução n. 23/2002, não há qualquer discussão para ampliação do programa. Ao analisar as resoluções editadas após a gestão de Marta Suplicy, percebe-se que a locação social é abordada não mais como uma solução para o déficit habitacional, mas como um problema a ser enfrentado e gerido pelo Conselho. Diversas resoluções do CHM versam sobre o problema da inadimplência financeira. Sobre esse tema, o Conselho tomou diversas medidas, como: concessão de período de isenção do pagamento do aluguel social, flexibilização da parcela máxima de renda familiar que pode ser comprometida com despesas de moradia e suspensão dos pagamentos de aluguéis devido à pandemia da covid-19 - alguns exemplos de resolução que tratam do tema: Resolução CMH n. 11, de 06 de outubro de 2004; Resolução CMH n. 117, de 13 de dezembro de 2018; Resolução CMH n. 118, de 21 de janeiro de 2019; Resolução CMH n. 139, de 08 de dezembro de 2020.

Quanto à aplicação dos instrumentos urbanísticos, o PDE prevê a ferramenta de indução de provisão de moradia de interesse social chamada de Zonas Especiais de Interesse Social (ZEIS). O artigo 44 define cinco categorias de ZEIS, enquanto o artigo 292 orienta a promoção de reabilitação de áreas centrais nas ZEIS 3 e sua destinação prioritária aos programas de locação social, além de direcionar a produção de novas moradias de interesse social nas ZEIS 2 à constituição de um parque público habitacional. Além disso, o PDE estabeleceu o instituto jurídico-urbanístico denominado de cota de solidariedade, conforme os artigos 111 e 112. O instrumento determina que empreendimentos com área construída superior a 20.000m² devem destinar 10% dessa área para HIS ou, alternativamente, doar um terreno em outro local da cidade ou contribuir com 10% do valor da gleba do empreendimento para o FUNDURB (São Paulo, 2014). Ainda, a constituição de um parque público de habitação no município paulistano foi bastante tímida, mas houve um esforço significativo para estabelecer um banco de terras destinado a programas habitacionais de aquisição de moradia, em particular o PMCMV. Nesse sentido, diversos terrenos municipais foram doados para a viabilização de empreendimentos do PMCMV – faixa 1 (Chilvarquer, 2019).[86]

---

[86] Nesse sentido, Marcelo Chilvarquer (2019, p. 1132) afirma: "A partir da gestão Fernando Haddad (2013-2016), esse processo de formação de um banco de terras foi substancialmente acelerado. Só em desapropriações de terrenos, a Prefeitura gastou R$ 617 milhões de reais, o que, de acordo com a Secretaria de Habitação, seria suficiente para viabilizar 31 mil novas unidades habitacionais, fosse com recursos do PMCMV Faixa 1 ou com valores das Operações Urbanas".

2.11.7 Estratégias de implantação do PLS-SP

A gestão de Marta Suplicy propôs o lançamento de 14 empreendimentos habitacionais que totalizavam quase 2.000 unidades residenciais. Além disso, a administração municipal passou a integrar a locação social de maneira contínua à legislação municipal, prevendo-a como diretriz e ação estratégica da política habitacional, além de garantir possibilidade legal de financiamento. Adicionalmente, esperava-se que com o bom funcionamento da política houvesse ampliação do estoque público de moradia e da política de locação social. A intenção era perenizar o programa no arcabouço jurídico municipal e produzir uma política eficaz de acesso à provisão habitacional, fortalecendo a ideia de locação como um instrumento de política habitacional e tornado o PLS-SP uma política importante e duradoura, ampliando o número de beneficiários na cidade de São Paulo.

No entanto, o programa acabou entregando menos da metade das moradias previstas e foi descontinuado pelas gestões municipais de José Serra e Kassab, com ambos os prefeitos rejeitando a ideia de construir um parque público de moradia, optando, ao reverso, por incentivar empreendedores imobiliários para o aquecimento do mercado de construção de aluguel. A gestão de Fernando Haddad, por sua vez, criou uma gerência dedicada à locação social dentro da Cohab-SP, também foi responsável pela implementação do Palacete dos Artistas e da viabilização do empreendimento Asdrúbal Nascimento II, e tentou, embora sem sucesso, implementar 16 empreendimentos de locação social de mercado via parcerias público-privadas. No geral, a política de locação permaneceu predominantemente uma iniciativa das administrações do Partido dos Trabalhadores e foi descontinuada com a alternância de partidos no comando da administração municipal (Marques; Pulhez; Pagin, 2018). Além disso, a complexidade e o custo de implementar uma política dessa envergadura em um município de forma isolada, especialmente considerando-se as limitações de financiamento, representam um desafio significativo ao ganho de escala do programa.

2.11.8 Funcionamento efetivo do programa

O PLS-SP surge como um programa pioneiro no cenário nacional, apresentando um desenho institucional inovador que se centrava em garantir moradia à população de baixa renda, a partir do instrumento jurídico do aluguel, com habitações bem localizadas. Além disso, o programa instituiu um mecanismo circular de financiamento em que parte das retribuições mensais é revertida ao FMH, criando um sistema potencialmente autossustentável que pode ajudar a aumentar o estoque de moradias públicas. Ainda, a ideia de provimento de unidades habitacionais com boa localização também tem o condão de prevenir o fenômeno de elitização dos espaços centrais, uma vez que possibilita à população de baixa renda continuar a morar no local da intervenção pública (Gatti, 2019).

Apesar de inovador, o programa também trouxe significativos problemas em sua operacionalização, em grande parte devido à falta de experiência da administração pública municipal na gestão condominial, de patrimônio, na gestão social e na implementação de uma política de locação social. Em relação à administração do condomínio, vários problemas se destacam. Entre os pontos críticos, estão a ausência de formalização do condomínio – o que inclui a definição de regramentos internos – e a criação de um fundo de recursos comunitário, ausências que prejudicam sensivelmente a convivência entre vizinhos, o uso harmonioso dos espaços e das instalações comuns, e a manutenção dos espaços de convivência. Além disso, a falta de um sistema de individualização dos gastos dos condôminos com encargos relacionados ao consumo da água, por exemplo, desencoraja o consumo consciente desse serviço público e onera o valor da taxa condominial. A taxa condominial, por sua vez, encontra-se defasada do valor real, tendo que ser suplementada mensalmente por recursos da prefeitura (São Paulo, 2017).

Por outro lado, há diversas falhas administrativas, tais como a inexistência de prestação de contas periódicas por empreendimento e a falta de cobrança efetiva de aluguéis atrasados,[87] sem mencionar a desconsideração da norma estabelecida pela Resolução n. 23/2002, que prevê a reavaliação bianual dos valores de aluguel social e subsídios. A gestão dos contratos também é uma questão problemática, ocorrendo diversos beneficiários com contratos já encerrados e, até mesmo, a ocupação irregular de diversas unidades habitacionais (São Paulo, 2017). Segundo dados do estudo feito por Amanda Ribeiro *et al.* (2019), 37% das famílias assistidas pelo programa se encontram em situação irregular,

---

[87] Não há previsão normativa para que os técnicos da Cohab/SP façam acordos de renegociação de dívidas, por exemplo.

sendo que 19% estão com a situação do contrato inativa, além de haver 53% de famílias inadimplentes.

Quanto ao valor do aluguel social, cabe uma crítica relacionada à definição do seu cálculo. O valor de referência é um dos elementos estruturantes da fórmula usada para determinar quanto cada beneficiário deve pagar. Esse elemento é determinado primordialmente pela quantia total despendida pela prefeitura na compra e na constituição do parque público de moradia. Assim o valor de referência foi pensando a partir da ideia de que os valores gastos pelo município na construção das unidades habitacionais seriam recuperados. No entanto, dado que a propriedade dos imóveis permanece pública, não é lógico impor o custo da propriedade aos beneficiários – esse raciocínio seria mais adequado às políticas habitacionais de concessão de casa própria. Consequentemente, a concebida estruturação do cálculo do aluguel social resulta em valores elevados e subsídios substanciais, o que compromete sobremaneira a viabilidade e continuidade da política pública (Eloy *et al.*, 2021).

Ainda, a gestão do programa é atrapalhada pela falta de sistematização dos dados financeiros e das informações essenciais sobre a gestão condominial, patrimonial e social dos empreendimentos. Essa lacuna dificulta a construção de um banco de dados e de um sistema de monitoramento que facilite a avaliação regular e a identificação de pontos de melhoria da política pública. O acompanhamento permanente facilitaria a análise do atendimento dos objetivos do PLS-SP e permitiria avaliações e ajustes periódicos nos rumos da política. Adicionalmente, não há a exploração comercial de determinadas áreas dos empreendimentos com a respectiva arrecadação do aluguel comercial – espaços no térreo ou em outras áreas comuns que poderiam ser alugados para fins comerciais – o que poderia gerar recursos que ajudariam a financiar o PLS-SP (Ribeiro *et al.*, 2019).

Por último, a gestão social do programa encontra diversos gargalos, especialmente no que diz respeito à gestão dos registros dos beneficiários. Atualmente, a Cohab/SP tem dificuldades em administrar os ocupantes de cada unidade habitacional, isso abre margem para que haja incongruência entre a lista de beneficiários definida pela SEHAB-SP e os ocupantes reais de cada moradia destinada ao programa. Além disso, o trabalho socioeducativo direcionado aos beneficiários é quase inexistente, não havendo a organização de encontros e reuniões entre as equipes técnicas e as famílias – o que dificulta a inserção social e produtiva dos beneficiários (São Paulo, 2017).

2.11.9 Aspectos críticos do desenho jurídico-institucional

Adentrando os aspectos críticos do desenho jurídico-institucional, impende assinalar que a expansão e a superação da escala de "projeto piloto" do PLS-SP e sua nacionalização estão necessariamente relacionadas a um cenário político mais abrangente que envolva um amplo apoio político, com conscientização pública, a diversificação dos recursos de financiamento e a melhoria das capacidades institucionais e administrativas para gestão eficiente do programa. O PLS-SP é frequentemente associado às administrações petistas da prefeitura. No entanto, o crescimento do programa depende de um maior consenso político sobre a importância da locação social e do reconhecimento da moradia como um direito e não simplesmente uma mercadoria. Para isso, torna-se necessária uma junção de apoio de diversos atores, incluindo lideranças partidárias, parlamentares, movimentos sociais e partidos, uma coalizão de forças políticas para garantir a continuidade e a expansão do programa. O sucesso e a expansão de programas de locação social dependem não apenas de vitórias eleitorais no Executivo, ainda que essas conquistas de posições-chave no governo sejam fundamentais, mas também de uma transformação mais ampla no cenário político, com posições mais alinhadas ao espectro político da centro-esquerda.

Por outro lado, apesar de todas as dificuldades fiscais experimentadas, a construção de políticas robustas por parte do Estado vem a partir da criação de "consenso em torno de certas ideias condutoras" (Bucci, 2023, p. 1). Isso abre caminho para que políticas locais inovadoras possam atuar como modelos pioneiros. Essas políticas locais, ao ganharem sucesso e aceitação, podem influenciar e moldar políticas da União, considerando a interação entre as políticas locais e federais no nosso sistema federativo. Cabe salientar que Roberto Andrés (2023), em estudo sobre a adoção da tarifa zero no setor de transportes municipais brasileiros, argumenta que essa política, inicialmente vista como utópica no cenário nacional, especialmente a partir dos protestos de 2013, já é realidade em 52 cidades atendendo 2,5 milhões de pessoas, o que demonstra um possível caminho para as políticas de locação social de provimento público no contexto nacional. Um crescimento incremental de aceitação e ganho de escala. O contexto atual, entretanto, traz dificuldades para a construção de políticas de locação social de provimento público, especialmente porque a conjuntura – seja ela internacional, nacional ou local – tende para um paradigma voltado a uma visão de provisão de moradia mais orientada ao mercado.

Além do cenário político pouco favorável, a estrutura jurídico-institucional específica do programa paulistano traz dificuldades a sua expansão e ao seu aprimoramento. Uma dessas dificuldades reside no fato de que o programa está restrito ao âmbito municipal, com financiamento público exclusivo da prefeitura. Essa limitação acarreta obstáculos financeiros, institucionais e administrativos que dificultam enormemente o avanço da política. No entanto, a adoção da locação social de provimento público como um dos braços da política nacional de moradia, garantindo recursos do FNHIS, poderia contribuir enormemente com o aprimoramento e a expansão desse tipo de política em todo país. Um programa nacional de locação poderia definir uma melhor gestão do programa, com a intervenção do governo federal e a definição de parâmetros unificados para a locação social em todo o país. Isso poderia fortalecer as capacidades institucionais e administrativas dos municípios por meio do treinamento e da capacitação das equipes responsáveis, bem como aprimorar a articulação e gerenciamento/monitoramento permanente dos programas. Ainda, poderia haver uma diversificação das fontes de financiamento da política, direcionando recursos dos orçamentos gerais da União e dos estados, além da utilização de recursos dos fundos federais. O poder indutivo da união sobre os entes federados subnacionais poderia ser usado para estimulá-los a utilizar os instrumentos jurídicos do Estatuto da Cidade, direcionando recursos às cidades que efetivamente implementam os instrumentos jurídicos urbanísticos e o planejamento urbano dentro de seus limites territoriais. O principal problema enfrentado aqui é o desfinanciamento e a residualidade dos recursos destinados ao FNHIS, dificultando a realização de iniciativas neste setor.

Quanto a formas alternativas de arrecadação de recursos, o arcabouço legal da PLS-SP poderia autorizar a exploração comercial e a cobrança de aluguel pelo uso de espaços ociosos do edifício, como ocorre, por exemplo, na Lei n. 14.620/2023, que disciplina o novo PMCMV em que de forma expressa se estabelece a possibilidade de produção de unidades comerciais para custear a operação e o investimento dos empreendimentos (Brasil, 2023a). Nesse contexto, é também importante reavaliar a metodologia de cálculo estipulada na Resolução n. 23/2002 CFMH-SP para o valor de aluguel.

Ademais, a abordagem do programa quanto à inadimplência poderia ser reavaliada. Conforme a Instrução Normativa n. 01/2003, o não pagamento de três aluguéis cessa o pagamento de subsídio e enseja a propositura de ação de despejo por falta de pagamento, com cobrança do valor total devido sem subsídio, retroativo desde o primeiro pagamento em aberto, acrescido de multa e juros. A referida legislação não contempla a possibilidade de negociação extrajudicial desses valores ou mesmo a celebração de acordo entre a Cohab-SP e os beneficiários para evitar a judicialização e o despejo dos inquilinos. Neste sentido, poderia haver uma mudança da regulamentação, concedendo poderes aos gestores da política pública para tomar medidas que garantam a continuidade do fornecimento da moradia e assegurem a execução e continuidade da política.

2.12 Incompatibilidade entre a locação social de provimento público e o PMCMV

Veja-se que um programa de locação social de provimento público, como a iniciativa da cidade de São Paulo, envolve alguns elementos estruturantes. Assim, em primeiro lugar, há a produção pública de moradia, com o município, e não a iniciativa privada, como responsável pelo desenvolvimento e pela construção das unidades habitacionais. Além disso, o município desempenha um papel significativo na implementação da política habitacional, o que envolve, não apenas a construção das habitações, mas também a gestão de diversos aspectos ligados à seleção de beneficiários, à manutenção das propriedades e à supervisão do cumprimento das normas do programa. Outro elemento essencial é a escolha da localização dos empreendimentos – com acesso a serviços públicos essenciais e inserção urbana adequada. Por fim, o financiamento do programa também é uma responsabilidade do município, envolvendo a alocação de recursos orçamentários e financiamentos nacionais/internacionais para cobrir os custos de construção, de manutenção e de administração das unidades habitacionais. Em síntese, um programa de locação social de provimento público, como o implementado em São Paulo, é caracterizado por uma abordagem integrada que envolve a produção pública de moradia, a gestão municipal ativa, as decisões estratégicas sobre a localização dos empreendimentos e a responsabilidade exclusiva do Poder Público pelo financiamento da política.

Essas características de protagonismo municipal e de produção pública de moradia estão em descompasso com o PMCMV. O PMCMV tem como protagonista o setor privado, com as empreiteiras ostentando um papel fundamental para a construção de novas habitações, relegando aos municípios um papel relativamente limitado no processo de decisão e implementação da política habitacional. Isso significa que as decisões sobre localização, sobre o projeto e sobre a execução das habitações são frequentemente tomadas pelas empresas construtoras, com base na lógica empresarial. Colocando as empreiteiras no centro do processo, os municípios têm um papel limitado, geralmente restrito à aprovação de planos, doação de terrenos e fornecimento de infraestrutura básica.

Ao reverso, a locação social de provimento público exige um maior protagonismo municipal na produção de moradia, com o município desempenhando um papel mais ativo e centralizador no planejamento e na execução de projetos habitacionais, identificando as áreas para o desenvolvimento da política, alocando recursos municipais para a construção de moradias e implementando políticas habitacionais que atendam às necessidades específicas da população local.

O PMCMV foi concebido não apenas como uma política de habitação, mas também como uma estratégia anticíclica para estimular a economia e a criação de empregos (Rolnik, 2017). Essa abordagem é explicitamente reconhecida na retomada do programa, tanto pelo Ministro das Cidades Jader Filho, que afirmou "vamos ultrapassar a meta de 2 milhões de unidades habitacionais contratadas nesses quatro anos" quanto pelo Presidente Lula que frisou ser "um programa que não só dá qualidade de vida, mas [que] gera empregos. O emprego gera salário, o salário gera poder de compra e isso vai gerando mais empregos" (Brasil, 2023f). A produção pública de moradia, com atenção às necessidades habitacionais das camadas mais pobres da população, entra em colisão com os objetivos declarados do programa de estimular a economia e de criação de empregos. As empreiteiras, com frequência, deixam de lado as demandas populares em favor de executar projetos mais lucrativos. Nesse sentido, uma lógica pública de produção habitacional, voltada mais à satisfação de necessidades habitacionais, entra em choque com a abordagem do programa de meta quantitativa de construção de unidades habitacionais.

Assim, entende-se que há um descompasso entre a política de locação social de provimento público e os objetivos do PMCMV. Nesse sentido, esse tipo de política não se alinha perfeitamente com as diretrizes do programa. Por outro lado, uma locação social operada pelo mercado, por meio de PPP, poderia se encaixar mais adequadamente dentro das linhas de atendimento do PMCMV, hipótese que será melhor explorada no capítulo 3.

2.13 Conclusões parciais

A locação social de provimento público é um serviço público de prestação direta pelo Estado, nos termos do art. 175 da CRFB/1988. Trata-se de uma política pública habitacional que se difere das estratégias tradicionais comumente adotadas no cenário brasileiro. As políticas baseadas na concessão da casa própria estão estruturadas para a entrega de um bem específico, focando na transferência de propriedade de uma moradia ao beneficiário do programa. A locação social, ao contrário, configura-se como uma estratégia dual em que não se oferece apenas a moradia, mas também se prestam serviços necessários à implementação do direito à moradia adequada. Essa política articula-se sobre dois elementos: fornecimento de uma moradia e a disponibilização de serviços correlatos a essa habitação. Para além de uma simples entrega de propriedade, o Estado compromete-se a garantir, de maneira contínua e permanente, condições dignas de moradia. Esse compromisso é posto em prática por meio de contratos de aluguel celebrados entre o poder público e os beneficiários, viabilizados por um parque público de moradia e, ainda, por uma garantia de acessibilidade econômica dessas moradias durante toda a duração do usufruto do programa. Tendo em conta que a locação social é concebida como uma política permanente e de longo prazo, sem que tenha por finalidade a transição para a propriedade privada, esse tipo de política se diferencia dos programas assistenciais de auxílio-aluguel e das iniciativas de *leasing* habitacional.

No contexto brasileiro, são escassos os exemplos dessa modalidade de política pública, geralmente localizados no âmbito municipal. Esse cenário contrasta com as inúmeras referências legais, no âmbito federal, que mencionam e estabelecem a locação social como uma estratégia de provisão habitacional. Há diversas previsões legais que contemplam a modalidade como uma política de moradia possível, contudo esse tipo de programa nunca foi concretamente implantado, não havendo nenhuma regulamentação sobre o tema e nem mesmo o estabelecimento de diretrizes federais voltadas ao desenvolvimento desses programas. A produção acadêmica sobre a locação social é considerável, entretanto é muito comum que esses estudos concentrem seus esforços em análises abstratas que analisam a compatibilidade da adoção da política frente à CRFB/1988 e os benefícios de sua implementação no ambiente urbano, negligenciando, muitas vezes, o cenário atual de enxugamento dos gastos públicos e de expansão do mercado privado de aluguel. O fato é que, diante da realidade atual, o aluguel, longe de ser uma estratégia de desmercantilização, pode se tornar um meio para uma nova forma de extração de renda, criando injustiças habitacionais e fomentando justamente o problema que se visava evitar. A desconexão entre a idealização do aluguel e a realidade prática é descrita no texto como ilusões jurídico-urbanísticas, termo emprestado e adaptado do teórico *Henri Lefebvre*.

A implementação bem-sucedida de uma política de locação social, capaz de produzir moradia de qualidade e bem localizada, está necessariamente atrelada às ideias de direito e de moradia desmercantilizada. No entanto, essa concepção enfrenta obstáculos consideráveis para sua concretização, isso porque a desmercantilização pressupõe um Estado de Bem-Estar mais socializante e de caráter interventivo na economia (Bucci, 2023), além de uma expansão de gastos públicos, características distantes da realidade atual. Ainda assim, apesar de todas as dificuldades, o direito, como uma *caixa de ferramentas*, provê instrumentos que podem mediar essa desmercantilização, particularmente por meio da instituição de um serviço público de moradia. Dentro dessa configuração, a moradia seria um *serviço compartido* em que haveria prestação de serviço público por parte do Estado e exploração de *atividade econômica em sentido estrito* pelos particulares, um modelo que já ocorre nos serviços de saúde e de educação, por exemplo.

A instituição de um serviço público de moradia abre a possibilidade de instituição de um regime jurídico diferenciado com o estabelecimento de regras especiais e distintas daquelas praticadas no mercado privado de habitação. Isso permite a definição de critérios específicos como elegibilidade para o programa e fixação de tarifas acessíveis. A definição dos beneficiários está fortemente atrelada à visão de *Estado Social* vigente, variando entre abordagens universalistas ou focalizadas. Atualmente, observa-se uma tendência de redução das esferas de atuação estatal e uma crescente mediação dos direitos por meio de dinâmicas de mercado.

Além de estabelecer um regime jurídico específico, a implementação do programa de locação social requer a adoção de práticas que condensem instrumentos jurídico-urbanísticos que possibilitem o acesso ao solo urbanizado para insumo da política e facilitem a afetação de unidades habitacionais para o programa. Nesse contexto, o direito oferece uma série de ferramentas que pode auxiliar nessa tarefa. O Estado pode atuar e intervir sobre a especulação imobiliária mediante implementação de mecanismos urbanísticos (PEUC, IPTU progressivo, desapropriação sancionatória, zoneamento), além disso, pode recorrer a instrumentos fiscais de natureza tributária (seletividade e progressividade de alíquotas). Paralelamente a esse enfrentamento, a política de locação social demanda uma atuação proativa do Estado para a captação e afetação de um conjunto de unidades habitacionais a fim de efetivar a política de locação e garantir seu aproveitamento pelos beneficiários – diversos instrumentos jurídicos estão disponíveis, como a afetação de terreno público, arrecadação de bens imóveis, compra, desapropriação e o instituto jurídico de dação em pagamento.

Por outro lado, todo esse aparato jurídico-institucional, necessário ao desenvolvimento de uma estratégia como a locação social, fica fragilizado pela inexistente alocação de recursos orçamentários destinados a esse fim. Embora seja essencial a mobilização de instrumentos jurídicos urbanísticos para captação de recursos, tais mecanismos não se configuram como uma fonte de financiamento estável e constante de recursos. O cenário fiscal atual potencializa ainda mais essa instabilidade e essa escassez de financiamento. As ações orçamentárias disponíveis para financiamento de políticas habitacionais não são direcionadas a projetos de locação social, estabelecendo, ainda, barreiras infralegais que dificultam o acesso a esses recursos.

A análise jurídica do PLS-SP evidencia os obstáculos substanciais que uma iniciativa dessa natureza enfrenta no contexto brasileiro. A falta de recursos orçamentários disponíveis somada à ausência de capacidades administrativas e institucionais específicas para implementar políticas desse tipo representam gargalos de difícil transposição, tanto na realidade paulistana quanto na brasileira como um todo.

Por último, fazendo uma análise prognóstica sobre a possibilidade de adoção em escala de políticas de locação social de provimento público no país, chega-se à conclusão de que existem barreiras significativas que impedem o desenvolvimento amplo dessa estratégia, fundamentada em três razões principais. Primeiro, há uma reconfiguração em curso do papel do Estado na prestação dos serviços essenciais à população, nesse sentido, o provimento direto de serviço tem dado espaço a um provimento indireto no qual o Estado é regulador da atuação do mercado que provê o serviço mediado pelas suas dinâmicas. Em segundo lugar, observa-se um desfinanciamento estatal para políticas de direitos sociais, com barreiras fiscais à execução e à expansão de gastos nessa área, tornando de difícil ocorrência uma política de locação social que dependa de um estoque público e da provisão pública do serviço de moradia. Por último, percebe-se que a abordagem predominante do Estado no contexto atual é a de fomentar a rentabilidade dos empreendimentos privados e a de estruturar projetos públicos rentáveis à iniciativa privada, o que aponta para um caminho, não de locação social pública, mas de uma locação social de mercado em que a iniciativa privada provê e administra o serviço como um negócio.

Por último, deve-se salientar que há uma clara incompatibilidade entre a política de locação social de provimento público e os objetivos do PMCMV, não havendo alinhamento entre esse tipo de política e as diretrizes do referido programa. Isso se deve, principalmente, ao fato de que as políticas de locação desse tipo dependem de um envolvimento ativo das prefeituras e de uma produção de habitações pelo setor público. Isso contrasta com os princípios fundamentais do PMCMV, que se estruturam na produção de moradias pelo setor privado e no protagonismo das empreiteiras no provimento de unidades habitacionais.

CAPÍTULO 3

A MORADIA DE ALUGUEL COMO SERVIÇO PÚBLICO: A LOCAÇÃO SOCIAL DE MERCADO E A MERCANTILIZAÇÃO DA MORADIA

O presente capítulo dedica-se ao estudo da locação social enquanto um serviço público prestado indiretamente pelo Estado mediante delegação, nos termos do art. 175 da CRFB/1988, ou seja, a locação social de mercado viabilizada por parcerias público-privadas. Além disso, examina-se a potencial aplicação desse tipo de locação social como parte da política habitacional nacional, mais especificamente no PMCMV. Para tanto, a seção 3.1 define o que é uma política de locação, consolidando conceitos e analisando as condições de viabilidade dessa política. Contudo a locação social de mercado não é uma iniciativa isolada e aleatória do Estado, sendo inserida em um contexto mais amplo de reestruturação do papel do Estado na prestação de serviços e na sua atuação, nesse sentido, a seção 3.2 analisa tal reformulação do Estado e a transformação de seu papel de provedor para regulador. Adicionalmente, explora essa reconfiguração especificamente no contexto brasileiro, focando o setor habitacional.

A seção 3.3 examina as estratégias discursivas empregadas para propagar o modelo de PPPs como uma abordagem de provimento de serviços público e desenvolvimento de projetos de infraestrutura e ainda explora o papel desempenhado pelas agências nacionais e internacionais de fomento nesse contexto. O item 3.4 discute a questão política envolta na adoção das PPPs, defendendo a ideia de que essa escolha vai além de uma simples decisão de cunho contábil e de corte de gastos, ao contrário, configura-se como uma decisão intrinsecamente política que estabelece e hierarquiza prioridades de investimentos. Além disso, discutem-se certos entraves associados ao direcionamento orçamentário de recursos para as PPP.

Na seção 3.5, procede-se à análise do Procedimento de Manifestação de Interesse e como essa reconfiguração do papel do Estado abre espaço para a formulação de mecanismos legais que favoreçam a participação e a contribuição do setor privado na elaboração de políticas e projetos públicos. Na subseção 3.5.1, analisa-se o *Programa Aproxima*, uma iniciativa que se fundamenta nos mesmos princípios que estruturam o Procedimento de Manifestação de Interesse.

No item 3.6, o livro direciona seus esforços para analisar a estruturação da locação social de mercado a partir das PPPs, explorando os incentivos jurídicos concedidos às concessionárias que incluem afetação de bens públicos, aportes, isenções fiscais, incentivos urbanísticos e financiamentos; a estruturação legal do contrato visando à viabilidade e rentabilidade da prestação do serviço; a remuneração do concessionário (contraprestação pecuniária, tarifas e receitas acessórias); os encargos do concessionário e a moradia como serviço. Além disso, há análise de duas proposições de locações sociais de mercado: a primeira, uma iniciativa desenvolvida pela SECOVI-SP, denominada de Projeto de Locação acessível residencial – LAR; e a segunda, uma política de locação social de mercado em processo de desenvolvimento pela Prefeitura de São Paulo.

Já o item 3.7 trata do surgimento de uma estrutura federal voltada a fortalecer e estimular a colaboração e a parceria entre o Estado e os agentes privados, chamada de Programa de Parcerias de Investimentos (PPI). Discutem-se aqui os percursos históricos e formulação de dois programas de locação social via PPP nesse órgão, sendo um situado em Recife/PE e outro em Campo Grande/MS. Dessa forma, o item visa analisar de forma detalhada a locação social de mercado como instrumento de política pública e também proceder a uma análise crítica de sua inserção e operacionalização dentro do arcabouço jurídico-institucional e regulatório existente, com o intuito de desenvolver uma análise crítica sobre os benefícios e os problemas associados à implementação desse tipo de política no contexto nacional. Além disso, a seção aborda a possibilidade de integração da locação social de mercado como uma das linhas de atendimento do PMCMV. Já no tópico 3.8, as conclusões e os pontos principais do capítulo são apresentados.

Definido o trajeto, passa-se a percorrê-lo.

3.1 O que é um programa de locação social de mercado?

De forma geral, a locação tem sido incorporada às políticas públicas urbanas por meio de três tipos diferentes de estratégias. A primeira, mais comum nas cidades brasileiras, é a locação em parques privados por meio de políticas de auxílio-aluguel, também conhecida como *vouchers* – tratada no primeiro capítulo como medida indutora de demanda habitacional. A segunda estratégia, mais restrita, é a locação social em parques públicos, hipótese abordada no capítulo anterior. Por fim, a terceira estratégia é a locação social viabilizada pelo Estado e prestada por agentes privados, por meio de parcerias público-privadas (PPP). Teoricamente, seria possível estabelecer um modelo de locação social de mercado viabilizado pela modalidade de concessão comum, na qual os usuários remunerassem exclusivamente a concessionária com pagamento de tarifas. Ocorre, entretanto, que até o momento não existe a adoção desse modelo de concessão em operação no país.

Trata-se de uma prestação de serviço público efetuada indiretamente pelo Estado, por delegação, nos termos do art. 175 da CRFB/1988. A *locação social de mercado* via PPP tem surgido como uma possibilidade real a ser implementada na realidade das cidades brasileiras, especialmente em um contexto de enxugamento de recursos federais para programas de provisão de casa própria, de discurso de austeridade fiscal, de dificuldades vindas da gestão de um parque público de moradia próprio, além da questão de o aluguel ter aparecido, nos últimos anos, como uma nova frente de expansão e de extração de lucro do mercado imobiliário.

Dentro do termo *locação social de mercado*, podem existir diversos arranjos entre o capital privado, o poder público e o capital financeiro para a provisão de moradia. A estruturação da parceria público-privada depende necessariamente do porte, do tamanho, das características do empreendimento habitacional, do número de beneficiários, dos serviços prestados ao beneficiário, do valor tarifário, do montante das contraprestações, além das diversas modelagens operacionais e financeiras necessárias à viabilidade do negócio. Assim diferentes padrões de *locação social de mercado* podem surgir dentro da realidade das cidades brasileiras. Nesta seção, analisar-se-ão diversas variações dessa medida, incluindo aquelas que, à primeira vista, não se enquadram estritamente no molde jurídico de PPP, mas que compartilham semelhanças com esse escopo de ação governamental.

A parceria público-privada é um contrato administrativo especial de concessão de serviços e de obras públicas, regido pela Lei n. 11.079/2004, em que há o pagamento de uma contraprestação pecuniária do Estado ao agente privado. Trata-se de um contrato especial de concessão, diferenciando-se da concessão comum, estabelecida na Lei n. 8.987/1995, por envolver o pagamento de contraprestação pecuniária ao parceiro privado por parte do ente público. A concessão comum é remunerada mediante tarifa, apenas. A parceria público-privada necessariamente envolve uma contraprestação do órgão público, embora também possa incluir a cobrança de uma tarifa.

As modalidades desse contrato podem ser: (a) *patrocinada*, que é a concessão de serviços públicos ou de obras públicas disciplinada pela Lei n. 8.987/1995, quando essa concessão prevê o pagamento de contraprestação pecuniária do parceiro público ao parceiro privado, além da tarifa; (b) *concessão administrativa*, quando houver prestação de serviço público em que a Administração Pública seja usuária direta e indireta, ainda que compreenda realização de obras ou provisão e instalação de bens e remuneração do parceiro privado, exclusivamente por contraprestação pecuniária, como contrapartida pelos serviços prestados.

A *locação social de mercado* é um contrato administrativo de concessão que pode ser celebrado na modalidade patrocinada ou administrativa, em que há a prestação do serviço de moradia com ou sem prestação de obras e fornecimento/instalação de bens, remunerado necessariamente por uma contraprestação pecuniária do Estado, podendo também haver cobrança de tarifa do usuário (aluguel). Configura-se como uma política pública que disponibiliza unidades habitacionais para aluguel, viabilizadas pelo Estado a partir da concessão ao concessionário de benefícios e de contraprestação pecuniária, com a gestão do serviço por entidades privadas. Por envolver frequentemente obras de grande porte e a prestação de serviços por longos períodos, a viabilidade da locação social depende de incentivos fornecidos pelo poder público. Além disso, a extensão desses incentivos também varia conforme o perfil e a abrangência do público-alvo, quanto menor for a renda dos beneficiários das moradias a serem atendidos, maior será o dispêndio do poder público com o intuito de viabilizar a política.

A implementação dessa iniciativa geralmente demanda uma série de pesadas contrapartidas financeiras, urbanísticas e fiscais por parte do governo. O agente estatal, que, na PPP, é chamado de poder concedente, deve estruturar e elaborar modelos de concessão que sejam interessantes financeiramente para os agentes privados, denominados de concessionários. Essa atratividade possibilita que os atores privados direcionem seus fundos e recursos orçamentários para esse tipo de atividade, favorecendo o aumento de escala e ampliando as oportunidades de lucro. Assim a *locação social de mercado* é estruturada com um poder concedente, que viabiliza a prestação do serviço público com incentivos, contrapartidas e garantias e com o concessionário que entra com o investimento e presta o serviço ao beneficiário.

Deve-se salientar, contudo, que a *locação social de mercado* não é uma iniciativa isolada e aleatória do Estado, sendo inserida em um contexto mais amplo de reestruturação do papel do Estado na prestação de serviços e na sua atuação.

3.2 A reconfiguração do Estado: de provedor a regulador dos serviços públicos

Nas últimas décadas, observou-se uma reconfiguração da maneira como o Estado atua e presta serviços. Dentro desse contexto, instrumentos jurídicos como a PPP ajudaram a pavimentar essa transformação. O cientista político Levi-Faur (2005) chama atenção para duas formas de atuação estatal usando os termos *steering* (direção, liderança, orientação) e *rowling* (prestação de serviços, empreendimento). Nesse sentido, o autor divide a atuação do Estado entre a prestação direta de serviços públicos, o que ele chama de *steer*, e a orientação/regulação da prestação desses serviços pelos agentes privados, o que ele denomina *row*. O autor observa que, no século XIX, tanto a direção quanto a prestação dos serviços estavam a cargo dos setores privados. Ocorre que a crise dos períodos entre guerras e a crescente democratização dos países levaram a uma expansão do papel do Estado com a absorção e a expansão dessas funções em sua atuação. A partir dos anos 1970, a função de *row* ou prestação direta de serviços foi paulatinamente sendo transferida aos setores privados da economia, ficando o Estado a cargo das capacidades regulatórias, guiando o rumo dessas prestações sem se imiscuir na produção direta desses serviços.

Levi-Faur (2005) denomina essa reconfiguração de papéis, tanto do Estado quanto da iniciativa privada, de *capitalismo regulatório*. Nesse contexto, o ente estatal delega as funções de provimento direto de serviços para os agentes privados, ao mesmo tempo em que assume a responsabilidade regulatória dessas funções. Deixa de atuar, portanto, diretamente na prestação de serviços e concentra suas atividades na atuação indireta de orientação e de regulação dos agentes privados. Trata-se de uma reorganização do Estado (delegações de serviços e criação de agências reguladoras) e uma reestruturação também dos próprios agentes privados. No entanto, deve-se ressaltar que essa transformação estatal não resultou em sua diminuição ou mesmo a contração de seus gastos, mas sim em uma redefinição de seu papel e de sua atuação.

Dentro desse cenário de transformação, diversos estudiosos associam essa mudança à ascensão do neoliberalismo. David Harvey (2007), por exemplo, afirma que a recessão vivida pelos países desenvolvidos na década de 1970 reduziu a arrecadação fiscal justamente em um momento de crescente demanda por gastos sociais, assim, o déficit público emergiu como problema a ser solucionado. Nesse quadro, os interesses financeiros foram colocados em oposição aos direitos sociais. Diante dessa situação, o ideário e as políticas neoliberais surgiram como uma solução, reposicionando o papel do Estado para a criação de ambientes favoráveis à iniciativa privada com incentivos fiscais e econômicos em detrimento do provimento de políticas de bem-estar social. O autor argumenta que a abordagem neoliberal se tornou hegemônica nos anos 1980, tornando-se uma estratégia amplamente adotada por diversos países para responder às crises do capitalismo.

A autora norte-americana Wendy Brown (2020, p. 132) chama atenção para o conceito de neoliberalismo realmente existente, referindo-se a um conjunto de políticas públicas, fiscais e econômicas adotado, sobretudo, a partir dos anos 1970. Esse conceito se refere a uma constelação de medidas que se desenvolve, embora com peculiaridades locais, para "instalar o mercado e a moralidade nos locais em que a sociedade e a democracia se encontravam, por meio do princípio da liberdade em relação à regulação estatal [...]". Esse "neoliberalismo realmente existente" enfatiza certas ideias centrais que direcionam e moldam a transformação do Estado, tais quais: (1) austeridade fiscal com a diminuição de políticas anticíclicas em benefício de uma responsabilidade fiscal que ainda reduz a oferta de serviços públicos e a cobertura da proteção social; (2) reconfiguração dos benefícios sociais com o acréscimo de mais condicionalidades para o acesso, dificultando e tornando-os menos acessíveis para a universalidade da população; (3) fomento à ideologia do empreendedorismo em que cada pessoa é responsável por si mesma, com um forte viés individualista e uma ideia de que o sucesso ou fracasso pessoal são resultado de suas próprias ações e condutas; (4) adoção de racionalidade econômica em todos as áreas da sociedade (saúde, educação, habitação, entre outras), estendendo o raciocínio econômico aos assuntos que antes eram entendidos como afetos à decisão política (Fleck, 2022).

Em meio a essa constelação de princípios, há também a disseminação e a promoção de um discurso dominante que normaliza e instrumentaliza essas abordagens econômicas. Nesse sentido, agências de notícias, consultores econômicos, *think-thanks*, instituições financeiras, organizações *market-oriented* disseminam discurso de austeridade fiscal combinado com a inserção de lógica de mercado em áreas até então exclusivas do Estado e ainda difundindo uma ideia de serviço público associado ao desperdício, à ineficiência, aos privilégios e ao parasitismo. Nesse sentido, naturalizam-se discursos relativos à ineficiência do Estado e apresenta-se uma solução inevitável, qual seja, a substituição do Estado pela iniciativa privada na provisão dos serviços. A construção desse discurso de ineficiência é muito bem apontada por Wolfgang Streeck (2013, p. 11-12) nesta passagem:

[...] o sistema de telefonia nacional era administrado pelos Correios até o final dos anos 80, e seus lucros eram utilizados para subsidiar o serviço postal. O espírito do sistema pode ser ilustrado pelo aviso que as cabines de telefones públicos costumavam ter: Fasse Dichkurz, ou "Seja, breve". Pedia-se aos cidadãos que não abusassem do seu acesso privilegiado às preciosas linhas telefônicas estatais para jogar conversa fora. Em comparação, alguns anos atrás uma das muitas empresas de telefonia privada, com seus inúmeros planos personalizados, lançou anúncios mostrando jovens conversando em seus celulares com o slogan Quatsch Dichleer, ou "Jogue conversa fora à vontade.

Alternativas colocadas a esse imaginário são tachadas como populistas e fora da realidade. A disseminação desse modo de pensar e dessas práticas político-econômicas se enraízam no imaginário do senso comum a ponto de serem tomadas como algo inevitável, situação resumida por Wolfgang Streeck (2017) pela frase *"There Is No Alternative – TINA"* ou "não há alternativa".

Todavia essa suposta inevitabilidade deve ser questionada. Maria Paula Dallari Bucci (2023) ressalta que frequentemente as pessoas tendem a considerar os atuais problemas experienciados como únicos e sem paralelo na história. No entanto, a autora relembra que a humanidade já enfrentou desafios tão ou mais significativos que os atuais, como, por exemplo, o perigo da destruição nuclear durante a Guerra Fria ou mesmo o surgimento de regimes totalitários no início do século XX, assim, uma análise retrospectiva poderia trazer mais objetividade a nossa visão atual, muito afetada por emoções momentâneas.

Bucci (2023) destaca que, diante dessas crises anteriores, a sociedade formou coalizões políticas e elaborou soluções legais que enfrentaram essas questões, criando o Estado Social, e que, por conseguinte, as atuais gerações também têm capacidade de superar suas adversidades. Finaliza com uma chamada à ação, enfatizando a importância do engajamento para construir saídas e soluções para o futuro, inspiradas pelas construções passadas. Além disso, a professora Bucci atenta para o fato de que o Estado Social emerge em momentos de crise, com o intuito de restaurar a unidade e a coesão social, não sendo mero produto natural da evolução histórica, e sim de lutas e disputas políticas.

Nesse sentido, a direção do Estado não é inexorável, estando em disputa e sendo uma construção política a ser reivindicada e manejada no bojo das lutas políticas. Atualmente, percebe-se uma reorientação do papel do Estado que antes era executor e provedor direto de serviços públicos e agora se apresenta a partir de um modelo que concentra sua atuação na regulação desses serviços prestados pelos agentes privados. Essa transformação vem acompanhada de um forte enfoque no discurso e nos instrumentos legais de controle de gastos, na redução de proteções sociais e no surgimento de novos padrões contratuais administrativos, estruturados a partir dos conceitos de desempenho e de qualidade do serviço. A lógica mercadológica e a racionalidade econômica estão presentes inclusive em serviços dos Estados que não necessariamente estão ligados ao mercado e à produção mercantil, como a educação e a saúde, por exemplo. Assim, na área da educação superior, pode-se observar a criação, em universidades públicas, de mecanismos de avaliação quantitativa entre professores que acabam competindo entre si por recursos e progressões funcionais.[88]

---

[88] Dardot e Laval (2016, p. 2-3) chamam atenção para uma racionalidade neoliberal que expande e fortalece a lógica do mercado para fora da esfera mercantil: "Pois, a lógica da acumulação de capital implica sempre na produção de crescentes quantidades de mercadorias. É preciso, então, supor que a racionalidade neoliberal se caracteriza precisamente pela expansão e fortalecimento da "lógica de mercado" fora da esfera mercantil. Ora, isto quer dizer que o neoliberalismo deve ser caracterizado pela transformação da competição em forma geral das atividades de produção, especialmente daquelas que produzem serviços não mercantis e até mesmo daquelas atividades sociais fora da esfera produtiva".

Essa reconfiguração também é observada no cenário brasileiro. Veja-se, por exemplo, o Decreto n. 83.740/1979, promulgado pelo presidente militar João Figueiredo, que instituiu o Programa Nacional de Desburocratização. Esse decreto configura-se como um marco significativo, uma vez que expressamente menciona a intenção de reduzir a intervenção estatal na economia e fomentar maior envolvimento do setor privado. Nesse sentido, as alíneas "f" e "g", do art. 3º, estabelecem que o programa tem por objetivo fortalecer as empresas nacionais, capacitando-as para delegação de encargos e atribuições que àquela época se encontravam sob responsabilidade das empresas estatais, bem como impedir o crescimento desnecessário da máquina pública por meio do estímulo da execução indireta pelas empresas privadas. Seguindo essa lógica, o governo militar ainda editou o Decreto n. 86.215/1981, que privatizou vinte empresas que estavam sob o controle acionário da União.

A gestão Sarney manteve essa toada, sendo que o Decreto n. 91.991/1985 estabeleceu um programa de privatização de empresas sob controle direto ou indireto do governo federal e proibiu que a União criasse novas estatais a partir daquele decreto. Nesse momento pós-ditadura, dezoito empresas públicas foram privatizadas, incluindo a Companhia Brasileira de Cobre e a Aracruz Celulose (Silva, A. C. E., 2002).

Essa tendência de restrição do papel do Estado continuou por toda a década de 1990. O governo Collor promulgou a Lei n. 8.031/1990, que criou o Programa Nacional de Desestatização, que teve continuidade nos governos de Itamar Franco e Fernando Henrique Cardoso (FHC) e fundamentou juridicamente a privatização de mais de sessenta empresas estatais, incluindo a Companhia Siderúrgica Nacional e a Companhia Vale do Rio Doce.

Durante a gestão de FHC, sob a liderança do ministro da Administração Federal e Reforma do Estado (MARE), foi implementada uma ampla reforma administrativa, por meio da EC n. 19/1998, que conduziu, nas palavras usadas pela *Exposição de Motivos Interministerial n. 49/1995*, à reestruturação do Estado e à redefinição de seu papel e da sua forma de atuação, incorporando a dimensão da eficiência na administração pública, contribuindo para o equilíbrio fiscal, trazendo novas estruturas contratuais e formatos jurídicos no âmbito da Administração Pública e enfatizando a qualidade e o desempenho nos serviços públicos (Brasil, 1998). Nas palavras de Bresser-Pereira (2008, p. 26), idealizador da reforma, "o Estado, ainda que possa e deva ser grande do ponto de vista da despesa se pretende ser um Estado Social, pode ser pequeno em termos do quadro de pessoal, e contar com um pessoal altamente bem treinado e bem pago que supervisione serviços não-exclusivos de Estado".

O governo FHC também executou um extenso plano de privatizações que congregou diversas áreas, como as telecomunicações e os setores ferroviário, energético, bancário e de distribuição de energia. Em razão dessas privatizações, foram criadas autarquias especiais que objetivam regular os serviços públicos transferidos para a iniciativa privada, como, por exemplo, a Agência Nacional de Telecomunicações (ANATEL), a Agência Nacional de Energia Elétrica (ANEEL) e a Agência Nacional do Petróleo (ANP) – tais privatizações foram viabilizadas pela promulgação da Lei n. 8.987/1995, que institui a concessão de serviço público remunerado por tarifa.

Deve-se destacar, contudo, que naquela época as privatizações e as delegações de serviço público se concentravam, respectivamente, em empresas estatais com potencial de lucro e em serviços públicos que se sustentavam financeiramente por meio de tarifa, deixando de fora os serviços públicos e as empresas deficitárias. A Lei de PPP, promulgada pelo presidente Lula, em 2004, está inserida nessa trajetória histórica de redução da atuação estatal na provisão de serviços públicos. Nesse sentido, longe de ser inaugural, a Lei das PPPs complementa e continua um processo que se estende por décadas. Nas palavras de um de seus idealizadores, Carlos Ari Sundfeld (2011, p. 23), a legislação "teve, então, o limitado escopo de instituir justamente as regras faltantes". Nesse sentido, a Lei de Parcerias teve o escopo de possibilitar a delegação dos serviços públicos daqueles serviços que não poderiam ser financiados apenas com o pagamento de tarifa pelo usuário, instituindo, portanto, além da prestação pecuniária complementar à tarifa, diversas garantias para assegurar o cumprimento das obrigações assumidas contratualmente pelo poder público.

No âmbito da moradia, esse processo de reconfiguração também pode ser observado. Durante a ditadura militar (1964-1985), o modelo de produção de habitação social era estatal e centralizado, com a oferta das unidades habitacionais sendo feita por meio de produção pública. Nesse sentido, o Estado era o principal responsável pela formulação e implementação dessa política, assumindo o papel de principal provedor de habitação. O governo federal centralizava tanto a arrecadação da principal fonte financiadora da política habitacional (FGTS) quanto à formulação das políticas. Esses recursos eram inicialmente repassados aos governos subnacionais, que, por sua vez, os encaminhavam às empresas públicas de habitação que contratavam a construção das unidades habitacionais com a iniciativa privada. A partir desse modelo, 44 empresas municipais e estaduais de habitação foram criadas (Arretche, 2002).

O governo FHC revisou o modelo anterior, descentralizando a alocação dos recursos federais e dando maior autonomia às autoridades locais para a utilização desses valores. A descentralização, entretanto, veio acompanhada de critérios mais rigorosos para empréstimos voltados às empresas públicas de habitação, que só poderiam obter os recursos se comprovassem capacidade de endividamento. Apesar de um aumento considerável da disponibilidade dos recursos do FGTS, poucas empresas conseguiram comprovar a capacidade de endividamento e acessar esse crédito. A decisão de endurecimento dos critérios para empréstimos, tomada pelo conselho curador do FGTS, acabou por desfinanciar diversas empresas estatais e agravar ainda mais seus endividamentos. Em resposta, o governo federal abriu linhas de crédito para financiar privatizações dessas empresas, sendo que, entre 1995 e 2000, diversas entidades administrativas da área de habitação declararam falência ou migraram suas atividades para a área de desenvolvimento urbano (Arretche, 2002).

Paralelamente, o governo FHC estabeleceu diretrizes de mercado voltadas à provisão habitacional, incentivando uma participação mais ativa do setor privado e introduzindo políticas de crédito direcionadas ao comprador (mutuário). Dois programas de financiamento foram estruturados. O primeiro, não muito distinto do praticado anteriormente, era chamado de *Pró-moradia*, e concedia financiamento a entes públicos para promover o acesso à moradia adequada. O segundo, chamado *Programa Carta de Crédito Individual*, representou um rompimento com as políticas anteriores, ao conceder financiamento diretamente à pessoas físicas, na qualidade de mutuário, para a compra de unidades habitacionais novas ou usadas diretamente no mercado imobiliário. Os recursos do FGTS foram majoritariamente destinados ao *Carta de Crédito Individual*, marcando uma mudança significativa em relação ao que era praticado. Além disso, a Lei n. 9.514/1997 foi promulgada durante a gestão FHC, instituindo o Sistema de Financiamento Imobiliário e regulamentando os financiamentos imobiliários fora do Sistema Financeiro Habitacional (SFH).

Por sua vez, o PMCMV, instituído pela Lei n. 11.977/2009, definia dois processos distintos para a provisão habitacional. No caso das famílias com renda de até três salários mínimos, os estados e os municípios selecionavam os beneficiários e os indicavam à CEF. Nesse cenário, a Caixa contratava diretamente a empresa, comprando sua produção habitacional, e os imóveis eram comprados pelos beneficiários diretamente na CEF. Por outro lado, no caso das famílias com renda entre três e 10 salários mínimos, os beneficiários poderiam adquirir seus imóveis diretamente das construtoras ou da CEF. Nessa situação, a Caixa financiava os compradores finais de projetos produzidos diretamente pelas empresas privadas. Nos dois casos, a construtora ou incorporadora mantinha a responsabilidade sobre a provisão do serviço – detalhes do projeto, execução, localização dos empreendimentos, materiais, entre outros. O poder Executivo da União, por sua vez, definia parâmetros de priorização e enquadramento, assim como os limites de renda. O Ministério das Cidades era o órgão gestor, exercendo um papel regulador do programa. A Caixa, como agente operacional e financeiro, fazia o controle dos projetos, aprovava, financiava e concedia o financiamento. A estruturação do Programa evidencia claramente a configuração do Estado como um agente regulador, enquanto a iniciativa privada fornece e presta os serviços habitacionais.

O PMCMV reestruturado pelo governo Lula (2023-presente), não modifica substancialmente essa configuração de divisão de responsabilidades. Além disso, a Lei n. 14.620/2023 realça essa reconfiguração do papel estatal ao trazer disposições específicas sobre a possibilidade de incorporação da parceria público-privada habitacional como uma de suas estratégias de ação. Veja-se que o art. 6º, §1º, estabelece as fontes de recursos do Programa e prevê que os recursos do Fundo Garantidor da Habitação Popular (FGHab) podem ser direcionados às parcerias público-privadas realizadas pela União, estados, Distrito Federal e municípios. No mesmo sentido, o §3º, do art. 4º, determina que as aquisições de unidades habitacionais pelo FAR e pelo FDS podem ser realizadas por programas e ações desenvolvidos pelos diferentes entes federativos, incluindo as suas parcerias público-privadas. Consolidando essa direção, o §19, art. 6º, expressamente prevê a possibilidade de a União destinar recursos às parcerias público-privadas por meio de repasses e de financiamentos (Brasil, 2023a).

Dessa forma, incrementalmente se estabeleceu e se desenvolveu um arcabouço jurídico e institucional que promove, incentiva e facilita uma maior atuação do setor privado na provisão de serviços públicos. A adoção e a implementação das PPPs estão dentro desse contexto.

3.3 As PPPs como um dos instrumentos do processo de reconfiguração dos papéis do Estado: a estratégia discursiva e o papel das agências internacionais

A implementação das PPPs é reforçada e viabilizada por uma narrativa centrada nos argumentos de escassez de recursos financeiros do Estado e na busca por eficiência na prestação dos serviços com o aproveitamento das vantagens da gestão mais célere e econômica do setor privado. Esse discurso é frequente e ativamente estimulado por agências de financiamento nacionais e internacionais.

Especificamente no âmbito da habitação, há uma disseminação da ideia de incapacidade financeira e ineficiência estatal em produzir habitação de qualidade, apresentando-se uma solução inevitável, qual seja, a prestação desses serviços por PPP. Mariana Fix (2004), analisando o contexto das políticas habitacionais paulistanas, chama atenção para o fato de que a reconfiguração na divisão de tarefas entre iniciativa privada e Estado é posta em prática a partir de um discurso de cunho fiscal que traz a incapacidade estatal de investimento em infraestrutura e o desfinanciamento do Estado como obstáculos à entrega de serviços públicos adequados. Essa incapacidade justifica a adoção de um novo modelo em que o ente estatal abandona seu papel de provedor e assume uma postura regulatória, indutora e promotora, criando condições favoráveis para a provisão de serviços pela iniciativa privada. Nesse contexto, prossegue a autora, a adoção de uma PPP para habitação se apresenta como uma "fórmula mágica" em tempos de estado de emergência fiscal, haja vista a promessa propagada de construção massiva e rápida de unidades habitacionais bem localizadas, além de romper com um padrão estatal tradicional de provisão habitacional visto como engessado e burocrático.

Cabe assinalar, entretanto, que a instituição de PPP pela legislação brasileira não é algo inédito ou exclusivo do contexto brasileiro e recebe influxos de experiências internacionais. Particularmente, a previsão e a instituição legal de PPP têm como inspiração o instituto

britânico chamado de *Private Finance Initiatives* – PFIs (Coutinho, 2011).
Nas PFIs, traduzido para o português como *Iniciativa de Financiamento Privado*, o parceiro privado constrói infraestrutura, financia o empreendimento e gerencia o serviço a partir de especificações e regulamentos estabelecidos pelo setor público, que define de forma geral o que é considerado como serviço adequado. Nessa modalidade de contrato, o agente privado assume os riscos associados à construção, à manutenção do bem público e ao gerenciamento dos serviços relacionados. A remuneração do parceiro privado está atrelada ao desempenho e pode se originar tanto nas tarifas pagas pelo usuário quanto por pagamentos feitos pelo setor público ao longo do contrato. Ao término do contrato, a propriedade do bem pode ser revertida ao poder público, a depender dos termos do acordo estabelecido. Segundo dados do Governo Britânico, as "PFIs entregaram cerca de £56 bilhões em investimentos de capital do setor privado em mais de 700 projetos de infraestrutura do Reino Unido. Isso inclui novas escolas, hospitais, estradas, moradias, prisões e equipamentos e acomodações militares" (Reino Unido, 2023, tradução nossa).

Desde então, esse modelo de financiamento tem sido difundido como principal meio para viabilizar a prestação de serviços públicos. Assim, diversas instituições financeiras, tanto internacionais – como o Banco Mundial, o BID e o Fundo Monetário Internacional (FMI) – quanto nacionais – como o Banco Nacional de Desenvolvimento Econômico e Social (BNDES) – têm contribuído para a disseminação das PPPs. O BNDES, por exemplo, em 2003, promoveu conjuntamente com o BID e o Ministério das Relações Exteriores um seminário internacional focando no financiamento de serviços públicos e na importância das PPPs para esse fim. No mesmo sentido, o então presidente do BNDES defendeu, em palestra proferida em 2005, a maior adoção dessas parcerias como um dos propulsores de um novo ciclo de desenvolvimento para o país (Mantega, 2005). O BID, por sua vez, participou ativamente do processo de elaboração da lei de PPPs, firmando convênio com o Ministério do Planejamento, em agosto de 2004, e fornecendo recursos para a contratação de consultores especializados para a elaboração de minuta de lei que instituísse o mecanismo no ordenamento jurídico brasileiro. A minuta foi incorporada ao projeto de lei e resultou no que hoje é a Lei de Parcerias (Ribeiro; Prado, 2007). Essa participação é narrada por Maurício Portugal Ribeiro e Lucas Navarro Prado (2007, p. 33-34) nos seguintes termos:

Nessa época, no Ministério do Planejamento, o assunto havia passado para a responsabilidade da Assessoria Econômica do ministro – ASSEC, da qual era titular Demian Fiocca, que começou a montagem da Unidade de PPP do Governo Federal e que conduziu, desde então, o processo de negociação da Lei de PPP no Congresso. Ciente das diversas críticas existentes ao projeto de lei em tramitação no Congresso, Demian viabilizou convênio entre o Ministério do Planejamento e o BID – Banco Interamericano de Desenvolvimento, pelo qual o Banco contratou, em agosto/2004, Mauricio Portugal Ribeiro, como consultor especialista em direito administrativo e PPP, e, em outubro/2004, Marcos Barbosa Pinto, como consultor especialista em direito comercial e PPP, para elaborarem uma minuta de Lei de PPP alternativa à que estava em tramitação no Congresso. Redigida a nova minuta no âmbito do convênio entre BID e Ministério do Planejamento, ela foi negociada dentro do Governo, especialmente entre os técnicos da ASSEC, do Ministério do Planejamento, e os da STN- Secretaria do Tesouro Nacional, do Ministério da Fazenda, que fizeram algumas modificações relevantes na minuta. [...] Após negociação dentro do Governo e um acordo entre as lideranças do Senado (do qual participaram, entre outros, os senadores Aloizio Mercadante, Tasso Jereissati, Rodolpho Tourinho e Sérgio Guerra), a minuta de PL elaborada por Mauricio Portugal Ribeiro e Marcos Barbosa Pinto, com algumas modificações realizadas nas negociações internas do Governo, foi absorvida pelo senador Valdir Raupp no seu relatório final para a Comissão de Assuntos Econômicos, que foi aprovado em 18.11.2004.

Em 2017, o Banco Mundial divulgou o relatório *Financiamento privado de infraestruturas públicas através de PPPs na América Latina e no Caribe*, argumentando que há um vasto potencial de expandir as parcerias público-privadas (PPPs) na região e auxiliar na eliminação do déficit de infraestrutura. O documento orienta os países da região a elaborar amplos e detalhados projetos de infraestrutura com estruturas sólidas de PPP que aloquem adequadamente o risco e viabilizem o projeto para atração de investimento; a desenvolver e derrubar barreiras regulatórias dos setores financeiros e de mercados de capitais para o apoio efetivo de programas de PPP; a aprimorar a legislação sobre PPP com alocação de riscos adequada com intuito de conferir maior eficiência ao processo de PPP; a proceder às mudanças regulatórias no setor financeiro para atrair investimentos de fundos de pensão; a abrir o mercado de infraestrutura para as grandes concessionárias estrangeiras, atraindo o financiamento de bancos internacionais; a autorizar e facilitar a entrada de instituições financeiras de desenvolvimento com o intuito de oferecer uma gama variada de produtos financeiros e atrair financiadores privados. Anote-se, ainda, que o relatório afirma que a solidificação das parcerias no âmbito dos países da América Latina e Caribe dependem de uma "dissociação do ciclo político e da criação de sistemas resilientes de governança institucional e financeira para as PPP" – o trecho sugere que projetos de PPP devem estar alheios a mudanças de governo que poderiam levar a inconstâncias no financiamento e na execução dos projetos, sugerindo a separação dessa agenda financeira dos ciclos políticos (Garcia-Kilroy; Rudolph; Banco Mundial, 2017).

Ainda, a *International Finance Corporation* (IFC), instituição privada de investimento e de desenvolvimento do Grupo Banco Mundial e que tem por objetivo desenvolver o setor privado em países em desenvolvimento, firmou em 2018 e ampliou em 2021 um Acordo de Cooperação para consultoria em projetos de concessão e de parcerias público-privadas com a Caixa Econômica Federal para a estruturação e a implantação de projetos de PPPs de iluminação pública. Os recursos do acordo são disponibilizados via Fundo de Apoio à Estruturação de projetos de concessão e PPP (FEP-CAIXA) (Casa Civil, 2021). Vale assinalar que esse fundo também é abastecido por recursos oriundos do BID. O Ministério da Educação anunciou, em 2022, a assinatura de contrato entre a FEP-Caixa e o consórcio intermunicipal CIM-AMFRI de Santa Catarina para a estruturação de projetos no âmbito da educação infantil, especificamente em creches escolares para crianças entre 0 e 3 anos. O Consórcio CIM-AMFRI é constituído na forma de associação pública e com personalidade jurídica de direito público, foi criado em 05 de fevereiro de 2019 e congrega os municípios de Balneário Camboriú, Balneário Piçarras, Bombinhas, Camboriú, Itajaí, Itapema, Luiz Alves, Navegantes, Penha e Porto Belo (Brasil, 2022a).

Essas instituições desenvolvem duas funções importantes. Primeiro, oferecem linhas de créditos e apoios financeiros para estados e parceiros privados que queiram adotar o mecanismo de PPP. Segundo, reforçam, por meio de estudos, palestras e cursos de capacitação,[89] a

---

[89] A título de exemplo, o BID abriu inscrições em abril de 2023 para o curso denominado "Parcerias Público-Privadas para o Desenvolvimento: Implementando Soluções no Brasil", que tem a seguinte ementa: "O curso analisa a concepção, seleção, avaliação e implementação de projetos de Parcerias Público Privadas no Brasil, identificando benefícios e riscos que esse tipo de disposição contratual possui para o fornecimento de infraestrutura e serviços públicos no país. As Parcerias Público-Privadas (PPPs) tornaram-se um instrumento essencial para o crescimento produtivo, econômico e social do Brasil. No entanto, ao desenvolver e programar as PPPs observam-se restrições nas capacidades técnicas dos responsáveis,

importância da ferramenta jurídica e da adoção do modelo de prestação de serviço público, especialmente em um cenário nacional e mundial de ajuste e de austeridade fiscal. As parcerias público-privadas são apresentadas como um modelo jurídico essencial em um momento que os estados enfrentam restrições orçamentárias que limitam suas capacidades de financiamento de projetos de infraestrutura e de prestação de serviço. Nesse cenário, o corte de gastos e a redução de déficit fiscal são vistos como essenciais para a sustentabilidade financeira do Estado, e as PPPs são promovidas como instrumento capaz de alavancar investimentos privados sem deteriorar as finanças públicas, mesclando a eficiência do setor privado com as obrigações legais do setor público.

3.4 A Austeridade Fiscal como Decisão Política: Priorização de Gastos Estatais, Adoção de PPPs e Implicações Jurídicas

O modelo de provisão de serviço em que o Estado se desengaja do seu papel de provedor e passa a regulá-lo é justificado pela impossibilidade de provisão por parte do ente estatal em razão das atuais restrições fiscais e orçamentárias enfrentadas pelos Estados. Contudo, essa reconfiguração tem motivações que vão além de uma simples lógica de matemática financeira. A adoção do mecanismo jurídico de PPP evidencia uma escolha política que congrega valores não estritamente mensuráveis ou quantificáveis em termos monetários. Assim, não se trata apenas de uma direção guiada por cálculos fiscais e econômicos, mas também uma manifestação política por um modelo de Estado alinhado a uma tendência contemporânea de gestão pública gerencial e a uma determinada concepção política sobre o controle de gastos públicos.

em especial no setor público. Para preencher esta lacuna, o IDBx desenvolveu este curso. Este é o primeiro MOOC disponível em português sobre o tema PPPs, seu planejamento e implementação em projetos de desenvolvimento no Brasil. Este curso busca compartilhar experiências de instituições internacionais com a finalidade de ajudar a diminuir lacunas de conhecimento na utilização efetiva das PPPs, oferecendo ideias, soluções e lições aprendidas para solucionar desafios e fortalecer a capacidade técnica e administrativa do setor público no Brasil. Para este efeito, o curso coloca à disposição dos participantes leituras selecionadas, vídeos, casos de estudo e outros recursos de aprendizagem. O curso é baseado nos conteúdos do Guia de Referência sobre Parcerias Público-Privadas (PPPs) versão 3.0, desenvolvido e publicado em 2020 pelo BID, Banco Mundial (BM) e Banco Asiático de Desenvolvimento (ADB)". Disponível em: https://cursos.iadb.org/en/indes/parcerias-p-blico-privadas-para-o-desenvolvimento-implementando-solu-es-no-brasil-1.

Note-se que, ao afirmar isso, não se está defendendo um gasto público desordenado e sem critérios. Quer-se sublinhar, contudo, que a decisão política que determina em que área de investimento o controle de gastos será aplicado não é uma mera questão de contabilidade ou de matemática financeira. O uso do argumento de austeridade e corte de gastos, muitas vezes, escamoteia um detalhe importante que é a hierarquização subjacente dos gastos públicos com o escalonamento de importância desses gastos. Essa priorização pode levar à concentração desproporcional de recursos públicos em determinadas despesas, como o pagamento da dívida pública, em detrimento de áreas afetas às políticas sociais, por exemplo. Dessa forma, longe de ser uma decisão técnica e matemática, as decisões que envolvem a destinação de recursos financeiros do Estado traduzem certas prioridades e valores políticos específicos.

A existência dessa priorização e desse escalonamento de gastos fica evidente quando discursos de austeridade fiscal convivem com políticas de desoneração tributária de suposto estímulo de crescimento econômico. Essas políticas, como a desoneração de empresas, a redução de alíquotas de imposto de renda para os mais abastados ou a isenção de impostos sobre dividendos pagos aos acionistas, resultam na diminuição do orçamento fiscal. A hierarquização pode levar à alocação preferencial de recursos em certas áreas enquanto se negligencia frequentemente o financiamento de políticas sociais essenciais. Portanto, é indispensável reconhecer que decisões sobre finanças públicas refletem também valores e prioridades políticas, não sendo determinadas apenas por critérios técnicos ou matemáticos.

Bercovici e Massonetto (2006) destacam que, desde a década de 1970, há um processo de hierarquização de gastos públicos que prioriza o pagamento da dívida e beneficia os que investem em títulos da dívida brasileira em detrimento da destinação de recursos para políticas sociais. Essa dinâmica é denominada pelos autores como "constituição dirigente invertida", em que as políticas do Estado brasileiro são subordinadas aos interesses da renda financeira do capital, com o intuito de garantir a acumulação de riqueza privada. Segundo os autores, essa reestruturação de gastos e esse corte de recursos para políticas sociais fizeram parte de uma estratégia política para o restabelecimento da capacidade interventiva do governo na economia. Contudo essa estratégia encontrou limitações e não logrou restabelecer a capacidade de atuação do Estado para eficazmente controlar e direcionar a economia.

Bercovici e Massonetto (2006) prosseguem afirmando que o direito tem um papel fundamental nesse processo de reestruturação e de limitação do poder de atuação do Estado. Após a CRFB/1988, houve uma separação clara entre os dispositivos voltados às regras financeiras e aqueles relacionados à *Constituição econômica*, com uma interpretação muito restrita do arcabouço fiscal. Essa interpretação restritiva resultou em uma paralisia da atuação estatal e em uma rigidez de sua estrutura financeira. As regras financeiras passaram a ser vistas como entidades autônomas, desvinculadas de qualquer relação com as outras disposições da Constituição e, ainda, aplicadas de forma "neutra", seguindo diretrizes próprias e lógicas completamente dissociadas da *Ordem Constitucional Econômica e Social*. O entendimento de uma *Constituição financeira* estanque e independente do resto dos dispositivos da CRFB/1988 limitou a capacidade interventiva do Estado e transformou partes significativas da CRFB/1988 em meras normas programáticas a serem alcançadas em um futuro indefinido, o que tornou extremamente difícil a implementação de medidas jurídicas e políticas focadas na promoção e no desenvolvimento social e econômico.

Paralelamente a essa cisão entre a *Constituição Financeira* e a *Constituição Econômica*, houve também uma transformação das funções do fundo público. Durante o período de 1945-1973, denominado como "consenso keynesiano", a serventia principal dos recursos financeiros do Estado era garantir a reprodução da força de trabalho, produzindo o "antivalor", assegurando direitos sociais e provisão de serviços públicos aos cidadãos. Hoje, entretanto, o fundo público "[...] não serve mais, preponderantemente, para, por meio de direitos sociais e serviços públicos, assegurar a reprodução da força de trabalho, passando também a ser disputado com o objectivo de garantir a remuneração do próprio capital" (Bercovici; Massonetto, 2006, p. 68). Dessa forma, o orçamento público passou a garantir a remuneração dos investimentos privados à custa da oferta de serviços públicos e de políticas sociais. Adicionalmente, o direito financeiro passou "a servir a uma nova função do Estado – a tutela jurídica da renda do capital e da sanção de ganhos financeiros privados, a partir da alocação de garantias estatais ao processo sistêmico de acumulação liderado pelo capital financeiro" (Bercovici; Massonetto, 2006, p. 69).

A autonomização do direito financeiro que isola a estrutura financeira do Estado em relação a outras disposições constitucionais e que a blinda das influências de demandas sociais é um processo ainda em desenvolvimento no contexto jurídico nacional. Diferentes arcabouços restritivos fiscais foram estabelecidos pelo Congresso Nacional, contando com o respaldo de gestões executivas de distintas orientações políticas. Nesse sentido, pode-se citar a EC n. 95 de 2016, proposta pelo governo Temer, que instituiu um novo regime fiscal que estabeleceu duras restrições orçamentárias com limites de gastos para União que vigorariam por vinte exercícios financeiros. No mesmo sentido, o Novo Arcabouço Fiscal, Lei Complementar n. 200/2023, proposto pelo presidente Lula, que substitui a emenda do teto de gastos, e demarca o crescimento real dos limites de despesa primária – gastos destinados ao financiamento de oferta de serviços públicos – entre 0,6% e 2,5% do Produto Interno Bruto (PIB).

Diante desse contexto jurídico de transformação do papel do Estado e da função do fundo público, as PPPs surgem como uma possibilidade para atuação do Estado. A justificativa dada para sua adoção e implementação é pautada pelo controle de gastos públicos e pela falta de recursos estatais disponíveis para a prestação de serviços públicos e para investimento em infraestrutura. Ocorre, entretanto, que as PPPs não representam necessariamente uma forma de atuação menos onerosa para o Estado. A experiência com a locação social de mercado ilustra isso claramente, o modelo acarreta despesas públicas consideráveis, evidenciando um alto valor de contrapartida por parte do Estado.

A principal motivação fiscal e contábil para adoção das PPPs reside no fato de que todo o investimento inicial e o ativo financeiro subjacente ficam sob a responsabilidade do parceiro privado. Assim, essa dívida inicial de montante expressivo fica adstrita ao balanço financeiro da empresa, melhorando os indicativos financeiros e econômicos da entidade pública envolvida. Subjaz no negócio uma troca de um valor inicial pago pelo parceiro privado por pagamentos mensais e futuros pagos pelo Estado ao longo de um determinado tempo. As PPPs permitem que um serviço seja prestado ou um investimento em infraestrutura seja feito com um custo inicial menor, entretanto, esses gastos são diluídos ao longo do período de vigência da concessão.

A adoção das PPPs é uma estratégia contábil de melhora das contas públicas, mas pode esconder um maior gasto estatal no longo prazo. Nessa perspectiva, o já citado estudo do Banco mundial *et al.* (2017) argumenta que os custos de financiamento do ente privado são maiores que os praticados para o financiamento público, o que acarreta maiores gastos estatais. Segundo esse estudo, a justificativa para adoção das parcerias deve ser enfatizada pelos ganhos de qualidade da prestação do serviço.[90] De forma semelhante, estudo patrocinado pelo FMI indica que o custo de financiamento do setor privado costuma ser mais oneroso do que o público e que a "questão central então se torna em saber se as PPPs resultam em ganhos de eficiência que compensam mais do que os maiores custos de empréstimo do setor privado" (Cangiano *et al.*, 2006, p. 13, tradução nossa). Nesse sentido, as justificativas fiscais lançadas para a adoção das PPPs são pouco consistentes. Some-se a isso três outras razões que trazem dúvidas sobre a economicidade dessa opção estatal. Em primeiro lugar, o desenho institucional e a implementação de um Estado regulador demandam um aumento considerável de gastos públicos para o desenvolvimento de instituições e legislações específicas que acompanhem e normatizem esse papel reconfigurado do Estado. Portanto, não há um enxugamento ou um corte de recursos do Estado, mas sim uma reestruturação do aparato estatal e uma realocação dos recursos dentro dessa estrutura.

Em segundo lugar, há um problema jurídico que pode comprometer a transparência dos gastos em uma perspectiva de longo prazo. O prazo de duração dos contratos de PPP podem variar entre 5 e 35 anos, o que traz diversos obstáculos para o cumprimento da Lei de Responsabilidade Fiscal (LRF). A LRF impõe uma série de restrições de gastos públicos limitadas temporalmente pela vigência das leis orçamentárias do Plano Plurianual, da Lei de Diretrizes Orçamentárias e da Lei Orçamentária Anual. Surge, então, uma dificuldade em estimar as despesas da PPP para todo o período de vigência do contrato, uma vez que essas projeções, nos termos da LRF e do arcabouço legal orçamentário, são feitas para o exercício em que a despesa for efetuada e para os dois exercícios seguintes.

---

[90] Colaciona-se a afirmação do estudo: "Embora as PPPs costumem ser vistas como um mecanismo para não incluir os investimentos públicos no balanço (*off-balancing*), a principal vantagem das PPPs é o maior grau de eficiência e qualidade decorrente da alocação dos riscos para os atores públicos e privados. Embora os custos de financiamento possam parecer mais elevados em comparação ao financiamento puramente público de infraestrutura, esse prêmio das PPPs reflete os riscos retirados dos contribuintes, incluindo riscos de construção, desempenho e receita, entre outros. Em troca, e expectativa é de que as PPPs ofereçam um serviço de melhor qualidade e inferior all-incost em comparação à prestação pública" (Garcia-Kilroy; Rudolph; Banco Mundial, 2017, p. 13).

Em razão disso, ou essa lei resultará descumprida, na medida em que empenhará orçamentos futuros, ou levará a rescisão dos contratos que venham a descumpri-la no decorrer de sua execução, com as consequências financeiras que toda rescisão extemporânea acarreta para o poder público (Di Pietro, 2021, p. 222-223).

Dessa forma, apesar de ser apresentada como uma solução que traria menor custo para o Estado, a adoção das PPPs pode trazer, em uma análise de longo prazo, riscos fiscais, além de elevar os gastos públicos e comprometer a transparência da gestão dos recursos públicos.[91]

Em terceiro lugar, os gastos com PPP e o consequente aumento do endividamento do Poder Público vêm sendo alargados a partir de uma flexibilização interpretativa da contabilização das despesas dessas parcerias dadas pelos órgãos do Estado, como a Secretaria do Tesouro Nacional. Por exemplo, o governo Lula (2023-2026) anunciou um pacote de medidas com o intuito de incentivar o uso das PPPs e fomentar os investimentos em infraestrutura e serviços públicos no país, especialmente nos estados e municípios. Nesse sentido, diversas medidas foram anunciadas pelo Ministério da Fazenda e pela Secretaria do Tesouro Nacional.[92] Uma dessas medidas foi a flexibilização da forma como é feito o cálculo das despesas de PPPs consideradas para o limite máximo de gasto de 5% da Receita Corrente Líquida estabelecido no art. 28 e art. 22 da Lei de Parcerias Público-privadas. A Portaria da Secretaria do Tesouro Nacional – Ministério da Fazenda n. 138, de 6 de abril de 2023, especificou que, para os fins do disposto nos arts. 22 e 28 da Lei n. 11.079, as despesas relativas à execução dos contratos de PPP que

---

[91] Nas palavras de Maria Sylvia Di Pietro (2021, p. 223): "Vale dizer que nenhuma das exigências contidas no art. 10, incisos I a da Lei n° 11.079/2004, pertinentes à Lei de Responsabilidade Fiscal, tem condições de ser cumprida em relação a todo o período de vigência dos contratos. Não há dúvida de que a Lei n. 11.079, embora com a natureza de lei ordinária, conflita com os objetivos, princípios e normas que inspiraram a Lei de Responsabilidade Fiscal, que tem a natureza de lei complementar".

[92] Três medidas direcionadas às PPPs se destacam. A primeira delas será mais bem detalhada na seção 3.6.1 e consiste na alteração do Decreto n. 8.874/2016, que trata da emissão de debêntures incentivadas, adicionando novos setores passíveis de financiamento por esse título de crédito. A segunda e a terceira foram feitas a partir de modificações no *Manual para Instrução de Pleitos* (MIP) que estabeleceram a possibilidade de a União apoiar o financiamento de aportes e de contraprestações continuadas em PPPs. Assim, o município e o estado que estruturarem uma PPP com previsão de aporte de recursos para a realização de obras e aquisições de bens reversíveis poderão financiar esses aportes numa instituição financeira interna ou externa com a garantia da União. O mesmo vale para a fiança dada ao pagamento das contraprestações pecuniárias que também poderão ser garantidas pela União.

substituem despesas preexistentes não são contabilizadas, uma vez que não foram criadas pelo contrato de PPP. Por exemplo, a construção de uma nova escola via PPP é contabilizada no limite do art. 28, mas um projeto PPP que modernize escolas existentes terá apenas o custo adicional contabilizado e não seu custo total. Além disso, não entram no cômputo desse cálculo as despesas de aporte para a realização de obras e aquisição de bens reversíveis, uma vez que não possuem caráter de despesa continuada (Brasil, 2023c).

Dessa forma, as PPPs possibilitam a realização de investimentos iniciais com pouco dispêndio de recursos públicos, mas podem representar truques contábeis que não contabilizam os contratos de PPP como déficit público o que pode acarretar oneração de recursos orçamentários do Estado no longo prazo. A defesa dessas parcerias, frequentemente atrelada a retórica de uma administração gerencial e às ideias de transparência, de austeridade fiscal, de gestão responsável e de respeito a coisa pública, esconde muitas vezes sérias implicações fiscais, jurídicas e contábeis que podem comprometer a eficiência e a transparência das finanças estatais em uma perspectiva temporal mais ampliada, além de trazer inseguranças jurídicas ao próprio parceiro privado. Adicionalmente, sob uma perspectiva democrática, essa prática é problemática, uma vez que transfere despesas orçamentárias para subsequentes gestões políticas, vinculando por mais de trinta anos administrações de diferentes orientações políticas e desconsiderando os futuros contextos eleitorais.

Esta seção discute críticas às PPPs em geral, que também se aplicam às PPPs voltadas para a locação social de mercado. Essas críticas são importantes para aprimorar modelos habitacionais de PPP, com o objetivo de evitar problemas e de assegurar a durabilidade e a qualidade das unidades e dos serviços habitacionais prestados. É importante, portanto, considerar soluções específicas que abordem as especificidades de parcerias habitacionais de locação de mercado, incluindo: (a) o desenvolvimento de modelos sustentáveis considerando a longa duração dos contratos e os custos de implantação, manutenção e operação do negócio; (b) a implementação de subsídio e políticas de apoio a demanda que mantenham a acessibilidade financeira das habitações ao longo dos anos; (c) o estabelecimento de mecanismos para acompanhamento, para monitoramento e para avaliação contínuas do desempenho das PPPs; (d) a regulamentação que assegure transparência e responsabilidade financeira, com relatórios periódicos com acessibilidade de consulta; (e) a flexibilização e adaptação dos contratos às necessidades habitacionais envolvidas e que surjam ao longo dos contratos; (f) mecanismos contratuais de garantia de qualidade das habitações; (g) a gestão democrática com a participação dos usuários; (h) a integração da locação social de mercado com as políticas sociais e de desenvolvimento urbano.

3.5 O reposicionamento do Estado, a influência da Parceria Público-Privada na estruturação de projetos de infraestrutura e serviço público e o Procedimento de Manifestação de Interesse (PMI)

A reconfiguração do papel do Estado, como um regulador de serviços e um incentivador do setor privado, abre espaço para a formulação de mecanismos legais que favoreçam a participação e a contribuição do setor privado na elaboração de políticas e projetos públicos. Apesar da obrigatoriedade de que essa colaboração esteja alinhada aos princípios constitucionais do direito administrativo, há um risco significativo de que essas estruturas jurídicas sejam capturadas para favorecer o desenvolvimento de projetos que beneficiam interesses privados à custa do interesse público. No âmbito das PPPs de *locação social de mercado*, há possibilidade de que esses procedimentos legais acabem por influenciar a direção dos projetos e das políticas públicas para favorecer beneficiários com faixas de renda que proporcionem maior lucro ao empreendimento, em prejuízo da produção de unidades habitacionais para atender às necessidades das populações economicamente mais vulneráveis. É importante destacar, entretanto, que esse tipo de direcionamento não é exclusivo das PPPs habitacionais, mas é um fenômeno recorrente nos programas habitacionais brasileiros.

Essa potencial influência do setor privado na formulação de políticas e de projetos públicos torna-se clara com o instituto jurídico denominado de Procedimento de Manifestação de Interesse (PMI). O PMI, previsto no artigo 21 da Lei de Concessões, é aplicável às parcerias público-privadas, conforme estabelecido na Lei n. 11.079/2004 e na Nova Lei de Licitações.

O Decreto n. 8.428/2015 regulamenta as diretrizes para o PMI no âmbito das PPPs, estabelecendo procedimentos para apresentação de projetos, levantamentos, investigações ou estudos, por pessoa física ou jurídica de direito privado, com a finalidade de subsidiar a administração pública na estruturação de desestatização de empresa e de contratos de parcerias público-privadas. A abertura do PMI não é obrigatória e pode envolver tanto novos projetos quanto o aprimoramento de estudos já existentes. O procedimento se desenvolve em três fases: (1) a abertura, por meio de chamamento público, efetivada pela autoridade máxima ou pelo órgão colegiado máximo do órgão ou entidade da Administração Pública Federal que procederá à licitação do projeto, podendo ser iniciada pelo órgão competente ou por provocação de parte interessada; (2) a autorização para a apresentação de projetos e estudos; e (3) avaliação, seleção e aprovação dos projetos (art. 1º). O edital de chamamento deve especificar e delimitar o seu escopo, bem como indicar diretrizes e premissas de orientação do projeto que visem ao atendimento do bem público, entre outros elementos (art.4º). A autorização para apresentação dos projetos poderá ser conferida com exclusividade ou a número limitado de interessados e não gerará direito de preferência no processo licitatório do empreendimento e nem mesmo obrigará o poder público a realizar licitação. Além disso, a mera autorização para apresentação de projetos não garante ressarcimento dos valores empregados em sua elaboração (Art. 6º). No entanto, se os projetos forem utilizados, o vencedor da licitação é quem deve reembolsar os custos. Em nenhum caso, o setor público será responsável por esses valores (art. 16). O art. 17 determina que os editais incluam uma cláusula especificando que o vencedor da licitação deve reembolsar todos os custos associados aos projetos usados. Adicionalmente, a menos que o edital especifique o contrário, aqueles que fornecerem os projetos, dados ou estudos podem participar direta ou indiretamente da licitação ou da realização dos serviços ou trabalhos (art. 18).

O PMI possibilita que o setor privado não só proveja a execução do serviço público, como também seja o articulador e o proponente de políticas públicas. Os problemas com esse modelo são evidentes, especialmente no âmbito da moradia popular. A estruturação e a adoção da PPP pressupõem a lucratividade do parceiro privado e a manutenção do equilíbrio econômico-financeiro do contrato. A modelagem de projetos e políticas públicas por particular via PMI pode levar à formulação de políticas públicas regressivas, voltadas a beneficiários de renda média, uma vez que para assegurar o lucro dos agentes privados as manifestações de interesse tendem a focar seus projetos em público-alvo com capacidade para pagamentos de aluguéis mais elevados em detrimento das camadas de renda mais baixas. Cumpre salientar que o problema não é específico do PMI e está relacionado a desafios mais amplos nas políticas sociais que exigem modelos de financiamento a fundo perdido. No entanto, o PMI tende a tornar essa questão mais evidente.

3.5.1 O PMI no âmbito da locação social de mercado e o Programa Aproxima de destinação de bens imóveis ociosos da União

Durante o governo Bolsonaro (2019-2022), com a justificativa de promover o direito à moradia a famílias de baixa renda residentes em áreas urbanas, foi lançado, em julho de 2022, o *Programa Aproxima*. Esse programa integrava as ações da então política habitacional vigente chamada de *Casa Verde Amarela* e tinha por objetivo o aproveitamento de imóveis ociosos do patrimônio da União, com a participação do município e com o incentivo ao setor privado para a realização de empreendimentos imobiliários, condicionando uma parcela do empreendimento para provisão de unidades habitacionais para famílias com renda mensal de até cinco salários mínimos.

No evento de lançamento do Programa, o secretário executivo do Ministério do Desenvolvimento Regional, Helder Melillo, ressaltou que o programa se tratava de uma política que aproveitava melhor os terrenos localizados em áreas centrais e dotados de infraestrutura urbana, e que o programa seria "uma construção que a União vai entrar com a contrapartida do imóvel, então, não há recursos do Orçamento Geral da União". Melillo ainda enfatizou a sintonia do programa com o lema governamental de "mais Brasil, menos Brasília", reforçando um maior protagonismo do município no âmbito da produção de habitação. Por sua vez, o secretário de Desenvolvimento da Infraestrutura, do Ministério da Economia, Alexandre Ywata, complementou que "O Aproxima é um excelente instrumento para fomentarmos a participação do setor privado para o provimento de moradia social" (Streaming, 2022). Em síntese, o *Programa Aproxima* surgia como uma estratégia habitacional que combinava a doação de terrenos da União, o estímulo à iniciativa privada como provedora de serviço e a ampliação da autonomia dos municípios.

O objetivo principal do Programa Aproxima era simplificar os procedimentos para doação de imóveis federais, visando sua destinação à habitação. Ressalte-se que, embora a lei que dava respaldo jurídico ao programa tenha sido completamente revogada pelo governo Lula (2023 – presente), a análise da configuração dessa política é relevante, uma vez que há a introdução de um procedimento muito similar ao PMI na habitação e por ser uma possível estratégia a ser adotada no futuro. Paralelamente, ainda que o *Programa Aproxima* não se encaixe perfeitamente no conceito de PPPs, é relevante estudá-lo, uma vez que ele ilustra tanto a reconfiguração que o Estado tem passado nos últimos anos quanto a modelagem de projetos rentáveis para a iniciativa privada.

Embora, teoricamente, tenha sido pautado em nobres objetivos, a análise mais atenta da regulamentação do programa acaba por revelar seus verdadeiros propósitos. A fundamentação legal do *Programa Aproxima* estava disposta no art. 7º, da Lei n. 14.118/2021, que institui o *Programa Casa Verde Amarela*. Esse artigo estabelecia que a União poderia destinar bens imóveis a entes privados, sem necessidade de autorização legislativa, visando à implementação dos objetivos de políticas públicas habitacionais – a Lei n. 9.636/1998 em seu artigo 31 autoriza a doação de bens imóveis a entidades privadas, sem controle legislativo, apenas nos casos de instituição filantrópica e organizações religiosas. A doação seria realizada por meio de licitação em que o critério de julgamento seria o maior nível de contrapartidas não pecuniárias, que deveriam ser realizadas no próprio imóvel em questão. Após cumprir com essas condições, o empreendedor poderia explorar economicamente e dar qualquer destinação às partes não afetadas do imóvel. Uma vez atendidas todas as contrapartidas, a propriedade do imóvel seria transferida ao agente privado – no caso de não cumprimento, a posse do imóvel reverteria à União sem direito a indenizações. As contrapartidas poderiam incluir construção, manutenção, transferência de edificações, provisão de infraestrutura urbana e prestação de serviços de interesse público relacionados às edificações (Brasil, 2021b).

Assinale-se que, apesar das declarações iniciais de que *Programa Aproxima* tinha a intenção de dar protagonismo ao município, a única atribuição dada a este ente federativo pelo art. 7º era proceder às mudanças no seu ordenamento jurídico urbanístico para viabilizar as contrapartidas e a destinação do imóvel da União. Significava, portanto, que as áreas da União de interesse do mercado imobiliário seriam alocadas a projetos estruturados e propostos pelos empreendedores, tendo o município apenas a atribuição de consentir com as propostas e modificar sua legislação para que a modelagem da iniciativa privada se efetivasse (Balbim, 2022). Portanto, o *Programa Aproxima* formalizava a possibilidade de que as empresas apresentassem propostas e modelos para a política habitacional, com os municípios adequando-se a essas propostas e com a União doando o terreno necessário para o empreendimento.

Cabe notar, ainda, que o *Programa Aproxima* resguardava fortemente os interesses dos empreendedores. Dessa forma, o art. 7º estabelecia que só poderia haver a prestação de contrapartidas não pecuniárias pelo empreendedor, proibindo a prestação de contrapartidas pecuniárias como pagamento pelo terreno fornecido pela União. Adicionalmente, a avaliação do valor do imóvel deveria ser feita antes das modificações da legislação urbanística municipal, esse procedimento leva a uma subavaliação do valor do imóvel e, consequentemente, pode também reduzir a quantidade de contrapartidas, uma vez que a determinação legal estipula o valor do imóvel como o limite mínimo de valor das contrapartidas. No mesmo sentido, Renato Balbim (2022) adverte:

> Para aproximar mais ainda os interesses corporativos do ordenamento das cidades, a total segurança na viabilidade de tais empreendimentos é reforçada por outras três medidas apontadas, respectivamente, nos §§ 2º, 6º e 10º do art. 7º da Lei n. 14.118/2021. A avaliação dos imóveis públicos deve acontecer antes da mudança de uso da legislação municipal. Ou seja, avalia-se o imóvel no momento que ele não cumpre sua função, que não há interesse de mercado, por exemplo, terrenos industriais ou em áreas de ferrovia abandonados. Ao mesmo tempo, são obrigatoriamente realizadas pelo município as necessárias mudanças de uso para que o coeficiente máximo de aproveitamento do imóvel aconteça e a modelagem do mercado se viabilize. E, por fim, não são aceitas contrapartidas pecuniárias, podendo ser as mesmas em unidades habitacionais, serviços ou outros componentes que não necessariamente asseguram a moradia, inclusive parte deles parcialmente pagos pelos moradores. Em resumo, compra-se o mico pelo valor de face na garantia de sua imediata transformação legal em uma mina de ouro, sem desembolsar nenhum tostão.

O *Programa Aproxima* foi criado e implementado pela Portaria ME n. 1.683, de 16 de março de 2022, que estabeleceu o Ministério do Desenvolvimento Regional e o Ministério da Economia responsáveis pela implementação do programa. O Ministério da Economia era responsável por adotar medidas necessárias para identificar e selecionar os bens imóveis da União que seriam utilizados no âmbito da política pública (art.3°). Já o Ministério do Desenvolvimento Regional, por meio de sua Secretaria Nacional de Habitação, era responsável por editar os atos normativos necessários à execução do programa (art.4º). Veja-se que, pelo art. 6º da referida portaria, qualquer pessoa jurídica de direito público ou privado poderia indicar imóveis da União com potencial para destinação no âmbito do Programa, sendo que a Secretaria Especial de Desestatização, Desinvestimento e Mercados de Coordenação e Governança do Patrimônio da União, ligada ao então Ministério da Economia (SEDDM/ME), deveria verificar a oportunidade e conveniência da sua destinação (art. 6º) (Brasil, 2022b).

A Portaria SPU/ME n. 3.723, de 27 de abril de 2022, estabeleceu os critérios e procedimentos para a indicação de imóveis ao *Programa Aproxima*. Os imóveis deveriam estar desocupados ou subutilizados, possuir no mínimo 10.000 m² e estar situados em áreas urbanas consolidadas. A indicação seria realizada por meio do formulário online "Indicação de Imóvel para o Programa Aproxima". Após a submissão, a SPU teria um prazo de 45 dias corridos para emitir um parecer sobre a indicação, prazo este que poderia ser prorrogado uma única vez por mais 45 dias, entre outras disposições (SPU, 2022).

No contexto do *Programa Aproxima*, o Ministério da Economia e o BID firmaram acordo de cooperação técnica com intuito de viabilizar e incentivar a produção de unidades habitacionais de Interesse Social. Como parte dessa cooperação, os órgãos analisaram a viabilidade de estruturação de um empreendimento em um imóvel ocioso da União de 5,8 hectares localizado na cidade de Campinas. Foram apresentadas duas possibilidades de viabilização do empreendimento. Na primeira alternativa, mantendo-se a legislação urbanística sem qualquer ajuste quanto o coeficiente de aproveitamento ou quanto a alteração de uso do solo, eram previstas 1.239 unidades de Habitação de Interesse Social (HIS) (tamanho médio de 50 m²) e 336 habitações residenciais de mercado (HRM) e 19.782 m² destinados a exploração comercial. Já na segunda alternativa, projetada com modificações na legislação do uso do solo, havia a previsão de 1.782 HIS, 672 HRM e 22.752 m² de áreas comerciais. O retorno do investimento ficaria em 17,8% na primeira hipótese e 26,9% na segunda. Nas duas modelagens, o terreno era cedido sem qualquer custo para o investidor, que teria que construir as unidades e contaria com isenção de IPTU e de ISS durante os vinte anos de exploração das HIS. As HRMs e os espaços comerciais seriam vendidos quando prontas. Após esse período de 20 anos, as HIS seriam vendidas para os moradores em um modelo semelhante ao praticado nos negócios de *leasing* habitacional. Essas unidades de HIS seriam destinadas a famílias beneficiárias com rendimento entre dois e quatro salários mínimos e o comprometimento da renda não poderia ser maior do que 20% (Eloy *et al.*, 2021).

Embora existisse todo esse aparato regulamentador e estudos de viabilidade para a implementação do *Programa Aproxima*, a política foi interrompida em razão do retorno do PMCMV. Além disso, cabe informar que conforme informações fornecidas pela SPU ao autor deste livro, via Lei de Acesso à Informação (Pedido n. 18002.002267/2023-81), nenhum imóvel da União foi efetivamente destinado à iniciativa privada ou aos municípios no âmbito do Programa.[93]

No governo Lula (2023-2026), foi criado o Programa de Democratização dos Imóveis da União que tem por objetivo destinar imóveis da União, com coordenação intergovernamental, para políticas sociais, prioritariamente para habitação. Uma de suas principais linhas de ação é a provisão habitacional em imóveis da União, especialmente em projetos estruturados por PPP. Essa destinação deve ser solicitada pelos representantes legais de Órgãos da Administração Pública Federal, de Estados e Municípios pelo Sistema de Requerimento Eletrônico de Imóveis – SISREI (Nunes; Fasolo, 2023). O Presidente, Lula em discurso na cerimônia de lançamento da retomada do PMCMV, enfatizou que um dos objetivos principais do seu governo será o de ocupar os imóveis da União nos grandes centros brasileiros.[94] Todavia, a regulamentação detalhada do programa ainda está pendente, não podendo haver uma análise comparativa entre o atual programa e o *Aproxima*.

Apesar da extinção do Programa *Aproxima*, esse tipo de política revela uma tendência atual na estruturação de programas habitacionais,

---

[93] O autor deste livro fez os pedidos n. 18800.032570/2023-11 e n. 18002.002267/2023-81 de acesso à informação direcionados ao Ministério da Economia e à SPU com intuito de ter acesso a esse estudo de cooperação entre BID e a União. No entanto, ambas as solicitações foram negadas sob a alegação de que o estudo mencionado não foi localizado. Dada essa situação, optou-se pela utilização de fontes indiretas.

[94] Confira-se trecho do discurso do Presidente Lula proferido "Os Prefeitos e os estado tem que ver se tem terreno mais barato, terreno mais próximo do centro desenvolvido, prédios abandonados, terrenos da União. Nós vamos ter que transformar isso em coisas habitacionais. A quantidade de terreno que existe abandonado nas grandes regiões, a quantidade de prédio da União. Só o INSS tem 3 mil casas, terrenos e prédios. Por que isso fica n mão do INSS? Por que a gente não distribui isso para o povo em vez de levar o povo para morar a 20 km do centro da cidade, leva o povo para onde já tem asfalto, escola, energia elétrica, asfalto linha de ônibus. É apenas fazer aquilo que é óbvio". O discurso está disponível em https://www.youtube.com/watch?v=pP5Rl6AmMTI e a fala transcrita foi proferia entre o momento 1:13:15 até o 1:14:30.

marcada principalmente pela participação efetiva da iniciativa privada na estruturação e na concepção da viabilidade e rentabilidade da política proposta. Assim, a Portaria SPU/ME n. 3.723 de 27 de abril de 2022 previa que entidades privadas poderiam provocar diretamente a União para o aproveitamento de imóveis públicos subutilizados, em um procedimento que guarda similaridades com o PMI. Ainda, as contrapartidas necessárias para a doação do terreno, ao fim e ao cabo, são determinadas pelos próprios agentes privados no âmbito do processo licitatório que era estipulado pelo art. 7º da Lei da *Casa Verde Amarela*. Embora a Portaria ME n. 1.683, de 16 de março de 2022 estabelecesse que as propostas deveriam ser apresentadas pelos municípios ou pelo Distrito Federal, fica evidente que a concepção dos projetos seria feita pelos investidores, cabendo ao município a atribuição de consentir com a modelagem proposta e modificar sua legislação urbanística para viabilizar o empreendimento.

Interessante notar ainda que a regulamentação do Programa não faz qualquer referência sobre garantias ao cumprimento da função social da propriedade, à preservação do patrimônio público ou à obrigatoriedade de produção de habitação de interesse social. Ao invés disso, a política pública desenhada concentra seus esforços na desburocratização da doação de imóveis públicos e na concessão de incentivos urbanísticos, jurídicos e tributários que possibilitem o máximo aproveitamento do terreno com o intuito de produzir um ambiente de negócios seguro para que haja rentabilidade do empreendimento. Assim, apesar de não haver direcionamento de recursos diretos do orçamento da União, os benefícios indiretos, como os incentivos financeiros e a doção de terrenos, devem ser devidamente avaliados para se entender o real impacto financeiro da política para os cofres públicos. Por último, analisando a estruturação do Programa *Aproxima* percebe-se uma lacuna importante: não há qualquer previsão de controle ou participação social na concepção desses empreendimentos.

Nesse cenário, a próxima seção se debruça a analisar especificamente a *locação social de mercado* e sua implementação por PPPs, um tema que está intrinsecamente relacionado aos estudos feitos até o momento de viabilização de projetos rentáveis à iniciativa privada e transferências de prestação de serviço público ao setor privado.

3.6 A locação social de mercado e as PPPs: os incentivos, as garantias e a estruturação legal do contrato visando a viabilidade e rentabilidade da prestação do serviço

A estruturação do marco legal das PPPs no Brasil teve como um dos objetivos viabilizar e incentivar a delegação de projetos de infraestrutura e a prestação de serviço público à iniciativa privada, tarefas que antes não eram passíveis de concessão sob as regras estabelecidas pela Lei n. 8.987/1995. Adicionalmente, buscou-se uma maneira de o Estado superar diversas barreiras jurídicas fiscais e econômicas que impediam o governo de realizar investimentos em infraestrutura e assumir novos endividamentos. Dessa forma, buscou-se viabilizar a concessão de serviços que financeiramente não seriam exequíveis apenas com o pagamento de tarifa pelo usuário (Belsito; Viana, 2013).

Nesse sentido, a Lei n. 11.079/2004 estruturou um regime jurídico especial que estabeleceu diversas garantias contratuais para o adimplemento do pagamento de contraprestação pecuniária pelo poder público. Segundo Carlos Ari Sundfeld (2011, p. 23–25), a possibilidade jurídica de pagamento ao concessionário de contraprestação adicional a tarifa já era possível com a lei de concessões comuns. No entanto, essa possibilidade tinha sua viabilidade prática muito comprometida em razão da falta de um sistema adequado de garantia que protegesse o parceiro privado contra a inadimplência do poder público. Sundfeld (2011) destaca que a característica principal das concessões patrocinadas e administrativas, justificadora da edição de um marco legal, reside na capacidade de geração de compromissos financeiros de longo prazo pelo Estado que protejam os investimentos feitos pelo concessionário logo no início e ao longo da concessão, oferecendo segurança aos particulares para investimentos de grande valor.

Nessa perspectiva, a estruturação legal das PPPs se orienta no sentido de proporcionar segurança jurídica e garantia aos investimentos realizados tanto pelo concessionário quanto pelos seus financiadores, assegurando a rentabilidade do projeto para o setor privado. Essa estrutura é assentada em dois mecanismos jurídicos: incentivos financeiros que aumentam a atratividade do negócio e garantias contratuais que, ao assegurar o cumprimento das obrigações assumidas pelo Estado a longo prazo, oferecem a rápida resolução de conflitos referentes a pagamentos devidos. Assim, na eventualidade de descumprimento das estipulações contratuais, o agente privado tem ao seu dispor mecanismos jurídicos para ativar cláusulas de proteção que garantam o ressarcimento por perdas relativas da inadimplência, assegurando, dessa maneira, a viabilidade e a sustentabilidade financeira do empreendimento a longo prazo

3.6.1 Os incentivos financeiros às concessões de locação social de mercado: afetação de bens públicos, aportes, isenções fiscais, incentivos urbanísticos e financiamentos

Os incentivos direcionados ao concessionário podem ser de diversos matizes e combinados entre si. Há benefícios que podem ser eventuais e concedidos especificamente para uma determinada modelagem de parceria público-privada. Assim, o edital ou mesmo lei específica podem prever tipos de benefícios para a sustentação financeira de uma determinada PPP. O custo da construção da unidade habitacional pode receber um auxílio direto do Estado, com a afetação de terrenos públicos para construção do empreendimento ou o direcionamento de recursos orçamentários para subsidiar o custo de cada unidade habitacional. Além disso, podem existir leis específicas que concedam regimes especiais de tributação com isenções fiscais de impostos estaduais e municipais como o ICMS, o IPTU, o ITBI e o ISS, bem como uma tributação mais favorável para administração dos imóveis, com redução e unificação dos tributos federais do PIS/COFINS, da CSLL e do IRPJ, por exemplo. O PLC n. 2.892/2011 de autoria dos parlamentares Paulo Abi-Ackel – PSDB/MG, Antônio Imbassahy – PSDB/BA e Bernardo Santana de Vasconcellos-PR/MG (representantes da Frente Parlamentar Mista em Defesa da Infraestrutura Nacional) que dispõe sobre aprimoramento das regras que regem as Parcerias Público Privadas propôs a concessão de isenção de COFINS e PIS/PASEP nas receitas provenientes de contraprestação ou indenizações pagas no âmbito dos contratos de concessão comum, concessão patrocinada e concessão administrativa[95] (Brasil, 2011).

---

[95] A concessão da isenção foi assim justificada: "Note-se que a medida não traz impactos negativos sobre o setor público consolidado. Dado que o governo é o responsável por cobrir a diferença entre custos e receitas, quando há redução de imposto, há redução de custos e, portanto, menor necessidade de aportar recursos pelo Estado. Cada R$ 1 não pago de imposto implica um custo menor em R$ 1 e, portanto, um menor valor a ser coberto pelo governo em R$ 1. Ou seja, o efeito desta isenção é tirar o Estado como intermediário do recurso. Ainda sim, apesar de a medida ser neutra contabilmente para o setor público como

No âmbito dos incentivos urbanísticos, é possível estruturar a modelagem da concessão de modo a permitir a alteração de uso do solo, viabilizando o uso misto do espaço com atividades comerciais complementares à residencial, como as fachadas ativas[96] e, ainda, é possível autorizar a edificação dos empreendimentos utilizando-se do potencial construtivo máximo de aproveitamento.

O poder público pode garantir linhas específicas de financiamento com juros reduzidos direcionados aos concessionários – linhas destinadas tanto ao financiamento da compra do terreno quanto o financiamento da obra. Esse benefício pode ser implementado por meio do SBPE, ou por linhas de créditos e programas de bancos de desenvolvimento como o BNDES, ou até mesmo empréstimos subsidiados de agências internacionais como o BID. A abertura de linhas de crédito com financiamentos com juros subsidiados cria um ambiente de negócio mais vantajoso para os concessionários e facilita o levantamento de recursos para a concretização do projeto de locação social. A título de exemplo, o BNDES e o BID têm destinado linhas de créditos e recursos para o financiamento de estudos técnicos preliminares de projetos de PPP e também para a execução e implementação das PPPs especialmente nas áreas de Saneamento Ambiental, de Recursos Hídricos, de Modal Rodoviário, de Infraestrutura Aeroportuária e de Mobilidade Urbana. No entanto, o art. 27 da Lei de Parceria público-privadas define um teto para o valor que pode ser obtido por financiamento concedidos por instituições oficiais, por instituições controladas pelo poder público e por previdência complementar que varia entre 70% a 90% do capital total do projeto conforme o caso (Brasil, 2004a).

O financiamento pode também ocorrer por meio de instrumentos financeiros como Certificados de Recebíveis Imobiliários (CRI) e por debêntures incentivadas. Os CRIs são títulos de renda fixa lastreados em operações do setor imobiliário como aluguéis, financiamentos imobiliários, compra e venda de imóveis. Ao emitir o CRI, a empresa securitiza essas operações e esses recebíveis associados, transformando-os em um

---

um todo, do ponto de vista econômico ela implica eliminar o peso morto convencional resultante da incidência de impostos. Ou seja, retirar o intermediário neste caso corresponde a aumentar a eficiência da economia" (Brasil, 2011).

[96] O Plano de Desenvolvimento Estratégico de São Paulo (São Paulo, 2014), em seu Quadro 1, define fachada ativa como "[...]a exigência de ocupação da extensão horizontal da fachada por uso não residencial com acesso direto e abertura para o logradouro, a fim de evitar a formação de planos fechados na interface entre as construções e os logradouros, promovendo a dinamização dos passeios públicos".

título. Assim, o CRI é um título lastreado em negócios habitacionais e a remuneração advém do rendimento desses créditos imobiliários – taxa de rendimento prefixada com isenção de imposto de renda para pessoa física. Já as debêntures incentivadas são títulos de dívidas de longo prazo emitidas por empresas para o financiamento de projetos de infraestrutura, também possuem isenção de Imposto de Renda para pessoas físicas e tem alíquota diferenciada de 15% de imposto de renda de pessoa jurídica. As debêntures incentivadas são regulamentadas pelo Decreto n. 8.874/2016, sendo que o artigo 2º, §1º estabelece os projetos de investimentos que podem justificar a emissão dessas debêntures. A redação original não incluía a habitação como um desses projetos. No entanto, o Decreto n. 11.498, de 25 de abril de 2023 incluiu diversos setores que poderão se financiar por meio da emissão de debêntures incentivados, tais como: a requalificação urbana, a saúde, os parques urbanos e as unidades de conservação, a habitação social, os equipamentos culturais e esportivos, as unidades de conservação, a educação, a segurança pública e o sistema prisional (Brasil, 2023e).

Adicionalmente, o Estado pode mesclar a *locação social de mercado* com outros programas e políticas públicas por ele implementados. Dessa forma, a *locação social de mercado* pode incluir em sua estruturação a integração do programa com as políticas habitacionais de indução de demanda de *voucher* ou pode garantir por outros meios o pagamento do aluguel e do condomínio do usuário. Há também a opção de articular a *locação social de mercado* com programas de aquisição de casa própria, direcionando os recursos oriundos da venda das unidades ao financiamento dos projetos de locação. Complementarmente, o Poder Público pode oferecer treinamento e capacitação específico aos agentes operacionais, com intuito de lidar com questões relacionadas à execução do serviço – como a gestão social, por exemplo (Eloy *et al.*, 2021).

3.6.1.1 Os incentivos financeiros e o Projeto de Locação acessível residencial (LAR) proposto pela SECOVI-SP

Como um exemplo de uma iniciativa que congrega todos esses incentivos, menciona-se a proposta desenvolvida pelo SECOVI/SP. O SECOVI-SP é o maior sindicato do setor imobiliário do país, tendo uma atuação expressiva junto aos governos na proposição e no desenvolvimento de políticas afetas ao setor habitacional. Além disso, patrocina e financia o maior evento de locação e administração de imóveis do país, o *SUMMIT IMOBILIÁRIO*. A influência do SECOVI-SP e seu poder de articulação fazem dele um ator fundamental no cenário brasileiro. Nesse contexto, analisa-se o LAR, uma proposta de *locação social de mercado* formulada pela entidade que tem grande capacidade de promover mudanças e ditar tendências no setor.

Essa proposta, denominada Locação acessível residencial, é direcionada à produção de moradias para famílias com renda entre três a oito salários mínimos, que não conseguem ter acesso ao financiamento da casa própria. O programa ainda prevê a possibilidade de compra da unidade após 15 anos de locação, com abatimento no preço de compra de 50% do valor pago a título de aluguel. Embora a estrutura proposta não mencione explicitamente as PPPs habitacionais, ela permite a integração desse programa a políticas de *voucher* e à prestação de garantias de pagamento dos aluguéis por parte dos Estados e municípios– esse arranjo poderia evoluir para incluir uma contraprestação pecuniária por parte do Estado, pavimentando o caminho para o desenvolvimento de uma parceria público-privada (SECOVI-SP, 2016, 2018). Segundo a proposta da SECOVI-SP (2018):

> [...] há mais de 30 mil famílias que recebem bolsa aluguel só na capital paulista, o que significa algo em torno de R$ 180 milhões por ano aos cofres da prefeitura. Esse montante poderia ser revertido à iniciativa privada como estímulo ao investimento em locação social, resultando em organização mais eficaz, gestão profissional e economia de escala, entre outros benefícios.

Os empreendedores habitacionais que aderirem ao programa ficam obrigados a fornecer unidades habitacionais acessíveis e bem localizadas durante quinze anos. Para viabilizar esse compromisso, o Estado assegura valores de contrapartidas suficientes para cobrir os financiamentos e os custos de operação. A justificativa do programa baseia-se em cinco eixos: ampliação da oferta de moradia nos grandes centros com combate ao déficit habitacional e geração de emprego e renda, acompanhamento da tendência mundial de flexibilidade da moradia, estímulo de aproveitamento da infraestrutura urbana existente, reabilitação dos centros históricos, diminuição dos valores gastos com programas habitacionais de moradia própria e a transferência da gestão da moradia e da assistência social do Estado para a iniciativa privada "com menos custos e burocracia" (SECOVI-SP, 2016, 2018).

O Programa LAR estabelece que a construção e a disponibilização das unidades habitacionais por parte dos agentes privados serão facilitadas por meio de medidas de fomento adotadas nos diversos níveis federativos. Essas medidas incluem, entre outras coisas, a disponibilização de linhas específicas de financiamento, a implementação de regime especial de tributação, a concessão de incentivos urbanísticos e a realização de mudanças na legislação do inquilinato. Especificamente, a União seria responsável por disponibilizar linhas de créditos subsidiadas (BNDES, FGTS, SBPE) para o financiamento da obra (80% da obra com juros de 6% ao ano) e para a compra do terreno (50% do valor do terreno, sem juros e prazo de amortização de 36 meses, iniciado 12 meses após o término das obras) e por garantir recursos para a securitização de recebíveis com juros a 6% ao ano. Além disso, a União deveria modificar a tributação de aluguel com o intuito de igualar o regime aplicado a compra e venda de imóveis e garantir, em conjunto com os Estados, a desoneração tributária de materiais utilizados na construção das unidades habitacionais. O Programa LAR ainda propõe que a União modifique a legislação do inquilinato para garantir uma rápida desocupação do imóvel nos casos de inadimplência e fim do contrato locatício. Em paralelo, os municípios devem conceder incentivos urbanísticos para ampliar a capacidade construtiva dos empreendedores, permitindo a construção acima do coeficiente único sem necessidade de outorga onerosa, além de revisar a legislação municipal das ZEIS para ampliar as possibilidades de uso e ocupação do solo (SECOVI-SP, 2016, 2018).

É fundamental destacar que, para alcançar a renda familiar esperada, a viabilização do LAR requer uma série de benefícios que incluem, mas não se limitam, regimes diferenciados de tributação – isenção de tributos fundiários-, incentivos financeiros, acesso a financiamentos com juros mais baratos ou inexistentes, facilidades para compra e venda de imóveis, tributação diferenciada sobre a renda. Assim, a propagada expansão da oferta de unidades habitacionais para a população de baixa renda só será possível mediante significativos incentivos diretos e indiretos do Poder Público. Por outro lado, a dificuldade de se quantificar esses benefícios indiretos e de demonstrar os diversos impactos financeiros e orçamentários lançam dúvidas sobre a viabilidade da proposta, além de suscitar questionamentos a respeito da afirmação de que políticas como essa seriam menos onerosas comparadas às que são atualmente desenvolvidas pelo Estado. Adicionalmente, é relevante que se avalie o efeito orçamentário dessas políticas no longo prazo, isso se deve ao fato de que as isenções tributárias, os incentivos urbanísticos para construção e a doação de bens possuírem efeitos que perduram por vários anos, comprometendo diversas gestões. Diante disso, deve-se questionar se a proposta realmente promoverá acesso à moradia digna à população de baixa renda ou se é apenas uma proposta de estímulo à economia e fomento ao mercado imobiliário e a interesses privados.

3.6.2 A estruturação legal dos contratos de PPP e a concessão de garantias ao concessionário – ausência de garantias legais ao usuário da PPP habitacional

Os incentivos legais, embora variados, são aglutinados em um propósito específico de tornar viável a concessão habitacional objeto da PPP. Esses estímulos, portanto, envolvem medidas jurídicas tributárias, econômicas, urbanísticas e legislativas, todas direcionadas a maximizar os lucros potenciais do negócio e a conduzir os recursos privados para esse segmento. Esses incentivos são complementares a uma estruturação legal minuciosamente conformada do contrato de concessão, que proporciona um regime jurídico distinto de garantias para o concessionário. A ideia principal é proporcionar condições favoráveis à viabilização do investimento, combinando incentivos que incrementam a possibilidade de lucro do empreendimento com garantias contratuais que asseguram o devido pagamento da contraprestação pecuniária pelo Estado ao parceiro privado.

As garantias legais aplicáveis às PPPs são explicitamente definidas pela Lei n. 11.079/2004: (a) lapso temporal da avença variando de um mínimo de 5 a um máximo de 35 anos, a depender da amortização dos investimentos realizados; (b) garantias para assegurar o cumprimento das obrigações financeiras por parte do poder público, algumas de questionável constitucionalidade,[97] incluindo: a vinculação

---

[97] Segundo Bandeira de Mello (2021, p. 802): "[...] ao contratado sejam dadas garantias literalmente inimagináveis nos contratos em geral, tais as que constam do art. 8º, isto é: vinculação de receitas – o que é inconstitucional; instituição de fundos especiais previstos em lei – o que também é inconstitucional e não poderia, mesmo, ser feito enquanto não sobrevenha lei complementar regulando a instituição de fundos; contratação de seguro-garantia com companhias seguradoras não controladas pelo Poder Público; garantias prestadas por organismos financeiros internacionais ou instituições financeiras não controladas pelo Poder Público ou fundo garantidor ou empresa estatal criada para esta finalidade ou outros mecanismos admitidos em lei – sendo, outrossim, inconstitucionais estas duas últimas hipóteses".

de receitas, a utilização de fundos especiais, a contratação de seguro-garantia com seguradoras independentes, a garantia de organizações internacionais, instituições financeiras ou empresas estatais, além de outros mecanismos permitidos por lei; (c) Fundo Garantidor de Parcerias Público-Privadas (FGP),[98] cujo papel seria de prestar garantias para o pagamento de obrigações pecuniárias assumidas pelos parceiros públicos federais, distritais, estaduais ou municipais em virtude das parcerias público-privadas; (c) mecanismos privados de resolução de disputa para dirimir conflitos decorrentes ou relacionados ao contrato e sua execução; (d) obrigatoriedade de criação de uma Sociedade de Propósito Específico (SPE) antes da formalização do contrato, com o intuito de implementar e administrar o objetivo da parceria (art. 9º da Lei n. 11.079); (e) proteção jurídica aos financiadores e garantidores da parceria determinando, nos termos do § 2º, art. 5º, que os contratos de PPP devem necessariamente prever a possibilidade de transferência do controle ou da administração temporária da SPE aos seus financiadores e garantidores com o objetivo de promover a sua reestruturação financeira e assegurar a continuidade da prestação dos serviços, a realização de emissão de empenho em nome dos financiadores do projeto e a legitimidade dos financiadores e garantidores do projeto receberem indenizações em razão da extinção antecipada do contrato; (f) regime de aporte de recursos antes da disponibilização do serviço e tratamento tributário diferenciado para esses recursos; (g) possibilidade de exploração de receitas marginais (Schwind, 2012), ou receitas alternativas (Justen Filho, 2016) ou receitas ancilares (Marques Neto, 2016); (h) cláusulas para atualização automática dos valores da contraprestação pecuniária a ser paga pelo ente público, quando baseadas em índices e fórmulas matemáticas.

Importante destacar que a consulta pública das minutas de edital e de contrato da PPP são obrigatórias, o que significa que, em tese, todas essas garantias e esses incentivos dados ao parceiro estão sujeitos ao controle social. Nesse sentido, a lei obriga a publicação

---

[98] O art. 1º, do Decreto n. 5.411/2005, autorizou a integralização do FGP mediante transferências de ações da União concernentes às sociedades mistas federais (Banco do Brasil, Eletrobrás e Companhia Vale do Rio Doce). No entanto, em 2009-2010, houve uma redução drástica de mais de 90% do patrimônio do FGP em razão de resgates autorizados pelos Decretos n. 6.951/2009 e n. 7.184/2010. A administração do FGP foi transferida para a Agência Brasileira Gestora de Fundos Garantidores e Garantias S.A. (ABGF), que liquidou e resgatou o restante das cotas do fundo em março de 2016, encerrando o FGP em agosto do mesmo ano (Brasil, 2018).

desses instrumentos em jornais de grande circulação ou meio eletrônico, informando a justificativa da contratação, o objeto, o prazo, o valor estimado e estabelecendo o prazo de no mínimo trinta dias para o recebimento de sugestões. Obviamente, essa obrigatoriedade de consulta pública prevista no art. 10, inciso VI, da Lei n. 11.079/2004, abre espaço para a participação dos interessados. Entretanto, a prática das PPPs tem transformado essa exigência em um instrumento apenas formal para legitimar o processo. No âmbito das PPPs habitacionais paulistas e paulistanas, por exemplo, o Laboratório de pesquisa e extensão da Faculdade de Arquitetura e Urbanismo da Universidade de São Paulo (LabCidade) tem denunciado que os projetos de PPPs não atendem às necessidades dos moradores locais e da própria cidade e têm sido modelados a partir da necessidade de rentabilidade dos investidores (Bleich *et al.*, 2023).

O déficit democrático se torna mais preocupante quando se coloca em perspectiva que os gastos com uma PPP de habitação geralmente se estendem por mais de 30 anos. Veja-se que o arcabouço legal brasileiro prevê um instrumento de planejamento orçamentário de médio prazo chamado Plano Plurianual que define diretrizes, objetivos e metas do governo com vigência de quatro anos. Nessa legislação orçamentária, há diversas decisões políticas que orientam as despesas de capitais e de programas de duração continuada. Pois bem. Ainda que a contratação da PPP esteja legalmente condicionada à previsão do seu objeto no plano plurianual vigente no âmbito de onde o contrato será celebrado (art. 10º, Inciso V), causa perplexidade que os gastos de políticas públicas para a garantia de direitos fundamentais sejam decididos para muito além do período quadrienal típico de planejamento governamental, comprometendo recursos do Estado por longo período, com pouca possibilidade de alteração, mesmo considerando um cenário de três décadas em que haverá alternância de partidos políticos no poder e no cenário eleitoral. Além disso, a Lei de PPP não estabelece mecanismo específico de fiscalização e controle social durante a execução da concessão, trazendo uma série de preocupações quanto ao pleno atendimento dos usuários e da prestação de um serviço adequado. Adicionalmente, o dispositivo que prevê o pagamento de remuneração variável ao parceiro privado, com base no seu desempenho e no alcance de metas e padrões de qualidade, previsto no § 1º, art. 6º, não garante, por si só, a prestação de um serviço adequado aos usuários. Primeiro porque a definição de metas é feita na celebração de contrato e pode conter parâmetros que não refletem necessariamente bem-estar para população (critérios econométricos de eficiência e prestação de serviço com menos recursos, por exemplo). Em segundo lugar, essas metas e objetivos não são necessariamente estabelecidas com a participação dos envolvidos na prestação do serviço. Mesma crítica pode ser feita quanto a obrigatoriedade da previsão contratual de mecanismos que garantam a preservação da atualidade da prestação do serviço (art. 5º, Inciso V). A ausência de controle social no processo de revisão e de adequação do serviço faz com que a simples previsão desse mecanismo não espelhe necessariamente as necessidades da população.

Nesse sentido, a estruturação legal do contrato de PPP oferece vantagens significativas ao parceiro privado e por isso, a modelagem dessas parcerias, especialmente a locação social de mercado, deve buscar um melhor equilíbrio entre o interesse do usuário e os interesses do parceiro privado. Esse equilíbrio pode ser alcançado por meio de diversas medidas como: medidas administrativas de melhoramento do planejamento de longo prazo com o aprimoramento do Plano Plurianual, implementação de mecanismos de fiscalização e de controle social mais efetivos durante o desenvolvimento e a implementação da PPP, participação democrática dos usuários na definição das metas e objetivos da concessão, revisão periódica dos contratos garantindo o preenchimento das necessidades habitacionais envolvidas e fortalecimento do controle da concessão com acompanhamento contínuo das atividades da PPP, entre outros. Essas medidas poderiam criar um ambiente mais equilibrado, em que tanto os interesses do parceiro privado quanto os direitos e necessidades dos usuários sejam adequadamente representados e atendidos.

3.6.3 A remuneração (contraprestações pecuniárias e tarifas) e os encargos do concessionário e a prestação da moradia como serviço

Toda prestação de serviço público tem um custo financeiro. Esses encargos podem ser assumidos exclusivamente pelo Estado, como ocorre na concessão administrativa ou na prestação direta do serviço; pode ser compartilhado entre o Estado e o usuário, como no caso da concessão patrocinada; ou pode ser suportada prioritariamente pelo usuário como nos casos da concessão comum (Moreira, E. B., 2023). Dessa maneira, o modo de remuneração do parceiro privado é determinado de acordo com a modalidade do contrato administrativo de concessão estabelecido. Especificamente na concessão por PPP, a modalidade patrocinada é remunerada por uma combinação de tarifas cobradas e contraprestação pecuniária feita pelo ente público. Por outro lado, a concessão administrativa envolve apenas o pagamento de contraprestação pecuniária do parceiro público ao parceiro privado, sem a tarifação do usuário.

3.6.3.1 A tarifação na PPP habitacional

A tarifa é a contraprestação cobrada ao usuário pelo concessionário em razão da prestação de um serviço público concedido,[99] "são a remuneração privada dos serviços públicos pagas pelos seus usuários" (Batista, 2005, p. 89). Essa prática está amparada no art. 175, da CRFB/1988, que autoriza o poder público a prestar serviço público direta ou indiretamente. Esse mesmo artigo estabelece que os serviços prestados indiretamente sob concessão ou permissão serão regulados por lei específica que disciplinará, entre outras coisas, a política tarifária – a Lei n. 8.987/1995 regula essa política nos termos dos seus artigos 8º a 13. Vale ressaltar que juridicamente a tarifa tem natureza distinta do tributo denominado taxa e, por isso, não precisa ser estabelecida em lei formal. Ao reverso, a tarifa e suas revisões têm seus parâmetros determinados pelo edital e pelo contrato de concessão, nos termos do 9º da Lei n. 8.987/1995.[100] No caso de uma *locação social de mercado*, a tarifa seria o equivalente ao "valor do aluguel" cobrado pelo concessionário ao beneficiário.

A tarifação é estabelecida de acordo com as condições e termos estipulados no contrato de concessão que regula a relação entre o concessionário e os usuários do serviço público. Não é objeto deste livro o aprofundamento dos critérios de fixação da tarifa e de sua revisão em uma PPP habitacional. No entanto, deve-se ressaltar que a política tarifária é regida por princípios jurídicos que objetivam proteger tanto

---

[99] Nas palavras de Celso Antônio Bandeira de Mello (2021, p. 759): "Em geral, o concessionário de serviço público (ou da obra pública) explora o serviço (ou a obra pública) mediante tarifas que cobra diretamente dos usuários, sendo daí que extrai, basicamente, a remuneração que lhe corresponde. Isto não exclui a possibilidade de que sejam também previstas outras fontes de recursos para compor-lhe a remuneração".

[100] É o texto do art.9º: "A tarifa do serviço público concedido será fixada pelo preço da proposta vencedora da licitação e preservada pelas regras de revisão previstas nesta Lei, no edital e no contrato" (Brasil, 1995).

o usuário do serviço, que paga por ele, quanto o concessionário, que obtém sua remuneração por meio de tarifas (Batista, 2005). Veja-se que o art. 13, da Lei n. 8.987/1995, aplicável também às PPPs por força do art. 3º da Lei n. 11.079/2005, prevê a possibilidade de tarifas diferenciadas em virtude de "custos específicos provenientes do atendimento aos distintos segmentos de usuários". Adicionalmente, o art. 6º, §1º do mesmo diploma estabelece como um dos elementos da prestação de serviço adequado, a modicidade da tarifa, ou seja a acessibilidade de todos os usuários ao serviço (Brasil, 1995). A interpretação conjunta desses dispositivos traz a possibilidade de aplicação de um tratamento jurídico diferenciado entre usuários, por meio de um ajustamento da estrutura tarifária para o atendimento a grupos particulares, ou seja, grupos de usuários com características específicas podem estar sujeitos a uma tarifa adaptada às suas condições especiais. A diferenciação da tarifa pode ser progressiva, em razão de níveis de renda dos usuários, de forma que o valor cobrado seja menor para aqueles com menor renda e maior para aqueles com maior renda. A discriminação tarifária em razão de categorias distintas de usuários é uma medida de caráter redistributivo, alinhada aos objetivos fundamentais da República Federativa do Brasil, estabelecidos no art. 3º da CRFB/1988, especialmente aquele que estipula como meta a redução das desigualdades sociais. O Superior Tribunal de Justiça já assentou a legalidade da tarifação progressiva. Nesse sentido, cite-se parte da ementa do Recurso Especial n. 485.842 – RS:

> [...] 2. A política de tarifação dos serviços públicos concedidos, prevista na CF (art. 175), foi estabelecida pela Lei 8.987/95, com escalonamento na tarifação, de modo a pagar menos pelo serviço o consumidor com menor gasto, em nome da política das ações afirmativas, devidamente chanceladas pelo Judiciário (Brasil, 2004b).

A tarifação diferenciada e progressiva desempenha papel fundamental nas políticas públicas habitacionais, incluindo as PPPs habitacionais, isso porque esse mecanismo ajusta as tarifas com base na renda familiar e nas características específicas dos usuários – condições de vulnerabilidade, idade, tamanho da família, necessidades especiais, entre outras- permitindo que o valor da tarifa seja ponderado de acordo com as particularidades de cada grupo de beneficiários. Desse modo, segmentos de usuários mais vulneráveis podem ter garantido acesso prioritário e condições mais favoráveis para o pagamento do aluguel. No entanto, esse escalonamento tarifário enfrenta desafios nas concessões, principalmente em razão da necessidade de manter a rentabilidade da concessão e da obrigatoriedade de preservar o equilíbrio econômico-financeiro contratual. Portanto, torna-se necessário equilibrar os interesses do concessionário e dos usuários, com a previsão de formas de compensação remuneratórias desses benefícios. Em PPPs, essa compensação pode acontecer de duas maneiras: por meio da elevação da tarifa para os grupos de renda mais alta e por aumento do pagamento da contraprestação pecuniária por parte do ente público.

3.6.3.2 A contraprestação pecuniária e as PPPs habitacionais

A contraprestação pecuniária é prevista na Lei de PPP. Na concessão patrocinada, a contraprestação pecuniária é paga em conjunto com a tarifa paga pelos usuários. Na concessão administrativa, ocorre apenas o pagamento dessa contraprestação, sem a cobrança de tarifa aos usuários. Ressalte-se que nos termos do art. 10, § 3º, da Lei n. 11.079/2004, nas concessões patrocinadas, a contraprestação pecuniária paga ao parceiro privado não pode exceder a 70% da remuneração total recebida pelo agente, exceto se houver autorização legislativa específica.

A estrutura jurídica do pagamento dessa contraprestação é variável, uma vez que a Lei n. 11.079/2004 não impõe qualquer conceito preestabelecido. Nesse sentido, os contratos de PPP podem estabelecer critérios objetivos para avaliar o desempenho do parceiro privado (art. 5º, Inciso VII) e podem, inclusive, estabelecer uma parcela de pagamento atrelada ao desempenho do agente privado – art. 6º, §1º (Brasil, 2004a). O desenho desses pagamentos pode variar amplamente, com pagamentos de montantes fixos ou variáveis, com diferentes intervalos e frequências. Além disso, podem cobrir um período específico ou todo prazo de execução da PPP e não há qualquer definição legal sobre limites temporais mínimos ou máximos para esses pagamentos. Portanto, as disposições legais referentes ao pagamento de contraprestação pecuniárias são bastante flexíveis, e as contraprestações pecuniárias são ajustadas a partir das regras estipuladas nos editais e nas cláusulas dos editais. Desta forma, a Lei de PPP permite que esse mecanismo financeiro seja adaptado às necessidades específicas de cada parceria e concede à Administração Pública uma ampla discricionariedade para adequação das singularidades de cada parceria, especialmente as condições necessárias para garantir a viabilidade econômica e a rentabilidade à PPP (Schwind, 2012). O arranjo financeiro de pagamento dessas contraprestações também é bastante diversificado. Por exemplo, a PPP pode estabelecer um pagamento de valor fixo que se soma à receita obtida com a cobrança tarifária. Alternativamente, pode haver a garantia de um rendimento mínimo para o parceiro privado. Além disso, o contrato pode determinar uma parcela fixa e também uma parcela variável, que é ajustada de acordo com a quantidade de usuários que utilizam o serviço. Aplicando à *Locação social de mercado*, a contraprestação pecuniária pode ser baseada no número de unidades habitacionais oferecidas ou no número de beneficiários atendidos pela PPP. Pode-se garantir um rendimento mínimo para o parceiro privado ou mesmo, prever um valor fixo mensal para a gestão do serviço público concedido. Dessa forma, o formato de remuneração a ser adotada pela administração é adaptável e depende das especificidades de cada projeto de parceria.

O equilíbrio econômico-financeiro do contrato de PPP é estabelecido pela combinação das contraprestações pecuniárias pagas pelo Poder Público, da receita tarifária das cobranças dos aluguéis e das receitas acessórias. Esses elementos são essenciais para viabilizar e garantir a exequibilidade da PPP. A rentabilidade das parcerias depende diretamente desses valores remuneratórios. Por exemplo, em uma concessão administrativa, que por determinação legal não tem cobrança de tarifa, são necessárias uma significativa contraprestação pecuniária e, eventualmente, a produção de receitas acessórias para tornar a parceria viável economicamente. De maneira similar, uma concessão patrocinada destinada à população de baixa renda e pessoas em situação de rua precisa calibrar a tarifa de acordo com a capacidade de pagamento desses usuários – usuários com rendas menores, devem ter suas tarifas "complementadas" pelo poder público, seja por meio da contraprestação pecuniária ou por programas de auxílio-aluguel. Nesse sentido, quanto menor for a renda familiar dos público-alvo da PPP habitacional, maior será a necessidade de contraprestação pecuniária por parte do parceiro público ou de exploração de receitas acessórias. Essa equação é essencial para assegurar a rentabilidade e viabilidade das PPPs.

3.6.3.3 Os encargos do concessionário e a moradia como serviço

O agente privado assume a responsabilidade pela gestão do empreendimento durante todo o prazo de contrato da PPP. Aqui, o conceito de moradia como serviço é essencial. Essa concepção contrasta com a prática das políticas habitacionais brasileiras. Historicamente, a provisão de moradia no Brasil esteve centrada no acesso à casa própria pela população. Nessa abordagem, o acesso ao bem e à propriedade desincumbia, de certa forma, o Estado de prover serviços relacionados à habitação. O produto final da política habitacional, portanto, era a entrega das chaves e da moradia para morar, sem uma responsabilidade contínua em fornecer serviços, em fazer a manutenção dos empreendimentos ou gerenciar prestações de financiamento.

No entanto, a concepção de moradia como serviço pressupõe não somente a entrega de um espaço físico de um imóvel ou a concessão de título propriedade, mas também uma prestação contínua de um serviço de moradia que engloba não só a provisão da habitação, como também a prestação de serviços relacionados aos elementos essenciais que compõe uma moradia adequada. Cabe, portanto, ao concessionário a responsabilidade de prover a unidade habitacional por meio de construção ou de reforma, adequando os imóveis a padrões mínimos, com desenvolvimento de espaços de convivência e integração com o espaço público. Além de fornecer a moradia, o agente privado também deve oferecer serviços essenciais e necessários para uma habitação adequada. Dessa forma, além da provisão habitacional, a concessionária deve prestar outros tipos de serviços incluindo a manutenção dos edifícios, a administração condominial, a gestão social, o gerenciamento dos pagamentos de aluguel e a provisão de serviços privados.

Nesse sentido, a moradia como serviço abrange a gestão predial com a manutenção e a preservação das áreas comuns, incluindo limpeza e segurança do prédio, acesso a abastecimento sanitário, ao fornecimento de energia elétrica e a outros serviços essenciais. Além disso, também é obrigação da concessionária a conservação da estrutura do prédio e o cuidado com a manutenção dos elevadores, pinturas externas e áreas comuns, entre outros. A gestão dos contratos de aluguel abrange tanto a assinatura e a celebração do contrato, quanto também a arrecadação dos valores devidos a título de aluguel e a cobrança dos beneficiários inadimplentes. Além disso, a gestão social envolve a capacitação e o acompanhamento dos beneficiários e o desenvolvimento de atividades coletivas para integração dos moradores. Por fim, os serviços privados incluem a disponibilização e a manutenção de utensílios domésticos essenciais para o morar adequado, como chuveiro, geladeira, fogão, máquina de lavar, entre outros. Em suma, a noção de moradia como serviço abrange a ideia de prestação contínua de um serviço, contrastando com o histórico de prática das políticas habitacionais que iguala a moradia ao acesso a um bem físico.

À primeira vista, essa concepção mostra-se em conformidade com os ditames constitucionais e legais relativos ao direito social de moradia. Ela abrange um conceito de habitação que não se resume apenas ao teto, ao abrigo, congregando outros elementos essenciais a constituição da habitação – como a manutenção, o acesso à serviços públicos essenciais, a integração com a infraestrutura urbana etc. Contudo, essa abordagem também abre espaço para uma nova mercantilização e acumulação financeira da moradia. Os novos serviços prestados vêm associados à expansão de novas possibilidades de lucro e de extração de riqueza por parte dos investidores imobiliários. Assim, não apenas a provisão de moradia se conforma como uma forma de geração de lucro, mas também todos os serviços relacionados ao ato de morar se transmutam em espaços de expansão dessa fronteira. Essa dinâmica é explicada por Guerreiro, Rolnik e Marín-Toro (2022, p. 460), que chamam atenção para o fato de que a renda gerada a partir do gerenciamento de aluguéis do estoque imobiliário tem se tornado mais importante do que o dinheiro ganho com sua própria produção ou venda, trazendo para os investidores e proprietários um fluxo contínuo de renda sem investir em novas construções ou vendas "transformando a moradia em serviço – movimento no qual a rentabilidade extraída a partir da gestão habitacional parece ser mais relevante do que aquela propriamente relacionada à sua produção". Assinale-se que essa nova dinâmica persiste em tratar a habitação como um mecanismo de geração de lucro e de investimentos, em detrimento de uma visão mais voltada a consecução do direito à moradia e das necessidades habitacionais.

Há sinais claros dessa mudança tanto nas ações do setor público quanto nas iniciativas privadas. O Decreto n. 10.678/2021 do presidente Jair Bolsonaro, por exemplo, incluiu a política de locação social no Programa de Parcerias de Investimentos da Presidência da República (PPI), habilitando-a a receber recursos federais para estruturação de projeto modelo. No mesmo sentido, várias Prefeituras e governos estaduais brasileiros têm se movimentado para estruturar PPPs habitacionais de locação social de mercado. No âmbito da iniciativa privada, começam a surgir empresas especializadas nesse conceito de gestão habitacional. Um exemplo seria o Projeto Sistema Organizado de Moradia Acessível (SOMA) estruturado pelo Grupo Gaia,[101] Din4mo[102] e pela Incorporadora Magik JC[103] e que tem por objetivo a construção e a gestão de unidades habitacionais para moradia social, financiada por meio da captação de recursos por CRI, sendo esses títulos remunerados pelo valor arrecadado pelo aluguel e pelos pagamentos de serviços prestados aos usuários.

Exemplificando o conceito de *moradia como serviço*, juntamente com outros elementos da estrutura legal de locação social de mercado, a próxima seção se debruça a analisar de forma concisa em um edital de locação social de mercado na cidade de São Paulo, atualmente em fase de elaboração após a consulta pública.

3.6.4 A proposta de locação social de mercado e a PPP habitacional da cidade de São Paulo: a moradia como serviço, a remuneração e a estruturação legal do contrato visando à viabilidade e à rentabilidade da prestação do serviço

A Prefeitura de São Paulo, por meio de sua Secretaria Executiva de Desestatização e Parcerias, realizou em 2021 a consulta pública CP 006/2021/SGM-SEDP de uma minuta de edital e de contrato de uma PPP na modalidade de concessão administrativa de *locação social de mercado* que tem por objeto a prestação de *moradia como serviço* englobando além da disponibilização das unidades habitacionais, a gestão predial, a gestão operacional, a gestão social com trabalhos técnicos sociais, a gestão de carteira e o provimento e serviço de manutenção de utensílios básicos em três empreendimentos habitacionais, com fachada ativa que

---

[101] O grupo Gaia é uma empresa do mercado financeiro que ambiciona "construir um mercado financeiro mais humano" e estrutura produtos financeiros ligados a causa sociais. Seu portfólio vai de CRI para locação social acessível em São Paulo, captação de recursos para estruturar projetos de agricultura familiar orgânica, até emissão de CRA (Certificado de Recebimento do Agronegócio) para cooperativas do MST.

[102] Consultoria financeira especializada em "negócios de impacto social" que tem no âmbito da moradia o Projeto Vivenda que visa captar recursos para reformas habitacionais nas periferias brasileiras.

[103] Incorporadora voltada à projetos de moradia social usando de recursos dos programas federais de habitação.

serão destinados à locação social na cidade de São Paulo. A minuta do edital de licitação prevê que o critério para julgamento das propostas seja o de menor valor de contraprestação mensal máxima, sendo que a determinação do valor mínimo será feita a partir das propostas comerciais apresentadas para a concessão, não podendo exceder o valor de R$ 2.670.149,00 mensais. Ao considerar a duração total do contrato de 35 anos, o valor total estimado perfaz a quantia de R$ 993.295.363,00 – soma dos valores de contraprestação mensal máxima durante todo o prazo de vigência do contrato sem correções. O prazo de vigência deste contrato será de trinta e cinco anos, e as obras de implantação dos empreendimentos devem ser realizadas em um prazo máximo de quarenta e oito meses (São Paulo, 2021c).

Segundo a minuta de encargos do concessionário (São Paulo, 2021d), a gestão de carteira corresponde a atividades de gestão da lista de beneficiários, de cobrança de aluguéis sociais e de gestão de inadimplemento em todo prazo da concessão. Os beneficiários da concessão serão indicados pelo poder concedente. A concessionária tem a responsabilidade de realizar a triagem desses beneficiários antes da ocupação das habitações, consolidar as listas e convocar para a assinatura do Termo de Permissão de Uso (TPU) – espécie de contrato de aluguel. A responsabilidade de cobrar os aluguéis, controlar os pagamentos de encargos e taxas e manter um registro dos dados de pagamento também é da concessionária, além de ter a obrigação de promover campanhas de conscientização sobre a importância do pagamento pontual e programas de incentivo para a adimplência contínua. Além disso, cabe à concessionária gerir a inadimplência dos usuários, nesse sentido, após três meses consecutivos sem pagamento, a concessionária deve registrar essa situação, sendo que a persistência após essa constatação enseja a proposição de ação de reintegração de posse pela concessionária.

A gestão operacional envolve a administração dos empreendimentos habitacionais por uma equipe técnica de profissionais especializados, as tarefas incluem a limpeza, a garantia de segurança com monitoramento 24 horas e com controle de fluxo de entrada e saída de pessoas, além da manutenção das áreas comuns do empreendimento como as tarefas de limpeza e de jardinagem, por exemplo. A concessionária também é responsável por fornecer e instalar equipamentos de linha branca como um fogão de quatro bocas com forno embutido, um refrigerador doméstico vertical e um chuveiro elétrico ou a gás, todos com garantia mínima de um ano.

As obrigações de gestão predial visam garantir o pleno funcionamento dos empreendimentos habitacionais ao longo do prazo de concessão, com a manutenção preventiva das infraestruturas e dos sistemas prediais e com serviços de reparação interna das unidades habitacionais – nos casos de troca de beneficiário –, além de manutenção corretiva de pronto atendimento nas estruturas físicas e funcionais dos empreendimentos em caso de emergência. O contrato também prevê a gestão social, incluindo atividades prévias à ocupação e pós-ocupação – com acompanhamento financeiro e a disponibilização de cursos de capacitação aos usuários com o intuito de inseri-los ou reintegrá-los ao mercado de trabalho, além de promover cursos de educação financeira aos usuários. Os beneficiários da concessão serão indicados pelo poder concedente. A concessionária tem a responsabilidade de realizar a triagem desses beneficiários antes da ocupação das habitações de interesse social.

Destaca-se que o TPU é um instrumento celebrado entre a Prefeitura de São Paulo e o beneficiário, com a concessionária como interveniente, em que são estabelecidos os direitos e os deveres dos usuários. Notadamente, dois aspectos merecem ser destacados. Primeiro, o beneficiário celebra o TPU com duração de 60 meses, podendo o prazo ser prorrogado por um período equivalente, desde que haja um acordo formal entre as partes e o beneficiário cumpra integralmente todas as obrigações contratuais e legais. Em segundo lugar, é definido que a obrigação de pagamento de aluguel social é um dos deveres do usuário e deve ser paga ao poder concedente e não a concessionária. Assim, há uma descaracterização do pagamento como tarifa, uma vez que o pagamento efetuado não é direcionado à concessionária, e sim ao poder concedente. Com isso, é o poder público, e não a concessionária, o agente que absorve eventuais inadimplências dos usuários. Isso fica evidente inclusive na minuta do contrato que estabelece que as únicas formas de remuneração do concessionário serão a contraprestação mensal efetiva paga pelo Poder concedente e as receitas acessórias e, além disso, a inadimplência não é um dos riscos assumidos pelo concessionário na disposição da Cláusula 29ª que aloca os riscos do negócio (São Paulo, 2021e, 2021f).

O cálculo da contraprestação mensal efetiva é determinado por uma fórmula específica que leva em conta o valor da contraprestação mensal máxima – o valor máximo que pode ser pago por mês –, o fator de construção – que varia de acordo com cada empreendimento – e o fator de desempenho – que é calculado de acordo com uma metodologia específica. Nesse sentido, o montante calculado da contraprestação mensal efetiva pode variar de acordo com o desempenho da concessionária e a progressão da construção dos empreendimentos. O primeiro pagamento da contraprestação mensal efetiva será realizado no mês em que for emitido o primeiro Termo Definitivo de Aceitação das Obras, que é o documento que formaliza a aceitação pelo poder concedente das obras realizadas pela concessionária. O fator de desempenho é atualizado a cada seis meses, baseado no relatório de desempenho elaborado de acordo com as diretrizes especificadas no contrato (São Paulo, 2021g).

O reajuste anual da *Contraprestação Mensal Máxima* ocorre a cada doze meses, conforme uma fórmula específica do edital. A fórmula usa o valor da Contraprestação Mensal Máxima do último reajuste anual realizado ou a estabelecida na proposta vencedora, além dos índices do Índice Nacional de Preços ao Consumidor Amplo (IPCA). O reajuste pode resultar em um aumento ou uma diminuição do valor da Contraprestação Mensal Máxima, dependendo das variações dos componentes da fórmula. Além disso, há definições de procedimentos a serem seguidos para as revisões extraordinárias do contrato (São Paulo, 2021f).

Quanto às receitas acessórias, a minuta do contrato prevê que a Concessionária pode explorar, diretamente ou por meio de terceiros, comercialmente os espaços disponíveis dentro dos empreendimentos. Adicionalmente, a Concessionária pode nomear livremente esses empreendimentos associados, podendo até mesmo incluir marcas nominativas dos espaços, também conhecidos como *"naming rights"* (Cláusula 17ª – Direitos da concessionária e Cláusula 20ª – Exploração de empreendimentos associados e receitas acessórias) (São Paulo, 2021f).

A Cláusula 25 da minuta de contrato estabelece garantias de pagamento da contraprestação mensal, assim o poder concedente tem a obrigação de constituir uma sistemática de garantia que assegure o pagamento regular da Contraprestação Mensal Efetiva, a partir da segregação de recursos em duas contas: uma para a realização dos pagamentos efetivos, e outra para a formação de um saldo de garantia. A Conta Garantia destina-se a servir como uma reserva financeira que será acionada nos casos em que houver descumprimento de pagamento das obrigações financeiras pelo poder concedente. Ao utilizar os recursos da Conta Garantia para a purga da inadimplência, há um compromisso subsequente do poder público para recompor o valor retirado, assegurando a manutenção do mecanismo de garantia jurídica (São Paulo, 2021f).

Ainda, a Cláusula 22 da minuta de contrato (São Paulo, 2021f) estabelece a possibilidade de que a Concessionária celebre contrato de financiamento com terceiros, estabelecendo cláusulas de pagamentos que ofereçam como garantia direitos relativos à execução do contrato de PPP, incluindo as receitas acessórias. Nos contratos de financiamento, o financiador pode adquirir o direito de assumir temporariamente o controle ou a administração da Sociedade de Propósito Específico em casos de inadimplemento contratual – a autorização do poder concedente fica condicionada à comprovação por parte do financiador de que este atende aos requisitos de habilitação jurídica e regularidade fiscal previstos nas normas do edital.

Por último, quanto à adoção de mecanismos privados de resolução de controvérsias, a minuta de contrato estabelece que na ocorrência de qualquer conflito sobre sua interpretação ou execução, será acionado um procedimento de mediação perante a Câmara de Solução de Conflitos da Administração Municipal da Procuradoria-Geral do Município de São Paulo (CLÁUSULA 42ª – solução de divergências por mediação) para a busca de uma solução amigável e consensual para a questão. Entretanto, as divergências oriundas da execução das obras de implantação dos empreendimentos serão resolvidas exclusivamente por um Comitê de Prevenção e Solução de Disputas, conforme as Cláusulas 42.1 e Cláusula 43 da minuta. O Comitê, durante a fase de implantação, poderá dirimir eventuais discordâncias relacionadas a direitos patrimoniais, emitindo recomendações não vinculantes às partes em litígio. Se controvérsias decorrentes do contrato ou relacionadas a ele, particularmente as que envolvem direitos patrimoniais disponíveis, não forem solucionadas amigavelmente pelo procedimento de mediação, conforme Cláusula 42, elas serão obrigatoriamente dirimidas por arbitragem, conduzida e administrada pelo Centro de Arbitragem da Câmara de Comércio Brasil Canadá (CAM-CCBC), seguindo a Resolução Arbitral 09/2014 e as regras de seu regulamento. O processo será realizado na cidade de São Paulo/SP, em língua portuguesa, com aplicação do direito brasileiro, sendo expressamente proibido o juízo por equidade (São Paulo, 2021f).

A adoção da política de *locação social de mercado* parece estar ganhando força no cenário brasileiro, com um grande potencial de expansão nos próximos anos. Essa tendência é reforçada pela estruturação de programas modelos no âmbito da União com potencial de servir como parâmetro para outros entes federativos, especialmente em razão do poder indutivo que a União exerce nos entes subnacionais. Dessa forma, a próxima seção examina os esforços em curso no âmbito do Executivo Federal para estruturação de projetos modelos de *locação social de mercado*.

3.7 Os programas de parceria de investimento e a locação social de mercado

Diante da reconfiguração do papel estatal e do aumento expressivo da atuação da iniciativa privada na estruturação e na implementação de projetos e de serviços públicos, observa-se o aparecimento de estruturas administrativas estaduais e municipais voltadas a fortalecer e a estimular essa colaboração e parceria entre o Estado e os agentes privados. Por exemplo, em janeiro de 2023, o Estado de São Paulo criou a Secretaria de Parcerias em Investimentos, cujo objetivo é atrair investimentos, criar oportunidades de geração de renda e ampliar as concessões e as parcerias público-privadas no Estado. Somente neste ano, o governo Tarcísio de Freitas aprovou 15 projetos no âmbito desse Programa, propostas de concessões e de PPPs que abrangem áreas diversificadas, incluindo habitação, transporte, cultura, transporte e desenvolvimento urbano (São Paulo, 2023). Em Minas Gerais, há o Programa de Concessões e Parcerias do Governo do Estado, vinculado à Secretaria de Estado de Infraestrutura e Mobilidade. No estado do Rio de Janeiro, a Subsecretaria de Concessões e Parcerias, da Secretaria de Estado da Casa Civil, é órgão responsável pela implementação de PPPs. Em Belo Horizonte, por sua vez, o Conselho Gestor de Parcerias Público-Privadas tem por atribuição a gestão e a execução de projetos de parcerias com setor privado.

Apesar da existência em diversas regiões do país de inúmeros órgãos administrativos voltados às parcerias, o foco deste estudo se direciona ao PPI. A razão para essa escolha reside no fato de que está ocorrendo a estruturação de dois programas de locação social via PPP nesse órgão, sendo um no Recife/PE e outro em Campo Grande/MS. Tais PPPs são particularmente importantes, uma vez que devem servir como referências para diversas outras cidades do país, dada a influência que as políticas públicas adotadas no âmbito federal têm em relação aos entes subnacionais, especialmente em razão de sua capacidade de indução de comportamentos por meio de liberação de recursos e de financiamento federal.

3.7.1 A estruturação do Programa de Parcerias de Investimentos – PPI no âmbito federal

A Lei n. 13.334/2016 criou o PPI diretamente ligado à Presidência da República. O PPI tem como objetivo principal ampliar e fortalecer a interação entre Estado e parceiro privado com o intuito de celebrar contratos de parceria para a execução de projetos públicos em infraestrutura e em outras ações de desestatização. Os empreendimentos que podem fazer parte do PPI incluem aqueles já em execução ou futuros, realizados diretamente pela administração federal ou em colaboração com administrações estaduais, distritais ou municipais, e englobam os contratos de parceria sob diversas modalidades, como as concessões comuns e as patrocinadas, os arrendamentos de bens públicos e outras estruturas jurídicas similares consideradas estratégicas em razão de sua complexidade, sua especificidade, seu montante de investimento e seus riscos associados (Brasil, 2016).

O PPI tem como propósito ampliar as oportunidades de investimento e emprego no país, aprimorar a qualidade da infraestrutura pública e promover a competição justa na prestação de serviços. É relevante destacar, ainda, dois objetivos dispostos no art. 2º da referida lei: o primeiro visa assegurar a estabilidade e a segurança jurídica com a garantia de intervenção mínima nos negócios e investimentos, e o segundo enfatiza o compromisso em fortalecer o papel regulador do Estado e da autonomia das entidades estatais de regulação – sinalizando uma postura estatal mais voltada à supervisão e normatização dos serviços em detrimento da prestação direta do serviço (Brasil, 2016).

De acordo com art. 4º, da Lei n. 13.334/2016, cabe ao presidente da República estabelecer, por decreto, as diretrizes de longo prazo para investimentos em parcerias com empreendimentos públicos federais, a qualificação de quais projetos públicos federais de infraestrutura estão aptos a serem implementados via parceria, o estabelecimento de políticas que incentivem parcerias em infraestrutura nos âmbitos estadual, distrital e municipal, e o estabelecimento de obras e serviços de engenharia considerados de interesse estratégico para o país. Para auxílio nesse desiderato, o art. 7º da referida lei conjuntamente com o art. 1º do Decreto n. 11.412/2023 instituem o Conselho do Programa de Parcerias de Investimentos (CPPI) como órgão de assessoramento imediato ao presidente da República, responsável por supervisionar, assessorar e desempenhar um papel consultivo-estratégico em relação às ações do PPI – entre suas atribuições, estão a de avaliar propostas relativas à Lei n. 13.334/2016, a de identificar serviços prioritários, a de coordenar atividades do PPI, a de integrar políticas, a de monitor a execução do PPI, a de fazer representações aos Estados e Municípios, além de fornecer orientações normativas à execução da política, entre outras. O ministro da Casa Civil preside o CPPI, que também conta com ministros de setores importantes, como o da Fazenda, dos Transportes, das Minas e Energia, do Planejamento, do Meio Ambiente, entre outros (Brasil, 2016, 2023d).

A Secretaria Especial do Programa de Parcerias de Investimentos (SPPI), subordinada à Casa Civil, é quem executa as ações do PPI, coordenando, monitorando, avaliando e supervisionando as ações do programa e apoiando as ações setoriais necessárias à sua execução (Brasil, 2016).

A estruturação de projetos no âmbito do PPI é estabelecida pelos arts. 11 e 12. Nesse sentido, o ministério ou órgão responsável pela formulação da política setorial deve, com o apoio da SPPI, adotar as medidas necessárias para incluir o empreendimento no PPI. Para desenvolver tais projetos, esses órgãos poderão utilizar a estrutura interna da Administração, contratar serviços técnicos especializados, abrir chamamentos públicos – Procedimento de Manifestação de Interesse, aceitar sugestões de projetos, vedado qualquer tipo de ressarcimento, e estabelecer contratos diretamente com o Fundo de Apoio à Estruturação de Parcerias (FAEP). O art. 14 autorizou o BNDES a constituir o FAEP para prestação onerosa, por meio de contrato, de serviços técnicos profissionais especializados para a estruturação de parcerias de investimentos e de medidas de desestatização. Esse fundo é de natureza jurídica privada e tem uma duração inicial estabelecida de dez anos, podendo celebrar contratos e sendo representado pelo BNDES. O FAEP possui múltiplas fontes de recursos, desde a integralização de cotas até rendimentos de aplicações financeiras. O art. 15 cria uma nova forma de contratação direta em que os órgãos e entidades da administração podem contratar o FAEP sem licitação, com intuito de prestação serviços técnicos profissionais especializados, visando à estruturação de contratos de parceria e de medidas de desestatização (Brasil, 2016).

Adicionalmente, para financiar *expertise* técnica de apoio à estruturação e ao desenvolvimento de projetos de concessão e parcerias público-privadas em âmbitos federal, estadual, distrital e municipal, em regime isolado ou consorciado, a União autorizou a criação de fundo específico, nos termos da Lei n. 13.529/2017. Dessa forma, o art. 5º da mencionada lei permite que o agente administrador desse fundo seja diretamente contratado, sem necessidade de licitação, por entidades públicas de todos esses níveis administrativos. Esse agente trabalhará com recursos do fundo para realizar atividades e serviços técnicos que viabilizem licitações para tais projetos, podendo englobar também a revisão, o aperfeiçoamento ou a complementação de trabalhos anteriormente realizados (Brasil, 2017b). O Decreto n. 9.217/2017 autorizou o aporte de recursos no fundo com a integralização das cotas da União e também estabeleceu diretrizes sobre a formação, operação e responsabilidades do Conselho de Participação no Fundo de Apoio à Estruturação e ao Desenvolvimento de Projetos de Concessão e Parcerias Público-Privadas da União (CFEP). Por fim, determinou a Caixa econômica Federal como administradora do fundo.

O Estatuto do FEP-CAIXA foi aprovado pelo CFEP pela Resolução n. 02, de 22 de janeiro de 2018. O acesso aos recursos desse fundo pode se dar por duas maneiras: (a) chamamento público (art. 10 do Estatuto), o FEP-CAIXA promove o chamamento de entes federativos para estruturar e desenvolver projetos de PPP, aportando uma determinada quantia que poderá ser complementada com recursos de Organismos Internacionais, de Agências de Cooperação Internacional ou outros parceiros que desejem cofinanciar as iniciativas. O ente público também deve oferecer contrapartida, conforme definido em edital. A CAIXA utiliza o os recursos do fundo para cobrir os custos relacionados aos serviços e estudos necessários a estruturação do projeto – isso inclui estudos jurídicos, análises de viabilidade técnica e financeira e contratação de consultores que fornecem suporte técnico e auxílio na licitação, nos editais e nas consultas públicas. Adicionalmente, órgãos internacionais de fomento podem firmar acordos de como também prestar consultoria e assistência na modelagem dos projetos de concessão; (b) Grupo Piloto (Art. 11 do Estatuto), antes do chamamento público, o CFEP pode estabelecer um grupo piloto formado por entes federativos com interesse em estruturar PPPs específicas. Os recursos do FEP-CAIXA são utilizados para cobrir todos os custos associados à estruturação e desenvolvimento desses projetos.

As etapas de estruturação e desenvolvimento de projetos, nos termos do art. 9º, são divididas sequencialmente em seis fases: (1) chamamento público ou seleção para projeto piloto; (2) assinatura do contrato com o ente federado e acesso aos recursos; (3) Etapa 1 – estudos preliminares para avaliação inicial de viabilidade do projeto; (4) Etapa 2 – Estudo de Viabilidade Técnica Econômica e Ambiental (EVTEA); Etapa 3 – audiência pública com submissão do projeto a análise externa e Etapa 4 – licitação da PPP (CFEP, 2018).

A estruturação de PPPs para estudar alternativas habitacionais destinadas à locação social está sendo financiada, nos termos do art. 11 (projeto piloto). O caminho percorrido será contado nas próximas seções.

3.7.2 A inclusão da locação social de mercado no PPI

As iniciativas para estruturar políticas públicas voltadas à *locação social de mercado* no âmbito federal não são recentes. O Ministério das Cidades do governo Temer (2016-2019) constituiu Grupo de Trabalho com o objetivo de discutir, formular e propor um novo programa federal denominado *Programa de Locação Social*, destinado a viabilizar empreendimentos habitacionais em benefício de famílias, preferencialmente, de baixa renda e/ou em situação de vulnerabilidade, mediante uso da modalidade de Aluguel Social, a serem ofertados pela iniciativa privada, nos termos da Portaria n. 544, de 13 de setembro de 2017.

O Ministério de Integração e Desenvolvimento Regional do governo Bolsonaro, por sua vez, instituiu grupo de trabalho para o mapeamento de alternativas já existentes para atendimento às diversas naturezas de demandas habitacionais, a exemplo de produção habitacional, locação social, ressarcimentos e indenizações a danos, urbanização de áreas desocupadas, nos termos da Portaria n. 1.916, de 9 de agosto de 2019.[104] Este mesmo Ministério, que à época congregava a Secretaria Nacional de Habitação, solicitou, nos termos do art. 11, da Lei n. 13.334/2016, durante a 14ª Reunião do Conselho do PPI que ocorreu em 2 de dezembro de 2020, a inclusão da política de locação social no PPI com o intuito de proceder a estudos a respeito de possibilidades de parcerias com a iniciativa privada. O pedido foi apresentado pelo ministro Rogério Marinho e reforçado por Martha Seillier, à época,

---

[104] O autor deste livro encaminhou e-mails a diversos membros desses dois GTs, não obtendo êxito em receber qualquer documentação produzida no âmbito desses grupos.

Secretária Especial do PPI. Seillier destacou a insuficiência das políticas habitacionais até então produzidas, especialmente para o público-alvo em estado de pobreza absoluta, enfatizando que esse cenário demandava novos modelos complementares. A ministra Damares, à frente, à época, do Ministério da Mulher, Família e Direitos Humanos, também se pronunciou, elogiando a proposta e ressaltando que a política de promoção à locação social estava alinhada aos objetivos do programa de acolhimento à população de rua, programa que estava sendo gestado à época em seu ministério (Brasil, 2020f).

Após a solicitação do Ministério setorial, o CPPI publicou a Resolução do Ministério da Economia n. 159, de 2 de dezembro de 2020,[105] opinando favoravelmente sobre a possibilidade de elaboração de estudos e a estruturação de projetos, no âmbito do PPI, com vistas a viabilizar alternativas habitacionais baseadas em *locação social de mercado*. A proposta foi então submetida à avaliação do presidente da República, como determina o art. 7º, Inciso I da Lei n. 13.334/2016. A referida portaria foi assim justificada:

> Considerando a necessidade de diversificar os instrumentos para a solução da questão habitacional no Brasil para além de ações de produção habitacional; Considerando a enorme quantidade de assentamentos precários nas cidades brasileiras, onde existe um déficit habitacional estimado em cerca de 6,35 milhões de unidades habitacionais; Considerando que os programas tradicionais de provisão habitacional não se mostram suficientes, nem muitas vezes adequados, para equacionar o déficit habitacional para famílias que vivem em estado de pobreza absoluta; Considerando o incremento da participação do componente ônus excessivo do aluguel no déficit habitacional brasileiro, demandando a estruturação de abordagens inovadoras para seu enfrentamento; Considerando a necessidade de ampliar as oportunidades de investimento e emprego no País e de estimular o desenvolvimento econômico nacional, em especial por meio de ações centradas na ampliação e na melhoria da infraestrutura e dos serviços voltados ao cidadão; e Considerando a necessidade de melhorar as condições da habitação e ampliar os instrumentos de promoção de moradia digna (Brasil, 2020c).

Em resposta, o presidente da República editou o Decreto n. 10.678, de 16 de abril de 2021, que reconheceu a locação social de mercado

---

[105] Naquele momento, o CPPI era presidido pelo então Ministro da Economia. No entanto, o governo do Presidente Lula alterou a estrutura do órgão, vinculando-o à Casa Civil.

como uma política apta a integrar o PPI, além disso, autorizou a estruturação de projeto-piloto e o uso dos recursos da FEP-CAIXA para a estruturação de projetos nesse segmento.

Na sequência, a Secretaria de Fomento e Apoio a Parcerias de Entes Federados editou a Nota Técnica n. 8/2021/CGGI SNH/SNH-MDR, em que se estabeleceram orientações para a estruturação de projetos voltados a empreendimentos de locação social de mercado. A referida nota destacou nove diretrizes, agrupadas em três categorias, para elaboração do EVTEA, do Diagnóstico Social e do Plano de Comunicação Social (Brasil, 2021e).

O primeiro grupo detalha quatro diretrizes gerais da política pública a ser estruturada: (1) a focalização da política nas famílias de baixa renda; (2) a coparticipação obrigatória dos beneficiários; (3) o direcionamento de apoio federal às iniciativas locais; (4) a garantia de que a localização e a situação fundiária dos empreendimentos sejam adequadas e regulares, além da compatibilidade das unidades habitacionais com as legislações urbanísticas municipais. Nesse sentido, a nota técnica classifica as famílias em três faixas de renda: Grupo Urbano 1 – Gurb 1 (famílias com renda bruta familiar mensal de até R$2.000,00), Grupo Urbano 2 – Gurb 2 (famílias com renda bruta familiar mensal entre R$2.000,01 e R$4.000,00) e Grupo Urbano 3 – Gurb 3 o (famílias com renda bruta familiar mensal entre R$4.000,01 e R$7.000,00). Os projetos estruturados devem contar com no mínimo 50% das habitações destinadas aos grupos GUrb 1ou GUrb 2. A viabilidade dessa modelagem deve ser garantida a partir de aportes de recursos públicos, de disponibilização de imóveis públicos ou de integração com políticas públicas de apoio à demanda (*voucher*) para complemento do aluguel. Receitas para redução dos custos para o setor público e para atração do setor privado podem ser geradas a partir do uso comercial ou venda de parte do empreendimento. A impossibilidade de cumprimento desse percentual mínimo de destinação deve ser justificada e acompanhada por um esforço na maximização do atendimento das famílias categorizadas no GUrb1. O limite de comprometimento de renda familiar no programa deve ser de no máximo 20%, incluindo as despesas com o aluguel e com o condomínio, além da exigência de haver limitadores de reajustes do contrato durante sua vigência, especialmente aos grupos Gurb 1 e 2 – a lista de beneficiários deve seguir as prioridades do cadastro de famílias do programa federal de habitação para indicação dos beneficiários (Brasil, 2021e).

A segunda diretriz enfatiza a obrigatoriedade de coparticipação dos beneficiários no custeio do programa, estabelecendo a necessidade de pagamento do aluguel para a viabilidade da PPP habitacional. Isso envolve a participação financeira dentro dos limites de comprometimento de renda estabelecidos, garantindo que as famílias beneficiadas assumam uma parcela responsável dos custos associados à habitação, como o pagamento de aluguel e despesas condominiais, dentro de um limite que não ultrapasse 20% da renda familiar mensal. Essa diretriz busca promover o equilíbrio entre o apoio oferecido pelo governo e o engajamento dos beneficiários, incentivando a responsabilidade compartilhada e o compromisso com a manutenção e sustentabilidade das soluções habitacionais propostas.

A terceira diretriz do grupo sublinha o papel central do município na condução e gestão da política. Embora a União esteja encarregada de viabilizar os projetos (cobrindo os custos iniciais e dando assistência técnica), além de definir as normas gerais e disponibilizar recursos, a condução e as despesas de execução do contrato serão de responsabilidade do ente municipal. Por último, a quarta diretriz enfoca a importância de os empreendimentos terem uma localização qualificada e uma situação fundiária regularizada. Nesse sentido, as unidades habitacionais devem estar inseridas em áreas da cidade dotadas de infraestrutura urbana, contando com acesso a serviços urbanos e oferta de oportunidades de trabalho, evitando-se a construção desses empreendimentos em áreas periféricas. Além disso, essa diretriz destaca a necessidade de que a estruturação das PPPs esteja alinhada com a legislação urbanística do município. Isso significa que os projetos estruturados devem respeitar tanto a legislação de uso e ocupação do solo quanto a legislação de patrimônio histórico e cultural. Adicionalmente, os estudos devem prever a utilização de instrumentos de política urbana para a recuperação da valorização imobiliária e reinvestimento na própria operação, como a Outorga Onerosa do Direito de Construir, a Outorga Onerosa de Alteração de Uso do Solo ou mesmo a Transferência do Direito de Construir. Paralelamente, para assegurar a viabilidade das PPPs, os estudos de viabilidade devem levar em conta benefícios fiscais, como isenções e reduções de impostos (Brasil, 2021e).

As diretrizes relacionadas às atribuições do parceiro privado estão organizadas em quatro grupos: (1) incentivos ao parceiro privado a realizar os investimentos esperados e a gerir o empreendimento por todo o período do contrato – para isso devem detalhar nos editais e nas minutas contratuais com exatidão a metodologia de viabilidade econômica do negócio e do equilíbrio econômico-financeiros do contrato ao longo do tempo, além disso, devem prever diversas possibilidades de exploração de receitas acessórias e de venda de parte das unidades habitacionais com o intuito de recuperar o investimento do parceiro privado; (2) ao longo de todo o contrato, o concessionário é responsável pela prestação da gestão social, bem como da gestão condominial e patrimonial dos empreendimentos, envolvendo ações que fortaleçam a autonomia das famílias, incentive a inclusão produtiva dos usuários do serviço, estímulo ao adimplemento das obrigações pecuniárias e também o serviço de manutenção do edifício e de toda sua infraestrutura; (3) garantias de que as unidades habitacionais se mantenham habitáveis durante todo o período contratual da concessão; (4) possibilidade de exploração comercial de parte do empreendimento (Brasil, 2021e).

Por último, quanto às diretrizes pertinentes às atribuições dos entes públicos locais, há a diretriz de garantir o apoio do ente público local para a viabilização da parceria. Segundo a nota, o suporte deve compreender o pagamento de contraprestação pecuniária e a disponibilização de recursos financeiros e terrenos para o desenvolvimento do projeto. Além disso, o ente público local deve contar com capacidade institucional e administrativa estruturadas para gerir programas de aluguel social e monitorar o contrato durante sua vigência. Adicionalmente, o parceiro público deve ter legislação própria que permita parcerias com o setor privado em programas habitacionais, inclusive reconhecendo o aluguel social como uma solução viável para famílias de baixa renda (Brasil, 2021e).

No âmbito do Programa PPI, estão em desenvolvimento dois projetos pilotos de locação social de mercado. O primeiro está localizado na cidade de Recife/PE e o segundo em Campo Grande/MS. Veja-se que, em setembro de 2021, a Prefeitura do Recife submeteu ao SNH uma proposta de política de moradia que consistia em construir e reformar unidades habitacionais em terrenos e imóveis públicos ociosos e subutilizados, com intuito de destiná-las para o programa de locação social via PPP. Na 22ª Reunião do CFEP, em 19 de novembro de 2021, foram discutidos os principais aspectos dessa proposta, que envolvia a construção e reabilitação de moradia em propriedades pública federais e municipais. A proposta de projeto piloto de locação foi aprovada pelo CFEP, conforme a Resolução n. 43, de 12 de novembro de 2021. Adicionalmente, foi destinado o montante máximo de R$

5.444.404,18 do FEP-CAIXA para a estruturação do projeto piloto. Após a aprovação, a Prefeitura do Recife firmou contrato diretamente com a Caixa Econômica Federal, administradora do FEP, mediante dispensa de licitação, para desenvolver, com recursos do fundo, as atividades e os serviços técnicos necessários para viabilizar a licitação da PPP – seis móveis públicos (propriedade do município e da União) que deverão viabilizar uma quantidade mínima de 500 (quinhentas) unidades habitacionais (CFEP, 2021; Brasil, 2021).

Após a celebração do contrato, a Caixa Econômica Federal publicou o edital de pregão eletrônico n. 116/5688-2022, que tinha como objeto a contratação de empresa ou consórcio de empresas para a prestação dos indigitados serviços. Procedido ao pregão, o preço global determinado foi de R$ 2.699.000,00, sendo o consórcio vencedor o denominado *Una High Tech Manesco* formado pela Sociedade de Advogados *Manesco, Ramires, Perez, Azevedo Marques Advocacia*, pela *Una Partners Economia e Finanças* empresa de consultoria especializada em regulação e pareceres de reequilíbrio e estudos econômico-financeiros de contratos de concessões de PPPs e pela *Htbr Arquitetura e Engenharia* empresa de consultoria na área de infraestrutura urbana e regional com alguns projetos de estruturação de empreendimentos habitacionais CDHU e da Prefeitura Municipal de São Paulo.

Em outra iniciativa, o município do Recife anunciou a assinatura de um contrato de Empréstimo junto ao BID no valor de quase dois bilhões de reais, montante que será investido em diversos setores da infraestrutura urbana, com um prazo de retorno estendido para 23 anos (Recife, 2023a). Parte desse financiamento será alocada no Programa de Locação Social de mercado, como indicado no Aviso de Manifestação de Interesse n. 02/2023, publicado no *Diário Oficial da União* do dia 14/08/2023. Adicionalmente, a Portaria SPU/ME n. 5.191, de 7 de junho de 2022, publicada no *Diário Oficial da União*, do dia 10 de junho de 2022, declarou de interesse do serviço público para fins de HIS, na modalidade de locação social, um terreno e um prédio localizados no município do Recife. Posteriormente, a Portaria SPU/ME n. 5.579, de 21 de junho de 2022, publicado no *Diário Oficial da União* de 09/05/2023, autorizou a doação desses imóveis para o município do Recife destinando-os ao projeto piloto de parceria público-privada de locação social. A doação foi feita sob algumas condicionantes, entre elas, a de que a utilização do imóvel deve prever o atendimento mínimo de 50% mais 1 das unidades habitacionais construídas no imóvel da União, para famílias com renda familiar mensal de até 5 salários mínimos mensais, mediante locação social. O prazo para a conclusão do empreendimento habitacional e disponibilização das unidades habitacionais será de seis anos, prorrogável por igual período, sob pena de reversão automática do bem ao patrimônio da União. Além disso, a União autorizou a alienação onerosa de algumas unidades habitacionais localizadas no imóvel desde que o produto da venda seja destinado à instalação de infraestrutura, equipamentos básicos ou de melhorias necessárias ao desenvolvimento do projeto piloto de parceria público-privada de locação social.

Em 8 de setembro de 2023, a Prefeitura do Recife anunciou a realização de consulta pública e disponibilizou para o público em geral diversos documentos relativos ao projeto piloto de PPP (edital e anexos). Entre os dias 8 de setembro e 9 de outubro de 2023, foi possível encaminhar sugestões ao projeto. Adicionalmente, no dia 29 de setembro de 2023, uma audiência pública foi realizada em formato virtual, oportunidade em que detalhes e aspectos do projeto foram apresentados (Recife, 2023b). Em consulta ao site "Morar no Centro", em junho de 2024, constatou-se que a fase de consulta pública foi finalizada e os termos da minuta de edital foram encaminhados ao Tribunal de Contas do Estado de Pernambuco, sem, contudo, ser os termos do contrato publicizados e disponibilizados para consulta.

Por sua vez, em janeiro de 2022, a Prefeitura de Campo Grande submeteu ao SNH uma proposta de política de moradia que consistia em construir novas unidades habitacionais em terrenos e imóveis públicos ociosos e subutilizados da Prefeitura, com intuito de destiná-las ao programa de locação social via PPP. Na 24ª Reunião do CFEP, em 21 de junho de 2022, foram discutidos os principais aspectos dessa proposta, sublinhando que a proposta do município sul mato-grossense era menos complexa do que a de Recife, uma vez que envolvia terrenos apenas de um ente federativo, além de a Prefeitura municipal ter uma extensa experiência com gestão de PPPs, ainda, a estruturação dos dois projetos pilotos foi vista como complementar, ampliando o leque de possibilidades de estruturação de projetos de PPP no segmento. A elaboração de projeto piloto de locação foi aprovada pelo CFEP, conforme a Resolução n. 48, de 15 de junho de 2022. Adicionalmente, foram definidos os valores de assessoramento custeados pelo FEP-CAIXA para a estruturação do projeto piloto no valor de até R$ 6.456.698,82. Após a aprovação, a Prefeitura de Campo Grande celebrou contrato diretamente com a Caixa Econômica Federal, administradora do FEP, mediante dispensa de licitação, para o desenvolvimento e o gerenciamento das atividades relativas à estruturação do projeto de concessão de Habitação para Locação Social, especialmente para promover estudos técnicos e adoção das medidas preparatórias e executivas necessárias à realização da licitação e formalização do contrato de concessão – a previsão é de 500 unidades habitacionais espalhadas em três terrenos de propriedade do município de Campo Grande.

Após a celebração do contrato, a Caixa Econômica Federal publicou o edital do Pregão Eletrônico n. 398/5688-2022, que tinha como objeto a "prestação de serviços técnicos especializados necessários à modelagem e estruturação de projetos de concessão de habitação com locação social, a serem executados no município de Campo Grande/MS" (CEF, 2022a, *online*). Homologado o procedimento licitatório, o objeto do pregão foi adjudicado, pelo valor global de R$ 2.736.921,29 ao Consórcio Radar PPP integrado pelo escritório de Advocacia *Machado Meyer Advogados* que tem como um dos seus segmentos de atuação o apoio aos investidores interessados em participar de licitações e explorar atividades reguladas por meio de PPPs e pelo Instituto de Urbanismo e Estudos para a Metrópole (URBEM) – empresa de consultoria em urbanismo voltada para "a estruturação de projetos que possam municiar o poder público, o setor privado e a sociedade civil com propostas que gerem um tecido urbano mais justo, mais funcional e mais belo" (URBEM, 2023, *online*).

3.7.3 Análise dos contratos da Caixa econômica e dos municípios do Recife e de Campo Grande para a estruturação dos editais de locação social de mercado

Os referidos contratos firmados entre a Caixa e os consórcios, bem como seus respectivos anexos, em especial os Termos de Referência, são similares. Portanto, serão citados de forma conjunta nesta seção. O foco desses contratos é a prestação de serviços técnicos e a elaboração de editais e documentos complementares para a concessão de serviços, como a provisão, a gestão, a manutenção e a operação de empreendimentos habitacionais, podendo envolver tanto a produção habitacional quanto a requalificação de imóveis preexistentes (*retrofit*) para políticas de locação social. A abordagem adotada considera a moradia como serviço, indo além da simples concessão da unidade habitacional e incorporando outros elementos necessários ao ato de morar. Vale ressaltar que há a previsão de que a licitação possa, quando possível, ser segmentada por lotes de serviço, como gestão condominial, gestão de manutenção e gestão social. Os projetos poderão adotar diferentes modalidades de concessão: concessão administrativa, concessão patrocinada ou concessão comum. A escolha da modalidade de concessão comum, em particular, será viável nos casos em que o empreendimento se sustente exclusivamente pelo pagamento de tarifa pelo usuário. Veja-se que a determinação de qual modalidade adotar basear-se-á em estudos de demanda, em análises jurídicas e em avaliações socioeconômicas e financeiras produzidas pela contratada que justifiquem a escolha do arranjo jurídico-institucional mais adequado (CEF, 2022b, 2022a).

Os editais dos pregões, embora não detalhem minuciosamente a estrutura dos futuros contratos de concessão de locação social de mercado, estabelecem algumas ideias norteadoras. Assinale-se, também, que a linguagem empregada nos editais reflete termos e jargões muito comuns à prática do mercado financeiro e da iniciativa privada – incluindo diversas expressões em inglês e abordagens delineadas para a atração de investimentos. Nesse sentido, os termos de referência dos pregões reforçam a importância de modelar a concessão de forma a assegurar a viabilidade do projeto e a sua atratividade para o setor privado. Para isso, determinam que os futuros planos de negócios sejam elaborados a partir das práticas financeiras mais aptas a otimizar a financiabilidade do projeto. A confecção do contrato de concessão deve envolver o estabelecimento de regras, sejam técnicas, jurídicas ou financeiras, baseadas em evidências, em análises e em estudos aprofundados. O chamado *benchmarking*, mencionado no edital, é sublinhado como um mecanismo de extrema importância para adaptação da concessão às práticas do mercado em que ela está inserida. Há, ainda, a previsão de iniciativas de promoção e de divulgação da concessão, como os *roadshows*, em eventos idealizados com o intuito de captar a atenção e os recursos de empresas e de investidores. Além disso, há a projeção de confecção de Relatório de Análise de Atratividade ou *Market Sounding*, com o intuito de identificar e de entender os potenciais interessados, refinando o objeto da licitação, criando mais oportunidades de negócio/lucro e tornando a modelagem da concessão mais atrativa. Adicionalmente, uma das diretrizes estabelecidas é o estabelecimento de cláusulas contratuais de mecanismos de remuneração da concessionária atrelado ao seu desempenho, com indicadores que devem ser idealizados a partir de um sistema recompensatório de remuneração, variando o pagamento de acordo com o desempenho da concessionária (CEF, 2022b, 2022a).

Os serviços técnicos objeto dos pregões devem seguir uma organização em etapas e cumprir prazos máximos estipulados. A etapa 1 abrange os estudos preliminares, o planejamento e o diagnóstico, a etapa 2 consolida o EVTEA e a estruturação completa do contrato, a etapa 3 envolve a realização de audiência pública e culmina na validação externa do projeto, por último, a etapa 4 se concentra no processo de licitação da concessão ou PPP, seguido da efetiva contratação da vencedora do certame.

Essas etapas são divididas em subetapas, e cada subetapa é segmentada em diversos blocos de atividades. A primeira etapa, intitulada "Planejamento, Diagnóstico e Estudos", foca a definição de um modelo de governança e de gestão para a concessão a ser implementada. Nessa fase, há o aprofundamento de diagnósticos detalhados sobre a situação e há a confecção de diversos estudos de diferentes matizes para fundamentar a decisão de viabilidade do projeto de concessão e de configuração do contrato a ser proposto. Ao finalizar essa etapa, aspectos primordiais do projeto estarão delimitados e decididos, tais quais: a modalidade de concessão, as formas de remuneração, o prazo, o objeto da concessão, a área, os imóveis envolvidos, entre outros. Nesse sentido, essa fase é responsável por definições estruturais do projeto, com o estabelecimento de diretrizes e direcionamentos para a execução da concessão, com a equalização e definição de conceitos e práticas a serem implementadas ao longo da execução contratual, bem como por estabelecer condições materiais de execução desses estudos e dessa estruturação com a instituição de equipes de trabalho, de treinamento de pessoal, da gestão de documentação, do planejamento de atividades relacionadas à comunicação social do projeto de concessão, das estratégias de engajamento de *stakeholders*, da definição de estratégias comunicativas, de capacitação em *media training* para os porta-vozes do projeto, de *design* de *site* institucional, entre outros (CEF, 2022a, 2022b).

Diversos são os diagnósticos e estudos estabelecidos nessa fase inicial, tais quais: (1) exame da situação jurídico-institucional com análise do conjunto de leis e regulamentos aplicáveis ao projeto de concessão em questão – abrangendo desde normas editalícias até licenças urbanísticas, legislação municipal relacionada às PPPs e lei orçamentária.; (2) avaliações voltadas para a estruturação jurídico-institucional do projeto que orientam a elaboração das minutas de editais e dos respectivos anexos; (3) análise da situação técnico-operacional do ente público, entendendo suas peculiaridades e necessidades, examinando o modelo atual de gestão pública, especialmente em relação à operação e à manutenção de empreendimentos habitacionais do município e a avaliação dos níveis de qualidade de serviço ofertados; (4) estudos de engenharia e sociais com a produção de relatório que conte, entre outras coisas, com as especificações mínimas de qualidade para as instalações e serviços, com as diretrizes construtivas, as estimativas de custo e despesas, com a definição da CAPEX (*Capital Expenditures*)[106] e da OPEX (*Operating Expenditures*),[107] com o estabelecimento da matriz de responsabilidade da concessão com a definição das atribuições da autoridade fiscalizadora do contrato, agência reguladora, operador privado, agente financeiro, entes públicos, com a descrição de receitas acessórias – aluguéis de áreas não residenciais ou de atividades complementares àquelas do objeto da concessão; (5) modelagem socioambiental com a avaliação dos aspectos sociais e ambientais que causam impacto no projeto de concessão e definição dos planos para mitigação desses riscos relacionados; (6) relatório de serviços e indicadores que deve incluir, entre outras coisas, elementos que ajudem na análise da qualidade da gestão condominial, da prestação de serviços de trabalho técnico social e desenvolvimento comunitário; da qualidade da manutenção das áreas comuns do condomínio, da qualidade da manutenção das áreas públicas na poligonal do projeto, da execução de obras iniciais e reparos necessários dentro do prazo determinado em contrato, de indicadores de sustentabilidade ambiental, eficiência energética e conforto ambiental; (7) relatório econômico-financeiro que incorpora aspectos sobre a situação fiscal do ente público e da atratividade do projeto de concessão junto aos potenciais investidores privados. O estudo da situação fiscal tem por objetivo compreender os valores associados – investimentos, custeio e arrecadação – atrelados ao desenvolvimento e à implementação do projeto de locação social, determinando, assim, a capacidade do ente público em cumprir com as obrigações estabelecidas no contrato de concessão. Por outro lado, o exame de atratividade

---

[106] Segundo o Termo de Referência, a palavra Capex "Refere-se aos gastos de capital com os custos iniciais de construção da infraestrutura mais qualquer despesa nos ativos da concessão ou PPP construídos que não seja um gasto operacional" (CEF, 2022a).

[107] Segundo o Termo de Referência, a palavra Opex "refere-se aos gastos operacionais, isto é, custeio de operação do ativo de infraestrutura após a entrega da obra" (CEF, 2022a).

tem por intuito identificar e quantificar o interesse no projeto de possíveis investidores; (8) por último, a modelagem econômico-financeira que estabelece premissas e componentes financeiros do projeto com o escopo de obter o equilíbrio entre a prestação de serviço adequado e o interesse de rentabilidade do setor privado – interessante anotar que nesse ponto haverá a elaboração de um Estudo de *Value for Money* "comparando o desembolso projetado dos modelos existentes, gestão e operação de empreendimentos habitacionais com o modelo proposto, visando demonstrar do ponto de vista econômico e social a modalidade de contratação mais vantajosa para o ente público" (CEF, 2022a, 2022b).

Após a conclusão da primeira etapa, inicia-se a segunda fase focada na estruturação do contrato de licitação. Durante essa etapa, a minuta definitiva do edital, a minuta do contrato e a minuta dos respectivos anexos serão elaboradas e finalizadas com base em todos os estudos técnicos e minutas preliminares produzidas na fase inicial.

Ao término da segunda etapa, com as minutas definitivas do edital e seus anexos prontos, inicia-se a terceira fase, qual seja: a validação externa do projeto. Essa fase abrange a realização de consulta e de audiência pública, com o intuito de promover transparência e de estimular a participação social na composição do projeto de concessão. Durante esse período, a empresa de consultoria contratada pela CEF prestará suporte técnico à condução tanto da consulta quanto da audiência pública, além de auxiliar no suporte à realização de *Roadshows*, será igualmente de sua responsabilidade a análise das propostas, das contribuições, dos comentários e dos questionamentos recebidos ao longo desses eventos. A partir dessas contribuições e *feedbacks*, deverá haver a revisão e o aprimoramento dos estudos e das minutas do procedimento licitatório a partir das ideias e colaborações surgidas durante a participação popular (CEF, 2022b, 2022a).

Na quarta e última fase, a contratada tem o dever de monitorar e fornecer assessoria técnica e jurídica durante todo o processo administrativo de licitação de concessão. Isso inclui o suporte à comissão de licitação na formulação de respostas às objeções feitas pelos licitantes, na elaboração de esclarecimentos e réplicas às impugnações feitas ao instrumento de convocação, além de acompanhamento e de atuação em eventuais ações judiciais propostas, questionando as normas dos editais. Posteriormente, cabe também prestar serviço e assessoria técnica para preparar a assinatura do contrato e planejar o início da implantação do projeto, envolvendo o detalhamento minucioso da implantação do contrato a ser firmado e a capacitação técnico-jurídica do corpo administrativo responsável pela gestão contratual da concessão (CEF, 2022b, 2022a).

Os prazos para as quatro etapas têm o termo inicial contado a partir da reunião de *Kickoff*, nos termos do edital. Essa reunião inicial, que ocorre antes da elaboração dos estudos e documentos para a PPP, detalha o cronograma e o plano para a concessão de locação social das unidades habitacionais (CEF, 2022b, 2022a). Veja-se que a reunião de *kickoff* sobre a PPP de locação social do Recife ocorreu em 12 de julho de 2022 – essa fase de estruturação do projeto de concessão foi finalizada em 07/09/2023, com o início do prazo da etapa 2 (consulta pública) em 08/09/2023, publicação do edital em 31/03/2024, leilão do projeto em 30/06/2024 e assinatura do contrato em 31/01/2024. De outra sorte, a PPP de Campo Grande teve sua reunião de *Kickoff* em 1º de junho de 2023, com término dos estudos previsto para 30/11/2023, consulta pública e validação externa em 31/03/2024, lançamento do edital em 31/08/2024 e leilão em 30/11/2024. O monitoramento do PPI, até julho de 2023, mostra uma execução de 6% do projeto total (PPI, 2023).[108]

3.7.4 As minutas em consulta de edital de locação social de mercado do município do Recife

A minuta do edital de licitação, juntamente com seus anexos, foi disponibilizada para consulta pública pela Prefeitura do Recife em 7 de setembro de 2023. Trata-se de documentos preliminares sujeitos a alterações a partir das contribuições feitas nessa fase. Contudo, torna-se válido assinalar algumas questões.

A PPP habitacional do Recife é denominada pela Prefeitura como *PPP Morar no Centro*. A concessão é justificada pela Prefeitura como uma estratégia capaz de enfrentar o déficit habitacional em Recife, além de conferir múltiplos benefícios à cidade, tais quais: aproveitamento de imóveis ociosos ou que atualmente não atendam sua função social na área central da cidade, requalificação do centro e fomento ao uso habitacional da região que é servida de infraestrutura urbana, inserção de equipamentos públicos complementares ao uso residencial – creche e a Orquestra Cidadã (Recife, 2023c).

---

[108] O edital exige a criação de um sistema para "Monitorar o progresso a fim de prevenir e minimizar possíveis atrasos" (CEF, 2022a, 2022b). Esse sistema está disponível no site do PPI, onde é possível acompanhar, em percentual, a progressão da execução do projeto.

O contrato, estruturado na modalidade de concessão patrocinada, tem duração de 25 anos e visa à implantação, à manutenção e à operação de quatro empreendimentos de locação social, além de dois empreendimentos habitacionais voltados à venda das unidades no mercado popular em Recife. O acordo envolve a realização de investimentos e de obras de construção de novas unidades e de *retrofit*, além de serviços de gestão de carteira, gestão condominial e de trabalho social e desenvolvimento comunitário. O critério de julgamento da licitação é o de menor valor da contraprestação pecuniária máxima, com um teto mensal máximo de R$ 1.943.000,00 (Recife, 2023d).

Está prevista a construção e *retrofit* de um total de 1128 unidades habitacionais (UH), com diferentes tipologias, incluindo *Studio* de 22 m² e apartamentos de 1 a 3 dormitórios variando de 23 a 42,4 m², com uso misto e contando com áreas destinadas ao lazer e ao convívio comunitário. A implementação e a execução do projeto de locação social serão viabilizadas pela venda de 44% das UH no modelo do PMCMV. As 1128 unidades estão alocadas em 5 imóveis: Pátio 304, edifício municipal com 89 UH, todas designadas para locação; Siqueira Campos, edifício municipal com 104 UH, todas direcionadas para venda; Dantas Barreto I e II, projetos que envolvem *retrofit* e nova construção em terreno federal, oferecendo 76 UH inteiramente para locação; Riachuelo Saudade, edifício municipal com 88 UH, todas voltadas para locação; Cabanga Norte e Sul, edifício federal com um total de 771 UH, das quais 384 para locação e 387 destinadas à venda (Recife, 2023c, 2023e). Ao término do contrato, todo os bens destinados à locação serão reincorporados ao parque público de habitação da Prefeitura do Recife, não há, portanto, transferência de propriedade dos imóveis para o concessionário, sendo a transferência de propriedade restrita aos compradores das unidades voltadas à venda.

Segundo a minuta de contrato, as fontes de receita da concessionária serão as cobranças de aluguel dos locatários, as contraprestações públicas pecuniárias e as contribuições não pecuniárias. As contraprestações não pecuniárias são estruturadas a partir da renda obtida com a alienação das unidades habitacionais e espaços comerciais nos empreendimentos destinados à alienação e com a exploração da fachada ativa dos empreendimentos destinados à locação (Recife, 2023f).

Na gestão dos empreendimentos de locação social, e observando as cláusulas de reajuste e revisão do contrato, a concessionária estabelecerá os valores de cobrança dos locatários (aluguel mais condomínio) da seguinte forma: 20% das unidades terão valor máximo de R$ 200,00; 15% não ultrapassarão R$ 300,00; outros 15% terão teto de R$ 400,00; 20% terão valor limite de R$ 600,00; 15% serão estipulados até R$ 800,00; e os últimos 15% terão como valor máximo R$ 1.000,00. O valor unitário determinado para o aluguel é de R$1.420,00 para cada UH, com a diferença sendo subsidiada pela Prefeitura por meio de programas de *voucher* (Recife, 2023b, 2023f). Veja-se que, nos termos da cláusula da minuta de contrato 27.3.1, há um compartilhamento do risco de inadimplência, nesse sentido se a inadimplência atingir ou ultrapassar 40% das unidades locadas, haverá no mês subsequente uma recomposição automática do reequilíbrio econômico-financeiro do contrato, majorando-se a contraprestação pecuniária mensal para compensação. Os consumos das utilidades internas de água, esgoto e energia elétrica das unidades de locação social serão de responsabilidade do próprio locatário, a serem medidas por meio de medidores individuais de consumo (Recife, 2023f).

O pagamento da contraprestação pecuniária será efetuado mensalmente, a partir da efetiva prestação dos serviços nos empreendimentos de locação social, e se estenderá até o prazo final de vigência da concessão. A remuneração é determinada por uma fórmula que combina uma parcela fixa (80% da contraprestação pecuniária máxima) e uma variável (20% da contraprestação pecuniária máxima). Essa parcela variável é definida pelo Sistema de Mensuração de Desempenho (SMD) que tem por intuito avaliar qualitativamente o serviço prestado pela PPP, tanto pela perspectiva da própria locação social quanto por critérios de impactos socioeconômicos da política implementada. A avaliação tem como métrica o *Fator Total de Desempenho* (FT), que, por sua vez, é formado por três dimensões de *indicadores de desempenho* (ID): operacionais/zeladoria relacionados à infraestrutura predial e serviços condominiais, bem-estar dos locatários e práticas de sustentabilidade da concessionária. O valor obtido a título de FT determina parcialmente o montante a ser pago a título de remuneração à concessionária, sendo que se o FT for insatisfatório poderá haver ainda a aplicação de penalidades na forma de descontos. Para avaliar e mensurar esses indicadores, a concessionária é obrigada, nos termos do edital, a contratar uma empresa de verificação independente, nos termos das diretrizes do Anexo 14 do contrato. A empresa verificadora realizará a aferição dos IDs por meio de dados e indicadores fornecidos pela concessionária e coletados em visitas de campo. A empresa avalia o desempenho da implementação da locação, ponderando os objetivos esperados e o desenvolvimento socioeconômico almejado, chegando à avaliação final que determinará, em parte, a remuneração (Recife, 2023g).

Para assegurar o pagamento da contraprestação pecuniária, o edital estabeleceu um sistema de garantia, avalizando que a concessionária receba o valor da contraprestação. Para tanto, o município se compromete a criar duas contas correntes, a primeira, chamada *Conta Segregadora*, receberá receitas do município mensalmente e auxiliará na recomposição de um saldo mínimo na segunda conta que é denominada *Conta Específica CP*. A conta específica manterá um saldo correspondente a três vezes o valor da contraprestação pecuniária máxima em vigor, servindo como principal fonte para os pagamentos das obrigações financeiras garantidas por esse mecanismo. Caso haja inadimplemento, o pagamento será efetuado utilizando o estoque de liquidez da *Conta Específica CP*; se os recursos nessa conta forem insuficientes, a instituição financeira responsável pelos repasses mensais do Fundo de Participação dos Municípios – FPM à Prefeitura do Recife, poderá fazer a glosa e transferi-los para a conta segregadora que completará a conta específica, assegurando o pagamento devido à concessionária (Recife, 2023h).

Um dos anexos do edital da PPP é denominado *Plano de Negócios de Referência* e faz projeções operacionais para a viabilidade da concessão no período de 25 anos. No cenário projetado, espera-se obter uma receita total de R$ 781,9 milhões, distribuída da seguinte forma 11% ou R$ 87,69 milhões dos recursos vindos do aluguel pago pelos beneficiários, 5% ou R$ 35,6milhões de receitas de *fachada ativa* e acessórias, a maior parte da receita, equivalente a 67% ou R$ 526,29milhões de contraprestação pecuniária, além da receita proveniente de alienação das UH compondo 17% do total e somando R$ 132,3milhões. Esses dados demonstram que a viabilização da PPP vem, em sua maior parte, da contraprestação pecuniária paga pelo Estado. Além disso, a prefeitura complementa os valores dos aluguéis e também faz a doação de um dos terrenos para construção das UHs objetos de alienação, sendo o outro terreno doado pela União. Trata-se, portanto, de um projeto altamente dependente de verba pública para sua rentabilidade (Recife, 2023c).

Quanto à lista de beneficiários do programa, há duas etapas a serem seguidas para a sua confecção. Primeiramente, a Prefeitura do Recife disponibilizará durante toda a vigência da concessão uma lista prévia de cidadãos inscritos com base em critérios específicos de elegibilidade, que incluem: ser residente do Recife por pelo menos dois anos; não ter sido beneficiado definitivamente por programas habitacionais de interesse social; possuir pelo menos um membro da família na idade adulta, conforme a legislação civil brasileira; possuir uma renda mínima de um salário mínimo (R$ 1.320, data base 2023) e uma renda máxima de 3,5 salários mínimos (R$ 4.620, data base 2023).

A concessionária deve fazer a triagem, o mapeamento socioeconômico e elaborar a lista final de locatários sociais, considerando os seguintes critérios de priorização: família cujo chefe já esteja com mais de 60 anos; famílias lideradas por mulheres; famílias com crianças menores de 18 anos; família monoparental; famílias em situações de risco ou insalubridade; famílias com integrantes sendo pessoas com deficiência ou alto grau de dependência; mulher, com ou sem filhos, identificada em situação de violência, entre outros; pessoa do público LGBTQIANP+ identificada em situação de violência; e família cujo chefe trabalha no centro do Recife. Cada critério conta como um ponto, sem hierarquia entre eles. Em caso de empate, a prioridade é dada ao tempo de inscrição da família no CadÚnico ou em outros programas habitacionais do Recife (Recife, 2023i).

O contrato de locação com o beneficiário é celebrado com duração de 30 meses, prorrogáveis por igual período. O locatário é considerado inadimplente após não efetuar pagamentos por dois meses consecutivos ou por quatro meses alternados, tais prazos visam permitir a regularização da pendência antes de se propor a ação de despejo. No primeiro mês de inadimplência, são realizadas diversas comunicações para o usuário e são oferecidas segundas vias de boletos e alternativas para o pagamento. Caso a situação persista no mês seguinte, haverá o acionamento de trabalho social, que inclui a reavaliação socioeconômica e readequação, se necessário, dos valores da contribuição. Passados 60 dias do início da inadimplência, a concessionária ajuizará ação de despejo para reaver a posse da UH (Recife, 2023j, 2023k).

Quanto aos encargos da concessionária, há adoção da concepção de moradia como serviço. Nesse sentido, a concessionária deve equipar a unidade habitacional com os chamados serviços privativos que incluem os equipamentos de linha branca (chuveiro, fogão, geladeira) e mobiliário (armários, camas e sala de jantar), além de disponibilização de *wi-fi* nos empreendimentos. A concessionária ainda é responsável pela gestão condominial que engloba serviços de vigilância, controle de acesso, conservação e limpeza, manutenção predial e das áreas verdes. A gestão da carteira envolve a administração dos contratos, a cobrança do aluguel, a gestão da inadimplência dos locatários, dos empreendimentos destinados à aquisição e da exploração da fachada ativa. Por último, a gestão social compreende os serviços de trabalho técnico social e desenvolvimento comunitário – assistência psicossocial, cursos de capacitação, entre outros (Recife, 2023k).

3.7.5 A locação social de mercado como linha de atendimento do PMCMV: uma política em desenvolvimento

Assinale-se que ainda não é possível realizar uma análise detalhada das PPPs dos programas pilotos do Recife e de Campo Grande, uma vez que os documentos de estruturação da parceria – editais, anexos e estudos estruturantes – ainda não foram concluídos, caso de Recife, ou nem mesmo foram disponibilizados para avaliação, caso de Campo Grande. Todavia há a possibilidade de pontuar algumas questões.

A avaliação da política de locação social do município de São Paulo, feita no capítulo anterior, evidencia os desafios e as dificuldades de ampliar esse tipo de política pública habitacional no contexto brasileiro. Essas iniciativas são sempre pontuais, desarticuladas e com um alcance restrito, além de serem frequentemente interrompidas por mudanças nas gestões políticas das prefeituras. A entrada da União nesse cenário, oferecendo recursos financeiros, suporte administrativo e institucional, além de capacitação técnica, tem o potencial de transformar a locação social de uma ação isolada limitada e pontual para uma estratégia permanente e abrangente de acesso à moradia adequada. Veja-se que essa ampliação do financiamento e disponibilização de recursos orçamentários, combinada com uma melhora das capacidades administrativas e institucionais dos estados e dos municípios, pode incrementar significativamente o número de empreendimentos e beneficiários da política de locação social. Além disso, esse novo panorama pode facilitar e otimizar a gestão desses empreendimentos – solucionando um dos principais gargalos associados a essa política.

A proposta de usar imóveis públicos ociosos e unidades habitacionais em áreas urbanas bem localizadas e estruturadas com infraestrutura de bens e serviços pode garantir aos beneficiários dessa política a fruição do direito à moradia adequada. Isso porque tal direito não apenas envolve a moradia em si, mas também o acesso aos benefícios da infraestrutura urbana. Além disso, a exigência de inserção adequada dos empreendimentos pode promover uma ocupação mais democrática dos espaços da cidade, incentivando a diversidade de renda e a diversificação de uso em áreas determinadas.

Por outro lado, a locação social de mercado parece, em tese, se estruturar a partir de uma abordagem assistida em que o poder público desempenha um papel ativo no controle de qualidade das moradias disponibilizadas e dos serviços correlatos oferecidos. Nesse modelo, inclusive, o pagamento da contraprestação pecuniária ao concessionário está diretamente vinculado ao seu desempenho, preenchimento e à aderência a certos parâmetros de qualidade das moradias. Essa característica se contrapõe às políticas de auxílio-aluguel praticadas no país, em que se oferece uma quantia para beneficiário sem qualquer controle de qualidade, por parte do setor público, quanto à moradia acessada, o que frequentemente fomenta um mercado informal de moradias de baixa qualidade (Chiavone; Santoro, 2018; Guerreiro; Rolnik; Marín-Toro, 2022).

Pode-se levantar diversos questionamentos sobre a densidade democrática desses processos de estruturação e implementação de PPP de locação social de mercado. Em um primeiro plano, embora haja previsão de mecanismos de participação, persistem preocupações quanto à efetiva participação popular e à real inclusão dos seus interesses nas decisões tomadas nesse processo, trazendo o questionamento se os métodos de consulta e audiência pública são verdadeiramente eficazes a esse desiderato ou apenas requisitos formais a serem cumpridos antes da assinatura do contrato de concessão. Há um risco considerável de que essas iniciativas possam ser capturadas e influenciadas por interesses estritamente econômicos. Além disso, há uma grande dificuldade de converter as contribuições desses diálogos em medidas concretas – dificuldades de diversas matizes como restrições orçamentárias, financeiras, capacidades institucionais e administrativas. Por último, cabe ainda destacar que a própria dinâmica dessas participações e dessas consultas pode incentivar uma inflexão e um conflito de interesses aparentemente insolúvel entre segmentos da população, abrindo espaço para que a estruturação inicial do projeto seja vista como única opção viável para aquele momento (Watson, 2009).

Quanto aos custos das parcerias público-privadas de locação, cabe dizer que a determinação do seu valor é uma tarefa extremamente difícil e complexa. O longo período de contrato das parcerias, frequentemente estendendo-se por mais de 20 anos, contrasta com a natureza de médio e curto prazos do planejamento orçamentário brasileiro, que tem instrumentos legais com vigência de no máximo quatro anos. Além disso, a viabilização desses empreendimentos depende de diversos incentivos financeiros – desde isenções tributárias até tributação diferenciada e financiamentos subsidiados – e de disponibilização de insumos vinculados à política habitacional, incluindo a disponibilização de terras públicas e aquisição de unidades habitacionais. Todos esses benefícios devem ser contabilizados no cálculo do custo da política pública, a fim de determinar o impacto no orçamento público e a economicidade da política em questão. Nesse sentido, a ideia comumente difundida de que políticas de locação social são mais baratas do que as políticas habitacionais baseadas na casa própria deve ser vista com prudência, considerando cuidadosamente as especificidades e os custos envolvidos em cada modelo proposto.

Existe, ainda, uma questão problemática em relação ao modelo econômico-financeiro a ser adotado para a implementação dessas PPPs. O enfrentamento do déficit habitacional brasileiro é um dos argumentos centrais para a adoção dessa política. Analisando-se os números do déficit, percebe-se que a maior necessidade de moradia está concentrada na população que ganha até três salários mínimos – essas famílias enfrentam dificuldades para comprovar renda e pagar o aluguel de forma contínua e sem atrasos. Para tornar as PPPs atraentes e lucrativas para os parceiros privados e direcionar a concessão para esse segmento da população, torna-se necessário integrar políticas públicas de apoio à demanda que auxiliem essas famílias a arcar com o preço da moradia. Sem tal suporte, direcionar as PPPs para essa parte da população exigiria um aumento significativo da contraprestação pecuniária para compensar financeiramente os parceiros privados. Isso poderia afetar a capacidade financeira e os limites de endividamento do governo, tornando a gestão dessas parcerias um desafio ainda maior. Uma abordagem comum para resolver essa questão é direcionar a modelagem econômico-financeira do programa para famílias com rendas acima de três salários mínimos. No entanto, essa estratégia acaba sendo regressiva ao não considerar uma parcela importante e mais necessitada do déficit habitacional brasileiros. No entanto, é importante reconhecer que essa questão não é exclusiva da locação social de mercado, mas um desafio presente em todos os modelos de provisão habitacional. Embora essa questão seja bastante complexa, não deve impedir a estruturação e implementação de políticas de locação social de mercado. O desafio aqui está em buscar um modelo de equilíbrio que atenda às necessidades habitacionais da população e os interesses dos parceiros privados, sem comprometer a sustentabilidade fiscal do Estado.

A locação social de mercado apresenta um leque amplo de modelagens e revela-se como um instrumento versátil e potencialmente eficaz para a provisão de moradia acessíveis à população de baixa renda, podendo também ser adaptada às mais diversas condições locais, oferecendo soluções habitacionais flexíveis. Diversas estratégias podem ser integradas a essa política com o intuito de viabilizar o programa: integração com as políticas de auxílio a demanda, venda de imóveis para financiar e viabilizar o empreendimento, exploração de receitas marginais de espaços comerciais e publicidade, exploração de fachada ativa, entre outros. Além disso, esse tipo de provisão habitacional integra esforços tanto da iniciativa privada quanto do poder público, com a divisão de responsabilidades na qual o financiamento é responsabilidade do Poder Público e da iniciativa privada, e a prestação do serviço fica a cargo dos atores privados com a fiscalização recaindo sobre o Estado. Essa cooperação está alinhada com os papéis hoje destinados aos setores aqui referidos e encontra respaldo nos princípios estruturantes do principal programa habitacional do Brasil, o PMCMV. Nesse contexto, a locação social de mercado pode ser uma das linhas de atendimento do MCMV, oferecendo uma alternativa ao modelo tradicional de políticas habitacionais baseadas na concessão de propriedade. A previsão e a implementação dessa modalidade de política habitacional podem aumentar as possibilidades de atendimento das necessidades habitacionais, suprir as carências de moradia e promover maior inclusão social.

A inclusão da locação social de mercado como uma das modalidades de provisão habitacional destinados a Faixa 1 do PMCMV alinha-se com os princípios estruturantes do programa de produção de moradias por meio da iniciativa privada e de incentivo ao mercado de locação social em áreas urbanas previstas no artigo 4º, incisos I e IV, da Lei n. 14.620/2023. Além disso, a nova legislação do PMCMV permite o uso dos recursos do FAR e FDS – ambos destinados ao financiamento da Faixa 1 do programa – para a criação e aquisição de unidades habitacionais por meio de parcerias público-privadas. A locação social de mercado, portanto, tem um potencial de oferecer solução habitacional adicional e flexível dentro do programa, beneficiando uma gama mais ampla de famílias de baixa renda, ampliando a oferta de moradia para atender as necessidades habitacionais e priorizando o atendimento habitacional da parcela mais pobre da população - art. 2º e 3º da Lei n. 14.620/2023.

3.8 Conclusões parciais

A locação social de mercado emerge como uma estratégia habitacional articulada pelo Estado, mas executada por agentes privados por meio de parcerias público-privadas (PPP). Configura-se como uma modalidade de serviço público em que a execução é delegada pelo Estado a agentes privados, nos termos do art. 175 da CRFB/1988. Dentro dessa moldura jurídica, diversos arranjos envolvendo o capital privado, o poder público e o capital financeiro para a provisão de moradia são possíveis. Veja-se que a formatação e a estruturação da PPP dependem necessariamente do porte, do tamanho, das características do empreendimento habitacional, do número de beneficiários, dos serviços prestados ao beneficiário, do valor tarifário, do montante das contraprestações, além das diversas modelagens operacionais e financeiras necessárias à viabilidade do negócio. Dessa forma, diferentes padrões de *locação social de mercado* podem surgir dentro da realidade das cidades brasileiras. Esses arranjos multifacetados possibilitam uma maior adaptação dos modelos que, de maneira flexível, se modificam e se constituem com o propósito de promover a prestação do serviço e garantir a rentabilidade dos parceiros privados.

Esses arranjos diversificados e essa flexibilização de modelos que combinam rentabilidade dos parceiros privados e prestação de serviços convergem para a reconfiguração do papel do Estado nas últimas décadas. A PPP surge, dentro desse cenário de transformação, como um instrumento jurídico importante e facilitador dessa simbiose entre parceiro privado e ente público. Nesse cenário, o Estado delega as funções de provimento direto de serviços para os agentes privados, ao mesmo tempo em que assume a responsabilidade regulatória dessas funções. Com isso, o Estado se reorienta e deixa de atuar, portanto, de forma precisa na prestação direta de serviços, concentrando suas atividades na atuação indireta de orientação e de regulação dos agentes privados. Trata-se de uma reorganização do Estado (delegações de serviços e criação de agências reguladoras) e uma reestruturação também dos próprios agentes privados. Incrementalmente, tem-se estabelecido e desenvolvido um arcabouço jurídico-institucional que incentiva e promove uma maior atuação do setor privado na provisão de serviços públicos.

A consolidação do marco legal das PPPs no Brasil teve como um dos objetivos viabilizar e incentivar a delegação de projetos de infraestrutura e a prestação de serviço público à iniciativa privada, tarefas que antes não eram passíveis de concessão sob as regras estabelecidas pela Lei n. 8.987/1995. Os incentivos direcionados ao concessionário podem ser de diversas matizes e combinados entre si. Existem benefícios que podem ser eventuais e concedidos especificamente para uma determinada modelagem de parceria público-privada. Dessa forma, o edital ou mesmo lei específica podem prever tipos de benefícios para a sustentação financeira de uma determinada PPP. Os incentivos legais, embora variados, são aglutinados em um propósito específico de tornar viável a concessão habitacional objeto da PPP. Tais estímulos, portanto, envolvem medidas jurídicas tributárias, econômicas, urbanísticas e legislativas – todas direcionadas a maximizar os lucros potenciais do negócio e a conduzir os recursos privados para esse segmento. Os incentivos são complementares a uma estruturação legal do contrato de concessão, que proporciona um regime jurídico distinto de garantias para o concessionário. A ideia principal é proporcionar condições favoráveis à viabilização do investimento, combinando benefícios que incrementam a possibilidade de lucro do empreendimento com garantias contratuais que asseguram o devido pagamento da contraprestação pecuniária pelo Estado ao parceiro privado.

A estruturação do contrato de PPP oferece vantagens significativas ao parceiro privado e por isso, a modelagem da locação social de mercado deve buscar um melhor equilíbrio entre o interesse do usuário e os interesses do parceiro privado. Esse equilíbrio pode ser alcançado por meio de diversas medidas como: melhoramento do planejamento de longo prazo com o aprimoramento do Plano Plurianual, implementação de mecanismos de fiscalização e de controle social mais efetivos durante o desenvolvimento e a implementação da PPP, participação democrática dos usuários na definição das metas e objetivos da concessão, revisão periódica dos contratos garantindo o preenchimento das necessidades habitacionais envolvidas e fortalecimento do controle da concessão com acompanhamento contínuo das atividades da PPP, entre outros. Essas medidas poderiam criar um ambiente mais equilibrado, em que tanto os interesses do parceiro privado quanto os direitos e as necessidades dos usuários sejam adequadamente representados e atendidos.

Em meio à reconfiguração do papel estatal e ao aumento expressivo da atuação da iniciativa privada na estruturação e na implementação de projetos e de serviços públicos, observa-se o aparecimento de estruturas administrativas voltadas a fortalecer e a estimular essa colaboração e parceria entre o Estado e os agentes privados. No âmbito federal, foi criado o Programa de Parceria de Investimento. Essa iniciativa é especialmente relevante devido à estruturação de dois programas de locação social via PPP, localizados em Recife/PE e Campo Grande/MS. Assinale-se que o então presidente da República, Jair Bolsonaro, editou o Decreto n. 10.678, de 16 de abril de 2021, que reconheceu a locação social de mercado como uma política apta a integrar o PPI, além disso, autorizou a estruturação de projeto piloto e o uso dos recursos federais para a estruturação de projetos nesse segmento. A entrada da União nesse cenário, oferecendo recursos financeiros, suporte administrativo e institucional, além de capacitação técnica, tem o potencial de transformar a locação social de uma ação isolada limitada e pontual para uma estratégia permanente e abrangente de acesso à moradia adequada. Veja-se que essa possível ampliação futura do financiamento e da disponibilização de recursos orçamentários, combinada com uma melhora das capacidades administrativas e institucionais dos Estados e dos municípios, tem o potencial de incrementar significativamente o número de empreendimentos e de beneficiários da política de locação social.

No entanto, a possibilidade e a potencialidade de expansão dessas políticas suscitam questionamentos sobre os custos envolvidos, especialmente quando a PPP é focada no segmento mais vulnerável da população. Esse direcionamento resulta em um considerável aumento de direcionamento de recursos públicos ao parceiro privado à título de contraprestação pecuniária – situação que pode impactar a capacidade financeira e os limites de endividamento do ente estatal. A solução prática para essa questão tem sido orientar a modelagem econômico-financeira do programa para as famílias com rendas superiores a três salários mínimos. Essa prática acaba, contudo, sendo regressiva ao não considerar uma parcela importante e mais necessitada do déficit habitacional brasileiro. Esse problema não é específico da locação social de mercado e ocorre em todas as modalidades de provisão habitacional, não sendo motivo para o não uso desse instrumento – diversas medidas podem ser implementadas para a viabilização desses empreendimentos, como a integração com as políticas de auxílio a demanda, a venda de imóveis para financiar e viabilizar o empreendimento, a exploração de receitas marginais de espaços comerciais e publicidade, exploração de fachada ativa, entre outros. Há, portanto, possibilidades de modelagens que abarquem a camada mais pobre da população.

Por último, cabe salientar que a locação social de mercado pode ser uma das modalidades de provisão habitacional destinados ao Faixa 1 do PMCMV, uma vez que esse tipo de modalidade se alinha aos princípios estruturantes do programa de produção de moradias por meio da iniciativa privada e de incentivo ao mercado de locação social em áreas urbanas previstas no artigo 4º, incisos I e IV, da Lei n. 14.620/2023.

CONCLUSÃO

A Constituição Brasileira de 1988 representou um marco significativo na ampliação do rol de direitos sociais, estabelecendo a cidadania e a dignidade humana como fundamentos da República. Com o intuito de resolver problemas históricos e persistentes, constituiu como objetivos fundamentais a erradicação da pobreza, a redução das desigualdades sociais e a promoção do bem de todos sem distinção de qualquer natureza. A CRFB/1988, portanto, reflete um compromisso nacional de construção de uma sociedade mais justa e solidária. O direito à moradia, incluído no rol de direitos sociais pela Emenda Constitucional n. 26/2000, é uma das provisões específicas de que o Estado brasileiro se comprometeu a prestar. Trata-se de obrigação comum de União, Estados, Distrito Federal e Municípios a promoção de programas de construção de moradia e de melhoria das condições habitacionais, conforme previsão do inciso IX, art. 23 da CRFB/1988.

Contudo, a simples previsão constitucional da moradia não é, por si só, fator suficiente para a concretização de tal direito. Sua implementação prática exige a estruturação de uma ação governamental que vai além do seu reconhecimento constitucional. Essa ação governamental envolve o desenvolvimento de políticas públicas específicas, a previsão e alocação de recursos orçamentários adequados e a formulação de legislação que não apenas reconheça, mas que efetivamente assegure a habitação digna no país. Há, portanto, a obrigação constitucional que exige do Estado a atuação tanto nas prestações fáticas e nas realizações concretas quanto na produção de legislação apropriada que enfrente a questão. Significa que o Estado deve ir além da mera formulação de leis, implementando também medidas e alocando recursos que assegurem a concretização da moradia.

As políticas destinadas à concretização do direito à moradia devem ser integradas com a política urbana. Isso porque esse direito deve ser interpretado à luz da CRFB/1988 e da legislação internacional, que apontam que a habitação não deve ser vista de forma isolada, mas dotada de uma infraestrutura urbana bem desenvolvida que proporcione aos moradores acesso a serviços públicos essenciais como escolas, atendimento de saúde e oportunidades de emprego. Além disso, as moradias devem ter condições de habitabilidade e acessibilidade econômica. Nesse sentido, as políticas de moradia devem garantir não apenas a disponibilização de unidades habitacionais como também a integração com o ambiente urbano e o acesso igualitário à cidade, aos serviços e às oportunidades. Não é por acaso que o Estatuto da Cidade, em seu art. 2º, estabelece como diretrizes gerais da Política Urbana a garantia ao direito à moradia, à terra urbana, à infraestrutura urbana, ao transporte, aos serviços públicos e ao trabalho.

A estruturação normativa do direito à moradia no Brasil tem início antes da promulgação da CRFB/1988 com a instituição, pela Ditadura Militar, do Sistema Financeiro da Habitação. O SFH representou um esforço inicial em abordar as questões habitacionais no país e tinha por objetivo principal facilitar o acesso à moradia por meio de financiamentos imobiliários de aquisição da casa própria. Contudo, após o advento da Constituição, houve um avanço significativo na legislação relacionada ao tema, especialmente nas últimas décadas. Um marco importante desse processo foi a criação do Ministério das Cidades em 2003, que demonstrou a importância das questões urbanas e habitacionais no contexto nacional. A partir desse momento, houve a produção de importantes documentos e legislações sobre o acesso à moradia, destacando-se: o Plano Nacional de Habitação (2004), que tentava retomar o planejamento no setor habitacional; o PlanHab 2009-2023 que formulava uma estratégia de longo prazo para equacionar os problemas habitacionais do país; a Lei n. 11.134/2005 que criou o SNHIS e o FNHIS; e a criação do Programa Minha Casa, Minha Vida (2009- dias atuais) que é o principal programa habitacional do país. Essas iniciativas não apenas evidenciam um compromisso do Estado com a abordagem das questões relacionadas à moradia, como também demonstram a crescente urgência desse problema no contexto nacional.

A provisão de moradia por meio da aquisição de casa própria desempenha um papel significativo nas políticas e nas práticas institucionais brasileiras, além de estar enraizada no imaginário da população que associa, em grande parte devido ao histórico inflacionário e à desigualdade social do país, a propriedade de uma casa à segurança tanto econômica quanto habitacional. Contudo, atualmente o instrumento jurídico do aluguel é uma forma representativa de acesso à moradia no contexto brasileiro, abrangendo 21,1% dos domicílios do país, a maioria deles pertencendo à população de baixa renda (IBGE, 2023a). Deve-se ressaltar, entretanto, que a locação ainda não é uma forma de provimento habitacional integrada às políticas públicas de moradia brasileiras, sendo que as experiências existentes são dispersas, ocorrendo de forma pontual e limitada nos estados e nos municípios e geralmente concentradas no atendimento emergencial de carências habitacionais – despejos por catástrofes naturais ou por obras públicas e atendimento temporário de necessidades habitacionais, até a obtenção da casa própria.

Apesar da não integração da locação como parte da política de moradia brasileira, diversos documentos oficiais e legislações citam o aluguel como uma forma legítima de acesso à moradia digna. Nesse sentido, o PlanHab 2009-2023 prevê expressamente o aluguel como uma de suas linhas programáticas de produção de moradias. Além disso tanto a lei que instituiu o SNHIS como a lei que instituiu o PMCMV expressamente preveem que o aluguel é uma das linhas de atendimento habitacional a serem implementadas pelo Estado.

Nesse sentido, o aluguel pode ser empregado como uma estratégia viável no desenvolvimento de políticas públicas voltadas à concretização do direito à moradia. O desenvolvimento e o aperfeiçoamento de um mercado de locação de imóveis, apoiado por políticas que regulem e estimulem os aluguéis privados e a produção de unidades habitacionais de aluguel, podem ser mecanismos eficientes para garantir o acesso à moradia à população de baixa renda. O aluguel oferece uma opção de moradia adaptável, que se molda a diferentes necessidades e características de segmentos da população, incluindo não apenas aqueles que enfrentam dificuldades no acesso às políticas de financiamento imobiliário, como os cidadãos de baixa renda, mas também grupos com características particulares como os idosos, os casais recém-formados, os jovens estudantes, entre outros.

As políticas públicas voltadas ao aluguel podem se concentrar em diversos eixos: produção pública de moradia, regulação dos contratos privados de aluguel, incentivos financeiros para a demanda e a oferta, fiscalização do parque de moradia para aluguel, desenvolvimento de parceria público-privadas habitacionais, entre outras. A produção pública de moradia de aluguel pode ser tanto disponibilizada pelas empresas públicas, em competição com os agentes privados, quanto por políticas públicas de locação de provimento público, ajudando a aumentar o número de unidades ofertadas e a controlar a qualidade das habitações.

A regulação dos contratos de aluguel pode trazer mais estabilidade e equidade ao mercado, protegendo inquilinos e proprietários, por meio de medidas como controle de preços, adoção de contratos de locação padronizados, garantias legais aos locadores, processos judiciais mais rápidos e eficientes, entre outros. Os incentivos podem assumir variadas formas, com benefícios fiscais à construção e aos proprietários, ou mesmo subsídios destinados à demanda com a concessão de *vouchers* aos locatários. A fiscalização do parque habitacional pode se concentrar na aplicação de medidas tributárias para incentivar o uso de unidades ociosas e na regulação das plataformas de alojamentos turísticos de curta duração. Além do desenvolvimento de projetos de PPP que produzam unidades habitacionais para o aluguel.

A legislação vigente disponibiliza diversos mecanismos e ferramentas que, se bem aplicados, poderiam ser eficazes na execução de uma política de moradia baseada no aluguel. Nesse sentido, essas ferramentas oferecem amplas possibilidades de atuação para incentivar tanto a produção quanto a otimização do uso do estoque existente de moradias para aluguel. Todavia, o funcionamento adequado dessas ferramentas não é automático. Utilizá-las de forma isolada ou sem coordenação pode resultar em situações contraproducentes, com a redução de moradias disponíveis para aluguel e a elevação dos preços praticados no mercado. A atuação estatal, se não for acompanhada por uma estratégia mais abrangente e bem planejada, pode inadvertidamente inflacionar o mercado imobiliário. Por isso, uma política pública voltada ao estímulo do setor de aluguel deve ser acompanhada por um conjunto coerente de medidas que visem estimular o crescimento equilibrado do setor com a produção e o oferecimento de moradias adequadas e acessíveis financeiramente à população de baixa renda.

Essa política pública coerente e coordenada, voltada ao aluguel, poderia ser encaixada no PMCMV, estabelecendo o aluguel como uma linha estratégica desse programa, particularmente direcionada para os beneficiários da "Faixa 1", utilizando recursos tanto do FAR quanto do FDS, desenvolvendo uma abordagem híbrida que integrasse as forças do setor público e do privado na oferta de habitação e promovendo diversas ferramentas de incentivos direcionados à oferta (por meio da produção e da disponibilização de unidades habitacionais para aluguel) e à demanda (assegurando que os beneficiários tenham acesso econômico às moradias). Nesse sentido, diversas possibilidades se abririam para a implementação desse tipo de política: contratos diretos entre os proprietários e o poder público para o oferecimento de locação a preços específicos e utilização e *vouchers* de habitação para permitir a acessibilidade dessas moradias, estratégias destinadas à mobilização do estoque habitacional para o mercado de aluguel, criação de um fundo de garantia para assegurar os pagamentos de aluguéis aos proprietários, apoio à criação de estruturas institucionais e à capacitação de profissionais para gerir tais políticas, aquisição de imóveis pelo poder público para fins de promoção de programas de locação social (hipótese estudada no Capítulo 2), fomento à implementação de parcerias público-privadas na área de locação (hipótese estudada no Capítulo 3), incentivo à criação de cooperativas habitacionais, entre outros. Medidas legislativas específicas poderiam ser adotadas dentro dessa política, com a modificação da legislação de regência, prevendo a adoção de contratos padrões de aluguel que limitassem o aumento do aluguel, vinculando-os a um índice geral de preços ou renda, a extensão do prazo mínimo para os contratos de aluguel, a ampliação dos prazos de aviso prévio, o estabelecimento de parâmetros para o controle de preços de aluguel, a inclusão de cláusulas de renovação automática de contrato, a criação de diretrizes para regular o mercado de aluguéis de curto prazo especialmente os de hospedagens turísticas, mudanças na legislação de zoneamento com incentivos a conversão de imóveis comerciais em residenciais onde for apropriado, políticas de subsídio cruzado em que imóveis de alto valor fossem obrigados a incluir uma porcentagem de unidades habitacionais acessíveis, entre outros. Tais estratégias não apenas visam à implementação de moradias dignas e acessíveis, mas também têm o potencial de estimular a reabilitação urbana, a otimização da utilização de imóveis ociosos e o melhor aproveitamento da infraestrutura urbana.

A falta de uma política habitacional focada em aluguel no Brasil pode ser atribuída a vários fatores. Primeiramente, de forma mais ampla, as políticas destinadas ao setor habitacional tendem a ser usadas como ferramentas anticíclicas de aquecimento da economia e de geração de empregos, concentrando seus esforços na construção civil e na produção de novas moradias para venda. Embora o aluguel possa absorver essas novas moradias, esse instrumento se baseia principalmente no uso das moradias já existentes, o que acaba por contrariar a abordagem econômica das políticas atuais de moradia. Além disso, a implementação de políticas de aluguel enfrenta desafios específicos. Um deles é a justaposição entre os conceitos de direito à moradia e de direito de propriedade, que são frequentemente vistos como interdependentes, mas que, na verdade, têm bases e finalidades distintas. O direito à moradia destina-se a garantir o acesso a um lar seguro, acessível e adequado. Por outro lado, o direito de propriedade está mais relacionado à posse e ao controle de bens imóveis. A moradia pode perfeitamente ser viabilizada sem o direito de propriedade.

Outra dificuldade é a inexistência de recursos financeiros alocados especificamente nas políticas públicas relacionadas ao aluguel. Uma política voltada à locação exige recursos específicos e estáveis, o que demanda o comprometimento de orçamento do Estado e o desenvolvimento de soluções inovadoras de financiamento, como parcerias entre particulares e poder público. Não há um mecanismo estável e acessível de financiamento da oferta de provisão habitacional de aluguel privado no Brasil. Além disso, diversas legislações infralegais criam barreiras ao direcionamento de recursos a esse tipo de produção habitacional. Outro desafio significativo é a carência de um banco de dados sobre oferta e demanda de imóveis para locação, o que dificulta a identificação precisa das necessidades habitacionais e a alocação correta dos recursos disponíveis. Essa combinação de fatores financeiros e legais cria um ambiente desafiador para o desenvolvimento de uma política habitacional robusta e eficiente voltada para o aluguel. Uma estratégia potencial para mitigar esse problema, seria a previsão de destinação obrigatória, por *lege ferenda*, de um percentual específico dos recursos disponíveis do FAR e do FDS para o suporte desse tipo de provisão habitacional.

É certo que o aluguel pode ser efetivamente manejado pelo Estado a partir dos postulados do direito econômico e das categorias jurídicas de *atividade econômica em sentido estrito* e *serviço público*. A constatação abre caminho para o Estado desenvolver políticas públicas baseadas no aluguel, a partir da regulação do aluguel privado (locações regias pela Lei n. 8.245/1991) e por meio da oferta direta ou indireta de serviços públicos de moradia baseada em aluguel. Há diversos instrumentos jurídicos disponíveis para a implementação dessas políticas. No entanto, a atuação estatal nesse domínio enfrenta diversas limitações, especialmente em termos financeiros e na forma como o Estado está estruturado atualmente. Assim, o mais plausível é que surjam políticas de moradia baseada em aluguel voltadas a uma maior colaboração entre o ente público e a iniciativa privada, com modelos de financiamento híbrido que estimulem a geração de negócios privados e que incentivem simultaneamente a criação de empreendimentos e o fortalecimento do mercado de locações no setor habitacional.

Nesse sentido, o cenário mais provável é que o Estado adote políticas públicas que estimulem tanto a demanda quanto a oferta de unidades habitacionais privadas para locação, ao invés de implementar controles rígidos sobre os preços de aluguel ou estabelecer regulações contratuais inclinadas aos direitos dos inquilinos. Além disso, as locações sociais oferecidas diretamente pelo setor público tendem a desempenhar um papel secundário e limitado em comparação com as locações sociais de mercado. Neste último modelo, há uma colaboração entre o Estado e a iniciativa privada, complementada por um sistema de financiamento compartilhado e pela rentabilidade dos parceiros privados. Nesse sentido, há uma tendência de o Estado priorizar políticas habitacionais que estimulem o setor privado a aumentar a produção e a disponibilidade de moradias, seja por meio de incentivos fiscais, com medidas de desonerações fiscais para construtoras ou de garantia de aluguel para reduzir o risco para proprietários, por exemplo. No contexto das locações sociais, a tendência aponta para um modelo em que o Estado atue como um facilitador de negócios no setor habitacional, ao invés de ser o principal provedor de moradia, com o Estado fiscalizando a prestação e contribuindo com recursos, com terrenos e com incentivos, enquanto o setor privado se encarrega da construção, da gestão e do provimento desses serviços.

As contribuições teóricas deste livro podem ser agrupadas em três grupos específicos. A primeira contribuição jurídica reside na análise do aluguel e da atuação estatal no segmento a partir dos princípios gerais da atividade econômica e dos mecanismos jurídicos existentes no Título VII da CRFB/1988, intitulado Ordem Econômica e Financeira. Reconhece-se a política habitacional como um elemento da política urbana, trazendo implicações significativas para a formulação e execução dessa política, especialmente considerando sua localização na CRFB/1988. O capítulo constitucional intitulado "Política Urbana" está incorporado ao Título VII, denominado Ordem Econômica e Financeira. Essa localização acaba por submeter a política urbana e, especificamente, as medidas e as políticas habitacionais baseadas em aluguel, e os ditames jurídicos relativos à atuação do Estado no domínio econômico. Nesse sentido, nas medidas e nas políticas habitacionais de aluguel, incidem os princípios gerais da atividade econômica dispostos no art. 170 da CRFB/1988, como a soberania nacional, a propriedade privada, a função social da propriedade, a livre concorrência, a redução das desigualdades regionais e sociais e a busca do pleno emprego.

A segunda contribuição refere-se à identificação da possibilidade de aplicação integral das técnicas jurídicas de atuação estatal no domínio econômico em relação às políticas que envolvem o aluguel. Ao se recorrer aos postulados do direito econômico, percebe-se que a atividade econômica, em sentido amplo, pode ser desmembrada em atividade econômica em sentido estrito e em serviço público. O aluguel pode se encaixar tanto na *atividade econômica em sentido estrito* (aluguel privado regulado pela Lei n. 8.245/1991) quanto no *serviço público* (locação social de provimento público e de mercado). A partir disso, o Estado pode atuar no domínio econômico sob três formas. As duas primeiras intervenções se inserem no escopo da atividade econômica em sentido estrito, quais sejam: a intervenção no domínio econômico que se configura como uma exploração direta de atividade econômica pelo Estado, em que o poder público se envolve absorvendo ou participando diretamente de uma atividade econômica (modalidades de absorção e de participação), nos termos do art. 173 da CRFB/1988, e a intervenção sobre o domínio econômico que se configura como uma intervenção indireta por direção (com regras de conduta obrigatória) e por indução (com regras dispositivas que incentivam ou desincentivam uma conduta). Por fim, a terceira forma é uma atuação estatal na atividade econômica em sentido amplo, envolvendo a criação de um serviço público e fornecimento desse serviço diretamente ou por delegação, nos termos do artigo 175 da CRFB/1988.

A terceira contribuição refere-se à constatação de que as possibilidades de atuação concreta do Estado na política urbana, bem como na política habitacional, estão intrinsecamente vinculadas a sua legislação financeira e a sua estruturação para provimento de serviços. Mais especificamente, o grau de envolvimento do Estado está delimitado pelas possibilidades de acesso e manejo do fundo público para expansão de gastos com políticas sociais. Dessa forma, o direito financeiro se torna um marcador e indicador essencial da efetividade dessas políticas. A destinação do fundo público a políticas sociais aumenta a efetividade dessas iniciativas, facilitando a implementação e ampliando o alcance dessas iniciativas. Inversamente, o estabelecimento de condições fiscais restritivas limita a eficácia dessas políticas. Por outro lado, observa-se uma mudança no papel do Estado, que atua mais como fiscalizador do que como prestador direto de serviços, impactando as possibilidades de desenvolvimento das políticas urbanas e habitacionais.

As contribuições práticas deste estudo podem ser apontadas sob duas vertentes principais. A primeira delas refere-se à compreensão da interdependência existente entre a política habitacional e as normas financeiras. Esse entendimento proporciona uma visão contextualizada e um entendimento mais compreensivo acerca das possibilidades de atuação do Estado. Nesse sentido, é muito comum o estudo de exemplos internacionais de controle de aluguel e de locação social de provimento público, e a proposição de transposição dessas iniciativas para o Brasil, muitas vezes desconsiderando que tais políticas foram construídas em momentos de expansão de gastos com políticas sociais e de ambientes institucionais mais favoráveis à intervenção do Estado na economia. O cenário atual é, todavia, marcado por um enxugamento e por uma retração dos gastos destinados a políticas de concretização de direitos. Longe de se adotar uma visão niilista e fatalista dos rumos do Estado, essa contribuição visa demarcar e sublinhar a necessidade de se considerar os contextos distintos em que políticas são desenvolvidas em comparação com as circunstâncias atuais, facilitando-se uma concepção mais realista e ajustada das estratégias de intervenção estatal, inclusive com uma visão mais acurada sobre as condições financeiras que envolvem a adoção dessas iniciativas.

A segunda contribuição refere-se à reconfiguração do papel do Estado e à maneira que essa mudança molda as políticas centradas em aluguel. Nesse sentido, a abordagem predominante do Estado na conjuntura atual é orientada para fomentar a rentabilidade dos empreendimentos privados e estruturar projetos públicos que sejam rentáveis à iniciativa privada, o que aponta para um caminho, não de políticas públicas como controle de aluguel, regulação dos contratos a partir do direito dos locatários e locação social pública, ao reverso, evidencia uma inclinação de políticas de locação mais alinhadas ao mercado, com produção e fomento de oportunidades de negócios, a partir de estímulos à demanda e oferta, e de uma locação social de mercado em que a iniciativa privada provê e administra o serviço.

A elaboração deste estudo enfrentou algumas limitações específicas que podem impactar seus resultados, especialmente devido à natureza inovadora do objeto estudado. Primeiramente, a ausência de uma estratégia nacional de aluguel torna o tema fragmentado e disperso, com pouca legislação e poucas iniciativas específicas. Adicionalmente, há uma escassez de dados sobre o mercado de aluguel no Brasil; as informações sobre a demanda e a oferta são apenas parcialmente conhecidas, o que proporciona uma compreensão limitada do problema. Acrescenta-se, ainda, a falta de dados atualizados sobre a política de locação social de São Paulo, o que dificulta a análise específica dessa política. Além disso, ainda não há no cenário brasileiro a implementação efetiva de uma política de locação social de mercado, o que traz desafios ao estudo do tema e direciona a pesquisa para o campo das prognoses. Essas limitações desenham um cenário de pesquisa desafiador e impõem algumas restrições à compreensão e ao entendimento do tema.

Por outro lado, essas limitações e a natureza do tema trazem diversas possibilidades para futuras pesquisas. Três dessas possibilidades merecem destaque: (1) apesar de todas as dificuldades fiscais experimentadas, a construção de uma intervenção mais forte do Estado vem a partir da criação de "consenso em torno de certas ideias condutoras" (Bucci, 2023, p. 1), abre-se o espaço para o estudo jurídico e para a proposição de políticas locais de desmercantilização de direitos que possam servir de modelos pioneiros, semeando ideias e consensos que favoreçam a construção e a produção incremental e estratégica dessas políticas no âmbito federal, considerando que nosso sistema federativo também funciona com políticas locais, influenciando decisões na esfera federal. Cabe salientar que Roberto Andrés (2023), em estudo sobre a adoção da tarifa zero no setor de transportes municipais brasileiros, argumenta que essa política, inicialmente vista como utópica no cenário nacional, especialmente a partir dos protestos de 2013, já é realidade em 52 cidades, atendendo 2,5 milhões de pessoas, o que demonstra um possível caminho para as políticas de aluguel no contexto nacional; (2) uma segunda via de pesquisa seria o estudo da estruturação jurídica das diversas formas de locações sociais de mercado que devem se desenvolver e consolidar nos próximos anos, adentrando em suas peculiaridades e também na possibilidade de uma estruturação que consiga conciliar tanto a rentabilidade dos negócios quanto, na medida do possível, os direitos sociais; (3) a terceira via de pesquisa é o estudo da regulação do mercado privado de aluguel e a proposição de mudanças legislativas que resultem em um ambiente mais equilibrado e sustentável tanto para os locadores quanto para os locatários, incluindo análises comparativas de legislações internacionais, estudo sobre os efeitos das legislação locatícia sobre os inquilinos, especialmente os de baixa renda, e os proprietários, proposição de modelos legislativos inovadores, explorar como a regulação do mercado de aluguel pode ser integrada às políticas habitacionais e urbanísticas, entre outros.

O aluguel é um instrumento jurídico fundamental para efetivar o direito a moradia no Brasil, principalmente para a população de baixa renda. Debater a locação, portanto, é essencial para aprimorar as políticas habitacionais nacionais. Este livro contribui para esse debate, enfocando o papel do aluguel como uma ferramenta eficaz para o acesso à moradia adequada.

REFERÊNCIAS

AALBERS, M. Regulated Deregulation. *In*: SPRINGER, S.; BIRCH, K.; MACLEAVY, J. (Org.). *The Handbook of Neoliberalism*. Nova Iorque: Routledge, 2016. p. 591-601.

AALBERS, M. B.; CHRISTOPHERS, B. Centring Housing in Political Economy. *Housing, Theoryand Society*, Uppsala, v. 31, n. 4, p. 373-394, 2 out. 2014.

AGÊNCIA ESTADO. Linha 4-Amarela valoriza imóveis e Metrô de SP quer parte do IPTU. *G1*, São Paulo, 13 out. 2010. Disponível em: https://encurtador.com.br/nIJOS. Acesso em: 20 jul. 2023.

AIRBNB. Responsible hosting. São Francisco, 2023. Disponível em: https://www.airbnb.com/help/topic/272. Acesso em: 24 ago. 2023

ALEMANHA. BürgerlichesGesetzbuch (BGB). Versão promulgada em 2 de janeiro de 2002. Tradução do Ministério da Justiça da Alemanha. Disponível em: https://www.gesetze-im-internet.de/englisch_bgb/. Acesso em: 5 jun. 2023.

ALFONSIN, B. M. A persistência de conflitos possessórios coletivos e despejos violentos no Brasil. *Revista da Defensoria Pública da União*, Brasília, n. 17, p. 21-31, 12 jul. 2022.

ALMEIDA, F. D. M. As Parcerias Público-Privadas e sua Aplicação pelo Estado de São Paulo. *In*: SUNDFELD, C. A. (Org.). *Parcerias público-privadas*. 2. ed. São Paulo, SP: Malheiros Editores, 2011. p. 562-581.

ANDERSON, P. Balanço do Neoliberalismo. *In*: GENTILI, P.; SADER, E. (Org.). *Pós-neoliberalismo*: as políticas sociais e o Estado democrático. Rio de Janeiro: Paz e Terra, 1995. p. 9-23.

ANDRADE, L. A. As Leis do Inquilinato: Evolução e Projeto para Sua Consolidação. *Revista de Direito Ministério Público do Estado da Guanabara*, Rio de Janeiro, n. 18, p. 3-20, dez. 1973.

ANDRADE, L. A. Evolução das Leis de Inquilinato (Anterior à Lei nº 6.649, de 16-5-79). *Rev. Inf. Legisl.*, Brasília, v. 16, n. 32, p. 107-116, jun. 1979.

ANDRADE, L. T.; BREVIGLIERI, Z. L. Direito à moradia e gentrificação: a política de aluguel em foco. *Revista de Direito Urbanístico, Cidade e Alteridade*, Florianópolis, v. 2, n. 1, p. 116-136, 2016.

ANDRÉS, R. *A razão dos centavos*: a crise urbana, vida democrática e as revoltas de 2013. Rio de Janeiro: Zahar, 2023.

ARAGÃO, A. S. *Agências Reguladoras e a Evolução do Direito Administrativo Econômico*. Rio de Janeiro: Editora Forense, 2013.

ARAGÃO, A. S. *Direito dos Serviços Públicos*. 4. ed. 1. reimp. Belo Horizonte: Fórum, 2021.

ARAGÃO, A. S. As parcerias público-privadas - PPPs no Direito positivo brasileiro. *Revista de Direito Administrativo*, Rio de Janeiro, v. 240, p. 105-146, 1 abr. 2005.

ARGENTINA. Ley nº 24464 del 8/03/95. Resumo: Creacióndel sistema federal de lavivienda. Destino de losfondos. Controldel destino de losfondos. Consejo nacional de lavivienda. Entes jurisdiccionales. Sistemas de créditos. Regularización dominial. Carteras hipotecarias. Otrasdisposiciones. Buenos Aires: Congresso da Nação Argentina, 1995. Disponível em: https://www.argentina.gob.ar/normativa/nacional/ley-24464-16331. Acesso em: 20 set. 2023.

ARGENTINA. Ministerio de Economia, Industria y Desarrollo Productivo. *Covid-19: está prohibido cortar o suspender servicios esenciales*. Disponível em: https://www.argentina.gob.ar/noticias/covid-19-esta-prohibido-cortar-o-suspender-servicios-esenciales. Acesso em: 3 abr. 2023.

ARNOTT, R. Time for Revisionism on Rent Control? *Journal of Economic Perspectives*, Pittsburgh, v. 9, n. 1, p. 99-120, mar. 1995.

ARNOTT, R. Tenancy rent control. *Swedish economic policy review*, Uppsala, v. 10, n. 1, p. 89-134, 2003.

ARRETCHE, M. Federalismo e relações intergovernamentais no Brasil: a reforma de programas sociais. *Dados*, Rio de Janeiro, v. 45, n. 3, p. 431-458, 2002.

ARRETCHE, M.; MARQUES, E.; FARIA, C. A. P. Considerações finais – Produzindo mudanças por estratégias incrementais: a inclusão social no Brasil pós-1988. *In*: ARRETCHE, M.; MARQUES, E.; FARIA, C. A. P. (Org.). *As políticas da política*: desigualdade e inclusão nos governos do PSDB e PT. São Paulo: Editora UNESP, 2019.

ARRETCHE, M.; VAZQUEZ, D.; FUSARO, E. R. *Capacidades administrativas dos municípios brasileiros para a política habitacional*. Brasília/São Paulo: Ministério das cidades e Centro de Estudos da Metrópole – CEBRAP, 2012.

ATALIBA, G. *Hipótese de incidência tributária*. 6. ed. 5. tir. São Paulo: Malheiros, 2004.

AVELAR, C. S. *O termo territorial coletivo*: limites e possibilidades de aplicação no Distrito Federal. 2022. 171 f. Dissertação (Mestrado em Arquitetura e Urbanismo) – Faculdade de Arquitetura e Urbanismo, Universidade de Brasília, Brasília, 2022.

BAHL, R. W.; LINN, J. F. *Urban public finance in developing countries*. Whashington: Banco Mundial, 1992. Disponível em: https://encurtador.com.br/bcPRU. Acesso em: 2 maio 2023.

BAIGES, C.; FERRERI, M.; VIDAL, L. International policies to promote cooperative housing. Barcelona: *LaDinamo, LACOL, CIDOB* (Av. online), 2020.

BALBIM, R. Avanços recentes no quadro normativo federal da regularização fundiária. *Planejamento e Políticas Públicas*, Brasília, n. 34, p. 289-320, 2010.

BALBIM, R. *Serviço de moradia social ou locação social*: Alternativas à política habitacional. Texto para Discussão 2134. Brasília: Rio de Janeiro: IPEA, 2015.

BALBIM, R. O Programa Aproxima, a cidade e o capital. São Paulo: *Le Monde Diplomatique Brasil*, 9 jun. 2022. Disponível em: https://encurtador.com.br/etNY7. Acesso em: 16 maio 2023.

BALBIM, R.; KRAUSE, C. Produção social da moradia: um olhar sobre o planejamento da Habitação de Interesse Social no Brasil. *Revista Brasileira de Estudos Urbanos e Regionais*, Presidente Prudente, v. 16, n. 1, p. 189-189, 31 maio 2014.

BALEEIRO, A.; DERZI, M. *Direito Tributário Brasileiro*. 14. ed., rev., atual. e ampl. Rio de Janeiro: Forense, 2018.

BALTRUSIS, N.; MOURAD, L. N. Política habitacional e locação social em Salvador. *Caderno CRH*, Salvador, v. 27, p. 267-284, ago. 2014.

BANCO CENTRAL DO BRASIL – BACEN. Conselho Monetário Nacional. Resolução BACEN nº 4676, de 31 julho de 2018. Dispõe sobre os integrantes do Sistema Brasileiro de Poupança e Empréstimo (SBPE), do Sistema Financeiro da Habitação (SFH) e do Sistema de Financiamento Imobiliário (SFI), as condições gerais e os critérios para contratação de financiamento imobiliário pelas instituições financeiras e demais instituições autorizadas a funcionar pelo Banco Central do Brasil e disciplina o direcionamento dos recursos captados em depósitos de poupança. *Diário Oficial da União*: Brasília, 2 ago. 2018.

BATISTA, J. P. *Remuneração dos serviços públicos*. São Paulo, SP: Malheiros Editores, 2005.

BELL, D. H. Providing Security of Tenure for Residential Tenants: Good Faith as a Limitation on the Landlord's Right toTerminate. *Georgia Law Review*, Athens, v. 19, p. 483-530, 1985.

BELO HORIZONTE. Poder Executivo Municipal. Lei nº 6.326 de 18 de janeiro de 1993. Dá nova regulamentação ao Fundo Municipal de Habitação Popular e dá outras providências. *Diário Oficial do Município*: 18 jan. 1993.

BELO HORIZONTE. Decreto nº 17.150, de 31 de julho de 2019. Regulamenta o Programa de Locação Social. *Diário Oficial do Município*: 31 jul. 2019.

BELSITO, B. G.; VIANA, F. B. O limite de comprometimento da Receita Corrente Líquida em contratos de parceria público-privada. *Revista do BNDES*, Rio de Janeiro, n. 39, p. 123-160, jun. 2013.

BERCOVICI, G. *Constituição econômica e desenvolvimento*: uma leitura a partir da Constituição de 1988. São Paulo: Malheiros Editores, 2005.

BERCOVICI, G.; MASSONETTO, L. F. A Constituição dirigente invertida: a blindagem da Constituição Financeira e a agonia da Constituição econômica. *Boletim de Ciências Económicas*, Lisboa, Volume XLIX, p. 57-77, 2006.

BÉRGAMO, M. Prefeitura de SP cria site para vender bens como imóveis sem herdeiros. *Folha de São Paulo*, São Paulo, 9 jun. 2018.

BLANCO, A.; CIBILS, V. F.; MUÑOZ, A. *Procura-se casa para alugar*: opções de política para a América Latina e Caribe. Nova Iorque: Banco Interamericano de Desenvolvimento, 2014.

BLEICH, A. S. et al. *PPP Habitacional: garantias à racionalidade econômica e incertezas para os afetados*. São Paulo: LabCidade, 20 jul. 2023. Disponível em: https://www.labcidade. fau.usp.br/ppp-habitacional-garantias-a-racionalidade-economica-e-incertezas-para-os-afetados/. Acesso em: 26 jul. 2023

BONDUKI, N. G. *Os pioneiros da Habitação Social* – Cem anos de construção de política pública no Brasil. São Paulo: Editora UNESP, 2014. v. 1.

BONDUKI, N. G. *Origens da Habitação Social no Brasil*: Arquitetura Moderna, Lei do Inquilinato e Difusão da Casa Própria. 7. ed. São Paulo: Estação Liberdade - FAPESP, 2017.

BOURNE, R. The Flaws in Rent Ceilings. *Institute of Economic Affairs (IEA)*, Londres, Discussion Paper n. 55, 8 set. 2014.

BRASIL. Presidência da República. Lei nº 3.071 de 01 de janeiro de 1916. Código Civil dos Estados Unidos do Brasil. *Diário Oficial da União*: Rio de Janeiro - RJ, 1º de jan. 1916.

BRASIL. Presidência da República. Decreto Presidencial nº 4.403, de 22 de dezembro de 1921. Regula a locação dos predios urbanos e dá outras providencias. *Diário Oficial da União*: Rio de Janeiro, 24 de dezembro de 1921.

BRASIL. Presidência da República. Decreto-Lei nº 4.598, de 20 de agosto de 1942. Dispõe sobre aluguéis de residências e dá outras providências. *Diário Oficial da União*: Rio de Janeiro, 21 de agosto de 1942.

BRASIL. Presidência da República. Lei nº 1300, de 28 de dezembro de 1950. Altera a Lei de Inquilinato. *Diário Oficial da União*: Rio de Janeiro, 28 de dezembro de 1950.

BRASIL. Presidência da República. Lei nº 4.132, de 10 de setembro de 1962. Define os casos de desapropriação por interesse social e dispõe sobre sua aplicação. *Diário Oficial da União*: Brasília, 10 set. de 1962.

BRASIL. Presidência da República. Lei nº 4.240, de 28 de junho de 1963. Prorroga até 31 de dezembro de 1963, a vigência da Lei n.º 1.300, de 28 de dezembro de 1950, e dá outras providências. *Diário Oficial da União*: Brasília, 28 de junho de 1963.

BRASIL. Presidência da República. Lei nº 4.494, de 25 de novembro de 1964. Regula a Locação de Prédios Urbanos. *Diário Oficial da União*, Brasília, 30 de novembro 1964a.

BRASIL. Presidência da República. Lei nº 4.380, de 21 de agosto de 1964. Institui a correção monetária nos contratos imobiliários de interêsse social, o sistema financeiro para aquisição da casa própria, cria o Banco Nacional da Habitação (BNH), e Sociedades de Crédito Imobiliário, as Letras Imobiliárias, o Serviço Federal de Habitação e Urbanismo e dá outras providências. *Diário Oficial da União*: Brasília, 11 de setembro de 1964b.

BRASIL. Lei nº 4.864, de 29 de novembro de 1965. Cria medidas de estímulo à Indústria de Construção Civil. *Diário Oficial da União*: Brasília, 29 de nov. 1965

BRASIL. Presidência da República. Decreto-Lei nº 322, de 7 de abril de 1967. Estabelece limitações ao reajustamento de aluguéis e dá outras providências. *Diário Oficial da União*: Brasília, 7 de abril 1967a.

BRASIL. Presidência da República. Decreto-Lei nº 204, de 27 de fevereiro de 1967. Dispõe sôbre a exploração de loterias e dá outras providências. *Diário Oficial da União*: Brasília, 27 de fevereiro de 1967b.

BRASIL. Presidência da República. Lei nº 6.404, de 15 de dezembro de 1976. Dispõe sobre as Sociedades por Ações. *Diário Oficial da União*: Brasília, 15 de dezembro de 1976.

BRASIL. Supremo Tribunal Federal. Plenário. *Recurso Extraordinário nº 82.300 – SP*. Ministro Rodrigues Alckmin. Diário Oficial da União: Brasília, 12 abr. 1978. Disponível em: https://jurisprudencia.stf.jus.br/pages/search/sjur52835/false. Acesso em: 3 maio 2023

BRASIL. Presidência da República. Lei nº 6.649, de 16 de maio de 1979. Regula a locação urbana e dá outras providências. *Diário Oficial da União*: Brasília, 16 de maio de 1979.

BRASIL. Assembleia Constituinte Nacional. *Constituição da República Federativa o Brasil de 1988*. Brasília: 5 de outubro de 1988.

BRASIL. Presidência da República. Lei nº 8.245, de 18 de outubro de 1991. Dispõe sobre as locações dos imóveis urbanos e os procedimentos a elas pertinentes. *Diário Oficial da União*: Brasília, 18 de outubro de 1991a.

BRASIL. Presidência da República. Medida Provisória nº 291, de 04 de janeiro de 1991. Dispõe sobre o reajustamento de aluguel na locação predial urbana. *Diário Oficial da União*: Brasília, 10 de janeiro de 1991b.

BRASIL. Câmara dos Deputados. Congresso Nacional. *Projeto de Lei nº 912/1991*. Dispõe sobre a locação de imóvel urbano. Brasília, 1991c.

BRASIL. Senado Federal. Congresso Nacional. *Projeto de Lei da Câmara nº 52/1991*. Dispõe sobre as locações dos imóveis urbanos e os procedimentos a elas pertinentes. Brasília, 1991d.

BRASIL. Supremo Tribunal Federal. Plenário. *ADI 319-4/QO*. Ministro Moreira Alves, 1993a. Disponível em: https://redir.stf.jus.br/paginadorpub/paginador.jsp?docTP=AC&docID=918. Acesso em: 28 mar. 2023.

BRASIL. Presidência da República. Lei nº 8.742, de 7 de dezembro de 1993. Dispõe sobre a organização da Assistência Social e dá outras providências. *Diário Oficial da União*: Brasília, 8 dez. 1993b.

BRASIL. Presidência da República. Lei nº 8.987, de 13 de fevereiro de 1995. Dispõe sobre o regime de concessão e permissão da prestação de serviços públicos previsto no art. 175 da Constituição Federal, e dá outras providências. *Diário Oficial da União*: Brasília, 14 fev. 1995a.

BRASIL. Presidência da República. Lei nº 9.074, de 7 de julho de 1995. Estabelece normas para outorga e prorrogações das concessões e permissões de serviços públicos e dá outras providências. *Diário Oficial da União*: Brasília, 28 de set. de 1995 b.

BRASIL. Presidência da República. Lei nº 9.394, de 20 de dezembro de 1996. Estabelece as diretrizes e bases da educação nacional. *Diário Oficial da União*: Brasília, Presidência da República. Brasília, 23 dez. 1996.

BRASIL. Supremo Tribunal Federal. Plenário. *Recurso Extraordinário nº 183906 – SP*. Ministro Marco Aurélio. Brasília, 18 set. 1997. Disponível em: https://jurisprudencia.stf. jus.br/pages/search/sjur18299/false. Acesso em: 10 maio 2023.

BRASIL. Presidência da República. Emenda Constitucional nº 19 de 1998. Exposição de motivos interministerial nº 49, de 18 de agosto de 1995, dos Srs. Ministros de Estado da Justiça, da Fazenda, da Previdência e Assistência Social, da Educação e do Desporto, da Administração Federal e Reforma do Estado e do Planejamento e Orçamento. *Diário do Congresso Nacional*: 18 de agosto de 1998 Disponível em: https://www2.camara.leg.br/legin/fed/emecon/1998/emendaconstitucional-19-4-junho-1998-372816-exposicaodemotivos-148914-pl.html. Acesso em: 9 ago. 2023.

BRASIL. Presidência da República. Lei Complementar nº 101, de 14 de maio de 2000. Estabelece normas de finanças públicas voltadas para a responsabilidade na gestão fiscal e dá outras providências. *Diário Oficial da União*: Brasília, 4 de maio de 2000.

BRASIL. Senado Federal. Resolução do Senado Federal nº 43, de 2001. Dispõe sobre as operações de crédito interno e externo dos Estados, do Distrito Federal e dos Municípios, inclusive concessão de garantias, seus limites e condições de autorização, e dá outras providências. *Diário Oficial da União*: Brasília, 9 abr. 2001a.

BRASIL. Presidência da República. Lei nº 10.188 de 12 de fevereiro de 2001. Cria o Programa de Arrendamento Residencial, institui o arrendamento residencial com opção de compra e dá outras providências. *Diário Oficial da União*: Brasília, 14 fev. 2001b.

BRASIL. Presidência da República. *Lei nº 10.257 de 10 de julho de 2001*. Regulamenta os arts. 182 e 183 da Constituição Federal, estabelece diretrizes gerais da política urbana e dá outras providências. *Diário Oficial da União*: Brasília, 11 jul. 2001c.

BRASIL. Presidência da República. *Lei nº 10.406, de 10 de janeiro de 2002*. Institui o Código Civil. *Diário Oficial da União*: Brasília, 11 de jan. de 2002.

BRASIL. Presidência da República. *Lei nº 11.079/2004, de 30 de dezembro de 2004*. Institui normas gerais para licitação e contratação de parceria público-privada no âmbito da administração pública. Diário Oficial da União: Brasília, 31 de dezembro de 2004a.

BRASIL. Superior Tribunal de Justiça. 1ª Turma. *Recurso Especial nº 485.842 - RS*. Ministra Eliana Calmon. Brasília, 6 abr. 2004b. Disponível em: https://www.stj.jus.br/websecstj/cgi/revista/REJ.cgi/ATC?seq=3495060&tipo=51&nreg=200601268140&SeqCgrmaSessao=&CodOrgaoJgdr=&dt=20071210&formato=PDF&salvar=false. Acesso em: 2 ago. 2023

BRASIL. Ministério das Cidades. *Política Nacional de Habitação – PNH* (Cadernos MCidades Habitação 4). Brasília: Ministério das Cidades, 2004c. Disponível em: https://antigo.mdr.gov.br/auditoria/58-snh-secretaria-nacional/departamentos-snh/1375-politica-nacional-de-habitacao-pnh. Acesso em: 9 mar. 2023

BRASIL. Presidência da República. *Lei nº 11.124 de 16 de junho de 2005*. Dispõe sobre o Sistema Nacional de Habitação de Interesse Social – SNHIS, cria o Fundo Nacional de Habitação de Interesse Social – FNHIS e institui o Conselho Gestor do FNHIS. Diário Oficial da União: Brasília, 17 de jun. de 2005.

REFERÊNCIAS | 309

BRASIL. Superior Tribunal de Justiça. 2ª Turma. *RECURSO ESPECIAL Nº 795.580 - SC*. Ministro Castro Meira. Brasília, 2006. Disponível em: https://arquivocidadao.stj.jus.br/uploads/r/superior-tribunal-de-justica/8/a/f/8af2c39f3e79eeb754d4e932b5910344e60a42 c858498c24cc6103a795e8bc79/Julgado_1.pdf. Acesso em: 3 maio 2023

BRASIL. Presidência da República. Lei nº 11.481, de 31 de maio de 2007. Dá nova redação a dispositivos das Leis nºs 9.636, de 15 de maio de 1998, 8.666, de 21 de junho de 1993, 11.124, de 16 de junho de 2005, 10.406, de 10 de janeiro de 2002 - Código Civil, 9.514, de 20 de novembro de 1997, e 6.015, de 31 de dezembro de 1973, e dos Decretos-Leis nºs 9.760, de 5 de setembro de 1946, 271, de 28 de fevereiro de 1967, 1.876, de 15 de julho de 1981, e 2.398, de 21 de dezembro de 1987; prevê medidas voltadas à regularização fundiária de interesse social em imóveis da União; e dá outras providências. *Diário Oficial da União*: Brasília, 31 de maio de 2007a.

BRASIL. Presidência da República. *Lei nº 11.474 de 15 de maio de 2007*. Altera a Lei nº 10.188, de 12 de fevereiro de 2001, que cria o Programa de Arrendamento Residencial, institui o arrendamento residencial com opção de compra, e a Lei nº 11.265, de 3 de janeiro de 2006, que regulamenta a comercialização de alimentos para lactentes e crianças de primeira infância e também a de produtos de puericultura correlatos, e dá outras providências. *Diário Oficial da União*: Brasília, 16 maio 2007b.

BRASIL. Presidência da República. *Lei nº 11.794, de 8 de outubro de 2008*. Regulamenta o inciso VII do § 1º do art. 225 da Constituição Federal, estabelecendo procedimentos para o uso científico de animais; revoga a Lei nº 6.638, de 8 de maio de 1979; e dá outras providências. *Diário Oficial da União*: Brasília, 8 out. 2008a.

BRASIL. Câmara dos Deputados. *Proposta de Emenda à Constituição nº 285/2008*. Acrescenta artigo ao Ato das Disposições Constitucionais Transitórias para dispor sobre a vinculação de recursos orçamentários da União, dos Estados, do Distrito Federal e dos Municípios aos respectivos Fundos de Habitação de Interesse Social. Brasília, 2008b.

BRASIL. Ministério das Cidades. Instrução Normativa nº 47, de 8 de outubro de 2008. Regulamenta a Ação de Apoio à Produção Social da Moradia, do Programa de Habitação de Interesse Social, operada com recursos do Fundo Nacional de Habitação de Interesse Social, válida para o período 2008/2011, e dá outras providências. *Diário Oficial da União*: Brasília, 9 out. 2008c.

BRASIL. Presidência da República. Lei nº 11.977 de 07 de julho de 2009. Dispõe sobre o Programa Minha Casa, Minha Vida – PMCMV e a regularização fundiária de assentamentos localizados em áreas urbanas; altera o Decreto-Lei no 3.365, de 21 de junho de 1941, as Leis nos 4.380, de 21 de agosto de 1964, 6.015, de 31 de dezembro de 1973, 8.036, de 11 de maio de 1990, e 10.257, de 10 de julho de 2001, e a Medida Provisória no 2.197-43, de 24 de agosto de 2001; e dá outras providências. *Diário Oficial da União*: Brasília, 8 jul. 2009a.

BRASIL. Câmara dos Deputados. *Projeto de Lei nº 6342/2009*. Institui no âmbito do Sistema Nacional de Habitação de Interesse Social – SNHIS, o Serviço de Moradia Social para famílias de baixa renda. Brasília, 2009b.

BRASIL. Ministério das Cidades. Secretaria Nacional de Habitação. *Plano Nacional de Habitação*. Brasília: dezembro de 2009c. Disponível em: https://www.gov.br/mdr/pt-br/assuntos/habitacao/planhab-2040/referencias/planhab-2009-2023. Acesso em: 9 mar. 2023

BRASIL. Câmara dos Deputados. *Projeto de Lei nº 2892/2011*. Dispõe sobre aprimoramento das regras que regem as Parcerias Público Privadas. Brasília, 2011.

BRASIL. Secretaria de Direitos Humanos da Presidência da República – SDH/PR. *Direito à moradia adequada*. Brasília: Secretaria Nacional de Promoção e Defesa dos Direitos Humanos, 2013. Disponível em: https://urbanismo.mppr.mp.br/arquivos/File/DH_moradia_final_internet.pdf. Acesso em: 15 mar. 2023

BRASIL. Presidência da República. Lei Complementar nº 148, de 25 de novembro de 2014. Altera a Lei Complementar no 101, de 4 de maio de 2000, que estabelece normas de finanças públicas voltadas para a responsabilidade na gestão fiscal; dispõe sobre critérios de indexação dos contratos de refinanciamento da dívida celebrados entre a União, Estados, o Distrito Federal e Municípios; e dá outras providências. *Diário Oficial da União*: Brasília, 25 de novembro de 2014.

BRASIL. Ministério das Cidades. *Parcelamento, Edificação ou Utilização Compulsórios e IPTU progressivo no tempo*: Caderno Técnico de Regulamentação e Implementação: Vol. 2. Brasília: Secretaria Nacional de Acessibilidade e Programas Urbanos, Programa Nacional de Capacitação das Cidades e Universidade Federal do ABC, 2015. Disponível em: https://www.caubr.gov.br/wp-content/uploads/2017/10/CAPACIDADES2.pdf. Acesso em: 25 abr. 2023.

BRASIL. Presidência da República. *Lei nº 13.334, de 13 de setembro de 2016*. Cria o Programa de Parcerias de Investimentos – PPI; altera a Lei nº 10.683, de 28 de maio de 2003, e dá outras providências. *Diário Oficial da União*, Brasília 13 de setembro de 2016a.

BRASIL. Câmara dos Deputados. *Projeto de Lei nº 5.663/2016*. Altera a Lei nº 11.977, de 2009, para prever a modalidade de locação social de imóveis urbanos no âmbito do Programa Minha Casa, Minha Vida. Brasília, 2016b.

BRASIL. Presidência da República. *Lei nº 13.465, de 11 de julho de 2017*. Dispõe sobre a regularização fundiária rural e urbana. *Diário Oficial da União*: Brasília, 11 jul. 2017a.

BRASIL. Presidência da República. *Lei nº 13.529, de 4 de dezembro de 2017*. Dispõe sobre a participação da União em fundo de apoio à estruturação e ao desenvolvimento de projetos de concessões e parcerias público-privadas. *Diário Oficial da União*: Brasília, 4 de dezembro de 2017 b.

BRASIL. Controladoria-Geral da União – CGU. *Relatório de Auditoria Anual de Contas - Unidade Auditada*: Fundo Garantidor de Parceria Público-Privadas – FGP. Brasília: Secretaria Federal de Controle Interno, 2018. Disponível em: https://auditoria.cgu.gov.br/download/11103.pdf. Acesso em: 28 jul. 2023.

BRASIL. Câmara dos Deputados. Congresso Nacional. Proposta de Emenda à Constituição n° 45, de 2019. Altera o Sistema Tributário Nacional. Brasília, 2019.

BRASIL. Supremo Tribunal Federal. *Tema nº 1122 - Recurso Extraordinário com Agravo (ARE) 1289782*. Min. Nunes Marques, 2020a. Disponível em: https://portal.stf.jus.br/noticias/verNoticiaDetalhe.asp?idConteudo=457962&ori=1. Acesso em: 16 mar. 2023

BRASIL. Presidência da República. Lei nº 14.010, de 10 de junho de 2020. Dispõe sobre o Regime Jurídico Emergencial e Transitório das relações jurídicas de Direito Privado (RJET) no período da pandemia do coronavírus (Covid-19). *Diário Oficial da União*: Brasília, 8 de setembro de 2020b.

BRASIL. Ministério da Economia. Gabinete do Ministro. Resolução ME nº 159, de 2 de dezembro de 2020. Opina pela qualificação de política para fomentar parcerias com a iniciativa privada para estudar alternativas habitacionais destinadas à locação social, no âmbito do Programa de Parcerias de Investimentos da Presidência da República - PPI. *Diário Oficial da União*: Brasília, 21 de janeiro de 2020c.

BRASIL. Câmara dos Deputados. Projeto de Lei nº 827, de 2020. Suspende pelo período de 90 (noventa) dias em razão da Pandemia do COVID-19, a execução das ordens de despejo de locações de imóveis residenciais e comerciais e dá outras providências. Brasília, 2020d.

BRASIL. Câmara dos Deputados. Congresso Nacional. *Projeto de Lei nº 4.730, de 2020*. Altera a Lei nº 13.259, de 16 de março de 2016, para prever a destinação preferencial ao Programa Nacional de Reforma Agrária dos imóveis rurais obtidos pela União em razão da extinção de créditos tributários por dação em pagamento. Brasília, 2020e.

BRASIL. Ministério da Economia. Conselho do Programa de Parcerias de Investimentos – CCPI. *Ata da 14ª Reunião CPPI – Ordinária de 02 de dezembro de 2020*. Brasília: Ministério da Economia, 2020f. Disponível em: https://www.gov.br/economia/pt-br/orgaos/seppi/centrais-de-conteudo/documentos/ata-14a-reuniao-cppi-ordinaria-02122020.pdf/view. Acesso em: 18 ago. 2023.

BRASIL. Presidência da República. Lei nº 14.216, de 7 de outubro de 2021. Estabelece medidas excepcionais em razão da Emergência em Saúde Pública de Importância Nacional. *Diário Oficial da União*: Brasília. 8 de outubro de 2021a.

BRASIL. Presidência da República. Lei nº 14.118, de 12 de janeiro de 2021. Institui o Programa Casa Verde e Amarela. *Diário Oficial da União*: Brasília, 26 de março de 2021b.

BRASIL. Presidência da República. Decreto nº 10.600, de 14 de janeiro de 2021. Regulamenta a Lei nº 14.118, de 12 de janeiro de 2021, que institui o Programa Casa Verde e Amarela. *Diário Oficial da União*: Brasília, 15 de janeiro de 2021c.

BRASIL. Presidência da República. Lei nº 14.133, de 1º de abril de 2021. Lei de Licitações e Contratos Administrativos. *Diário Oficial da União*: Brasília, 10 de junho de 2021d.

BRASIL. Ministério do Desenvolvimento Regional. Secretaria Nacional de habitação e Secretaria de Fomento e Apoio a Parcerias de Entes Federativos. *Nota Técnica nº 8/2021/CGGI SNH/SNH-MDR*. Brasília: 19 ago. 2021e. Disponível em: https://www.ppi.gov.br/wp-content/uploads/2023/01/nota-tecnica-conjunta.pdf. Acesso em: 18 ago. 2023

BRASIL. Câmara dos Deputados. *Projeto de Lei nº 1.026, de 2021.* Determina que o índice de correção dos contratos de locação residencial e comercial não poderá ser superior ao índice oficial de inflação do País – IPCA. Brasília, 2021f.

BRASIL. Presidência da República. Casa Civil. *PPI, MDR e Caixa ampliam parceria com Banco Mundial para consultoria em projetos de concessão e PPP.* 2021g. Disponível em: https://www.gov.br/casacivil/pt-br/ocultadas/orgaos/seppi/noticias-1/ppi-mdr-e-caixa-ampliam-parceria-com-banco-mundial-para-consultoria-em-projetos-de-concessao-e-ppp. Acesso em: 11 ago. 2023.

BRASIL. Ministério da Integração e do Desenvolvimento Regional. *Governo Federal, Prefeitura do Recife e CAIXA vão executar projeto piloto para locação social no Brasil.* 2021h. Disponível em: https://www.gov.br/mdr/pt-br/noticias/governo-federal-prefeitura-do-recife-e-caixa-vao-executar-primeiro-projeto-para-locacao-social-no-brasil. Acesso em: 23 ago. 2023.

BRASIL. Ministério da Economia. Conselho do Programa de Parcerias de Investimentos – CPPI. Ata da 22ª Reunião Extraordinária, de 06 de junho de 2020. Brasília: Ministério da Economia, 2021i. Disponível em: https://www.gov.br/economia/pt-br/orgaos/seppi/centrais-de-conteudo/documentos/ata-14a-reuniao-cppi-ordinaria-02122020.pdf/view. Acesso em: 18 ago. 2023

BRASIL. Supremo Tribunal Federal. Plenário. *Arguição de Descumprimento de Preceito Fundamental nº 828.* Min. Luís Roberto Barroso, 2022a. Disponível em: https://portal.stf.jus.br/processos/detalhe.asp?incidente=6155697. Acesso em: 16 mar. 2023

BRASIL. Congresso Nacional. Comissão Mista de Planos, Orçamentos Públicos e Fiscalização. Projeto de Lei Orçamentária Anual para 2023: PLN 32/2022.*Relatório da área temática III desenvolvimento regional.* Relator setorial: dep. Carlos Henrique Gaguim (União/TO). Brasília: Comissão Mista de Planos, Orçamentos Públicos e fiscalização do Congresso Nacional, 2022b. Disponível em: https://www.camara.leg.br/internet/comissao/index/mista/orca/orcamento/or2023/rel_setor/setor03/rel_apresentado.pdf. Acesso em: 12 out. 2023.

BRASIL. Senado Federal. Congresso Nacional. *Projeto de Lei nº 709, de 2022c.* Dispõe sobre o Imposto de Renda de Pessoas Físicas incidente sobre a receita proveniente da locação de imóveis residenciais e altera a Lei nº 9.250, de 26 de dezembro de 1995 e a Lei nº 9.430, de 27 de dezembro de 1996.

BRASIL. Ministério da Economia. *Parceria Público Privada de creches levará educação infantil para mais de 9.800 crianças em Santa Catarina.* 2022d. Disponível em: https://www.gov.br/economia/pt-br/orgaos/seppi/noticias-1/parceria-publico-privada-de-creches-levara-educacao-infantil-para-mais-de-9-800-criancas-em-santa-catarina. Acesso em: 11 ago. 2023.

BRASIL. Ministério do Desenvolvimento Regional. *Regulamento do Pró-Moradia – Anexo I – Condições Gerais.* Brasília: MDR, 2022e. Disponível em: https://www.gov.br/mdr/pt-br/assuntos/habitacao/IN_12022_ANEXOI_CONDGERAIS_CONSOLIDADO11052022.pd. Acesso em: 9 maio 2023.

REFERÊNCIAS 313

BRASIL. Ministério do Desenvolvimento Regional. *Regulamento do Pró-Moradia – Anexo III – PRODUÇÃO DE CONJUNTOS HABITACIONAIS*. Brasília: MDR, 2022f. Disponível em: https://www.gov.br/mdr/pt-br/assuntos/habitacao/IN_12022_ANEXOI_CONDGERAIS_CONSOLIDADO11052022.pd. Acesso em: 9 maio 2023.

BRASIL. Ministério da Economia. Portaria ME nº 1.683, de 16 de março de 2022. Cria o Programa Aproxima com a finalidade de regulamentar o disposto no art. 7º da Lei nº 14.118, de 12 de janeiro de 2021. *Diário Oficial da União*: seção 1, Brasília, ano 2022, n. 52, 27 mar. 2022g.

BRASIL. Ministério do Desenvolvimento Regional. *Programa Moradia Digna Manual de Instruções Ação: Apoio à Provisão Habitacional de Interesse por meio do Fundo Nacional de Habitação de Interesse Social (FNHIS) – 00TI*. Brasília, 2022h. Disponível em: https://www.gov.br/mdr/pt-br/acesso-a-informacao/legislacao/secretaria-nacional-de-habitacao/Manual00TI_Portaria_12662022.pdf. Acesso em: 10 maio. 2023

BRASIL Ministério do Desenvolvimento Regional. *Programa Moradia Digna Manual de Instruções Ações: Apoio à Urbanização de Assentamentos Precários por meio do Fundo Nacional de Habitação de Interesse Social 00TH | Apoio à Urbanização de Assentamentos Precários – ooT2*. Brasília, 2022i. Disponível em: https://www.gov.br/mdr/pt-br/acesso-a-informacao/legislacao/secretaria-nacional-de-habitacao/Manual00T2E00TH_Portaria_12662022.pdf. Acesso em: 10 maio. 2023

BRASIL. Ministério do Desenvolvimento Regional. *Programa Moradia Digna Manual de Instruções Ações: Apoio à Urbanização de Assentamentos Precários por meio do Fundo Nacional de Habitação de Interesse Social 00TH | Apoio à Urbanização de Assentamentos Precários – ooT2*. Brasília, 2022j. Disponível em: https://www.gov.br/mdr/pt-br/acesso-a-informacao/legislacao/secretaria-nacional-de-habitacao/Manual00T2E00TH_Portaria_12662022.pdf. Acesso em: 10 maio 2023

BRASIL. Presidência da República. Lei nº 14.620, de 13 de julho de 2023. Dispõe sobre o Programa Minha Casa, Minha Vida. *Diário Oficial da União*: Brasília, 14 jul. 2023a.

BRASIL. Ministério do Desenvolvimento Regional. *PlanHab 2040*. Brasília: MDR, 2023b. Disponível em: https://www.gov.br/mdr/pt-br/assuntos/habitacao/planhab-2040/planhab-2040. Acesso em: 9 mar. 2023.

BRASIL. Ministério da Fazenda. Secretaria do Tesouro Nacional. *Portaria STN/MF nº 138, de 6 de abril de 2023*. Estabelece normas gerais relativas à consolidação das contas públicas aplicáveis aos contratos de parceria público-privada, de que trata a Lei nº 11.079, de 30 de dezembro de 2004, celebrados pela União, Estados, Distrito Federal e Municípios. Diário Oficial da União: 1º de maio de 2023c.

BRASIL. Presidência da República. Decreto no 11.412, de 10 de fevereiro de 2023. Dispõe sobre o Conselho do Programa de Parcerias de Investimentos. Diário Oficial da União: Brasília, 10 de fevereiro de 2023d.

BRASIL. Presidente da República. Decreto n° 11.498, de 25 de abril de 2023. Altera o Decreto nº 8.874, de 11 de outubro de 2016, para dispor sobre o incentivo ao financiamento de projetos de infraestrutura com benefícios ambientais e sociais. Brasília: 2023e. Disponível em: http://www.planalto.gov.br/ccivil_03/_ato2023-2026/2023/decreto/D11498.htm#:~:text=DECRETO%20N%C2%BA%2011.498%2C%20DE%2025,com%20benef%C3%ADcios%20ambientais%20e%20sociais. Acesso em: 7 out. 2023.

BRASIL. Presidência da República. Minha Casa, Minha Vida: projeção de superar 2 milhões de contratações até 2026. Brasília: Planalto, 2023f. Disponível em: https://www.gov.br/planalto/pt-br/acompanhe-o-planalto/noticias/2023/11/minha-casa-minha-vida-projecao-de-superar-2-milhoes-de-contratacoes-ate-2026. Acesso em: 9 mar. 2023.

BRESSER-PEREIRA, L. C. Os primeiros passos da reforma gerencial do Estado de 1995. *Revista brasileira de direito público*, Belo Horizonte, ano 6, n. 23, out./dez. 2008.

BROWN, W. *Nas ruínas do Neoliberalismo*: a ascensão da política antidemocrática no ocidente. São Paulo - SP: Filosófica Politeia, 2020.

BUCCI, M. P. D. O conceito de políticas públicas em Direito. *In*: BUCCI, M. P. D. (Org.). *Políticas públicas: Reflexões sobre o conceito jurídico*. São Paulo: Saraiva, 2006. p. 1-49.

BRASIL. *Políticas públicas*: Reflexões sobre o conceito jurídico. São Paulo: Saraiva, 2006b.

BRASIL. Notas para uma metodologia jurídica de análise de políticas públicas. *Políticas públicas: possibilidades e limites*, p. 225-260, 2008.

BRASIL. Quadro de referência de uma política pública: primeiras linhas de uma visão jurídico-institucional. *O direito na fronteira das políticas públicas*, 2015.

BRASIL. Método e aplicações da abordagem direito e políticas públicas (DPP). Rei-Revista estudos institucionais, v. 5, n. 3, p. 791-832, 2019.

BRASIL. *Fundamentos para uma Teoria Jurídica das Políticas Públicas*. 2. ed., rev. e atual. São Paulo: Saraiva Jur, 2021.

BRASIL. Estado social: uma sistematização para pensar a reconstrução. *Revista de Ciências do Estado*, v. 8, n. 1, p. 1-31, 30 jun. 2023.

BUCCI, M. P. D.; COUTINHO, D. R. Arranjos jurídico-institucionais da política de inovação tecnológica: uma análise baseada na abordagem de direito e políticas públicas. *In*: COUTINHO, D. R.; FOSS, M. C.; MOUALLEM, P. S. B. (Org.). *Inovação no Brasil: avanços e desafios jurídicos e institucionais*. [s.l.]: Blucher, 2017. p. 313-340.

BUGNON, C.; IACONO, G. 7. L'impactdu DALO surles politiques locales de l'habitat: *Cahiers du GRIDAUH*, Paris, v. 21, n. 2, p. 129-144, 2 jan. 2011.

BULOW, J.; KLEMPERER, P. Regulatedprices, rentseeking, andconsumersurplus. *Journal of Political Economy*, Chicago, v. 120, n. 1, p. 160-186, 2012.

CANGIANO, M. *et al*. Public-Private Partnerships. *In*: *Public-Private Partnerships, Government Guarantees, and Fiscal Risk*. Whashington: International Monetary Fund, 2006.

CANOTILHO, J. J. G. *Direito constitucional e teoria da constituição*. 7. ed. Coimbra: Almedina, 2003.

CARRAZZA, R. A. *Curso de direito constitucional tributário*. 29. ed. São Paulo: Malheiros Editores, 2013.

CARDOSO, A. L.; ARAGÃO, T. A.; ARAÚJO, F.S. GT2 - 511 Habitação de interesse social: política ou mercado? reflexos sobre a construção do espaço metropolitano. Anais do XVIII ENANPUR. Anais... In: XIV ENANPUR Rio de Janeiro 2011. Rio de Janeiro: 2011. Disponível em: https://anais.anpur.org.br/index.php/anaisenanpur/article/view/683. Acesso em: 31 maio 2023

CARVALHO FILHO, J. S. *Manual de Direito Administrativo*. 36. ed. São Paulo: Atlas, 2022.

CASAS-ARCE, P.; SAIZ, A. Owning versus Renting: Do Courts Matter? *The Journal of Law &Economics*, Chicago, v. 53, n. 1, p. 137-165, 2010.

CATALUNHA. Espanha. Comunidad Autónoma de Cataluña. Ley 11/2020. Ley 11/2020, de 18 de septiembre, de medidas urgentes en materia de contención de rentas en los contratos de arrendamiento de vivienda y de modificación de la Ley 18/2007, de la Ley 24/2015 y de la Ley 4/2016, relativas a la protección del derecho a la vivienda. *Diari Oficial de la Generalitat de Catalunya*: número 8229, Barcelona, 29 set. 2020.

CAVALCANTI, G. C. V. *Uma concessão ao passado*: trajetórias da União dos Movimentos de Moradia de São Paulo. 2006. 141 f. Dissertação (Mestrado em Sociologia) – Faculdade de Filosofia, Letras e Ciências Humanas. Universidade de São Paulo, São Paulo, 2006.

CAIXA ECONÔMICA FEDERAL – CEF. *Pregão Eletrônico Nº 398/5688-2022 – CECOT/BR*. Brasília, 2022a. Disponível em: https://licitacoes.caixa.gov.br/SitePages/pagina_inicial. aspx. Acesso em: 24 ago. 2023

BRASIL. *Pregão Eletrônico Nº 116/5688-2022 – CECOT/BR*. Brasília, 2022b. Disponível em: https://licitacoes.caixa.gov.br/SitePages/pagina_inicial.aspx. Acesso em: 24 ago. 2023

BRASIL. *Apoio a Produção – Produção de Imóveis*. Disponível em: https://www.caixa.gov. br/empresa/credito-financiamento/imoveis/financiamento-para-producao-imoveis/apoio-a-producao/Paginas/default.aspx. Acesso em: 20 jul. 2023a.

BRASIL. *Financiamento para Produção de Imóveis*. Disponível em: https://www.caixa.gov.br/empresa/credito-financiamento/imoveis/financiamento-para-producao-imoveis/Paginas/default.aspx. Acesso em: 20 jul. 2023b.

BRASIL. *De Olho na Qualidade – Habitação*. Disponível em: https://www.caixa.gov.br/voce/habitacao/minha-casa-minha-vida/de-olho-na-qualidade/Paginas/default.aspx. Acesso em: 15 mar. 2023c.

CHIAVONE, J. A.; SANTORO, P. F. *Propostas de políticas habitacionais de locação social de mercado em São Paulo: o desafio de atender a quem precisa*. Enanparq, Salvador, 2018. Disponível em: https://www.enanparq2018.com/copia-resultados. Acesso em: 1º mar. 2023

CHILVARQUER, M. Aplicando o quadro de referências para análise jurídica de políticas públicas: a implementação do Programa Minha Casa, Minha Vida, Faixa 1, no município de São Paulo. *REI - REVISTA ESTUDOS INSTITUCIONAIS*, Rio de Janeiro, v. 5, n. 3, p. 1116-1141, 18 dez. 2019.

COHAB/SP. Companhia Metropolitana de Habitação de São Paulo. *Relatório de Gestão 2001-2004*. São Paulo: COHAB/SP, 2004.

COLIGAÇÃO MUDA SÃO PAULO. Partido dos Trabalhadores. *Para Mudar São Paulo, inovar na forma de governar com democracia, participação, transparência e controle social*. São Paulo, 2000. Disponível em: https://webcache.googleusercontent.com/search?q=cache:s67 muNr4WfwJ:https://www1.folha.uol.com.br/folha/cotidiano/nova_prefeitura_programa_ de_governo.shtml&cd=2&hl=pt-BR&ct=clnk&gl=br. Acesso em: 25 maio 2023.

COLUMBIA BRITÂNICA. Canadá. Site do Governo Estadual. *Rent increases – Provinceof British Columbia*. Alberta, 2023. Disponível em: https://www2.gov.bc.ca/gov/content/ housing-tenancy/residential-tenancies/during-a-tenancy/rent-increases. Acesso em: 3 abr. 2023.

COMISSÃO EUROPÉIA. União Europeia. *Decisão 2005/842/EC, número 16*. Decisão da Comissão, de 28 de novembro de 2005, relativa à aplicação do n. 2 do artigo 86. o do Tratado CE aos auxílios estatais sob a forma de compensação de serviço público concedidos a certas empresas encarregadas da gestão de serviços de interesse económico geral [notificada com o número C (2005) 2673. Neelie Kroes - Ex-Vice-Presidente da Comissão Europeia. Bruxelas, 2005. Disponível em: https://eur-lex.europa.eu/legal-content/PT/TXT/PDF/?u ri=CELEX:32005D0842&from=EN. Acesso em: 18 abr. 2023

BRASIL. União Europeia. *Comunicação da comissão ao parlamento europeu, ao conselho, ao comitê econômico e social europeu e ao comitê das regiões*. Um enquadramento de qualidade para os serviços de interesse geral na Europa. Bruxelas: OPOCE, 2011. Disponível em: https://eur-lex.europa.eu/legal-content/PT/TXT/HTML/?uri=CELEX%3A52011DC0900. Acesso em: 18 abr. 2023.

COMPARATO, F. K. *Ensaios e pareceres de Direito Empresarial*. Rio de Janeiro: Forense, 1978.

CONSELHO DE PARTICIPAÇÃO NO FUNDO DE APOIO À ESTRUTURAÇÃO E AO DESENVOLVIMENTO DE PROJETOS DE CONCESSÃO E PARCERIAS PÚBLICO-PRIVADAS DA UNIÃO, DOS ESTADOS, DO DISTRITO FEDERAL E DOS MUNICÍPIOS – CFEP. *Resolução nº 02, de 22 de janeiro de 2018*. Dispõe sobre o Estatuto do Fundo e orienta a integralização de cotas pela União. Brasília, 2018.

CONSTANTINO, C. A. S. *A COHAB-SP e uma nova política habitacional*: o período 2001-2004. Dissertação (Mestrado em Arquitetura e Urbanismo) – Faculdade de Arquitetura e Urbanismo, Universidade de São Paulo, São Paulo, 2007.

COUTINHO, D. R. Parcerias público-privadas: relatos de algumas experiências internacionais. *In*: SUNDFELD, C. A. (Org.). *Parcerias público-privadas*. São Paulo: Malheiros, 2011. p. 47-81.

COUTINHO, D. R. O direito nas políticas públicas. *In:* MARQUES, E.; FARIA, C. A. P. (Org.). *Política Pública como Campo Disciplinar.* Rio de Janeiro: Editora Fiocruz, 2013. p. 181-200.

COUTINHO, D. R. *Direito e economia política na regulação de serviços públicos.* São Paulo: Saraiva, 2014.

COUTINHO, D. R.; MOUALLEM, P. S. B. O Direito contra a inovação? a persistência dos gargalos à inovação no Brasil. *In:* LASTRES, H.; CASSIOLATO, J. E.; SARTI, F. (Org.). *O Futuro do Desenvolvimento:* ensaios em homenagem a Luciano Coutinho. Campinas: UNICAMP, 2016. p. 193-230.

CUERPO, C.; POBTUCH, P.; KALANTARYAN, S. *Rental market regulation in the European Union.*: EUROPEAN ECONOMY. Bruxelas: União Europeia, 2014. Disponível em: https://data.europa.eu/doi/10.2765/76958. Acesso em: 24 mar. 2023.

CUNHA, L. R. Direito à habitação: soluções possíveis e ignoradas. *Revista Inclusiones*, Santiago, v. 8, Número Especial, p. 275-293, 2021.

CUNHA, T. F. S. *O auxílio aluguel e o programa municipal de urbanização de favelas:* uma análise a partir da Urbanização da Favela de Paraisópolis. ST 01 – Política Habitacional – Ontem, Hoje e Amanhã. *Anais... In:* XVIII ENANPUR – NATAL 2019. Natal: 2019. Disponível em: http://xviiienanpur.anpur.org.br/anaisadmin/capapdf.php?reqid=403. Acesso em: 17 jul. 2023

CYMBALISTA, R. Canal do Instituto Claro. É necessário promover moradia como um serviço público, avalia professor da USP. *YouTube*, 19 fev. 2020. Disponível em: https://www.youtube.com/watch?v=9_-2zF53si8. Acesso em: 22 mar. 2023

CZISCHKE, D.; PITTINI, A.; CECODHAS, E. S. H. O. *Housing Europe 2007* – Review of Social, Co-operative and Public Housing in the 27 EU member states. Building and Social Housing Foundation. Bruxelas: CECODHAS European Social Housing Observatory, 2007.

DARDOT, P.; LAVAL, C. Neoliberalismo e subjetivação capitalista. *Revista Olho da História*, Salvador, n. 22, abr. 2016. Disponível em: https://edisciplinas.usp.br/pluginfile.php/6978605/mod_resource/content/1/DARDOT%2C%20P.%20e%20LAVAL%2C%20C.%20-%20Neoliberalismo%20e%20subjetiva%C3%A7%C3%A3o%20capitalista.pdf. Acesso em: 15 out. 2023.

DENALDI, R. *et al.* A aplicação do Parcelamento, Edificação ou Utilização Compulsórios (PEUC). *URBE - Revista Brasileira de Gestão Urbana*, Curitiba, v. 9, p. 172-186, 13 fev. 2017.

DEPARTMENT OF HOUSING AND URBAN DEVELOPMENT – HUD. Governo Federal dos Estados Unidos. *Housing Choice Voucher Program Section 8*. Disponível em: https://www.hud.gov/topics/housing_choice_voucher_program_section_8&cd=9&hl=pt-BR&ct=clnk&gl=br. Acesso em: 16 jul. 2023.

DI PIETRO, M. S. Z. *Direito administrativo.* 33. ed. Rio de Janeiro: Forense, 2020.

DI PIETRO, M. S. Z. *Parcerias na Administração Pública.* 13. ed. Rio de Janeiro: Forense, 2021.

DIAMOND, R.; MCQUADE, T.; QIAN, F. The Effectsof Rent Control Expansion on Tenants, Landlords, and Inequality: Evidence from San Francisco. *American Economic Review*, Pittsburgh, v. 109, n. 9, p. 3365-3394, set. 2019.

DINIZ, M. H. *Lei de locações de imóveis urbanos comentada*: Lei n. 8.245, de 18-10-1991. 12. ed. rev. e atual. ed. São Paulo: Saraiva, 2012.

DISTENSÃO no Inquilinato. *O Globo*, Rio de Janeiro, p. 3, 29 dez. 1991.

DJANKOV, S. *et al.* Courts. *The Quarterly Journal of Economics*, Boston, v. 118, n. 2, p. 453-517, 2003.

ELOY, C. M. *et al. Habitação de interesse social no Brasil Propostas sobre locação social.* Brasília: Banco Interamericano de Desenvolvimento – Divisão de Habitação e Desenvolvimento Urbano, 2021. Disponível em: https://publications.iadb.org/publications/portuguese/viewer/Habitacao-de-interesse-social-no-Brasil-propostas-para-melhorias-ao-sistema-de-financiamento-habitacional.pdf. Acesso em: 6 mar. 2023.

ELSINGA, M.; LIND, H. The Effect of EU-Legislation on Rental Systems in Sweden and the Netherlands. *Housing Studies*, v. 28, n. 7, p. 960-970, 1º out. 2013.

ESPANHA. Presidente del Gobierno. Ley nº 35/2006, de 28 de noviembre. Ley 35/2006, de 28 de noviembre, del Impuesto sobre la Renta de las Personas Físicas y de modificación parcial de lasleyes de losImpuestos sobre Sociedades, sobre la Renta de no Residentes y sobre el Patrimonio. Presidente do Governo. *Boletín Oficial Del Estado*: Madrid, 2006.

BRASIL. Presidente del Gobierno. Real Decreto-ley nº 11/2020, de 31 de marzo. Real Decreto-ley 11/2020, de 31 de marzo, por el que se adoptan medidas urgentes complementarias enelámbito social y económico para hacer frente al COVID-19. *Boletín Oficial del Estado*: Madrid, 2020.

BRASIL. Tribunal Constitucional. Recurso de inconstitucionalidad n.º 6289-2020, contra los artículos 2, 3.2, 3.3, 3.4, 6, 7.1, 15.1, 16.2 y 18 y disposiciones adicionales primera y cuarta de la Ley de Cataluña 11/2020, de 18 de septiembre, de medidas urgentes en materia de contención de rentas en los contratos de arrendamiento de vivienda y de modificación de la Ley 18/2007, de la Ley 24/2015 y de la Ley 4/2016, relativas a la protección del derecho a la vivienda. *Boletín Oficial del Estado*: Madrid, 2022. Disponível em: https://www.boe.es/buscar/doc.php?id=BOE-A-2021-1530. Acesso em: 29 mar. 2023

ESPING-ANDERSEN, G. *The three worlds of welfare capitalism*. Cambridge, UK: Polity Press, 1990.

EUA. *Home Mortgage Interest Deduction For use in preparing 2022 Returns*. Kansas City: Department of the Treasury Internal Revenue Service, 2022. Disponível em: https://www.irs.gov/pub/irs-pdf/p936.pdf. Acesso em: 12 jul. 2023.

EUROPEAN COMMISSION. *Policy measures taken against the spread and impact of the coronavirus*. Bruxelas: Direcção-Geral dos Assuntos Económicos e Financeiros, 2020. Disponível em: https://www.foment.com/wp-content/uploads/2020/04/Coronovirus-policy-measures_2-April_17h30.pdf. Acesso em: 3 abr. 2023.

FAVILUKIS, J.; MABILLE, P.; VAN NIEUWERBURGH, S. Affordable Housing and City Welfare. *The Review of Economic Studies*, v. 90, n. 1, p. 293-330, 1º jan. 2023.

FERREIRA FILHO, M. G. *Direito Constitucional Econômico*. São Paulo: Saraiva, 1990.

FIELDS, D. Constructing a New Asset Class: Property-led Financial Accumulation after the Crisis. *Economic Geography*, v. 94, n. 2, p. 118-140, 15 mar. 2018.

FIELDS, D. Automated landlord: Digital technologies and post-crisis financial accumulation. *Environment and Planning A: Economy and Space*, v. 54, n. 1, p. 160-181, fev. 2022.

FIORI, J. L. Estado de bem-estar social: padrões e crises. *Physis*: Revista de Saúde Coletiva, Rio de Janeiro, v. 7, p. 129-147, dez. 1997.

FIX, M. A fórmula mágica da parceria público-privada: Operações Urbanas em São Paulo. *In*: SCHICCHI, D.; BENFATTI, M. C. (Org.). *Urbanismo*: Dossiê São Paulo – Rio de Janeiro. Rio de Janeiro/ Campinas: PROURB/UFRJ e PUC-CAMPINAS, 2004. p. 185-198.

FIX, M.; ARANTES, P. F. Como o governo Lula pretende resolver o problema da habitação. *Correio da Cidadania*, São Paulo: 30 jul. 2009. Disponível em: https://www.correiocidadania. com.br/especiais/66-pacote-habitacional/3580-31-07-2009-minha-casa-minha-vida-o-pacote-habitacional-de-lula. Acesso em: 10 mar. 2023.

FLECK, A. O que é o neoliberalismo? Isto existe? *Princípios*: Revista de Filosofia (UFRN), Natal, v. 29, n. 59, p. 248-269, 4 ago. 2022.

FRANZONI, J. A. *Política urbana na ordem econômica*. Belo Horizonte: Arraes Editores, 2014.

FUNDAÇÃO JOÃO PINHEIRO. *Déficit habitacional no Brasil – 2016-2019*. Belo Horizonte: Fundação João Pinheiro, 2021.

FUX, L. *Locações* – processo e procedimentos. 5. ed. Niterói: Impetus, 2008.

GAIO, D. *A interpretação do direito de propriedade em face da proteção constitucional do meio ambiente urbano*. Rio de Janeiro: Renovar, 2015.

GARCIA-KILROY, C.; RUDOLPH, H. P.; BANCO MUNDIAL. *Financiamento Privado de Infraestruturas Públicas através de PPPs na América Latina e Caribe*. Relatório do Banco Mundial. Washington: Banco Mundial, 2017.

GATTI, S. F. *Políticas de vivienda para los territorios de ZEIS 3 en São Paulo, Brasil*. La financiarización y las limitaciones para el acceso a la vivienda para los más pobres. Artículo nº 2-519. *In*: Congreso Internacional, CONTESTED_CITIES. Madrid: 2016.

GATTI, S. F. Locação Social: Alternativa ao modelo hegemônico da casa própria. *Revista PROJETO*, São Paulo, 16 dez. 2019. Disponível em: https://revistaprojeto.com.br/acervo/locacao-social-alternativa-ao-modelo-hegemonico-da-casa-propria/. Acesso em: 17 maio 2023.

GERBER, J.-D.; HARTMANN, T.; HENGSTERMANN, A. Instruments of Land Policy: Dealing with Scarcity of Land. *Town Planning Review*, Amsterdan, v. 89/6, p. 651-654, 2018.

GHEKIÈRE, L. Le développement du logement social dans l'Union européenne. *Recherches et Prévisions*, v. 94, n. 1, p. 21-34, 2008.

GHILARDI, F. Cooperativismo de moradia em Montevidéu e autogestão habitacional no Rio de Janeiro: as bases sociais, políticas e econômicas da produção social do habitat na América Latina. 2017. 171 f. Tese (Doutorado em Planejamento Urbano) – Instituto de Pesquisa e Planejamento Urbano e Regional – IPPUR, Universidade Federal do Rio de Janeiro, Rio de Janeiro, 2022.

GLAESER, E. L.; WARD, B. A. The causes and consequences of land use regulation: Evidence from Greater Boston. *Journal of Urban Economics*, v. 65, n. 3, p. 265-278, 1º maio 2009.

GOMES, O. *Contratos*. 26. ed. Rio de Janeiro: Editora Forense, 2008.

GOMIDE, T. R.; FARONI, W. Avaliação da arrecadação da contribuição de melhoria pelos municípios brasileiros. *Revista de Ciências Humanas*, n. 8, 2008.

GONÇALVES, D. S. *Moro em edifício histórico, e agora?* Avaliação pós-ocupação de habitações multifamiliares no centro histórico de São Luis - MA. 2006. 171 f. Dissertação (Mestrado em Arquitetura e Urbanismo) – Centro de Tecnologia, Universidade Federal do Rio Grande do Norte, Natal, 2006.

GONZALEZ, J. Nova Lei do Inquilinato entra em vigor. Estado de São Paulo, São Paulo, 25 jan. 2010. Disponível em: https://www.estadao.com.br/economia/nova-lei-do-inquilinato-entra-em-vigor/. Acesso em: 25 mar. 2023.

GRAU, E. R. *Elementos de direito econômico*. São Paulo: Editora Revista dos Tribunais, 1981.

GRAU, E. R. *Direito posto e o direito pressuposto*. 9. ed. São Paulo: Malheiros Editores, 2014.

GRAU, E. R. *A ordem econômica na constituição de 1988*: interpretação e crítica. 19. ed. rev. e atual. São Paulo, SP: Malheiros Editores, 2018.

GUERREIRO, I. Como funciona o Auxílio Aluguel em São Paulo. *LabCidade*. 29 agosto. 2019. Disponível em: https://www.labcidade.fau.usp.br/como-funciona-o-auxilio-aluguel-em-sao-paulo/. Acesso em: 7 nov. 2023

GUERREIRO, I. DE A.; ROLNIK, R.; MARÍN-TORO, A. Gestão neoliberal da precariedade: o aluguel residencial como novo fronteiro de financeirização da moradia. *Cadernos Metrópole*, v. 24, p. 451-476, 4 maio 2022.

GUERREIRO, I.; SANTORO, P. F.; ROLNIK, R. Chamamento público para locação social: apoio à moradia ou às finanças? *LabCidade*, 8 nov. 2021. Disponível em: http://www.labcidade.fau.usp.br/chamamento-publico-para-locacao-social-apoio-a-moradia-ou-as-financas/. Acesso em: 17 jul. 2023

GUIMARÃES, F. V. *PPP*: parceria público-privada. São Paulo: Saraiva, 2012.

GUSHIKEN, I.Y. O impacto do Airbnb nos preços dos aluguéis residenciais na cidade do Rio de Janeiro 2023. 39 f. Dissertação (mestrado profissional MPE) – Fundação Getulio Vargas, Escola de Economia de São Paulo. São Paulo, 2023.

HARLOE, M. *Private Rented Housing in the United States and Europe*. London: Routledge, 1985.

HARLOE, M. *The people's home? social rentedhousing in Europe & America*. Oxford, UK; Cambridge, USA: Blackwell, 1996.

HARTMANN, T.; SPIT, T. Dilemmas of involvement in land management – Comparing an active (Dutch) and a passive (German) approach. *Land Use Policy*, v. 42, p. 729-737, 1 jan. 2015.

HARVEY, D. *A Justiça Social e a Cidade*. São Paulo: Hucitec, 1980.

HARVEY, D. Neoliberalismo como destruição criativa. *InterfacEHS* – Revista de Gestão Integrada em Saúde do Trabalho e Meio Ambiente, v. 2, n. 4, p. 1-30, 2007.

HEATH-HARRIS, R. The Story Behind Real Estate's "Poor Door". *City Signal*, 9 ago. 2022. Disponível em: https://www.citysignal.com/history-of-the-poor-door/. Acesso em: 1º mar. 2023

HIRSCHMAN, A. O. *A retórica da intransigência*: perversidade, futilidade, ameaça. São Paulo: Companhia das Letras, 2019.

HOKE, M. K.; BOEN, C. E. The health impacts of eviction: Evidence from the national longitudinal study of adolescent to adult health. *Social Science & Medicine*, v. 273, p. 113742, mar. 2021.

HORN, K.; MERANTE, M. Is home sharing driving up rents? Evidence from Airbnb in Boston. *Journal of housing economics*, v. 38, p. 14-24, 2017.

INSTITUTO BRASILEIRO DE GEOGRAFIA E ESTATÍSTICA – IBGE. *Amapá, Piauí, Rondônia e Pará tinham menos de 30% dos seus domicílios urbanos conectados à rede de esgoto em 2022* | Agência de Notícias. Disponível em: https://agenciadenoticias.ibge.gov.br/agencia-noticias/2012-agencia-de-noticias/noticias/37179-amapa-piaui-rondonia-e-para-tinham-menos-de-30-dos-seus-domicilios-urbanos-conectados-a-rede-de-esgoto-em-2022. Acesso em: 18 set. 2023a.

INSTITUTO BRASILEIRO DE GEOGRAFIA E ESTATÍSTICA – IBGE. Agência de Notícias. País tem 90 milhões de domicílios, 34% a mais que em 2010. Disponível em: https://agenciadenoticias.ibge.gov.br/agencia-noticias/2012-agencia-de-noticias/noticias/37238-pais-tem-90-milhoes-de-domicilios-34-a-mais-que-em-2010. Acesso em: 15 jul. 2023b.

INGLATERRA. Queen's most Excellent Majesty: Elizabeth II. *Coronavirus Act 2020 2020 CHAPTER 7*. Londres, 2020.

JUSTEN FILHO, M. *Curso de Direito Administrativo*. 12. ed. rev. atual. e ampl. ed. São Paulo: Revista dos Tribunais, 2016.

KHOLODILIN, K. Long-Term, Multicountry Perspective on Rental Market Regulations. *Housing Policy Debate*, v. 30, n. 6, p. 994-1015, 1 nov. 2020a.

KHOLODILIN, K. *Housing Policies World wide during Coronavirus Crisis*: Challenges and Solutions: DIW Berlin. Berlim: German Institute for Economic Research, 2020b. Disponível em: https://ideas.repec.org/p/diw/diwfoc/2en.html. Acesso em: 3 abr. 2023.

KHOLODILIN, K. A.; MENSE, A.; MICHELSEN, C. The market value of energy efficiency in buildings and the mode of tenure. *Urban Studies*, v. 54, n. 14, p. 3218-3238, 2017.

KLEINHANS, R.; KEARNS, A. Neighbourhood Restructuring and Residential Relocation: Towards a Balanced Perspective on Relocation Processes and Outcomes. *Housing Studies*, v. 28, n. 2, p. 163-176, 1 mar. 2013.

KLINTOWITZ, D. Por que o Programa Minha Casa Minha Vida só poderia acontecer em um governo petista? *Cadernos Metrópole*, v. 18, p. 165-190, 2016.

KOHARA, L.; COMARU, F.; FERRO, M. C. Pela retomada dos programas de locação social. *ObservaSP*, São Paulo, 22 abr. 2015. Disponível em: https://observasp.wordpress.com/2015/04/22/pela-retomada-dos-programas-de-locacao-social/. Acesso em: 2 mar. 2023

KOHARA, L.; COMARU, F.; FERRO, M. C. Locação social como alternativa ao problema de habitação popular na região central de São Paulo. *In*: GARCÍA, A. O. (Org.). *Espacio y poder en las políticas de desarrollo del siglo XXI*. Buenos Aires: Ariel Oscar, 2016. p. 264-295.

LABCIDADE, FAU-USP et al. *O que o aumento da população em situação de rua tem a ver com despejos e remoções?* LabCidade: São Paulo, 27 jan. 2022. Disponível em: http://www.labcidade.fau.usp.br/o-que-o-aumento-da-populacao-em-situacao-de-rua-tem-a-ver-com-despejos-e-remocoes/. Acesso em: 27 mar. 2023

LASCOUMES, P.; LE GALÈS, P. A ação pública abordada pelos seus instrumentos. *Revista Pós Ciências Sociais*, v. 9, n. 18, p. 19-43, 20 ago. 2015.

LEE, D. How Airbnb short-term rentals exacerbate Los Angeles's affordable housing crisis: Analysis and policy recommendations. *Harv. L. & Pol'y Rev.*, v. 10, p. 229, 2016.

LEFEBVRE, H. *A revolução urbana*. Belo Horizonte: UFMG, 2002.

LEVI-FAUR, D. The Global Diffusion of Regulatory Capitalism. *Annals of the American Academy of Political and Social Science*, v. 598, p. 12-32, 2005.

LEVY, D.; FRIEDMAN, Y. Postforced eviction communities: The contribution of personal and environmental resources to the sense of belonging to the community. *Journal of Community Psychology*, v. 47, n. 1, p. 104-116, jan. 2019.

LIMA, M. F. V. *Se a demanda por moradia é variável, por qual motivo a oferta deve ser homogênea?* A Locação social como instrumento de garantia do direito à moradia adequada. Dissertação. 2018. 175 f. (Mestrado em Direito) – Faculdade de Direito, Universidade Estadual do Rio de Janeiro. Rio de Janeiro, 2018.

LIND, H. Rent Regulation: A Conceptual and Comparative Analysis. *European Journal of Housing Policy*, v. 1, n. 1, p. 41-57, 1 jan. 2001.

LIND, H. Security of tenure legislation in private rental housing. *In*: SMITH, Susan J. (Org.). *International encyclopedia of housingand home*. Amsterdan, Oxford e Walham: Elsevier, 2012. p. 254-258.

LUFT, R. M.; LIMA, M. F. V. Locação Social como alternativa de moradia. *Revista da Faculdade de Direito da FMP*, v. 16, n. 2, p. 85-99, 16 dez. 2021.

MADDEN, D. J.; MARCUSE, P. *In defense of housing*: the politics of crisis. London; New York: Verso, 2016.

MAHER JÚNIOR, J. P. *Instrumentos de financiamento a programas habitacionais de locação social: desafios e oportunidades*. 2015. 149 f. Dissertação (Mestrado em Engenharia Urbana) – Escola Politécnica, Universidade Federal do Rio de Janeiro. Rio de Janeiro, 2015.

MANTEGA, G. Rumo a um novo ciclo de desenvolvimento. Paris, outubro de 2005. Apresentação do Presidente do BNDES. 29 slides. Disponível em: https://web.bndes.gov.br/bib/jspui/handle/1408/6881?&locale=pt_BR. Acesso em: 29 out. 2023.

MARICATO, E. As ideias fora do lugar e o lugar fora das ideias. *In*: ARANTES, O. B. F.; VAINER, C. B.; MARICATO, E. (Org.). *A cidade do pensamento único*: desmanchando consensos (Coleção Zero à esquerda). 2. ed. Petrópolis: Editora Vozes, 2000. p. 121-192.

MARICATO, E. O nó da terra. *Revista Brasileira de Direito Ambiental*, v. 4, n. 15, p. 191-195, 2008.

MARICATO, E.; FERREIRA, J. S. W. Operação urbana consorciada: diversificação urbanística participativa ou aprofundamento da desigualdade? *In*: OSÓRIO, L. M. (Ed.). *Estatuto da cidade e reforma urbana*: novas perspectivas para as cidades brasileiras. Porto Alegre: Sergio Antônio Fabris, 2002. p. 215-250.

MARQUES, E. Transformações, avanços e impasses nas políticas urbanas brasileiras recentes. *In*: ARRETCHE, M.; MARQUES, E.; FARIA, C. A. P. (Ed.). *As políticas da política*: desigualdade e inclusão nos governos do PSDB e PT. São Paulo: Editora UNESP, 2019. p. 254-268.

MARQUES, E. C. (Ed.). *As políticas do urbano em São Paulo*. São Paulo, SP: Centro de Estudos da Metrópole: Editora Unesp, 2018a.

MARQUES, E. C. Como estudar as políticas do urbano? *In*: MARQUES, E. C. (Org.). *As políticas do urbano em São Paulo*. São Paulo, SP: Centro de Estudos da Metrópole: Editora Unesp, 2018b. p. 13-44.

MARQUES, E. C.; PULHEZ, M.; PAGIN, S. A produção pública de habitação. *In*: MARQUES, E. C. (Org.). *As políticas do urbano em São Paulo*. São Paulo, SP: Centro de Estudos da Metrópole; Editora Unesp, 2018. p. 141-172.

MARQUES NETO, F. P. A. *Concessões*. Belo Horizonte: Fórum, 2016.

MARQUES NETO, F. P. A. Regulação estatal e autorregulação na economia contemporânea. *Revista de Direito Público da Economia*, v. 9, n. 33, p. 79-94, 2011.

MARQUES NETO, F. P. A. Noções gerais sobre o fomento estatal. *Tratado de direito administrativo*: funções administrativas do Estado. São Paulo: Revista dos Tribunais, 2015. p. 405-428.

MARTINS, R. M. Estatuto das empresas estatais à luz da Constituição Federal. *In*: DAL POZZO, A. N.; MARTINS, R. M.; FECURI, A. C. (Org.). *Estatuto jurídico das empresas estatais*. São Paulo: Contracorrente, 2018. p. 36-59.

MASSONETTO, L. F. Pontos cegos da regulação urbanística: notas sobre uma articulação programática entre o Direito Econômico e o Direito Urbanístico. n. 6, 2015.

MEDAUAR, O. *Direito administrativo moderno*. 21. ed. Belo Horizonte: Fórum, 2018.

MELÉ, P. Incertidumbres y regulaciones urbanas: el papel de lacalificación jurídica delespacio. *In*: AZUELA, A. (Org.). *La ciudad y sus reglas*: sobre lahuelladel derecho em el orden urbano. México: Universidad Nacional Autónoma de México, Instituto de Investigaciones Sociales: Procuraduría Ambiental y del Ordenamiento Territorial de la Ciudad de México, 2016. p. 43-82.

MELLO, C. A. B. Serviço Público e sua feição constitucional no Brasil. *In*: MENDONÇA, O.; MODESTO, P.; TEMER, M. (Ed.). *Direito do Estado*: novos rumos. São Paulo: Max Limonad, 2001. v. Tomo II. p. 270-288.

MELLO, C. A. B. Natureza Jurídica do Zoneamento. *Revista de Direito Administrativo e Infraestrutura* – RDAI, São Paulo v. 3, n. 10, p. 385-401, 10 jul. 2019.

MELLO, C. A. B. *Curso de Direito Administrativo*. 35. ed. São Paulo, Salvador: Malheiros Editores/Juspodivm, 2021.

MENDES, G. F.; BRANCO, P. G. G. *Curso de Direito Constitucional*. 16. ed. São Paulo: Saraiva Educação, 2021.

MERCÊS, S. S. S.; TOURINHO, H. L. Z.; LOBO, M. A. A. Locação social no Centro Histórico de Belém: investigação introdutória. *Caderno CRH*, v. 27, p. 299-311, ago. 2014.

MINAS GERAIS. Lei nº 14.868/2003. Dispõe sobre o Programa Estadual de Parcerias Público-Privadas. *Diário Oficial do Estado*: Belo Horizonte, 20 de julho de 2003.

MIRANDA, P. *Tratado de direito privado*. Campinas: Bookseller, 2000. v. 3.

MIRANDA, P. *Tratado de direito privado – Parte especial – Direito das Obrigações*: Locação de coisas. Locação de uso. Locação de uso e de fruição. Campinas: Bookseller, 2005. v. Tomo XL.

MOBILE TIME. *Queremos chegar à moradia de zero custo, diz CEO da Housi – Mobile Time*. Mobile Time é uma plataforma de conteúdo sobre a indústria móvel e o setor de robôs de conversação, com a produção de notícias, pesquisas e eventos. São Paulo, 2022. Disponível em: https://www.mobiletime.com.br/noticias/06/10/2022/queremos-chegar-a-moradia-de-zero-custo-diz-ceo-da-housi/. Acesso em: 15 mar. 2023.

MONTEIRO, F. D. R. *Locação em debate*. Rio de Janeiro: Forense, 1999.

MORAES, I. M. *Locação social em São Paulo entre 2001 e 2016: definição da agenda governamental*. 2018. 230 f. Dissertação (Mestrado em Administração Pública e Governo) – Escola de Administração de empresas. Fundação Getúlio Vargas, São Paulo, 2018.

MOREIRA, E. B. *Direito das concessões de serviço público*: concessões, parcerias, permissões e autorizações. 2. ed. Belo Horizonte: Fórum, 2023.

MOREIRA, F. A.; ROLNIK, R.; SANTORO, P. F. *Cartografias da produção, transitoriedade e despossessão dos territórios populares*. São Paulo: Raquel Rolnik, 2020.

MOREIRA, T. A. Política habitacional e locação social em Curitiba. *Caderno CRH*, v. 27, p. 285-297, ago. 2014.

MOREIRA, V. *Economia e constituição*: para o conceito de constituição económica. Coimbra: Coimbra Editores, 1976.

MOREIRA, V. *A Ordem Jurídica do Capitalismo*. 4. ed. Lisboa: Editorial Caminho, 1987.

MOREIRA, V. *Auto-regulação profissional e administração pública*. Coimbra: Almedina, 1997.

NATALINO, M. *Estimativa da população em situação de rua no Brasil (2012-2022)*. Brasília: IPEA, 2023. Disponível em: https://repositorio.ipea.gov.br/bitstream/11058/11604/4/NT_103_Disoc_Estimativa_da_Populacao.pdf. Acesso em: 18 set. 2023.

NAVARRO, M. 'PoorDoor' in a New York Tower Opens a Fight Over Affordable Housing – The New York Times. *The New York Times*, 2014.

NETHERCOTE, M. Build-to-Rent and the financialization of rentalhousing: future research directions. *Housing Studies*, v. 35, n. 5, p. 839-874, 27 maio 2020.

NORREGAARD, M. J. Taxing Immovable Property Revenue Potential and Implementation Challenges. *IMF Working Papers*, IMF Working Papers. 29 maio 2013.

NOVA IORQUE, N. H. A. *Rent Hardship Program*. Disponível em: https://www.nyc.gov/site/nycha/about/rent-hardship.page. Acesso em: 3 abr. 2023.

NUNES, C. M.; FASOLO, C. Patrimônio de todos para todos: mecanismos e instrumentos de acesso a recursos imobiliários da União em apoio a políticas públicas. *In*: FÓRUM NACIONAL DAS TRANSFERÊNCIAS E PARCERIAS DA UNIÃO, 8. Brasília, 15 jun. 2023. Disponível em: https://www.gov.br/transferegov/pt-br/noticias/eventos/fntu/viiifntu/apresentacoes/evento-108-patrimonio-de-todos-para-todos.pdf. Acesso em: 28 jul. 2023

NUSDEO, F. *Curso de Economia*. Introdução ao Direito Econômico. 11. ed. São Paulo, SP: Revista dos Tribunais, 2020.

O ANTEPROJETO do inquilinato. *Estado de São Paulo*, São Paulo, p. 3, 17 maio 1991.

ORGANIZAÇÃO PARA COOPERAÇÃO E DESENVOLVIMENTO ECONÔMICO – OCDE. *OECD Affordable Housing Database PH6-1-Rental-regulation*. Paris: OECD Directorate of Employment, Labour and Social Affairs - Social Policy Division, 2021. Disponível em: www.oecd.org/els/family/PH6-1-Rental-regulation.pdf. Acesso em: 24 mar. 2023.

ORGANIZAÇÃO PARA COOPERAÇÃO E DESENVOLVIMENTO ECONÔMICO – OCDE. *Policies to promote access to good-quality affordable housing in OECD countries - PH4.1 PUBLIC SPENDING ON SUPPORT TO SOCIAL RENTAL HOUSING*: OECD Social, EmploymentandMigrationWorking Papers. Paris: [s.n.]. Disponível em: https://www.oecd-ilibrary.org/social-issues-migration-health/policies-to-promote-access-to-good-quality-affordable-housing-in-oecd-countries_5jm3p5gl4djd-en. Acesso em: 14 mar. 2023.

UNITED NATIONS ECONOMIC COMMISSION FOR EUROPE – UNECE. *Social housing in the UNECE region*: Models, trends and challenges. Genebra: UNECE, 2015.

ONU HABITAT. *Nova Agenda Urbana*. Quito: Habitat III, 2019. Disponível em: https://habitat3.org/wp-content/uploads/NUA-Portuguese-Brazil.pdf. Acesso em: 27 mar. 2023.

ORGANIZAÇÕES DAS NAÇÕES UNIDAS – ONU. Comentário Geral nº 4 do comitê de direitos econômicos, sociais e culturais. Comitê de Direitos Econômicos, Sociais e Culturais, 1991.

OSBORNE, H. Poordoors: the segregation of London'sinner-city flat dwellers. *The Guardian*, 25 jul. 2014.

PACHECO, J. S. *Comentários à nova lei sobre as locações dos imóveis urbanos e seus procedimentos*. 2. ed. São Paulo: Revista dos Tribunais, 1993.

PAOLINELLI, M. S. *Desmercantilização da habitação*: entre a luta e a política pública. 2018. 255 f. Dissertação (Mestrado em Arquitetura) – Escola de Arquitetura, Universidade Federal de Minas Gerais, Belo Horizonte, 2018.

PASTOR, M.; CARTER, V.; ABOOD, M. *Rent Matters*: What are the Impacts of Rent Stabilization Measures? Program for environmental and Regional Equity. Los Angeles: USC Dornsife – College of Letters, Arts, and Sciences, 2018.

PEPPERCORN, I. G.; TAFFIN, C. *Rental Housing*: lessons from international experience and policies for emerging market. Washington: International Bank for Reconstruction and Development, 2013.

PEREIRA, C. M. *Instituições de direito civil* – Fontes das Obrigações – Contratos – declarações de Vontade – Responsabilidade Civil. Rio de Janeiro: Forense, 1963. v. III

PEREIRA, C. M. Princípios da locação predial e a nova Lei de Inquilinato. *In*: PEREIRA, C. M. *et al.* (Ed.). *A lei do Inquilinato*: anotada e comentada. 2. ed. Rio de Janeiro: Forense Universitária, 1995. p. 1-8.

PEREIRA, C. M. *Instituições de Direito Civil*. 21. ed. Rio de Janeiro: Editora Forense, 2017. v. III

PEREIRA, G. *Recuperação de Mais-Valias Urbanas por meio de Contribuição de Melhoria*. O Caso do Paraná, Brasil, entre os Anos 2000 e 2010. Cambridge: Lincoln Institute of Land Policy, 2013.

PERO, A. S. DEL *et al.* Policies to promote access to good-quality affordable housing in OECD countries. *OECD Social, Employment and Migration Working Papers*, OECD Social, Employment and Migration Working Papers, 2016.

PORTUGAL. Lei nº 7/2020, de 10 de abril. Assembleia da República. 2020, Diário da República nº 71-A/2020, Série I de 2020-04-10, p. 7-11.

PROGRAMA DE PARCERIAS DE INVESTIMENTOS – PPI. Site Institucional. Brasília, 2023. Disponível em: https://www.ppi.gov.br/. Acesso em: 25 ago. 2023

PRIEMUS, H.; GRUIS, V. Social Housing and Illegal State Aid: The Agreement between European Commission and Dutch Government. *International Journal of Housing Policy*, v. 11, n. 1, p. 89-104, 14 mar. 2011.

RABELLO, S. Habitação como fomento ou serviço público? *A sociedade em busca de seu direito*, 17 abr. 2020. Disponível em: http://www.soniarabello.com.br/habitacao-como-fomento-ou-servico-publico/. Acesso em: 22 mar. 2023

RACO, M. Delivering Flagship Projects in an Era of Regulatory Capitalism: State-led Privatization and the London Olympics 2012. *International Journal of Urban and Regional Research*, v. 38, n. 1, p. 176-197, 2014.

RECIFE. Prefeitura Municipal. *Prefeitura do Recife assina contrato de R$ 2 bilhões em Washington | Prefeitura do Recife*. Disponível em: https://www2.recife.pe.gov.br/noticias/15/05/2023/prefeitura-do-recife-assina-contrato-de-r-2-bilhoes-em-washington. Acesso em: 23 ago. 2023a.

RECIFE. Prefeitura Municipal. Consulta Pública PPP Morar no Centro. *PPP Morar no Centro – Abrir portas para uma vida melhor*. Recife, 2023b. Disponível em: https://parcerias.recife.pe.gov.br/wp-content/uploads/2023/09/PPP-Morar-no-Centro_Apresentacao-Consulta-Publica-2.pdf. Acesso em: 16 set. 2023

RECIFE. Prefeitura Municipal. Consulta Pública PPP Morar no Centro. *Anexo 8 do Edital de Concorrência Pública - Plano de Negócios de Referência*. Recife, 2023c. Disponível em: https://parcerias.recife.pe.gov.br/wp-content/uploads/2023/09/ANEXO-8-EDITAL_PLANO-NEGOCIOS-REFERENCIA.pdf. Acesso em: 23 set. 2023

RECIFE. Prefeitura Municipal. Consulta Pública PPP Morar no Centro. *Edital de Concorrência Pública*. Recife, 2023d. Disponível em: https://parcerias.recife.pe.gov.br/wp-content/uploads/2023/09/EDITAL-CONCORRENCIA-PUBLICA.pdf. Acesso em: 16 set. 2023.

RECIFE. Prefeitura Municipal. Consulta Pública PPP Morar no Centro. *Anexo 9 do edital de Concorrência Pública – Memorial Descritivo das áreas da Concessão*. Recife, 2023e. Disponível em: https://parcerias.recife.pe.gov.br/wp-content/uploads/2023/09/ANEXO-9-EDITAL_MEMORIAL-DESC-AREAS-CONCESSAO.pdf. Acesso em: 23 set. 2023.

RECIFE. Prefeitura Municipal. Consulta Pública PPP Morar no Centro. *Anexo 7 do Edital – Minuta do Contrato*. Recife, 2023f. Disponível em: https://parcerias.recife.pe.gov.br/wp-content/uploads/2023/09/ANEXO-7-EDITAL_MINUTA-DO-CONTRATO.pdf. Acesso em: 16 set. 2023.

RECIFE. Prefeitura Municipal. Consulta Pública PPP Morar no Centro. *Anexo 9 do contrato – Mecanismo de pagamentos*. Recife, 2023g. Disponível em: https://parcerias.recife.pe.gov.br/wp-content/uploads/2023/09/ANEXO-9-CONTRATO_MECANISMO-DE-PAGAMENTOS.pdf. Acesso em: 23 set. 2023

RECIFE. Prefeitura Municipal. Consulta Pública PPP Morar no Centro. *Anexo 12 do Contrato – Contrato de Administração de Contas*. Recife, 2023h. Disponível em: https://parcerias.recife.pe.gov.br/wp-content/uploads/2023/09/ANEXO-12-CONTRATO_CONTRATO-ADM-CONTAS.pdf. Acesso em: 23 set. 2023.

RECIFE. Prefeitura Municipal. Consulta Pública PPP Morar no Centro. *Anexo 19 do Contrato – Diretrizes para a locação social e alienação*. Recife, 2023i. Disponível em: https://parcerias.recife.pe.gov.br/wp-content/uploads/2023/09/ANEXO-19-CONTRATO_DIRETRIZES-LOCACAO-E-ALIENACAO.pdf. Acesso em: 23 set. 2023.

RECIFE. Prefeitura Municipal. Consulta Pública PPP Morar no Centro. *Anexo 5 - Minuta de Contrato de Locação*. Recife, 2023j. Disponível em: https://parcerias.recife.pe.gov.br/wp-content/uploads/2023/09/ANEXO-5-CONTRATO_MINUTA-CONTRATO-LOCACAO.pdf. Acesso em: 23 set. 2023.

RECIFE. Prefeitura Municipal. Consulta Pública PPP Morar no Centro. *Anexo 7 do Contrato – Caderno de Encargos da Concessionária*. Recife, 2023k. Disponível em: https://parcerias.recife.pe.gov.br/wp-content/uploads/2023/09/ANEXO-7-CONTRATO_CAD-ENCARGOS-CONCESSIONARIA.pdf. Acesso em: 23 set. 2023.

REINO UNIDO. Infrastructure and Projects Authority and HM Treasury. *PFI Centre of Excellence*. Londres, 2023. Disponível em: https://www.gov.uk/government/collections/public-private-partnerships. Acesso em: 11 ago. 2023.

RESIDENTIAL TENANCIES BOARD – RTB. *Rent freeze and eviction moratorium to be extended until August 1st | Residential Tenancies Board*. Dublin, 2020. Disponível em: https://www.rtb.ie/news/rent-freeze-and-eviction-moratorium-to-be-extended-until-august-1st. Acesso em: 3 abr. 2023.

RESTIFFE NETO, P. *Locação*: Aspectos de Irretroatividade da Lei nº 6.649/79. São Paulo: Revista dos Tribunais, 1979.

RIBEIRO, A. A. et al. *Locação Social no município de São Paulo: reflexões sobre os custos e subsídios*. Anais do XVIII ENANPUR. Anais... *In*: ENANPUR NATAL 2019, 28. Natal: 2019. Disponível em: http://xviiienanpur.anpur.org.br/anaisadmin/capapdf.php?reqid=842. Acesso em: 31 maio 2023.

RIBEIRO, M. P.; PRADO, L. N. *Comentários à lei de PPP-parceria público-privada*: fundamentos econômico-jurídicos. São Paulo, SP: Malheiros Editores; Sociedade Brasileira de Direito Público, 2007.

RODRIGUES, S. *Da locação predial (Comentários à Lei n. 6.649, de 16 de maio de 1979, com as alterações da Lei n: 6.698, de 15 de outubro de 1979)*. São Paulo: Saraiva, 1979.

ROLNIK, R. *O que explica o aumento recorde no preço dos imóveis e quais as consequências disso?* São Paulo, 2010. Disponível em: https://raquelrolnik.wordpress.com/tag/crescimento-economico/. Acesso em: 4 abr. 2023.

ROLNIK, R. *Guerra dos lugares*: a colonização da terra e da moradia na era das finanças. São Paulo, SP: Boitempo, 2017.

ROLNIK, R. Asemblea General de las Naciones Unidas. Consejo de Derechos Humanos. *Informe de la Relatora Especial sobre una vivienda adecuada como elemento integrante del derecho a un nivel de vida adecuado y sobre el derecho de no discriminación a este respecto*. Nova Iorque: Assembléia Geral das Nações Unidas, 2012. Disponível em: http://www.direitoamoradia.fau.usp.br/wp-content/uploads/2013/02/A.HRC_.22.46_sp.pdf. Acesso em: 27 mar. 2023.

ROLNIK, R. Em regulação, o aluguel de curta temporada ofertado para alta renda por meio de plataformas, como Airbnb, já está destruindo o mercado residencial para aqueles que realmente precisam morar de aluguel.Saiba mais nesta minha entrevista para @dw_brasil, 26 de outubro. 2021. Twitter: @raquelrolnik. Disponível em: https://twitter.com/raquelrolnik/status/1717560537045729650. Acesso em: 2 nov. 2023.

ROLNIK, R.; GUERREIRO, I. A. Do senhorio corporativo ao território popular: o aluguel entre a política pública, a informalidade e as finanças. *In*: SANTORO, P. F.; GUERREIRO, I.; ROLNIK, R. (Org.). *Seminário internacional moradia de aluguel na América Latina [livro eletrônico]*: estado, finanças e mercados populares: caderno de resumos. São Paulo: Laboratório Espaço Público e Direito à Cidade (LabCidade) FAUUSP, 2020. p. 122-124.

ROLNIK, R.; SANTORO, P. F. *Zonas Especiais de Interesse Social (ZEIS) em Cidades Brasileiras*: Trajetória Recente de Implementação de um Instrumento de Política Fundiária. Documento de Trabajo del Lincoln Institute of Land Policy. Cambrigdge: Lincoln Institute of Land Policy, 2013.

RUFINO, B.; BATISTA, L. M. T. Aluguel social como resposta ao problema habitacional? ilusões urbanísticas e novas estratégias de acumulação imobiliária-patrimonial. *In*: SANTORO, P. F.; GUERREIRO, I.; ROLNIK, R. (Org.). *Seminário internacional moradia de aluguel na América Latina [livro eletrônico]*: estado, finanças e mercados populares: caderno de resumos. São Paulo: Laboratório Espaço Público e Direito à Cidade (LabCidade) FAUUSP, 2020. p. 113-115.

SANT'ANNA, L. M. C. *Aspectos Orçamentários das Parcerias Público-privadas*. São Paulo: Almedina, 2018.

SANTOS. Prefeitura Municipal Decreto Municipal nº 4705 de 5 dezembro de 2006. Aprova o Estatuto Padrão das Associações de Pais e Mestres das Unidades Municipais de Educação de Santos Prefeitura de Santos e dá outras providências. Diário Oficial do Município: Santos, 2006a.

SANTOS. Prefeitura Municipal. Lei Municipal nº 2366 de 14 de junho de 2006. Altera dispositivo da lei nº 4215, de 06 de setembro de 1978, que autoriza a prefeitura municipal de santos a consignar, anualmente, no orçamento, dotação destinada a subvencionar as sociedades de melhoramentos de bairros, morros e centros comunitários dos conjuntos residenciais do município, e adota providências correlatas. Diário Oficial do Município: 4 jan. 2006 b.

SANTOS. Prefeitura Municipal. *Plano Municipal de Habitação*. Santos, 2009. Disponível em: https://www.cohabsantista.com.br/plano_municipal_de_habitacao.pdf. Acesso em: 8 mar. 2023

SANTOS. Prefeitura Municipal. Site Institucional. *Repúblicas dão novos significados à vida de idosos de Santos*. Santos, 2019. Disponível em: https://www.santos.sp.gov.br/?q=noticia/republicas-dao-novos-significados-a-vida-de-idosos-de-santos. Acesso em: 8 mar. 2023.

SANTOS JÚNIOR, O. A Produção Capitalista do Espaço, os Conflitos Urbanos e o Direito à Cidade. *In*: SANTOS JÚNIOR, O.; CHRISTÓVÃO, A. C.; NOVAES, P. R. (Org.). *Políticas públicas e direito à cidade*: programa interdisciplinar de formação de agentes sociais e conselheiros municipais. Rio de Janeiro: Letra Capital e Observatório das Metrópoles: IPPUR/UFRJ, 2011. p. 67-74.

SÃO PAULO. Assembleia Constituinte. *Lei Orgânica do Município de São Paulo SP*. São Paulo, 1990.

SÃO PAULO. Prefeitura Municipal. Lei nº 11.632 de 22 de julho de 1994. Dispõe sobre o estabelecimento de uma política integrada de habitação, voltada à população de baixa renda; autoriza a instituição, junto à Companhia Metropolitana de Habitação de São Paulo – COHAB/SP, do Fundo Municipal de Habitação; cria o Conselho do Fundo Municipal de Habitação, e dá outras providências. *Diário Oficial da Cidade*: São Paulo. 22 jul. 1994.

SÃO PAULO. Prefeitura Municipal. Lei Ordinária nº 13.259 de 28 de novembro de 2001. Disciplina a dação em pagamento de bens imóveis como forma de extinção da obrigação tributária no Município de São Paulo, prevista no inciso XI do artigo 156 do Código Tributário Nacional, acrescido pela Lei Complementar Federal nº 104, de 10 de janeiro de 2001. *Diário Oficial da Cidade*: São Paulo, 2001.

SÃO PAULO. Prefeitura Municipal de São Paulo. Conselho do Fundo Municipal de Habitação – CFMH/SP. *Resolução CFMH nº 23, de 12 de junho de 2002a*.

SÃO PAULO. Prefeitura Municipal. Lei nº 13.402 de 5 de agosto de 2002. Dispõe sobre o Imposto sobre Transmissão "inter vivos", a qualquer título por ato oneroso, de bens imóveis, por natureza ou acessão física, e de direitos reais sobre imóveis, exceto os de garantia, bem como cessão de direitos à sua aquisição, e dá outras providências. *Diário Oficial da Cidade*: São Paulo, 5 ago. 2002b.

SÃO PAULO. Prefeitura Municipal. Lei nº 13.430 de 13 de setembro de 2002. Plano Diretor Estratégico. *Diário Oficial da Cidade*: São Paulo, 13 set. 2002c.

SÃO PAULO. Prefeitura Municipal. Lei nº 13.701 de 24 de dezembro de 2003. Altera a legislação do Imposto sobre Serviços de Qualquer Natureza - ISS. *Diário Oficial da Cidade*: São Paulo, 2003.

SÃO PAULO. Lei nº 11.688/2004. Institui o Programa de Parcerias Público-Privadas (PPP) e dá outras providências. *Diário Oficial do Estado*: São Paulo, 20 de maio de 2004.

SÃO PAULO. Prefeitura Municipal. Lei nº 16.050, de 31 de julho de 2014. Aprova a Política de Desenvolvimento Urbano e o Plano Diretor Estratégico do Município de São Paulo e revoga a Lei nº 13.430/2002. *Diário Oficial da Cidade*: São Paulo, 2014.

SÃO PAULO. Prefeitura Municipal. *Processo Administrativo nº 2017-0.151.039-8*. São Paulo, 2017.

SÃO PAULO. Prefeitura Municipal. Site Institucional. *Prefeitura entrega primeiro empreendimento de habitação para população em situação de rua*. Institucional. São Paulo, 2019. Disponível em: https://www.prefeitura.sp.gov.br/cidade/secretarias/habitacao/noticias/?p=271936. Acesso em: 1º jun. 2023.

SÃO PAULO. Prefeitura Municipal. *Chamamento Público para Locação de Imóveis*. São Paulo, 2021a. Disponível em: https://www.prefeitura.sp.gov.br/cidade/secretarias/upload/chamadas/chamamento_audincia_pblica_v1_1638291193.pdf. Acesso em: 17 jul. 2023

SÃO PAULO. *Programa de Metas 2021/2024 - Versão Participativa - SP Justa e Inclsuiva*. São Paulo: Prefeitura de São Paulo, 2021b. Disponível em: https://www.prefeitura.sp.gov.br/cidade/secretarias/upload/meta%2012(1).pdf. Acesso em: 31 maio 2023.

SÃO PAULO. Prefeitura Municipal. *Minuta do Edital - Consulta Pública CP 006/2021/SGM-SEDP*. São Paulo, 2021c. Disponível em: https://www.prefeitura.sp.gov.br/cidade/secretarias/governo/desestatizacao_projetos/vale_do_anhangabau/locacao_social/index.php?p=320013. Acesso em: 4 ago. 2023

SÃO PAULO. Prefeitura Municipal. *Anexo III do Edital: Caderno de Encargos da Concessionária. Consulta Pública CP 006/2021/SGM-SEDP*. São Paulo, 2021d. Disponível em: https://www.prefeitura.sp.gov.br/cidade/secretarias/governo/desestatizacao_projetos/vale_do_anhangabau/locacao_social/index.php?p=320013. Acesso em: 4 ago. 2023

SÃO PAULO. Prefeitura Municipal. *Anexo IX do Edital: Modelo do Termo de Permissão de Uso - Consulta Pública CP 006/2021/SGM-SEDP*. São Paulo, 2021e. Disponível em: https://www.prefeitura.sp.gov.br/cidade/secretarias/governo/desestatizacao_projetos/vale_do_anhangabau/locacao_social/index.php?p=320013. Acesso em: 4 ago. 2023

SÃO PAULO. Prefeitura Municipal. *Anexo II do Edital: Minuta do Contrato e seus anexos. Consulta Pública CP 006/2021/SGM-SEDP*. São Paulo, 2021f. Disponível em: https://www.prefeitura.sp.gov.br/cidade/secretarias/governo/desestatizacao_projetos/vale_do_anhangabau/locacao_social/index.php?p=320013. Acesso em: 4 ago. 2023

SÃO PAULO. Prefeitura Municipal. *Anexo V do Contrato*: Mecanismo de Pagamento de Contraprestação - Consulta Pública CP 006/2021/SGM-SEDP. São Paulo, 2021g. Disponível em: https://www.prefeitura.sp.gov.br/cidade/secretarias/governo/desestatizacao_projetos/vale_do_anhangabau/locacao_social/index.php?p=320013. Acesso em: 4 ago. 2023

SÃO PAULO. Prefeitura Municipal. Site Institucional *Prefeitura realiza nova atualização cadastral do Auxílio Aluguel*. São Paulo, 2022a. Disponível em: https://www.capital.sp.gov.br/noticia/prefeitura-realiza-nova-atualizacao-cadastral-do-auxilio-aluguel. Acesso em: 31 maio 2023.

SÃO PAULO. *Prefeitura publica edital para compra de 45 mil unidades habitacionais*. Institucional. 2022b. Disponível em: https://www.capital.sp.gov.br/noticia/prefeitura-publica-edital-para-compra-de-45-mil-unidades-habitacionais. Acesso em: 13 set. 2023.

SÃO PAULO. Site Institucional. *Governo qualifica 15 projetos no âmbito do Programa de Parcerias de Investimentos*. São Paulo, 2023. Disponível em: https://www.saopaulo.sp.gov.br/spnoticias/governo-qualifica-15-projetos-no-ambito-do-programa-de-parcerias-de-investimentos/. Acesso em: 17 ago. 2023.

SARLET, I. W.; MARINONI, L. G.; MITIDIERO, D. *Curso de direito constitucional*. 8. ed. São Paulo: Saraiva Educação, 2019.

SARNO, D. L. D. *Elementos de direito urbanístico*. Barueri: Editora Manole, 2003.

SCAFF, F. F. Ensaio sobre o conteúdo jurídico do princípio da lucratividade. *In*: MAUÉS, A. G. M.; BRITTO, C. A.; UNIVERSIDADE FEDERAL DO PARÁ (Org.). *Constituição e democracia*. São Paulo: Max Limonad, 2001. p. 61-95.

SCANLON, K. Introduction. *In*: SCANLON, K.; WHITEHEAD, C. M. E. (Org.). *Social housing in Europe II*: a review of policies and outcomes. London: London School of Economics and Political Science, 2008. p. 5-15.

SCHWIND, R. W. *Remuneração do concessionário*: concessões comuns e parcerias público-privadas. Belo Horizonte: Editora Fórum, 2012.

SINDICATO DAS EMPRESAS DE COMPRA, VENDA, LOCAÇÃO OU ADMINISTRAÇÃO DE IMÓVEIS RESIDENCIAIS OU COMERCIAIS – SECOVI-SP. *Locação Acessível Residencial – LAR*. São Paulo, 2016. Disponível em: https://secovi.com.br/downloads/lar-locacao-acessivel-residencial2016pdf.pdf. Acesso em: 1º ago. 2023

SINDICATO DAS EMPRESAS DE COMPRA, VENDA, LOCAÇÃO OU ADMINISTRAÇÃO DE IMÓVEIS RESIDENCIAIS OU COMERCIAIS – SECOVI-SP. *Locação Acessível Residencial é alternativa para a falta de moradia*. São Paulo: SECOVI-SP, 23 maio 2018. Disponível em: https://secovi.com.br/locacao-acessivel-residencial-e-alternativa-para-a-falta-de-moradia/. Acesso em: 1º ago. 2023

SEGÚ, M. The impact of taxing vacancy on housing markets: Evidence from France. *Journal of Public Economics*, v. 185, n. C, 2020.

SEHAB/SP. Secretário da Habitação e Desenvolvimento Urbano. *Instrução Normativa nº 01/2003-SEHAB*. Define os procedimentos operacionais para o Programa de Locação Social do Fundo Municipal de Habitação - FMH. São Paulo: Prefeitura de São Paulo, 2003.

SEHAB/SP. Secretaria de Habitação. Prefeitura Municipal de São Paulo. *Contributo ao diagnóstico região central de São Paulo*. São Paulo, 2018. Disponível em: https://www.prefeitura.sp.gov.br/cidade/secretarias/upload/urbanismo/spurbanismo/OUC_%20SEHAB_2018_05_15%20-%20DEPLAN.pdf. Acesso em: 31 maio 2023

SILVA, A. C. E. Privatização no Brasil e o novo exercício de funções públicas por particulares. *Revista de Direito Administrativo*, Rio de Janeiro, v. 230, p. 45-74, 1 out. 2002.

SILVA, H. M. B. A habitação no financiamento do BID para o Centro de São Paulo. *In*: INSTITUTO PÓLIS (Org.). *Controle social de políticas públicas*: o financiamento do BID para a reabilitação do Centro de São Paulo. Relatório III: Anexos. São Paulo: Pólis, 2008. v. 30.

SILVA, J. A. *Direito Urbanístico Brasileiro*. 5. ed. São Paulo: Malheiros Editores, 2010.

SILVA, J. A. *Curso de direito constitucional positivo*. 37. ed. São Paulo, SP: Malheiros Editores, 2014.

SILVA, V. A. *Direito Constitucional Brasileiro*. São Paulo: edUSP, 2021.

SIMÕES, G. B. *Elaboração, tramitação legislativa, e acordos políticos da Lei nº 8.245/91*. Rio de Janeiro, 2011. Disponível em: https://abami.org.br/2011/12/15/elaboracao-tramitacao-legislativa-e-acordos-politicos-da-lei-n-8-24591/. Acesso em: 11 jul. 2023.

SLATER, T. Rent control and housing justice. *Finisterra*, v. 55, n. 114, p. 59-76, 2020.

SMOLKA, M.; AMBORSKI, D. Recuperación de plusvalías para el desarrollo urbano: una comparación inter-americana. *EURE*, Santiago, v. 29, n. 88, p. 55-77, 2003.

SMOLKA, M.; CESARE, M. Property tax and informal property. *In*: SIETCHIPING, R.; UNITED NATIONS HUMAN SETTLEMENTS PROGRAMME; GLOBAL LAND TOOL NETWORK (Org.). *Innovative land and property taxation*. Nairobi, Kenya: United Nations Human Settlements Programme: GLTN, 2011. p. 8-29.

SOTTO, D. *A recuperação de mais-valias urbanísticas como meio de promoção do desenvolvimento sustentável das cidades brasileiras*: uma análise jurídica. 2015. 383 f. Tese (Doutorado em Direito Urbanístico) – Faculdade de Direito, Pontifícia Universidade Católica de São Paulo, São Paulo, 2015.

SOUZA, S. C. DE. *A Lei do inquilinato comentada*. 12. ed. Rio de Janeiro: Forense, 2020.

SOUZA JÚNIOR, A. M. *Programa de Arrendamento Residencial – PAR*. Apresentação de Slides. *In*: SEMINÁRIO INTERNACIONAL DE LOCAÇÃO SOCIAL - Mesa 9: Arranjos institucionais. Brasília: Ministério das Cidades, 11 dez. 2008. Disponível em: https://antigo.mdr.gov.br/images/stories/ArquivosSNPU/Biblioteca/ReabilitacaoAreasUrbanas/Mesa9_Andre_Marinho_Brasil.pdf. Acesso em: 10 mar. 2023

SOUZA JÚNIOR, A. M. Ministério da Economia. Secretaria de Coordenação e Governança do Patrimônio da União – SPU. Portaria SPU/ME nº 3.723, de 27 de abril de 2022. *Diário Oficial da União*: Brasília, 02 de maio de 2022.

STREAMING. Programa Aproxima: Terrenos da União para Moradia Social. *You Tube*, 7 de junho de 2022. Disponível em: https://www.youtube.com/watch?v=VOYVnzzvGHA. Acesso em: 16 ago. 2023.

STREECK, W. As crises do capitalismo democrático. *Novos estudos CEBRAP*, p. 35-56, mar. 2012.

STREECK, W. O Cidadão como consumidor. *Revista Piauí*, São Paulo, n. 79, p. 60-65, abr. 2013.

STREECK, W. O retorno do recalcado. *Revista Piauí*, São Paulo, n. 135, dez. 2017.

SUNDFELD, C. A. *Direito Administrativo ordenador*. São Paulo: Malheiros, 2003.

SUNDFELD, C. A. (Coord.). Guia Jurídico das Parcerias Públicos-privadas. *In*: *Parcerias público-privadas*. 2. ed. São Paulo, SP: Malheiros Editores, 2011. p. 17-46.

SUZUKI, N.; OGAWA, T.; INABA, N. The right to adequate housing: evictions of the homeless and the elderly caused by the 2020 Summer Olympics in Tokyo. *Leisure Studies*, v. 37, n. 1, p. 89-96, 2018.

TAVOLARI, B.; FIRPO, S. Políticas de moradia em momentos de crise: a centralidade do aluguel. *In*: MACHADO, L. M. (Ed.). *Legado de uma pandemia: 26 vozes discutem o aprendizado para a política pública*. Rio de Janeiro, RJ: Autografia Editora, 2021. p. 60-75.

TEPEDINO, G. Capítulo II - Disposições Gerais. *In*: PEREIRA, C. M. *et al*. (Org.). *A lei do Inquilinato*: anotada e comentada. 2. ed. Rio de Janeiro: Forense Universitária, 1995. p. 9-37.

TUCCI, R. L.; AZEVEDO, A. V. *Tratado da locação predial urbana*. São Paulo: Saraiva, 1988.

TURNER, B.; MALPEZZI, S. A Review of Empirical Evidence on the Costs and Benefits of Rent Control. *Swedish Economic Policy Review*, n. 10, 2003.

TURNER, J. F. C. *Housing by People: Towards Autonomy in Building Environments (Ideas in Progress)*. Londres: Marion Boyars Publishers Ltd, 1976.

UN-HABITAT. *A policy guide to rental housing in developing countries*. Nairobi: United Nations Human Settlements Programme (UN-HABITAT), 2011. v. 1

UNIÃO EUROPEIA. Parlamento Europeu. Conselho Europeu. Comissão Europeia. *Carta dos Direitos Fundamentais da União Europeia*. Parlamento Europeu. Jornal Oficial das Comunidades Europeias: 18 dez. 2000.

UNIÃO EUROPEIA. Tratado sobre o Funcionamento da União Europeia. 202/50. *Jornal Oficial da União Europeia*: Lisboa, 7 jun. 2016.

URBEM. *Instituto URBEM: desenvolvimento urbano e imobiliário – masterplan*. Disponível em: https://www.urbem.org.br. Acesso em: 24 ago. 2023.

URUGUAI. Ministerio de Vivienda, Ordenamiento Territorial y Medio Ambiente. *Decreto nº 100/2002*. Créase y apruébase el Reglamento del Fondo de Garantía de Alquileres dependiente de la Dirección Nacional de Vivienda. Montevidéu, 1 abr. 2002.

VENEZUELA. Presidente de la República Bolivariana de Venezuela. *Decreto nº 4.577 de 07 de abril de 2021*. Decreto nº 4.577 de fecha 7 de abril de 2021, mediante el cual se suspende por un lapso de seis (06) meses el pago de los cánones de arrendamiento de inmuebles de uso comercial y de aquellos utilizados como vivienda principal, a fin de aliviar la situación económica de los arrendatarios y arrendatarias por efecto de la pandemia mundial del coronavirus COVID-19, publicado en la Gaceta Oficial de la República Bolivariana de Venezuela nº 42.101 de esa misma fecha. Caracas, 2021.

VENOSA, S. S. *Lei do inquilinato comentada*: doutrina e prática: Lei n. 8.245, de 18-10-1991. 16. ed. São Paulo: Atlas, 2021.

VENTURA, A. P. M. *O direito à moradia para além do título de propriedade e a locação social*. 2022. 111 f. Dissertação (Mestrado em Direito) – Programa de Pós-Graduação em Direito. Faculdade de Direito, Universidade Federal do Ceará, Fortaleza, 2022.

VITACON. Site Institucional. *Vitacon – Reinvente a cidade*. São Paulo, 2023. Disponível em: https://vitacon.com.br/. Acesso em: 14 mar. 2023.

WATSON, V. 'The plannedcitysweepsthepooraway...': Urbanplanningand 21st centuryurbanisation. *Progress in Planning*, The plannedcitysweepsthepooraway...': Urbanplanningand 21st centuryurbanisation. v. 72, n. 3, p. 151-193, 1 out. 2009.

WHEATLEY, H.; ARNOLD, S.; BESWICK, J. *Getting rents under control*: How to make London rents affordable. Londres: New Economics Foundation, 2019.

WHITEHEAD, C. et al. *The Private Rented Sector in the New Century*: A Comparative Approach. Londres e Conpenhage: Cambridge Enterprise Ltd & Knowledge Centre for Housing Economics, 2012. Disponível em: https://www.lse.ac.uk/business/consulting/reports/the-private-rented-sector-in-the-new-century.aspx. Acesso em: 14 mar. 2023.

WORLD ECONOMIC FORUM. *What has caused the global housing* crisis – and how can we fix it? 2016. Disponível em: https://www.weforum.org/agenda/2022/06/how-to-fix-global-housing-crisis/. Acesso em: 18 set. 2023.

Esta obra foi composta em fonte Palatino Linotype, corpo 10
e impressa em papel Pólen Bold 70g (miolo) e Supremo 250g (capa)
pela Gráfica Star7.